ESV

Handbuch Krisenmanagement im Tourismus

Erfolgreiches Entscheiden in schwierigen Situationen

Von

Dr. Dirk Glaeßer

ERICH SCHMIDT VERLAG

Bibliografische Information der Deutschen Bibliothek
Die Deutsche Bibliothek verzeichnet diese Publikation in der
Deutschen Nationalbibliografie; detaillierte bibliografische Daten
sind im Internet über dnb.ddb.de abrufbar.

Weitere Informationen zu diesem Titel finden Sie im Internet unter
ESV.info/3 503 09046 0

ISBN-13: 978 3 503 09046 4
ISBN-10: 3 503 09046 0

www.ESV.info

Dieses Papier erfüllt die Frankfurter Forderungen der Deutschen Bibliothek und der Gesellschaft für das Buch bezüglich der Alterungsbeständigkeit und entspricht sowohl den strengen Bestimmungen der US Norm Ansi/Niso Z 39.48-1992 als auch der ISO-Norm 9706

Druck: Strauss, Mörlenbach

Geleitwort

Der Tourismus beschäftigt sich wie kein anderer Bereich mit den angenehmen und schönen Seiten unseres Lebens. Er ist ein ständig wachsender Sektor, global vernetzt, an dem viele Menschen teilhaben, sei es als Leistungserbringer oder als Touristen.

In solch einer Umgebung fällt es schwer, sich Gedanken über das Krisenmanagement zu machen. Dieses Thema wird oft verdrängt und häufig erst dann ernst genommen, wenn eine Krise eingetreten ist. Um aber effektiv zu sein, müssen tiefgreifende Kenntnisse über die Zusammenhänge und Auslöser von Krisen vorhanden sein. Konsumenten, Wettbewerber, Regierungen, Reiseveranstalter und viele weitere Leistungserbringer weisen hohe Abhängigkeiten voneinander auf, was eine systematische Analyse empfehlenswert erscheinen läßt.

Dies wurde besonders mit den Ereignissen des 11. Septembers 2001 in den USA deutlich, als die gesamte Welt Zeuge der enormen Sensitivität des Tourismussektors und der hohen Abhängigkeit aller anderen Wirtschaftsbereiche wurde. Diese und viele weitere Vorfälle unterstreichen die Notwendigkeit, Krisen im Tourismus genauer zu untersuchen, um sie so effektiv wie möglich vermeiden und bewältigen zu können. Dabei ist das Krisenmanagement insbesonders für solche Destinationen und ärmere Länder bedeutend, die eine hohe Abhängigkeit vom Tourismus haben, da sie diejenigen sind, die am meisten unter dem Eintritt eines negativen Ereignisses zu leiden haben.

In dem vorliegenden Buch untersucht Dr. Glaeßer das Thema in einer äußerst systematischen und konsistenten Weise und zeigt auf, daß nicht jedes negative Ereignis notwendigerweise eine Krise zur Folge haben muß. Er untersucht die fundamentalen Zusammenhänge, die jedermann bekannt sein müssen, um zu verstehen, warum eine Krise entsteht, wie sie vermieden und bewältigt werden kann. Das betrifft ebenso das große Spektrum der strategischen und taktischen Möglichkeiten und Instrumente, die mit dieser Fragestellung verbunden sind. Trotz der Vielzahl der Fragestellungen, die mit diesem Thema einhergehen, ist der Autor in der Lage, diese in einer umfassenden und verständlichen Form in diesem Buch zusammenzuführen und sie mit einer reichen Sammlung an aktuellen Fallbeispielen zu illustrieren.

In einer Zeit, in der das Wohlergehen von Touristen zu einem Hauptanliegen der Tourismusindustrie geworden ist, hoffe ich von Herzen, daß dieses Buch in

Destinationen und touristischen Betrieben dazu beitragen wird, den Tourismus in einer vorteilhaften und nachhaltigen Form zu entwickeln.

Francesco Frangialli
Generalsekretär
Welttourismusorganisation

Für all diejenigen,
die dem Tourismus Ihr Leben gewidmet haben.

Vorwort

Kaum ein Wirtschaftssektor ist durch negative Ereignisse so herausgefordert wie der Tourismus. Seine überdurchschnittliche Sensibilität gegenüber negativen Ereignissen hat ihm bereits eine solch exponierte Stellung zukommen lassen, daß er in vielen anderen Bereichen als Frühwarnindikator für Krisensituationen dient.

Unternehmen und Regionen, die im Bereich des Tourismus tätig sind, müssen sich diesen Herausforderungen stellen. Konnten sich Unternehmen noch vor wenigen Jahren darauf beschränken, Krisen als außergewöhnliche und eher unwahrscheinliche Ereignisse abzutun, zeigen insbesondere die Entwicklungen der letzten Dekade die Notwendigkeit auf, das Krisenmanagement zu einem festen Bestandteil der praktischen und wissenschaftlichen Auseinandersetzung zu machen. Dabei werden die Organisationen jedoch mit dem grundsätzlichen Problem konfrontiert, daß trotz bester Absicht und höchstem Aufwand an Prävention, Risiken nicht vollständig beherrscht und ausgeschlossen werden können.

Aus diesem Grund ist es wichtig, sich neben den Maßnahmen zur Minderung von Risiken umfassend mit negativen Ereignissen auseinanderzusetzen, die erfolgsbestimmenden Entscheidungsdimensionen systematisch zu erfassen, zu verknüpfen und bei der strategischen Unternehmensausrichtung zu berücksichtigen. Dem Marketing kommt dabei eine neue Dimension zu. Da viele Krisen im Tourismus häufig Unternehmen und Destinationen betreffen, deren Produkte und Leistungen objektiv nicht beeinträchtigt sind, es also zu subjektiven Wahrnehmungsstörungen kommt, ist es wichtig, zur Bewältigung aber auch schon im Rahmen der Prävention auf den breiten Wissensschatz des Marketings zurückzugreifen.

Das vorliegende Buch entwickelt ein grundlegendes System des Krisenmanagements und legt ein Fundament für individuelle Vertiefungen. Es bearbeitet den wichtigen Bereich der Prävention sowie der Bewältigung von Krisen, geht auf strategische ebenso wie auf operative Techniken ein. Es hat ein einziges Ziel: Allen im Tourismus beschäftigten Personen und denen, die sich an den Leistungen des Tourismussektors erfreuen, eine nachhaltige Tourismusentwicklung zu verschaffen. So hoffe ich, hierzu meinen Beitrag geleistet zu haben.

Zu Dank verpflichtet bin ich Dipl.-Sportlehrer Jens Oliver Glaeßer, der mir bei der Erarbeitung vieler Kapitel behilflich war und wertvolle Verbesserungsvorschläge gemacht hatte. Dipl.-Geografin Stefanie Theuerkorn, Prof. Dr. Guillermo Aceves und Ass. jur. Ute Meyer waren mit vielen kritischen Anmerkungen aktiv an der Verbesserung des Skripts beteiligt. Meine Frau Matilde unterstützte mich mit kritischen Anmerkungen bei der Erstellung der Fallbeispiele und bei der Diskussion der vielen Facetten des Buches.

Ebenfalls zu Dank verpflichtet bin ich cand. rer. pol. Maryen Blaschke, die mich in der Schlußphase des Buches unterstützte und an der Bearbeitung des Literaturverzeichnisses beteiligt war.

Madrid, August 2005

Inhaltsverzeichnis

Geleitwort 5

Vorwort 7

1 **Tourismus in einer sich ändernden Welt** 13

1.1 Die Lebensbedingungen des Menschen 14
1.2 Natürliche Veränderungen 20

2 **Grundlagen des Krisenmanagements** 25

2.1 Was ist eine Krise? 25
2.2 Was sind negative Ereignisse im Tourismus? 32
2.3 Was ist Krisenmanagement? 38

3 **Die Wirkungsbereiche von Krisen** 49

3.1 Der Konsument als Wirkungsbereich 51
3.2 Das touristische Produkt als Wirkungsbereich 91
3.3 Die Konkurrenten als Wirkungsbereich 118
3.4 Der Staat als Wirkungsbereich 123
3.5 Kapitalgeber, Personal und weitere Wirkungsbereiche 131
3.6 Rangfolge der Wirkungsbereiche 133

4 **Methoden der Analyse und Aufklärung** 135

4.1 Identifikation wichtiger Bereiche und Ereignisse 136
4.2 Systeme und Methoden der Frühaufklärung 149

5 Strategische Entscheidungen des Krisenmanagements 191

5.1 Präventives Krisenmanagement im Rahmen der strategischen Unternehmensausrichtung 191

5.2 Präventives Krisenmanagement durch strategische Handlungen 199

5.3 Ausprägungen der Krisenhandhabungsstrategie 210

6 Die Krisenplanung und organisatorische Maßnahmen 221

6.1 Generische Planung 222

6.2 Eventualfallplanung 237

6.3 Training 242

6.4 Präventivplanung 244

7 Instrumente des Krisenmanagements 247

7.1 Grundentscheidungen 247

7.2 Produktpolitik 255

7.3 Preispolitik 268

7.4 Distributionspolitik 279

7.5 Kommunikationspolitik 286

8 Die Zukunft des Krisenmanagements 329

Literaturverzeichnis 331

Stichwortverzeichnis 349

Beispiele

Beispiel 1:	Boykotts im Tourismus	52
Beispiel 2:	Alte Gewohnheiten änderten sich so schnell	56
Beispiel 3:	Eine unterschiedliche Bewertung	58
Beispiel 4:	Autofahren ist sicher, aber Fliegen ist so gefährlich!	61
Beispiel 5:	Haie und Kokosnüsse	63
Beispiel 6:	Kulturkreiszugehörigkeit	69
Beispiel 7:	Es passiert nur anderen, bis ... – Das Ding mit den Landsleuten	72
Beispiel 8:	Berge – ein Traum ohne Grenzen	77
Beispiel 9:	Rimini und die Algenplage	82
Beispiel 10:	Erschreckendes Afrika	93
Beispiel 11:	Swissair: Das Ende eines nationalen Symbols	104
Beispiel 12:	Terrorismus als Stimmungskiller für Tourismus?	109
Beispiel 13:	Die geographische Herkunft beeinflußt die Wahrnehmung der Touristen	110
Beispiel 14:	Das Jahrhunderthochwasser in Sachsen im August 2002	114
Beispiel 15:	Think Swiss – Fly Thai	119
Beispiel 16:	WTO's Tourism Recovery Committee	121
Beispiel 17:	Der Aviation and Transportation Security Act	124
Beispiel 18:	Erika und Prestige	125
Beispiel 19:	MedEvac, das fliegende Krankenhaus	129
Beispiel 20:	Wie Du mir – so ich Dir	129
Beispiel 21:	Ähnlichkeitsmessung	147
Beispiel 22:	Nicht involviert, aber plötzlich betroffen	149
Beispiel 23:	Die Reisehinweise nach dem Attentat auf Bali	163
Beispiel 24:	Die Änderung der Reisehinweise in Großbritannien	166
Beispiel 25:	Laserscanner im Einsatz	173
Beispiel 26:	Bezugsrahmen	182
Beispiel 27:	Die Erlebniswertstrategie Liechtensteins	195

Beispiel 28: Ägypten und seine Stranddestinationen 196
Beispiel 29: Risiken einer Konzentrationsstrategie 198
Beispiel 30: Der Fall Gambia 200
Beispiel 31: Diversifikation im Hotelportfolio 201
Beispiel 32: Versicherungsschutz für politische Risiken 208
Beispiel 33: Air Berlin 210
Beispiel 34: Aus negativen Ereignisse positive machen – Waldbrände im Yellowstone und Glacier National Park. 214
Beispiel 35: Der Southampton Titanic Rundgang 216
Beispiel 36: Krisenmanagement bei der Lufthansa 223
Beispiel 37: Krisenmanagement bei der TUI 226
Beispiel 38: Das GAST/EPIC Zentrum – Beispiel eines Informations- und Managementzentrums 233
Beispiel 39: Das Service-Handbuch der TUI 242
Beispiel 40: Care Teams 243
Beispiel 41: Ägyptens Marketingplan 253
Beispiel 42: H.I.S. – ein japanischer Reiseveranstalter beweist das Undenkbare 257
Beispiel 43: Ägyptens Charter Flights Support Programme 260
Beispiel 44: Es hätte überall passieren können, doch ich bin froh, daß es in Hawaii geschah 262
Beispiel 45: Die TUI-Garantie-Erklärung – Kundenvertrauen in Charterfluglinien 266
Beispiel 46: „Danke schön“ – Kampagnen 273
Beispiel 47: Risk and Fun 288
Beispiel 48: Präventive Maßnahmen – Das Bahia Tourist Protection Booklet 289
Beispiel 49: Die Veränderung des Bekanntheitsgrades 295
Beispiel 50: Risiken von Spendenaufrufen 297
Beispiel 51: Fragebogen für Hotlines 302
Beispiel 52: Die Webseite von Luxair nach dem Absturz im November 2002 304
Beispiel 53: Der PTA Tourism Recovery Center 305
Beispiel 54: Das Projekt Phönix – Die Kommunikationsstrategie der PATA während der SARS-Krise 313
Beispiel 55: Make it Singapore! 318
Beispiel 56: Prominente Gesichter – Hilfe zum Neubeginn 322
Beispiel 57: Filme in der Krisenbewältigung 325

1 Tourismus in einer sich ändernden Welt

Ziel dieses Kapitels

- Einen Überblick über die Entwicklung zu erhalten, die den Tourismussektor anfälliger für Krisen macht
- Die Veränderung der menschlichen Lebensbedingungen verstehen
- Den Einfluß des Klimawandels auf die natürlichen Rahmenbedingungen und die Konsequenzen für den Tourismus erkennen

Wesentliche Begriffe und Konzepte

- Fortschritt
- Klimawandel
- Naturkatastrophen

Für uns Menschen ist das Reisen mittlerweile ein ganz normaler Teil des Lebens geworden. Selbst wenn schon in der Antike Reisen zu Olympischen Spielen oder Ritterspielen stattfanden, nimmt der umfassende Teil der Gesellschaft erst seit wenigen Jahrzehnten am Tourismus Teil.

Die positiven Wirkungen des Tourismus sind vielfältig: Zufriedenheit, Verwirklichung von Träumen und Sehnsüchten, Kennenlernen von anderen Kulturen und Lebensformen und daraus folgernde Akzeptanz und Toleranz unter den Menschen.

Hoher Stellenwert des Tourismus

Auch volkswirtschaftlich hat der Tourismus einen hohen Stellenwert erlangt und zählt in vielen Ländern zu den wichtigsten Einkommens- und Devisenquellen. Das Wachstum des Tourismus war in den vergangenen Jahrzehnten ein stetiges und wird sich auch in der Zukunft noch fortsetzen und dazu beitragen, daß der Tourismus der weltweit bedeutendste Wirtschaftszweig wird. Vor allem ist dabei zu beachten, daß der Tourismus in der Lage ist, sowohl Wohlstand als auch wirtschaftliche Entwicklungsmöglichkeiten auch für solche Regionen zu schaffen, die sonst eher als schwer entwickelbar einzustufen sind.

Doch wird die positive Entwicklung des Tourismus zunehmend durch negative Ereignisse bedroht. In den vergangenen Jahren häuften sich Vorfälle, deren wirtschaftliche Konsequenzen in anderen Wirtschaftsbereichen bisher nicht bekannt waren. Terrorismus in Ägypten, SARS, 9/11, Tsunamis in Asien stehen stellvertretend für viele Krisen, die in der Tourismusindustrie Schäden in Millionen häufiger sogar Milliardenhöhe zur Folge hatten. Auch die indirekten Wirkungen wie beispielsweise weltweit steigende Transport- und Reisekosten, die zu einer Bedrohung der Wettbewerbsfähigkeit von Fernreisedestinationen führen, sind erheblich. Daneben kommt eine Vielzahl weiterer Wirkungen zum Tragen, wie die Beeinträchtigung des Images und die Einschränkung der unternehmerischen Handlungsmöglichkeiten, von denen die Unternehmen noch mittel- und langfristig betroffen sind.

Die Ursachen für die Zunahme der krisenhaften Zustände sind vielschichtig, doch bei einer ersten systematischen Betrachtung wird deutlich, daß es verschiedene Bereiche gibt, die zu einem häufigeren Auftreten von negativen Ereignissen beitragen.

1.1 Die Lebensbedingungen des Menschen

Lebensbedingungen

An erster Stelle ist zu beachten, daß sich die menschlichen Lebensbedingungen in den wichtigen Quellmärkten immer schneller ändern. Die zunehmende Entwicklungsgeschwindigkeit wird dann besonders deutlich, wenn man mit der Beobachtung dieser sehr früh ansetzt.

Der erste heute verfügbare Hinweis auf die Existenz des Menschen auf der Erde deutet auf ungefähr 2.500.000 Jahre vor Christi Geburt hin. Während eines Zeitraums von ungefähr 1 Million Jahre gewöhnte sich der Mensch an die Benutzung von Steinwerkzeugen. Viele Generationen benötigte es, damit kleine Veränderungen stattfanden. Vor ungefähr 500.000 Jahren begann der Mensch, das Feuer zu beherrschen. Über wieder viele Generationen hinweg hatte er die Möglichkeit, sich mit dieser technischen Neuerung und mit der folgenden Veränderung seines sozialen Umfelds, auseinanderzusetzen. Der Mensch, wie wir ihn heute kennen, von seiner Anatomie, Physiologie und insbesondere seiner Gehirnmasse, ist erst ungefähr 40.000 Jahre alt. Noch kürzer zurück liegt die neolithische Revolution vor etwa 9. – 10.000 Jahren. Erst zu dieser Zeit begann der Mensch, die Natur aktiv zu gestalten, sich seßhaft zu machen und Tiere erstmals im Gatter zu halten. Das Leben, wie wir es heute kennen, begann vor etwa 9.000 Jahren!

Abbildung 1: Entwicklungsgeschwindigkeit

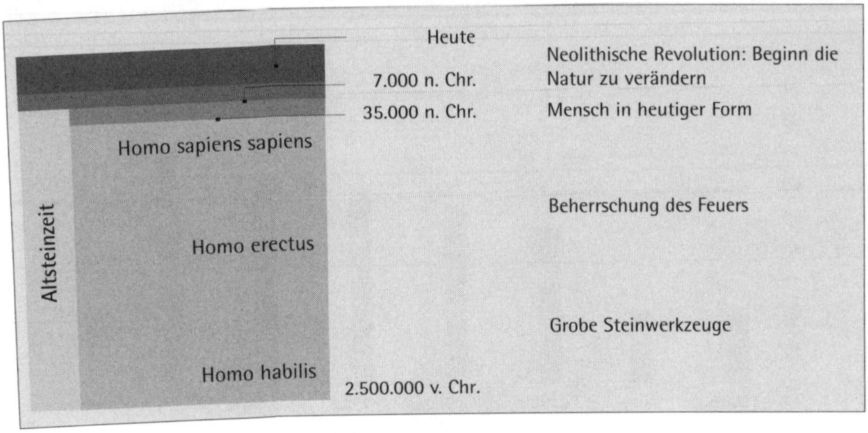

Ein anderer entscheidender Einflußfaktor ist das Lebensalter. 35.000 Jahre vor Christi Geburt lag die durchschnittliche Lebenserwartung bei ungefähr 20 Jahren. Wie aus der folgenden Zeitachse ersichtlich wird, veränderte sich das durchschnittliche Lebensalter nur langsam und lag vor 200 Jahren erst bei ungefähr 35 Jahren. Seitdem haben wir eine Verdopplung des Lebensalters erreicht. Im Jahre 2003 hatte eine Frau in Deutschland schon eine Lebenserwartung von 83 Jahren. **Lebensalter**

Abbildung 2: Entwicklung des durchschnittlichen Lebensalters

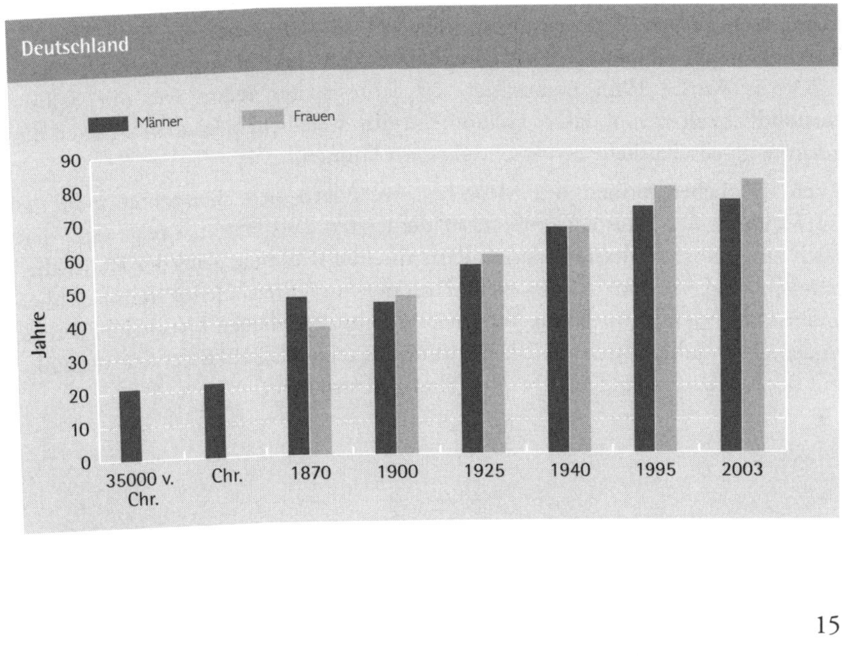

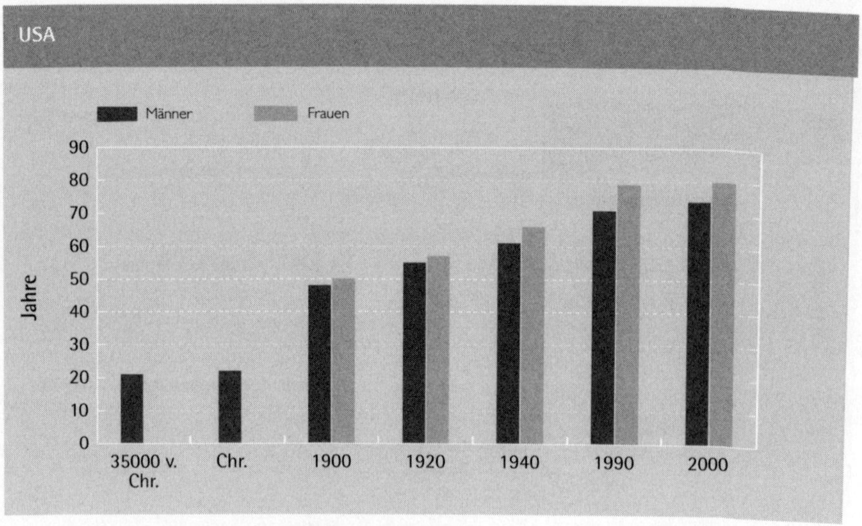

Werden diese beiden Entwicklungen zusammengeführt, wird ersichtlich, daß erst 400 Generationen vergangen sind, seitdem die neolithische Revolution eingetreten ist. Auch wird deutlich, daß sich technische Entwicklungen in der Vergangenheit noch über mehrere Generationen hinzogen, während heute mehrere technische Revolutionen innerhalb nur einer Generation stattfinden. Betrachtet man beispielsweise das stationäre Telefon, so dauerte es seit seiner Einführung noch 60 Jahre, bis man von einer weiten Verbreitung sprechen konnte. Der Personal-Computer benötigte hingegen nur noch 30 Jahre, bis er breiten Einzug in unser tägliches Leben erhielt. Das Handy schaffte es sogar in 20 Jahren.

Diese technischen Veränderungen, die wir als fortschrittliche und positive Entwicklungen einstufen, können sich aber auch negativ auswirken. Der erste PC-Virus wurde 1983 beobachtet. 20 Jahre später reden wir mit Selbstverständlichkeit davon, daß es Phänomene gibt, welche in Sekunden weltweit die gesamte gesellschaftliche Struktur verändern können.

Lebensformen

Auch die Lebensformen der Menschen verändern sich. Betrachtet man die Entwicklung der Haushaltsgröße über die letzten 100 Jahre, so zeigt sich, daß noch zu Beginn des letzten Jahrhunderts die überwiegende Zahl der Haushalte, nämlich 44,4 %, noch 5 oder mehr Personen umfaßten. Heute stellt sich dies anders dar: Nachdem sich eine Verschiebung hin zu kleineren Haushalten bereits in den ersten Jahrzehnten des 20. Jahrhunderts zeigte, lag 1988 der Schwerpunkt mit 36,2 % bereits eindeutig bei den Single-Haushalten.

Abbildung 3: Haushaltsgröße

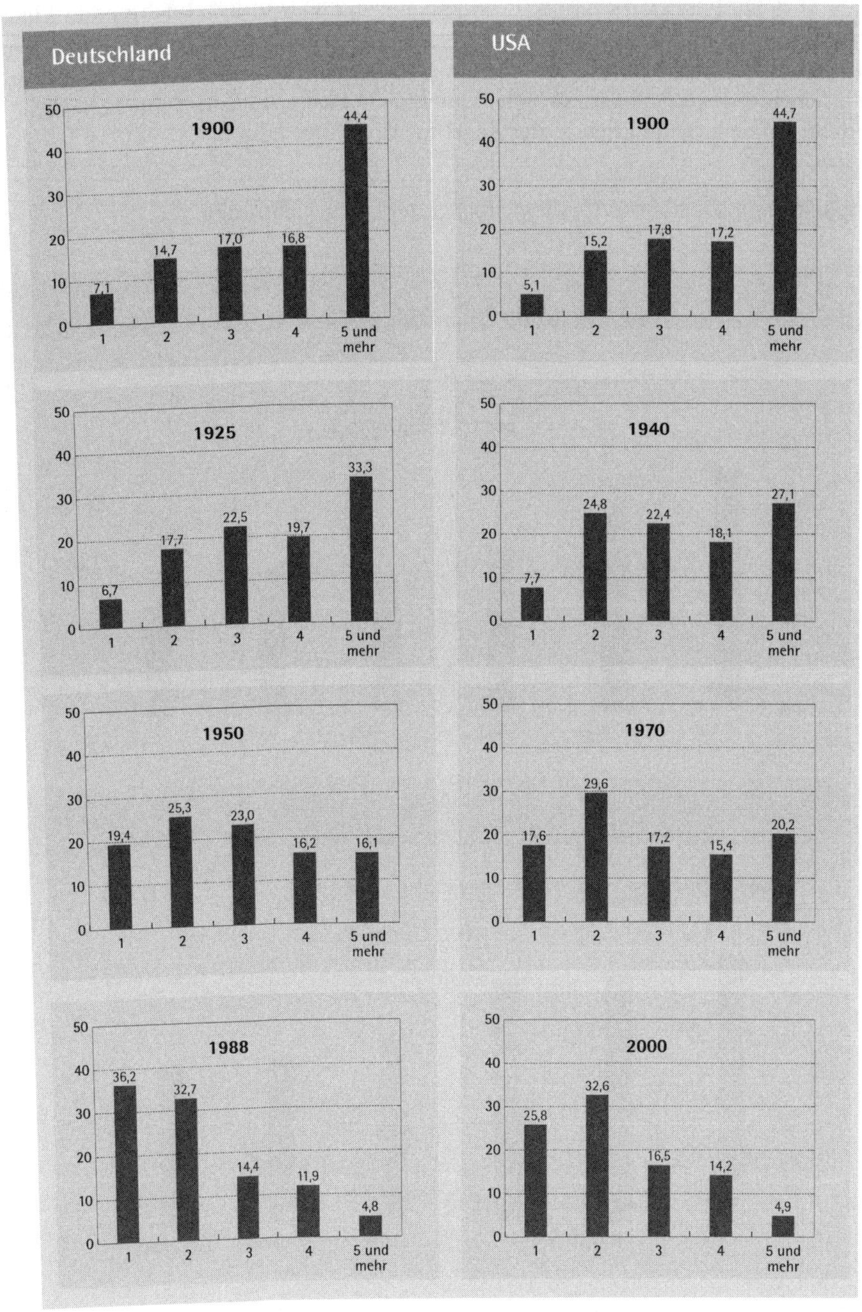

Hinzu kommt ein generell späterer Eintritt in die Ehe, eine weitere Verbreitung von eher temporären Lebensbeziehungen sowie eine ständig abnehmende Ehedauer. Im Extremfall der Vereinigten Staaten enden bereits 40% der Ehen nach 15 Jahren durch Scheidung. Bei den jüngeren Paaren, d.h. unter 45 Jahren, liegt die Scheidungsquote sogar bei 50%. Und hat ein Paar erst einmal eine Scheidung erlebt, halten erneute Ehen in der Regel meist weniger lang.

Abbildung 4: Das Verhältnis von Hochzeiten zu Scheidungen

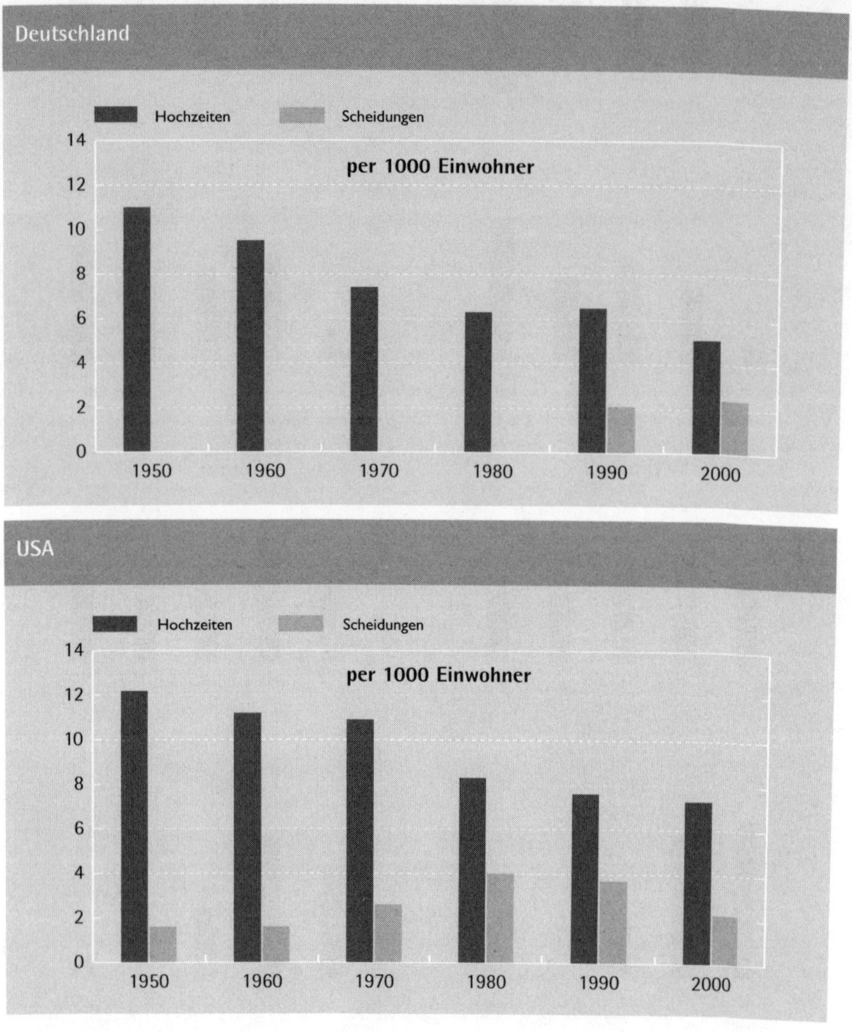

Dies sind nur einige der Faktoren, welche die aktuellen Lebensformen abbilden. Sie beschreiben das Umfeld, in dem sich ein Mensch befindet und deuten auf die Herausforderungen hin, mit denen er sich auseinanderzusetzen hat.

Informationsversorgung

Zu diesen Herausforderungen gehört an erster Stelle die schlechtere Informationsversorgung. Dies mag auf den ersten Blick erstaunen, bewegen wir uns doch in einem Zeitalter, in dem es an Informationen nicht mangelt. Um es in Zahlen auszudrücken, werden in den nächsten drei Jahren schätzungsweise genauso viele Daten generiert wie in den vergangenen 300.000 Jahren. Das Problem liegt folglich vielmehr in der Überversorgung mit Information begründet und der Schwierigkeit, hieraus die Informationen herauszufiltern, die als wichtig erachtet werden. Hinzu kommt, daß gerade das geänderte familiäre Umfeld es erschwert, individuelle und auf die Person und deren Bedürfnisse zugeschnittene Erfahrungen weiterzugeben. Letztere wären von entscheidender Hilfe, die Informationsaufnahme und deren Verarbeitung zu erleichtern.

Ferner tragen die demographischen Entwicklungen dazu bei, daß Unsicherheiten, die zuvor häufig in traditionellen Lebensgemeinschaften gemeinsam bewältigt wurden, nun auf die einzelnen Personen verlagert werden. Dies stellt eine enorme Herausforderung für jedes Individuum dar. Zum einen kommt es deshalb dazu, daß immer mehr Vorkommnisse, die eigentlich Gefahren sind, als Risiken bezeichnet werden. Dadurch soll das „Unvermeidliche" „vermeidbar" gemacht werden. Während nämlich Gefahren ihren Ursprung in der Umwelt haben und durch den Menschen nicht beeinflußt werden können, sind Risiken auf Entscheidungen zurückzuführen und werden deshalb Individuen zugerechnet.

Zweitens sind Individuen bestrebt, Ersatzinstitutionen zu finden, die herangezogen werden können, um diese Unsicherheiten zu bewältigen. Dazu gehört der Staat, an den nun Aufgaben und Erwartungen herangetragen werden, die zuvor nicht unter sein Aufgabengebiet fielen. Aber auch Unternehmen sind von diesen Veränderungen betroffen. Ihnen werden zunehmend mehr Vorkommnisse als „Verantwortung" zugerechnet, die mit dem Unternehmen weder vertraglich vereinbart noch in der Vergangenheit als sein Verantwortungsbereich betrachtet worden sind.

Gewohnheit

Auch bleibt zu erwähnen, daß der Mensch aus Gewohnheit handelt. Was er einmal erlernt hat, möchte er beibehalten. Allzu großen Veränderungen wird er in der Regel ausweichen oder sie zumindest solange aufzuschieben versuchen, bis sie nicht mehr vermeidbar sind. Während sich also die technische Umwelt auf der einen Seite kontinuierlich verändert, hat der Mensch Probleme, sich genauso schnell anzupassen. Da sich aber die großen und kleinen technischen Revolutionen nicht mehr über verschiedene Generationen hinweg entwickeln sondern innerhalb einer Generation stattfinden, sind eruptive Veränderungen die Folge. Die Überwindung dieser Abwehrhaltung wird häufig also erst durch die Überspitzung der Situation ermöglicht.

1.2 Natürliche Veränderungen

Blick auf einen Teil des vollklimatisierten Gaylord Opryland Vergnügungskomplex in Nashville, USA. Die schiere Größe, unzählige Attraktionen, Ausstellungsflächen, Restaurants bei über 2800 Hotelzimmern, lassen ein Verbleiben der Touristen im Komplex bei den größtenteils schwülen Außentemperaturen auch über Tage zu.

Seit Ewigkeiten versucht der Mensch, sich von den natürlichen Einflüssen unabhängig zu machen. Der technische Fortschritt ist ihm dabei behilflich; in Teilen ist der technische Fortschritt sogar von diesem Streben nach Unabhängigkeit angetrieben. Suchte der Mensch noch vor Jahrtausenden Schutz vor den natürlichen Unwirtlichkeiten in Höhlen, experimentiert er inzwischen mit von der natürlichen Umwelt vollkommen abgeschlossenen Systemen. Zeitgenössische Beispiele wie das Biosphären-Reservat in Arizona (USA) und eine wachsende Zahl von touristischen Zielen wie Skiarenen, voll klimatisierte Freizeitparks, sind einige Beispiele hierfür.

Trotz dieser ständig intensivierten Bemühungen können die Naturgewalten nach wie vor nicht gebändigt werden. Es scheint gerade das Gegenteil eingetreten zu sein. In den vergangenen 100 Jahren wurden weltweit insgesamt mehr als 50.000 Naturkatastrophen gezählt, die zusammen mehr als 4 Millionen Menschenleben forderten. Allein in den vergangenen 15 Jahren wurden weltweit jährlich zwischen 500-700 Naturkatastrophen verzeichnet. Dabei wurden die unzähligen Dürrekatastrophen und Hungersnöte nicht mit erfaßt, die vielen weiteren Millionen Menschen das Leben kosteten.

Interessanterweise bleiben dabei auf geologische Ursachen zurückzuführende Katastrophen, wie Erdbeben und Vulkanausbrüche, konstant. Anders verhält es sich jedoch mit solchen Katastrophen, die Ihre Ursache in extremen Wetterverhältnissen haben, wie Sturmfluten, Windstürme, Erdrutsche, Kälteeinbrüche und Waldbrände. Sie nehmen kontinuierlich zu. Bereits vor dem verheerenden Tsunami in

Große Naturkatastrophen

Als große Naturkatastrophen werden solche Ereignisse bezeichnet, bei denen eine Region nicht mehr in der Lage ist, sich selbst zu helfen und überregionale bzw. internationale Hilfe notwendig wird. Große Naturkatastrophen verursachen zusammengenommen die Hälfte aller Verluste.

Asien galt das Jahr 2004 als das Jahr mit den teuersten Naturkatastrophen für die Versicherungswirtschaft. Mit versicherten Schäden von 40 Milliarden US$ und volkswirtschaftlichen Schäden von 130 Milliarden US$ wurden die Versicherungsschäden von 26 Milliarden US$ aus dem Jahre 1992 deutlich übertroffen. Dieser Trend wird sich auch in der Zukunft fortsetzen.

Abbildung 5: Große Naturkatastrophen

Periode	1950-59	1960-69	1970-79	1980-89	1990-99
Anzahl	20	27	47	63	91
Verlust in Milliarden US$ in Werten von 2003	42,7	76,7	140,6	217,3	670,4

Bevölkerungswachstum

Es gibt für die Zunahme von Naturkatastrophen einige wichtige Ursachen. An erster Stelle steht dabei die exponentielle Zunahme der Weltbevölkerung und die damit zusammenhängenden Entwicklungen wie Verstädterung, Wassermangel und Nutzung gefährdeter Zonen. Wird die Bevölkerung auch in den nächsten 10-15 Jahren um jeweils 1 Milliarde wachsen, so ist zu Mitte des 21. Jahrhunderts mit einer Bevölkerungsdichte zu rechnen, die 50% höher liegt als zum heutigen Zeitpunkt. Besonders stark wird sich dieses Wachstum auf Städte auswirken, die schon über die vergangenen 50 Jahre in überproportionalem Maße die Masse des Bevölkerungswachstums aufgenommen haben. Lebten nämlich 1950 noch 30% der damaligen Weltbevölkerung von 2,5 Milliarden in Städten, so sind es von den derzeit 6 Milliarden Menschen fast 50% mit weiter steigender Tendenz. Zum Teil aus Mangel an weiteren Expansionsflächen, insbesondere in den schnell wachsenden urbanen Zonen, aber auch aus touristischem Interesse werden Flächen zur Nutzung herangezogen, die einem hohen Maß an Naturrisiken ausgesetzt sind. Die starke touristische Entwicklung Floridas, zurückzuführen auf die angenehmen klimatischen Verhältnisse, die schönen Strände, wandelte eine eigentlich landwirtschaftlich geprägte Landschaft in einen der am dichtesten besiedelten Bevölkerungsräume der Vereinigten Staaten. Sie ist ein Beispiel, daß trotzt der bekannten Zugbahnen von Hurrikans ein Gebiet vom Menschen nicht gemieden sondern geradezu aufgesucht wird, dies, obwohl die Schäden durch Hurrikans kaum mehr zu verachten sind. Mit Hurrikan Andrew wurde dabei in 1992 der vorläufige Rekord des bisher höchsten Versicherungsschadens mit 17 Milliarden US$ aufgestellt, der jemals durch ein Naturereignis hervorgerufen wurde. Aber auch andere Gebiete, wie zum Beispiel die Alpen, führen durch Lawinenunglücke ständig vor Augen, daß auch hier die touristische Nutzung von besonders exponierten Gebieten für den Wintersport nicht ungefährlich ist.

Klimawandel

Ohne Zweifel spielt aber auch der Klimawandel eine entscheidende Rolle bei der Zunahme der Naturkatastrophen. Wie die folgende Abbildung des Intergovernmental Panels on Climate Change (IPCC), einer Institution getragen durch die WHO und UNEP aufzeigt, ist in den vergangenen 100 Jahren die durchschnittliche globale Temperatur um 0,7 Grad angestiegen. Angesichts der Tatsache, daß der Unterschied zwischen Warm- und Eiszeit im Mittel nur 5 Grad ausmachte, ist dies ein durchaus ernst zunehmender Wert. Seine Konsequenzen beobachten wir heute: das Abschmelzen von Gletschern, den Schneemangel in klassischen Skidestinationen, die Erwärmung der Ozeane, die Erhöhung des Meeresspiegels. Aber auch die Zunahme von Überschwemmungen durch außergewöhnlich hohe Niederschläge und Stürmen in Gegenden, die bisher von solchen Erscheinungen verschont waren, sind Merkmale dieses Klimawandels.

Abbildung 6: Klimawandel

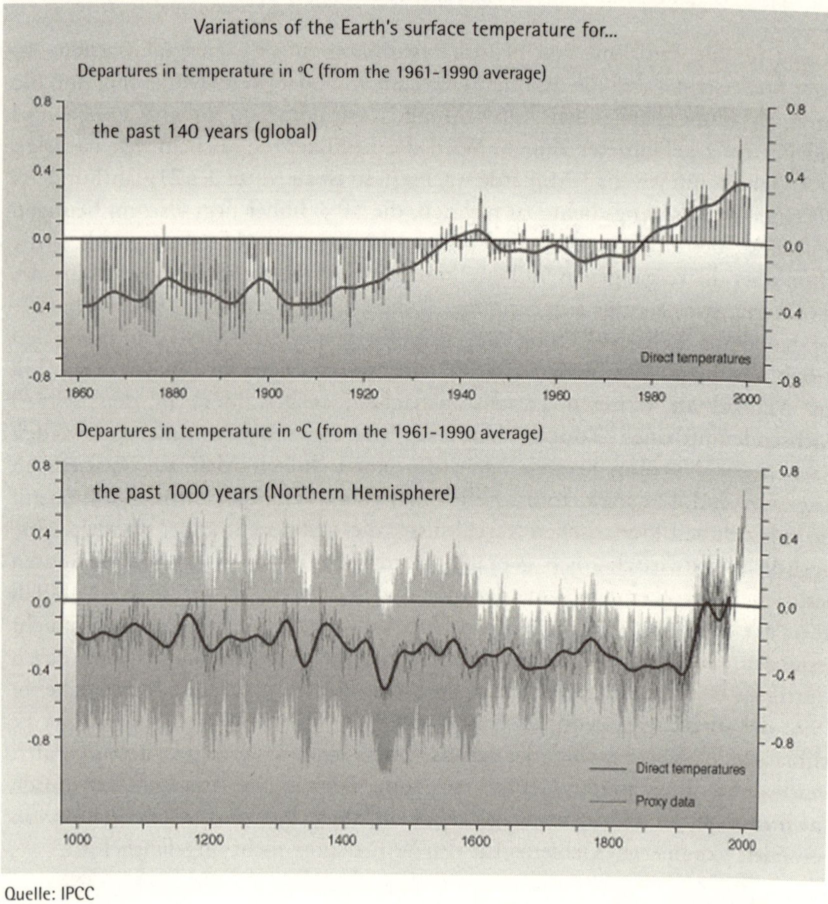

Quelle: IPCC

Errungenschaften der Technik

Doch auch unser übermäßiges Vertrauen in die Errungenschaften der Technik trägt dazu bei, daß Umweltereignisse häufiger und stärker schädlich wirken als notwendig. Tragen nämlich die meisten technischen Neuerungen dazu bei, vor Überflutungen zu schützen oder Gebäude vor dem Einsturz durch Erdbeben zu sichern, so lassen sie häufig auch vergessen, daß diese Maßnahmen kaum Schutz vor großen Ereignissen bieten. Das Ausbleiben der Konsequenzen von regelmäßig auftretenden kleinen und mittleren Naturereignissen währt in trügerischer Sicherheit. Ereignisse, die dann einen gewissen Schwellenwert überschreiten, wie das Erdbeben von Kobe 1995, Northridge 1994 oder in Mexico City 1985, die Überflutungen des Red Rivers im Norden der USA und im Süden Canadas in 1997, das Jahrhunderthochwasser in Mitteleuropa in 2002 oder die verheerenden Sturmfluten in Asien Ende 2004 treffen dann auf überraschte und größtenteils unvorbereitete Bevölkerungen und Verwaltungen.

Fragen

- Lassen sich alle negativen Ereignisse vermeiden?
- Warum hat das Krisenmanagement einen so hohen Stellenwert im Tourismus erlangt?
- Welche Rolle spielt die Familie bei der Bewältigung von Unsicherheit?
- Was bewirkt das weltweite Bevölkerungswachstum?
- Wie ist die touristische Nutzung exponierter Lagen, wie z.B. Strand- oder Hangbebauung zu beurteilen?

Empfehlungen zur vertiefenden Lektüre

Luhmann, Niklas: Soziologie des Risikos, (de Gruyter) Berlin - New York 1991

Intergovernmental Panel on Climate Change: Climate Change 2001: The Scientific Basis, (Cambridge University Press) Cambridge 2001

United Nations Population Fund: State of World Population 2004: The Cairo Consensus at Ten - Population, Reproductive Health and the Global Effort to End Poverty, (UNFPA) New York 2004

World Tourism Organization: Climate Change and Tourism, (WTO) Madrid 2003

Nützliche Websites

www.world-tourism.org
www.ipcc.ch
www.unfpa.org

2 Grundlagen des Krisenmanagements

Ziel dieses Kapitels

- Einen Überblick über die sprachliche Entwicklung des Begriffs Krise erhalten
- Die wissenschaftliche Auseinandersetzung mit dem Krisenphänomen nachvollziehen zu können
- In der Lage zu sein, Krisen definieren und abgrenzen zu können
- Die Systematik und Aktivitäten des touristischen Krisenmanagements erlernen
- Die Rolle der Massenmedien in der Informationsverbreitung sowie der Meinungsbeeinflussung und die Einflußvariablen der Nachrichtenverbreitung erklären zu können

Wesentliche Begriffe und Konzepte

- Krise
- Negatives Ereignis
- Krisenmanagement
- Tourismus, Tourist
- Systemtheorie

2.1 Was ist eine Krise?

2.1.1 Die Ursprünge

Der Begriff Krise kommt von dem griechischen Wort „krisis", was soviel wie Unterscheidung oder Entscheidung bedeutet. Im juristischen Bereich wurde der Begriff Unterscheidung zwischen Recht und Unrecht und in der Theologie zur Trennung von Heil und Verdammnis verwendet. In der Medizin drückte er den

Bruch einer bis dahin kontinuierlichen Entwicklung aus. Mit dem Entstehen der klassischen Medizin im 16. Jahrhundert wurde der Begriff Krise auch im allgemeinen Sprachgebrauch verwendet und erstmals im deutschen Sprachraum nachgewiesen.

Die seit dem ständig zu beobachtende Zunahme der sprachlichen Verwendung des Krisenbegriffes wurde von einer ebenfalls zunehmenden wissenschaftlichen Auseinandersetzung mit dem Phänomen „Krise" begleitet. Die vielfältigen wissenschaftlichen Erkenntnisse lassen sich entsprechend ihrer Sichtweisen entweder als personen- bzw. institutionenbezogene Ansätze oder als Beiträge zum Individual- oder Kollektivmodell einordnen.

Bei den Individualmodellen steht in der Regel der Mensch im Mittelpunkt der Betrachtungen. Das Individuum erlebt die Krise als eine Verschärfung der aktuellen Situation, welche im Extremfall zu seinem Ende führen kann. Beiträge zum Individualmodell stammen aus der Medizin und Psychosomatik, der psychosozialen Entwicklungstheorie und der crisis intervention. In den Kollektivmodellen werden soziale Systeme unter besonderen Bedingungen betrachtet, welche als Krise bezeichnet werden. Die Erkenntnisse kommen vor allem aus den Bereichen der Nationalökonomie, der Politikwissenschaft und der Kommunikationsforschung.

危机

Das chinesische Äquivalent für das Wort Krise ist „Weiji". Es setzt sich aus den ersten Schriftzeichen von Gefahr 危险 „Weixian" und Gelegenheit 机会 „Jihui" zusammen. Diese Komposition des Wortes spiegelt den eigentlichen Charakter einer Krise sehr eindrucksvoll wider.

Außerdem können systemorientierte und entscheidungsorientierte Ansätze unterschieden werden. Im Rahmen der entscheidungstheoretischen Ansätze wird die Krise als gefährliche und außergewöhnliche Situation verstanden, in welcher Entscheidungen unter Zeitdruck zu treffen sind. Die unter diesem Aspekt vollzogenen Untersuchungen konzentrieren sich auf den Zustand einer akuten Krise und gewinnen vor allem Erkenntnisse für die Ablauforganisation in der Krise.

Die Krise wird bei systemischen Ansätzen als kritische Veränderung wesentlicher Variablen gesehen, die Teile oder sogar das ganze System gefährden oder zerstören. Der Großteil der Erkenntnisse stammt aus der Politikwissenschaft und hat die Entwicklung von Frühaufklärungssystemen zum Ziel. Aufgrund ihrer Auseinandersetzung mit der sachlichen Be- und Überbeanspruchung dienen die Ergebnisse speziell der Aufbauorganisation für Krisensituationen.

Zusammenfassend ergibt sich folgende Abbildung:

Abbildung 7: Modelle der Krisenforschung

	Systemorientierte Ansätze	Entscheidungsorientierte Ansätze
Individualmodelle	Medizin: • Wendepunkt ist im Verlauf einer Krankheit die Entscheidung über Leben und Tod Psychologie: • Wahrnehmung eines Ereignisses oder einer Situation als untolerierbare Schwierigkeit, welche die Ressourcen und Bewältigungsmechanismen einer Person übersteigt • Versagen von Verhaltensmustern • Gefahr des Identitätsverlustes	Individuelle kognitive Problemlösungsqualitäten von Entscheidungsträgern in Krisensituationen
Kollektivmodelle	Sozialwissenschaften: • Krisen als Phänomene von Gesellschaften: Gefährdung nationaler Interessen im Konflikt bei drohender Eskalation zum Krieg (z.B. Kuba-Krise) • Krisen als Phänomene gesellschaftlicher Subsysteme: - Politik: Reale Veränderungen politischer Beziehungsmuster (z.B. Umsturz, Revolution) - Wirtschaft: Exogene wirtschaftliche Schocks; Phasen des Abschwungs im Konjunkturzyklus	Kollektives Entscheidungsverhalten in Krisensituationen

Quelle: Linde (1994)

2.1.2 Entscheidende Merkmale einer Krise

Die Volkswirtschaftslehre befaßte sich als erste der Wirtschaftswissenschaften mit Krisen. Für sie waren Krisen hauptsächlich ein konjunkturelles Problem. Die Betriebswirtschaftslehre setzte sich erst später mit dieser Thematik auseinander. Erst durch die Erdölverknappung der siebziger Jahre und die häufiger auftretenden Insolvenzen von Unternehmen wurde die wissenschaftliche Auseinandersetzung intensiver betrieben.

Entstanden ist ein betriebswirtschaftlicher Krisenbegriff, der die Krise als einen Prozeß versteht, welcher die Unternehmensentwicklung erheblich negativ beeinflußt (Krystek 1987; Linde 1994; Schulten 1995). Die Krise gefährdet den Fortbestand der betroffenen Unternehmung oder macht ihn gar unmöglich.

wesentliche Unternehmensziele

Um die Krisensituation festzustellen, ist zu prüfen, ob die Organisation weiterhin die Fähigkeit hat, die wesentlichen Unternehmensziele zu erreichen. Dabei sind nur solche Ziele von Bedeutung, die auf den weiteren Fortbestand der Unternehmung erheblichen Einfluß haben. Diese Ziele umfaßten anfänglich nur die Liquidität, also die Fähigkeit, den betrieblichen Zahlungsverpflichtungen nachzukommen, und den Erfolg, ausgedrückt durch Mindestgewinn oder -rendite. Der Vorteil dieser engen Fassung des Krisenbegriffs war die leichte Bestimmung einer Unternehmenskrise. Die finanzwirtschaftliche Ausrichtung ermöglichte zudem die einfache Herleitung aus dem betrieblichen Rechnungswesen durch Soll-Ist Vergleich.

Problematisch an dieser Auffassung ist aber, daß die eigentlichen Ursachen für die Zielabweichungen nicht erfaßt werden, die zeitlich gesehen früher eintreten, und daß es zu einer Konzentration des Krisenmanagements auf die Bereiche der Krisenbewältigung kommt. Eine weitere Fassung des Krisenbegriffs, die auch die Sicherung der Erfolgspotentiale der Unternehmung umfaßt, die Grundlage der Liquiditäts- und Erfolgsziele sind, ist deshalb empfehlenswert. Dabei soll vor allem dem Umstand Rechnung getragen werden, daß Erfolgspotentiale – von Porter mit den Wettbewerbsvorteilen beschrieben – für den gegenwärtigen und besonders für den zukünftigen Erfolg der Organisation verantwortlich sind.

Ernsthaftigkeit des Ereignisses

Aus diesem Grund muß zur rechtzeitigen Feststellung der Krisensituation vor allem eine Konzentration auf die Ernsthaftigkeit des Ereignisses stattfinden. Eingetretene oder mögliche Ereignisse im Unternehmen oder seinem Umfeld sind dahingehend zu beurteilen, ob sie dessen Wettbewerbsvorteile oder andere wichtige Unternehmensziele beeinflussen. Vorteilhaft an einer solchen Betrachtung der Krise ist die frühzeitige Möglichkeit, sich mit diesen Ereignissen im Rahmen des präventiven Krisenmanagements auseinanderzusetzen. Zudem läßt sich dadurch die Krisensituation besser bestimmen als durch die häufig geforderte „Existenzbedrohung" der Organisation. Gerade gegen letztere ist einzuwenden, daß sie normalerweise erst in einem fortgeschrittenen Stadium zuverlässig als solche eingestuft wird. Eigentlich ist es dann aber für das Einleiten gegensteuernder Maßnahmen des Krisenmanagements zu spät.

Mit der Konzentration auf die Ernsthaftigkeit der Ereignisse wird außerdem berücksichtigt, daß bestimmte Betrachtungsgegenstände nie einer Existenzgefährdung ausgesetzt sind. Im Tourismus verkörpern zum Beispiel Zielgebiete organisatorische Einheiten, die trotz erheblicher negativer Einflüsse nicht dauerhaft in ihrer Existenz bedroht sind. Das Risiko einer Existenzgefährdung würde schon eher auf die in der Destination tätigen Unternehmen zutreffen, ist jedoch auch hier nicht zwingend notwendig zu sehen.

Ein weiteres Merkmal von Krisen ist ihr Prozeßcharakter. Die Krise entwickelt sich demnach über einen zeitlich begrenzten Zeitraum und weist dabei ambivalente Entwicklungsmöglichkeiten auf. Gerade die Ambivalenz ist die Voraussetzung für das eigentliche Krisenmanagement, nämlich die Sinnhaftigkeit des Einsatzes gegensteuernder Maßnahmen seitens des Unternehmens. Erst nach dem sogenannten Wendepunkt der Krise entscheidet sich, ob die zuvor ambivalente Krisensituation einen eindeutig positiven oder negativen weiteren Verlauf nimmt.

Prozeßcharakter

Die Unbestimmbarkeit des Eintritts eines negativen Ereignisses impliziert Unmittelbarkeit, und zwar im Hinblick auf die Vorwarnzeit sowie die verfügbare Reaktionszeit. Da Krisen, als Prozesse betrachtet, mit fortschreitender Zeit die Handlungsmöglichkeiten einschränken, wird ein Entscheidungs- und Aktionszwang ausgelöst, der von den Akteuren als Zeitdruck empfunden wird.

Zeitdruck

Krisen sind zudem durch äußerst schlecht strukturierte Entscheidungen gekennzeichnet, die auf Informationsdefizit aber auch Informationsfülle, Limitation der Informationsverarbeitung, Komplexität etc. zurückzuführen sind. Die häufig anzutreffende Feststellung, daß Krisen ungeplante Prozesse sind, ist ungenau. Da sich Krisen in Teilbereichen planerisch durchaus antizipieren und damit beeinflussen lassen, ist die Bezeichnung einer unerwünschten Entwicklung, auf die gesetzten Unternehmensziele bezogen, eindeutiger. Unerwünscht können sowohl Über- als auch Unterschreitungen von Zielen sein. Die als Demarketing bezeichneten Aktivitäten, die bei unerwünschten Überschreitungen von Unternehmenszielen zur Anwendung kommen, sollen jedoch nicht Gegenstand der weiteren Betrachtungen sein.

Stärke des Zeitdrucks

Die Stärke des Zeitdrucks wird vor allem von folgenden drei Komponenten beeinflußt:

- Der Limitation der Zeit für Entscheidungen,
- der individuellen Sensitivität des Akteurs gegenüber der externen Bedrohung sowie
- der Komplexität der Situation.

unerwünschte Entwicklung

Die Krise ist außerdem auch eine Ausnahmesituation, deren Eintritt unsicher ist. Somit haben sämtliche Vorbereitungen im Hinblick auf negative Ereignisse nur Eventualcharakter. Die Anzahl der theoretisch möglichen Ereignisse und die damit verbundenen erheblichen Aufwendungen fordern eine Beschränkung und Konzentration der Vorkehrungen. Selbst Organisationen wie Armeen oder die Polizei, deren ausschließliche Aufgabe die Erkennung und Planung solcher Abläufe ist, können sich nicht auf jeden Fall vorbereiten. Das hängt zum einen mit der Anzahl der einwirkenden Faktoren zusammen, die zur Komplexität beitragen, zum anderen an deren ständiger Veränderung. Die Möglichkeiten der Unternehmen sind im Vergleich noch mehr beschränkt, da die Vorbereitung und Bewältigung von Krisen eigentlich nie den Unternehmenszweck darstellt.

Ausnahmesituation

Definition Krise

Krise ist ein

- nicht gewollter, außergewöhnlicher, häufig plötzlich einsetzender und zeitlich begrenzter Prozeß mit ambivalenten Entwicklungsmöglichkeiten,
- der aufgrund der Ernsthaftigkeit des eingetretenen negativen Ereignisses, welches die Wettbewerbsvorteile bzw. wichtigen Organisationsziele bedroht,
- eine unmittelbare Entscheidung und Handlung der betroffenen Organisation erfordert,

um die weitere Entwicklung für die betroffene Organisation bzw. Destination wieder positiv zu beeinflussen und die negativen Konsequenzen möglichst gering zu halten.

2.1.3 Katastrophen, Turnaround, Strukturbrüche und Konflikte

Der Krisenbegriff ist gegen verschiedene andere Begriffe, die ebenfalls mit negativen Ereignissen zu tun haben oder anstelle seiner verwendet werden, abzugrenzen.

Katastrophen

Katastrophen sind negative Ereignisse, die im Gegensatz zur Krise einen eindeutig unabwendbaren negativen Ausgang haben. Somit fehlt der Katastrophe die der Krise eigene Ambivalenz der Entwicklungsmöglichkeiten. Eine Verbindung, beziehungsweise ein zeitgleiches Auftreten der Begriffe Katastrophen und Krisen, findet sich im Tourismus insbesondere dort, wo eingetretene Katastrophen im Umweltbereich Krisen bei den betroffenen Organisationen auslösen.

Turnaround

Ein Turnaround beschreibt gegensteuernde Maßnahmen, um eine wesentliche Unterschreitung eines vorgegebenen Zielniveaus zu bewältigen. Diese auf den Teil einer akuten Krise konzentrierten Aktivitäten, haben eine abrupte Umkehrung der Entwicklung zum Ziel. Somit konzentrieren sie sich auf den Bereich der Krisenbewältigung. Die auf das fortgeschrittene Stadium der Krise ausgerichteten Maßnahmen sind mit dem weitgefaßten Sanierungsbegriff deckungsgleich. Das Turnaround stellt somit einen Sonderfall des Krisenmanagements dar.

Strukturbrüche

Strukturbrüche sind Veränderungen der Wirtschaftsstruktur und treten in einer Volkswirtschaft regelmäßig auf. Sie sind nicht auf konjunkturelle oder saisonale Einflüsse zurückzuführen sondern ergeben sich beispielsweise durch Verschiebungen der Nachfragestruktur, technischen Fortschritt, Aufkommen neuer Produkte, Rohstoffe oder Produkttechnologien. Aus Sicht der Destination oder des Unternehmens erfordern diese Veränderungen einer bisher kontinuierlichen Entwicklung, d.h. der Strukturbruch, einen Anpassungsprozeß. Wird dieser Anpassungsbedarf nicht rechtzeitig wahrgenommen oder eingeleitet, unterliegt das Unternehmen einer höheren Krisenanfälligkeit. Grundsätzlich gesehen, gehört die Handhabung von Strukturbrüchen aufgrund ihrer prinzipiell langfristigeren Entwicklung eher zum Bereich der normalen Unternehmensführung.

Konflikte

Als Konflikte werden Auseinandersetzungen personeller Gruppierungen bezeichnet, die innerhalb und außerhalb von Unternehmen angesiedelt sein können. Im Gegensatz zu den Krisen können Konflikte von unbegrenzter zeitlicher Dauer und sogar gewollt sein. Unter diesem Aspekt gesehen, müssen sie nicht einmal negative Konsequenzen haben. Es ist aber möglich, daß Konflikte den Ursprung für Krisen bilden.

2.1.4 Krisenklassifikationen

In der Literatur finden sich einige Typologien von Krisen, weshalb hier nur auf die für die weiteren Betrachtungen wichtigen Bereiche eingegangen werden soll.

Krisen durchlaufen, wie schon erwähnt, im Zeitverlauf einen Entwicklungsprozeß. Dies führt dazu, daß eine phasenartige Unterteilung des Krisenprozesses üblich ist. Man unterscheidet dabei normalerweise zwischen zwei bis vier Phasen einer Krise. Den weiteren Betrachtungen wird der inzwischen vorherrschende dreiphasige Krisenprozeß zugrundegelegt werden. Dieser unterteilt anhand des Merkmals Zeitdruck die Phasen einer Krise in potentielle, latente und akute Krisen.

Potentielle Krise

Potentielle Krisen kennzeichnen eine Phase, in der die Krise nur ein gedankliches Gebilde ist. Sie ist als solche weder feststellbar noch existent. Deshalb wird dieser Zustand von *Krystek* (1987) auch als der „Quasi-Normalzustand der Unternehmung" bezeichnet, in dem sie sich ständig befindet.

Latente Krise

Latente Krisen beschreiben die Phase, in welcher die Krise bereits ausgebrochen aber mit dem normalen der Unternehmung zur Verfügung stehenden quantitativen Instrumentarium noch nicht identifizierbar ist. Die Maßnahmen zur Gegensteuerung unterliegen in dieser Phase noch keinen merklichen Restriktionen.

Akute Krise

Akute Krisen stellen die Phase dar, in dem die destruktive Wirkung der Krise wahrgenommen und die Bewältigung angestrebt wird. Dabei werden in dieser Phase normalerweise die Symptome, die aber nicht mit den Ursachen zu verwechseln sind, als Hinweis auf die Unternehmenskrise erkannt. Die Wahrnehmung der Krisensituation erfolgt dabei über das betriebliche Berichtswesen.

natürliche und menschlich induzierte Krisen

Daneben kommt der Unterscheidung zwischen natürlichen und menschlich induzierten Krisen für den Tourismus erhebliche Bedeutung zu. Krisen, ausgelöst durch negative Ereignisse in der Natur, z.B. Naturkatastrophen (Zyklone, Sturmfluten, Überschwemmungen, Lawinen und Erdbeben), unterscheiden sich in ihrer Wirkung erheblich von menschlich induzierten Krisen, also die durch Menschen ausgelösten Ereignisse. Dem Menschen als Auslöser zugerechnete negative Ereignisse führen normalerweise zu weitaus längeren Ausfällen, also negativeren Folgen als natürliche Krisen, die auf unabwendbare Ursachen zurückgeführt werden. Dies war beispielsweise an den Folgen der Ereignisse in Los Angeles und San Francisco im Jahre 1992 zu beobachten. Die Rassenunruhen in Los Angeles wirkten sowohl hinsichtlich der Unmittelbarkeit als auch mit Blick auf die Langfristigkeit der touristischen Ausfälle stärker als das Erdbeben von San Francisco. Dort stiegen die Ankünfte in den auf das Erdbeben folgenden zwölf Monaten sogar an.

Eintrittsgeschwindigkeit

Auf den zeitlichen Abstand zwischen dem Eintritt eines negativen Ereignisses und der wahrgenommenen krisenhaften Situation abgestellt, werden Krisen mit hoher und geringer Eintrittsgeschwindigkeit unterschieden. Durch den plötzlichen Eintritt der Veränderung werden Krisen mit hoher Eintrittsgeschwindigkeit schneller wahrgenommen, als es bei solchen mit langsameren Eintrittsgeschwindigkeiten der Fall ist.

2.2 Was sind negative Ereignisse im Tourismus?

2.2.1 Zum Begriff

Daß es zu Krisen kommt, läßt sich grundsätzlich auf das Eintreten bestimmter Ereignisse zurückführen. So äußern sich auch *Steger/Antes* (1991), die in diesem Zusammenhang den Begriff Störpotentiale verwenden und wie folgt definieren: „Störpotentiale – also Ereignisse, die dazu führen, daß sich die Planungen der Unternehmung nicht erfüllen und statt dessen negative Folgen auftreten...". Damit zeigen sie auf, daß prinzipiell ein Ereignis, worunter auch eine Häufung von Einzelerscheinungen zu verstehen ist, einen Wandel von einer stabilen zu einer krisenhaften Situation auslösen kann. Nachteilig an der Verwendung des Begriffs Störpotentiale ist aber seine Deutung als gefährdeter Bereich.

Geeigneter ist die Verwendung des Begriffs Ereignis, welches als ein besonderer, nicht alltäglicher Vorfall definiert wird. Zieht dieser besondere nicht alltägliche Vorfall auch negative Konsequenzen nach sich, spricht man von einem negativen Ereignis.

Definition negatives Ereignis

Negative Ereignisse werden als die Gesamtheit der Vorkommnisse aus dem Umfeld der Organisation bzw. Destination definiert, die in ihrer Art geeignet sind, nachhaltigen Schaden aus der Sichtweise der jeweiligen organisatorischen Einheit anzurichten. Das bedeutet, daß sie Wettbewerbsvorteile bzw. wichtige Organisationsziele bedrohen, schwächen oder zerstören können. Dabei soll ein möglichst weiter Blickwinkel angestrebt werden, der die negativen Ereignisse nicht nur im Sinne eines Sicherheitsproblems auffaßt.

Eine Auseinandersetzung mit Ereignissen, die keinen nachhaltigen Schaden verursachen würden, fällt in den Bereich der normalen Unternehmensführung, bzw. wird durch das Risk-Management abgedeckt.

Abbildung 8: Grundformen negativer Ereignisse, die touristische Krisen ausgelöst haben

KRISENURSACHEN

Kriege, Unruhen

- Krieg in Kroatien und Slowenien, 1991
- Coup Gambia, 1994
- Putsch Fidji, 1987 und 2000
- Unruhen in Los Angeles und San Francisco, April 1992

Umwelt

- Tankerunglück Erika in Frankreich, Dezember 1999
- Erdbeben in Umbrien, September 1997
- Algenpest Rimini, 1989 und 1990
- Hurrikan Mitch, Oktober 1998
- Ausbruch Ätna, 2001

Krankheiten, Epidemien

- Legionärskrankheit Spanien, Juli 2001
- Creutzfeld-Jakob-Krankheit, Januar 1993
- MKS, Februar 2001
- Milzbrand, September 2001

Kriminalität, Terrorismus

- Zyanidgasanschlag in Japan, Mai 1995
- ETA, Sommer-Anschläge, seit 80er
- Verbrechen an Touristen in Florida, 1993-94
- Geiselnahme auf den Philippinen, April 2000
- Terroristische Anschläge in der Türkei, 90er

Transport

- Fährunglück Estonia, September 1994
- Air France - Concorde Absturz, Juli 2000
- Zugunglück von Eschede, Juni 1998

Politisch, Wirtschaftlich

- Boykott Österreich, 2000
- Finanzkrise Asien, 1997

Bei der Auswahl der touristischen Krisen wurde versucht, solche Ereignisse auszuwählen, die heute bereits wieder vergessen wurden. Denn vieles von dem, was heute betroffen macht, abschreckt und schockiert, gab es schon in der zurückliegenden Zeit. Häufig erscheinen negative Ereignisse einfach nur in leicht veränderter Form oder mit anderen Begleitumständen. In ihrer Grundform jedoch wiederholen sie sich häufig.

2.2.2 Die Wahrnehmung negativer Ereignisse

Damit negative Ereignisse überhaupt wahrgenommen werden und eine Wirkung haben, müssen sie entweder direkt erlebt oder zunächst einmal kommuniziert werden. Man spricht hier auch von Primär- oder Sekundärerfahrung. Die Erfahrung zeigt, daß der direkten Wahrnehmung eine verschwindend kleine Rolle zukommt. Somit kommt der Kommunikation der negativen Ereignisse ebenso wie den am Kommunikationsprozeß Beteiligten eine besondere Bedeutung zu.

Hinsichtlich der Form der Kommunikation wird normalerweise unterschieden zwischen einer direkten Kommunikation, die zwischen Personen auf persönlicher Ebene erfolgt und einer Massenkommunikation, deren zentrales Merkmal die Einschaltung technischer Medien ist. Letztere nehmen die zentrale Stellung ein für den Brückenschlag zwischen der weiteren Umwelt und dem Empfänger einer Nachricht. Als nähere Umwelt wird der Bereich der Familie, Freunde und Bekannten des Empfängers bezeichnet, wohingegen die weitere Umwelt durch Gruppen, Organisationen oder soziale Schichten, denen der Empfänger angehört, gekennzeichnet ist. Bereits heute werden diese Massenmedien in Deutschland pro Tag durchschnittlich mehr als fünf Stunden genutzt (Berg/Kiefer 1992).

Abbildung 9: Bedeutung der Informationsquellen

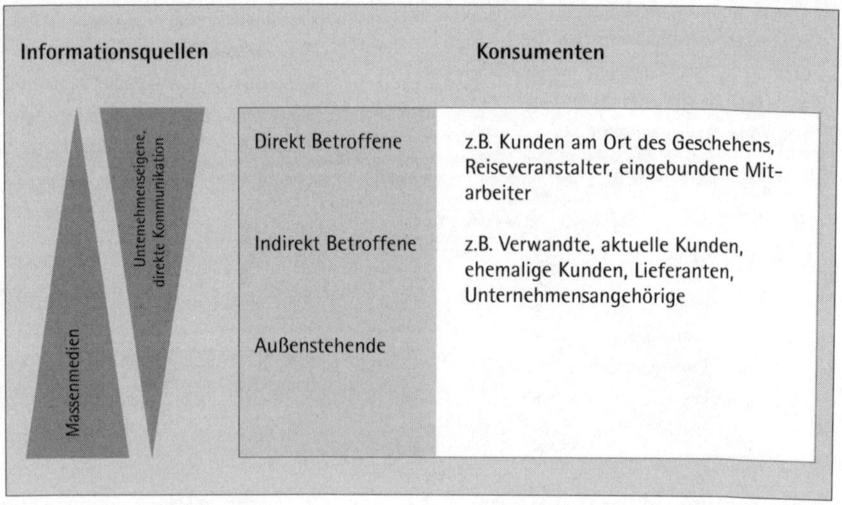

Im Kommunikationsprozeß erfüllen die Massenmedien zwei prinzipiell unterschiedliche Funktionen. In der ersten vermitteln sie Informationen, in der zweiten verändern sie Einstellungen und Meinungen. Unter Einstellung versteht man eine „gelernte, relativ stabile Bereitschaft einer Person, sich gegenüber dem Einstellungsobjekt konsistent (mehr oder weniger) positiv/negativ zu verhalten." Den hohen Stellenwert der Rolle als Informationsvermittler bestätigen auch empirische Untersuchungen. Beispielsweise beziehen 95% der amerikanischen Bevölkerung ihre Informationen über die weitere Umwelt aus den Massenmedien (Kroeber-Riel 1992). Entgegen den oft vorherrschenden Vermutungen sind es dabei vor allem die Printmedien, die den Informationsstand der Empfänger bestimmen. Das Fernsehen, dem häufig diese Funktion zugeschrieben wird, übt vielmehr eine aufmerksamkeitsweckende Funktion für emotional wirkende Ereignisse aus.

2.2.3 Einflußvariablen der Nachrichtenverbreitung

Nachrichten-faktoren

Verschiedene Faktoren haben auf die Verbreitung eines Ereignisses durch die Medien Einfluß. *Galtung/Ruge* (1965) erstellten hierzu einen auch empirisch überprüften Katalog von Nachrichtenfaktoren. An erster Stelle steht, daß durch die Nachricht an sich etwas Neues und Aktuelles mitgeteilt wird. Außerdem muß es sich um ein Ereignis mit Nachrichtenwert handeln. Man setzt somit voraus, daß aus der Sicht des Nachrichtenempfängers dieses Ereignis von Interesse ist. Trotz aller Unterschiedlichkeiten der Rezipienten können folgende Gemeinsamkeiten identifiziert werden, die das Interesse beeinflussen:

- Die Konsequenz, die ein Ereignis für den Konsumenten der Information selbst hat, also die eigene Betroffenheit, gilt ebenso wie das Ausmaß des Ereignisses, nämlich der Umfang der primär davon Betroffenen, als Nachrichtenwert.
- Für die Werthaltigkeit der Nachricht gilt die Nähe des Ereignisses zum Empfänger als weiteres wichtiges Kriterium, wobei Nähe zum einen für den Ort des Ereignisses steht, zum anderen für die Wichtigkeit für den Rezipienten. Die Bedeutung der geographischen Nähe untersuchte *Skriver* (1990), wobei er feststellte daß für eine mindestens 10 cm lange Berichterstattung in den hiesigen Printmedien bei 10.000 km Entfernung 39 Tote, bei 1.000 km 7 Tote und bei 100 km nur noch 1 Toter benötigt werden.
- Die kulturelle Nähe ist ein anderes Merkmal. Nach einer Untersuchung von *Adams* (1986) bei nichtamerikanischen Naturkatastrophen und der damit zusammenhängenden amerikanischen Berichterstattung schwanken die Reportagen abhängig von der kulturellen Nähe der Toten zum amerikanischen Kulturkreis. So glich der Umfang der Berichterstattung für einen zu Schaden gekommenen Westeuropäer dem von drei Osteuropäern,

bzw. neun Lateinamerikanern oder elf Bewohnern des Nahen Osten oder von zwölf Asiaten.

- Die psychologische Nähe ist ein weiterer Einflußfaktor. Darunter wird die Beziehung des Ereignisses zum Erlebens- und Erfahrungsbereich des Rezipienten verstanden. Gerade für den Tourismus hat dieser Faktor erhebliche Konsequenz. Während die Anzahl der Toten im Zusammenhang mit der kulturellen Nähe zu drei Prozent für den Umfang der Berichterstattung verantwortlich ist, erklärt die touristische Beliebtheit eines Landes diesen Umfang immerhin zu 33%. Zudem verstärkt sich die Berichterstattung durch die erklärte Fokussierung auf Touristen als Ziele von Anschlägen, wie *Tscharnke* (1995) dies anhand von Meldungen der dpa nachwies.
- Der Nachrichtenwert wird auch durch den menschlich emotionalen Aspekt des Ereignisses bestimmt, wie z.B. durch Dramatik, Risiko, Kuriosität etc.
- Ferner ist der langfristige Bezugsrahmen der Berichterstattung bei der Auswahl von Ereignissen von Bedeutung (Mathes/Gärtner/Czaplicki 1991). Aktuelle Ereignisse, die Gegenstand der Berichterstattung sein können, werden von Journalisten und anderen in diesem Zusammenhang wichtigen gesellschaftlichen Kräften in ein kognitives Schema aus bisher angesammeltem Wissen und vorhandenen Einstellungen eingeordnet. Dies entspricht der verhaltenswissenschaftlichen Erkenntnis der Subjektivierung von Umweltereignissen, wonach die Fähigkeit des Menschen, Beziehungen und wesentliche Charakteristika einer Situation zu verstehen, die Auswahl der Umweltsignale bestimmt.

Der die Wahrnehmung und Bewertung der Journalisten beeinflussende Bezugsrahmen entwickelt sich i.d.R. langfristig. Mit seiner Kenntnis können die meisten als plötzlich eingestuften Thematisierungen in ihrem Überraschungsgrad relativiert werden. Ähnliches bestätigt auch *Luhmann* (1991), der sagt, „...daß die Risikoeinschätzung und die Bereitschaft zur Risikoakzeptanz nicht nur ein psychisches, sondern vor allem ein soziales Problem ist. Man verhält sich hier so, wie es von den relevanten Bezugsgruppen erwartet wird, oder so, wie man – sei es mit der, sei es gegen die übliche Meinung – sozialisiert ist."

Gesamtwert der Nachricht

Die verschiedenen Einzelwerte und -faktoren aggregiert, bilden einen Gesamtwert der Nachricht, der über die Auswahl entscheidet. Für die abschließende Beurteilung des Wertes steht eindeutig das Interesse der Konsumenten im Vordergrund, bestimmen diese doch durch den Kauf oder Konsum der Nachricht über den ökonomischen Erfolg des Nachrichtenlieferanten. Dennoch müssen hier grundsätzlich auch weitere Faktoren der Nachrichtenauswahl, wie die speziellen Interessen der Verlage, Herausgeber und Journalisten, die jeweiligen Statuten und Pressegesetze und allgemeine gesellschaftliche, politische und demokratische Interessen berücksichtigt werden.

2.2.4 Die Rolle von Massenmedien

Inwieweit nun die Massenmedien neben der Informationsverbreitung auch die öffentliche Meinung beeinflussen und damit möglicherweise erst Krisen provozieren, ist in der Massenkommunikationsforschung untersucht worden. Unter den verschiedenen Erklärungsversuchen werden die Ansätze der Verstärkungs-, Thematisierungs- und der Überzeugungswirkung unterschieden (Kroebel-Riel 1992).

Man unterstellt mit der Überzeugungswirkung, daß Massenmedien in der Lage sind, Einstellungen und Meinungen des Empfängers entgegen dessen eigener Ansicht in die durch die Medien vorgegebene Richtung zu lenken. Dieser Ansatz wird heutzutage eher verneint. Man schreibt diese Wirkung mehr solchen Themen zu, die den Empfänger indirekt betreffen, mit anderen Worten, von eher allgemeiner gesellschaftlichen Relevanz sind, wobei der Einfluß aber nur oberflächlich und zeitlich begrenzt ist (Dunwoody/Peters 1993).

Massenmedien bestätigen und verstärken gemäß der Verstärkungshypothese vorhandene Einstellungen und Meinungen durch die übermittelten Informationen. Da die Empfänger Widersprüche weitgehend vermeiden, sind sie bei der Aufnahme und Bewertung der eigentlich vielfältig vorhandenen Informationen äußerst selektiv. Insoweit werden die medial dargebotenen Nachrichten vor allem dann einstellungswirksam, wenn Informationen für die Meinungsbildung nachgefragt oder Meinungen erstmals gebildet werden.

Der in der Medienforschung dominierende Agenda-Setting-Ansatz ist eine Fortführung des Ansatzes der Verstärkungswirkung. Demzufolge entscheiden die Medien durch die Thematisierung bestimmter Ereignisse darüber, ob diese Eingang in die öffentliche Diskussion finden. Ihnen wird eine Auswahlfunktion zugesprochen, die vor allem dann gilt, wenn es sich um Themen außerhalb des persönlichen Erfahrungsbereiches des Rezipienten handelt. Ist diese Auswahl erfolgt, strukturieren die Medien die thematisierten Bereiche dadurch, daß sie ihnen Präferenzen zuordnen. Ging es damit bei der Thematisierung um die Zulassung eines Themas zur öffentlichen Diskussion, werden nun die Prioritäten für die öffentliche Diskussion gesetzt.

Folglich haben Massenmedien die Macht, Aufmerksamkeit zu erzeugen und üben deshalb einen gewissen Einfluß auf die Auswahl der Themen in der öffentlichen Diskussion aus. Inwieweit sie aber eine konkrete Einstellungs- oder Meinungsänderung bewirken, hängt von einer Vielzahl von Faktoren ab. Wichtig ist, daß sie vor allem bei Themen von persönlicher Relevanz einen Prozeß der Informationsbeschaffung auslösen. Dabei bedient sich der Rezipient einer Vielzahl von Informationsquellen und nimmt im Sinne eines mehrstufigen Kommunikationsprozesses sowohl die Mittel der persönlichen als auch die der Massenkommunikation in Anspruch.

Die Abweichung von dem Alltäglichen ist dafür verantwortlich, daß negative Ereignisse eine erhöhte Kommunikationswahrscheinlichkeit haben und eine schnellere Verbreitung finden. Daher ist die Bedeutung eines negativen Ereignisses prinzipiell höher einzustufen als die eines normalen Ereignisses. Die Globalisierung der Kommunikationsdienste sorgt schließlich dafür, daß erst einmal thematisierte Ereignisse quasi unbeschränkte Reichweiten haben. Außerdem trägt die Globalisierung dazu bei, daß ein anderes Phänomen zu beobachten ist, welches für den Tourismus von Bedeutung ist. Die erhöhte weltweite Kommunikationschance eines negativen Ereignisses sorgt gerade dort, wo die Öffentlichkeit gesucht wird, dafür, daß Vorfälle in ihrer Wahrscheinlichkeit zunehmen. Das gilt für terroristische Anschläge, die gute Chancen haben, sich spektakulär in Szene zu setzen, wenn sie Touristen zum Ziel haben.

Auf der anderen Seite trägt die Lokalisierung des Nachrichtenwesens dazu bei, daß Ereignisse wahrgenommen werden, die früher keine Beachtung fanden. Vor allem in Zeiten des Nachrichtenvakuums können sich diese in einer Art Schneeballsystem verbreiten, bis sie schließlich von größeren Medien aufgegriffen werden.

Prinzipiell muß man deshalb davon ausgehen, daß einmal aufgetretene negative Ereignisse kaum zu verbergen sind. Eine Auseinandersetzung mit ihnen ist für jedes verantwortungsvolle unternehmerische Handeln unvermeidbar.

2.3 Was ist Krisenmanagement?

2.3.1 Zum Begriff

Management

Die Führung einer organisatorischen Einheit beschreibt man gewöhnlich mit dem Begriff Management. Unterschieden wird dabei zwischen einer institutionellen und einer funktionellen Sichtweise. Bei ersterer umfaßt das Management die Beschreibung der Personengruppen, die Managementaufgaben wahrnehmen, ihre Tätigkeiten und Funktionen. Bei der funktionellen Sichtweise steht Management als Begriff für alle Aufgaben und Prozesse, die mit der Leitung einer arbeitsteiligen Organisation zusammenhängen. Dazu gehören insbesondere Planung, Organisation, Realisierung und Kontrolle. Diese Sichtweise des Managementbegriffs kann gegebenenfalls noch um eine personen- oder sachbezogene Betrachtung erweitert werden.

Krisenmanagement

Die erstmalige Verwendung des Begriffs Krisenmanagement wird überwiegend dem Bereich der Politikwissenschaft zugeschrieben. Demnach soll von US-Präsident J. F. Kennedy während der Kuba-Krise 1962 der Ausdruck Krisenmanagement für die Handhabung einer ernsten, außergewöhnlichen Situation verwendet worden sein. Abzugrenzen ist das Krisenmanagement vom Risikomanagement. Letzteres beschäftigt sich auch mit Ereignissen, die für die Organisation bzw. Destination nicht bedrohlich sind. Dabei ist festzustellen, daß sich nach der anfänglichen Beschränkung des Risikomanagements auf versicherbare Risiken, eine Tendenz der ständigen Ausweitung auf alle Arten des Risikos entwickelt hat. Diese konzeptionelle Ausweitung ist aber nicht sinnvoll. Sie hat, streng gesehen, eine Gleichsetzung von Risikomanagement und Management zur Folge, da Risiken immanenter und definitorischer Bestandteil von Entscheidungs- bzw. Führungsprozessen sind. Aber auch das Abstellen auf rein versicherbare Risiken ist nicht mehr zeitgemäß, da in diesem Bereich Finanzinnovationen wie Wetterderivate die Grenze ständig verwässern.

Häufig beeinflußt der Anlaß, durch den die Tätigkeiten begonnen wurden, aber auch der Bereich, in dem sie Anwendung finden, welche Tätigkeiten noch dem Risiko- oder schon dem Krisenmanagement zuzurechnen sind. Diese Übergangsbereiche sind nicht zu vermeiden. Sie sind aber auch nicht von besonderer Bedeutung. Dennoch muß aus praktischer Sicht angemerkt werden, daß die Beschäftigung mit Risiken – d.h. auch der Aspekt, daß sie versicherbar sind – bei Destinationen häufig erst dann systematisch betrieben wird, wenn es zur Beschäftigung mit dem Krisenmanagement kommt. Ähnliches bestätigen auch Beobachtungen bei Unternehmen im Tourismus, obwohl sich hier das Krisenmanagement noch überwiegend in der Anfangsphase der Entwicklung befindet. Nachdem die Tätigkeiten des Krisenmanagements anfänglich noch in Zweitfunktion wahrgenommen wurden, werden sie nun häufig schon in Ausschließlichkeit betrieben und der höchsten Managementebene zugeordnet. Entscheidend ist schließlich, daß nur das Krisenmanagement sich in seiner ganzen Bandbreite mit den negativen Ereignissen auseinandersetzt, die Krisen auszulösen in der Lage sind. Dafür bedient es sich im Bereich der Krisenvorsorge auch der Möglichkeiten des Risikomanagements.

Wie auch im Management wird zwischen einem Krisenmanagement als Funktion und als Institution unterschieden. Das Krisenmanagement als Institution betrachtet die Personengruppen, die verantwortlich sind für die Aktivitäten des Krisenmanagements. Sie sind die dominanten Träger des funktionalen Krisenmanagements. Zu den Angehörigen der obersten Managementebene treten nun weitere ausgewählte Mitarbeiter der mittleren und unteren Ebene sowie externe Kräfte als Krisenaktoren hinzu. Aus funktioneller Sicht gesehen, bezieht sich das Krisenmanagement auf die Veränderung der Aufgaben und Prozesse im Hinblick auf eine Krise. In Bezug auf den Prozeßcharakter der Krise und der Unterscheidung verschiedener Phasen, trennt man verschiedene Arten des Krisenmanagements und korrespondierende Aktivitäten.

Definition Krisenmanagement

Unter Krisenmanagement werden die Aufgaben, Prozesse und Maßnahmen verstanden, die zur Prävention und Bewältigung von Krisen geplant und ergriffen werden.

In der Literatur überwiegt die Trennung eines aktiven, präventiven von einem reaktiven, bewältigendem Krisenmanagement (Beispielsweise Höhn 1974; Krystek 1979; Oelsnitz 1993, Glaeßer/Pechlaner 2004). Ihr soll im weiteren gefolgt werden. Außerdem werden im Rahmen der weiteren Darstellungen vier Krisenaktivitäten unterschieden. Wird eine idealtypische Entwicklung unterstellt, so gibt Abbildung 10 die Tätigkeiten im Zeitverlauf wieder.

Abbildung 10: Aktivitäten des Krisenmanagements

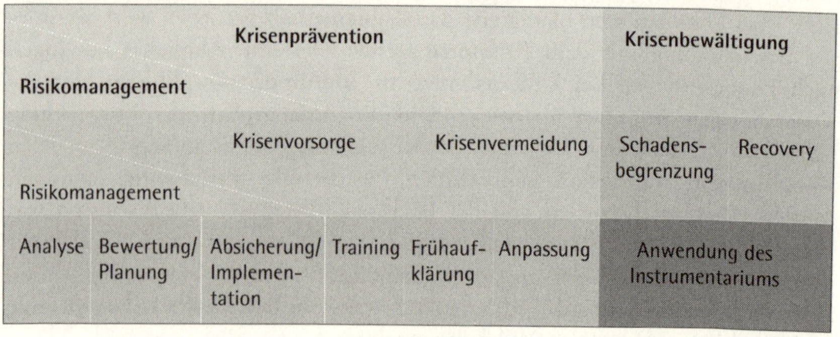

Krisenprävention

Die Krisenprävention dient als Vorbereitung auf negative Ereignisse. Sie kennzeichnet, im Unterschied zur Krisenbewältigung, eine kontinuierliche Beschäftigung mit dem Gegenstand. Krisenprävention umfaßt die Bereiche Krisenvorsorge und Krisenvermeidung. Beide Teile sollen dabei nicht zwingend als zeitlich aufeinanderfolgend betrachtet werden. Vielmehr handelt es sich um selbständige Teile, die in der Praxis in zeitlicher Sicht durchaus umgekehrte oder parallele Anwendung finden können.

Krisenvorsorge

Bei der Krisenvorsorge handelt es sich um die planerischen vorsorgenden Tätigkeiten und Maßnahmen zur effektiveren Krisenbewältigung. Diese wird mit dem Ziel betrieben, die Höhe des Schadens zu verringern. Der Bereich ist somit vor allem strategischer Natur, schließt Maßnahmen des Risikomanagements für außergewöhnliche Ereignisse ein, bereitet aber auch operative Krisenpläne vor.

Krisenvermeidung

Bei der Krisenvermeidung werden Maßnahmen ergriffen, die das Entstehen von Krisen aus identifizierten Krisenpotentialen verhindern. Dies ist primär Aufgabe der Frühaufklärung, die sich mit Beobachtung und Auswertung befaßt. Ziel der

Frühaufklärung ist es, die Ereignisse rechtzeitig wahrzunehmen und in ihrer Ernsthaftigkeit abzuschätzen, um frühzeitig Maßnahmen der Gegensteuerung zu ergreifen. Wenn der Instrumenteneinsatz vorverlegt wird, wird von einem vermeidenden Krisenmanagement gesprochen. Dies wird durch Krisenbeobachtungen bestätigt, wo zumindest mit der ex post Betrachtung eine Ursache oder ein Ursachenbündel als Auslöser der Krise identifiziert werden kann.

Dabei ist zumindest rein theoretisch die Bestimmung eines idealen Zeitpunkts für die Frühaufklärung möglich. Zum einen ist bekannt, daß die destruktive Wirkung eines negativen Ereignisses im Zeitverlauf zunimmt, zum anderen wird die Anzahl der möglichen Gegenmaßnahmen ständig abnehmen, bis es zur Unkontrollierbarkeit seitens der betroffenen Organisation kommt. Außerdem sind die Kosten der Frühaufklärung nicht als fixe Kosten sondern als zusätzlicher Aufwand zu betrachten, dessen Höhe vom frühzeitigen Erkennen abhängt. Dieser Aufwand nimmt im Zeitverlauf ab, weil die Abschätzung der Entwicklung dadurch einfacher und kostengünstiger wird. Zum Zeitpunkt der Wahrnehmung mit dem herkömmlichen Instrumentarium ist der Aufwand gleich Null. Ziel der krisenvermeidenden Frühaufklärung muß daher die rechtzeitige Erkennung der Ereignisse sein, die ausreichend Zeit für die Reaktion verschafft und nicht die frühzeitige Erkennung. Dabei variiert die Rechtzeitigkeit in Abhängigkeit vom gefährdeten Bereich und möglichen negativen Ereignis.

Bei den krisenvermeidenden Aktivitäten tritt neben die Frühaufklärung die Anpassung der Organisation an die Situation, um eine Erhöhung der Reaktionsschnelligkeit zu erreichen. Da diese Anpassung durchaus anlaßbezogen ausgelöst werden kann, verschwimmt die Grenze zwischen präventiven und bewältigenden Aktivitäten.

Krisenbewältigung

Der Krisenbewältigung ist ein bezwingender Charakter zuzuschreiben. Sie ist anlaßbezogen und stellt eine aktive und bewußte Einflußnahme auf die Situation dar, die durch die Betroffenen oder Andere vollzogen werden kann. Die Krisenbewältigung setzt mit der Identifikation der Krisensituation ein.

Schadensbegrenzung

Recovery

Im Rahmen der Schadensbegrenzung geht es an erster Stelle um das Abstellen der Krisenursachen unter Einsatz aller Managementinstrumente. Dadurch soll eine Beendigung der Krisensituation erreicht werden. Die sich anschließende Phase des Recovery zielt auf die Handhabung der Krisensituation in einer Weise ab, daß die gegenwärtigen negativen Folgen überwunden werden. Dies schließt auch den Teil des „lessons learned“ mit ein, durch welchen die Organisation versucht, aus dem Vorgefallenen für die Zukunft Lehren zu ziehen.

Betrachtet man den gesamten Prozeß des Krisenmanagements, ergibt sich ein fließender Übergang von der Vorbereitung bis hin zur tatsächlichen Bewältigung. Die ehemals bestehende Beschränkung des Krisenmanagements auf rein zu bewältigende Tätigkeiten im Sinne eines Krisenbewältigungsmanagements gilt inzwischen als überholt. Vielmehr liegen die besonderen Herausforderungen im präventiven Bereich des Krisenmanagements. Dies entspricht auch durchaus dem praktischen Umgang mit negativen Ereignissen, in den alle Managementbereiche eines Unternehmens eingebunden sind. Unter Krisenmanagement sind also Aktivitäten der Prävention und Bewältigung zu subsumieren, ebenso wie das Krisenmanagement als ein vollumfängliches Managementproblem aufzufassen ist. Dieses Krisenmanagement ist abhängig von der Krisenphase, entweder Teil der regulären Unternehmensplanung oder von ihr losgelöst. Ersteres ist der Fall, wenn es sich um präventives Krisenmanagement handelt. Letzteres, wenn es sich um bewältigendes Krisenmanagement handelt, das nicht nur von der regulären Unternehmensplanung losgelöst ist, sondern auch ihre Ziele verändern oder ersetzen kann.

2.3.2 Die besonderen Herausforderungen des Krisenmanagements im Tourismus

In den bisherigen Ausführungen standen die allgemeinen Erörterungen der Krise und des Krisenmanagements im Vordergrund. Nun sollen die Besonderheiten des Systems Tourismus und insbesondere des touristischen Produktes beleuchtet werden. Diese Kenntnisse sind für die weitere Entwicklung eines allgemeinen Krisenmanagements für den Tourismus von hoher Bedeutung. Gilt doch gerade für den Tourismus, daß er wie kaum ein anderer Bereich mit imaginären Werten bzw. der Vermittlung von Träumen arbeitet.

2.3.2.1 Das System Tourismus

Der Tourismus ist ein Phänomen der Neuzeit und beschreibt in einer allgemeinen Begriffsfassung alle Erscheinungen, die mit dem Reisen zusammenhängen. Es werden drei konstitutive Merkmale unterschieden: Ortswechsel, vorübergehender Aufenthalt und Vorhandensein eines Motivs. Die Welttourismusorganisation und die Vereinten Nationen definieren Tourismus als „Aktivitäten von Personen, die an Orte außerhalb ihrer gewohnten Umgebung reisen und sich dort zu Freizeit-, Geschäfts- oder bestimmten anderen Zwecken nicht länger als ein Jahr ohne Unterbrechung aufhalten."

Abbildung 11: Das System Tourismus

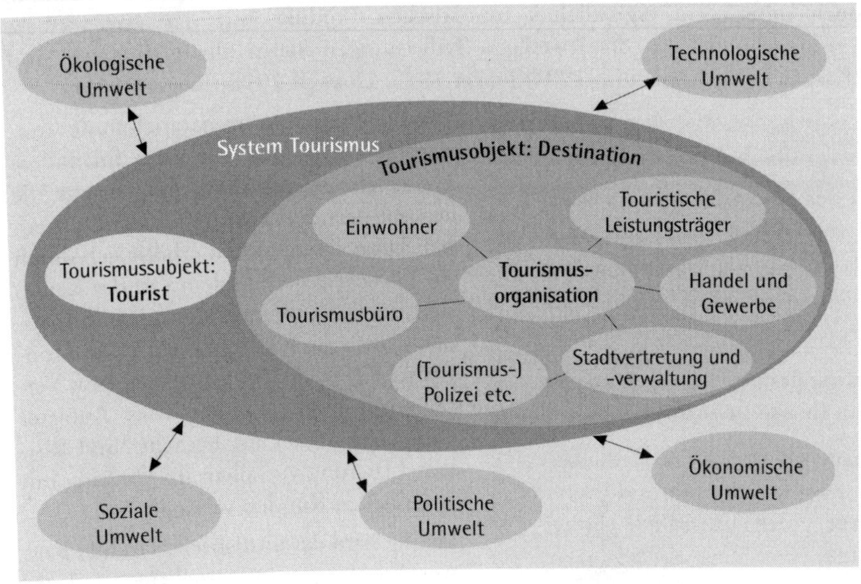

Um den Tourismus, der in besonderer Weise durch interpersonelle Kontakte und vielfältige Beziehungen zu seiner Umwelt gekennzeichnet ist, möglichst umfassend darzustellen, bietet sich der Rückgriff auf die Erkenntnisse der Systemtheorie an. Demnach wird das Unternehmen als ein produktives soziales System definiert, das als offenes Gefüge Beziehungen zu seiner Umwelt unterhält. Die Teile des Systems sind dabei derart miteinander verknüpft, „daß kein Teil unabhängig ist von andern Teilen und das Verhalten des Ganzen beeinflußt wird vom Zusammenwirken aller Teile" (Ulrich/Probst 1995). Alle Elemente außerhalb des Systems Unternehmung gehören zur Umwelt, die nach Dimensionen und Institutionen untergliedert werden kann. Bei einer dimensionalen Umweltbetrachtung unterscheidet man die ökologische, technologische, ökonomische und soziale Sphäre und erweitert sie noch gegebenenfalls um die politisch-rechtliche Sphäre. Bei einer institutionalen Umweltbetrachtung trennt man Institutionen oder Gruppen von Individuen, wie den Staat, Kunden, Konkurrenten, Kapitalgeber, Lieferanten und Arbeitnehmer. Als Subsysteme des Tourismus kann das Tourismussubjekt – Tourist – von dem Tourismusobjekt – Destination – abgegrenzt werden (siehe Abbildung 11).

Systemtheorie

2.3.2.2 Das touristische Produkt

Das touristische Produkt ist vielfältig und komplex und wird häufig unter Mitwirkung einer Vielzahl von Personen und Organisationen erstellt. Auch wenn alle an der Leistungserstellung im Tourismus beteiligten Einheiten eigene touristische Produkte produzieren, versteht man nach überwiegender Meinung doch unter dem eigentlichen touristischen Produkt nur das vermarktbare Leistungsbündel, da die jeweiligen Teilleistungen kaum allein absetzbar sind (Kaspar 1991; Kreilkamp 1994; Freyer 1995; Doswell 1998; Bieger 2002).

Überprüfbarkeit der Qualität

Anhand der Überprüfbarkeit werden 3 Klassen von Gütern unterschieden:

- Suchgüter: Qualität des Produkts ist vor dem Kauf problemlos überprüfbar
- Erfahrungsgüter: Überprüfen erst durch Inanspruchnahme möglich
- Vetrauensgüter: Keine Informationsmöglichkeit aufgrund prohibitiver oder unendlich hoher Kosten.

Quellen: Kaas (1990); Wöhler (1993); Haedrich (1998)

Die überwiegende Immaterialität des touristischen Produkts, die auch für andere Dienstleistungsprodukte gilt, macht die zu erbringende Leistung schwer beurteilbar. Diese Unsicherheit erhöht sich durch die Distanz zwischen dem Ort des Kaufes und der Leistungserbringung. Informations-ökonomisch ausgedrückt ist das touristische Produkt ein Glaubens- bzw. Vertrauensprodukt, welches vom Anbieter Fähigkeiten zur Unsicherheits- und Risikoreduzierung vor allem im Umgang mit potentiellen Kunden verlangt.

Häufig wird das touristische Produkt bzw. Angebot in ein ursprüngliches und ein abgeleitetes Angebot aufgeteilt. Während zum ursprünglichen Angebot die natürlichen Faktoren, die allgemeine Infrastruktur und die sozio-kulturellen Verhältnisse zählen, die von ihrer Eigenschaft her keinen direkten Bezug zum Tourismus haben, steht das abgeleitete Angebot für die Faktoren, die bewußt für die touristische Bedürfnisbefriedigung geschaffen worden sind, wie z.B. die touristische Infra- und Suprastruktur.

Seit einiger Zeit wird die Gleichbehandlung des touristischen Produkts mit dem Konsumgüterprodukt gefordert, ebenso wie die Produktkomponenten: ursprüngliches und abgeleitetes Angebot um den Softwarebereich des Angebots erweitert werden (WTO 1994a; Bieger 2002). Wenn das ursprüngliche und das abgeleitete Angebot Hardware-Eigenschaften des Produkts beschreiben, werden mit der Software sogenannte weiche Eigenschaften, wie das Erlebnis beschrieben.

Wird eine abnehmerorientierte Perspektive gewählt, kann das Produkt „allgemein als eine Menge von Eigenschaften charakterisiert werden, die kombiniert werden und die erlauben, ein bzw. mehrere Bedürfnisse eines Nachfragers zu befriedigen“. Mit dieser Bedürfnisbefriedigung stiftet das Produkt dem Konsumenten einen Nutzen. *Kotler* (1988) entwickelte die drei Ebenen des Produktbegriffs auf Basis der von *Vershofen* entwickelten Nutzenlehre, die zwischen einem

Grundnutzen

Grundnutzen, der die stofflich-technische Seite und einem Zusatznutzen, der die seelisch-geistige Seite eines Produktes unterschied. In einer ersten Ebene beschreibt er das Kernprodukt, das die eigentliche Kernleistung des Produktes darstellt, also das, „was der Kunde tatsächlich erwirbt". Daneben stellt er das formale Produkt, das die vom Kunden als Kaufobjekt aufgefaßte Einheit kennzeichnet und mindestens die fünf Merkmale: Qualitätsniveau, Eigenschaften, Styling, Markennamen und Verpackung umfaßt. Weitere Serviceleistungen und Vorteile, die mit dem Produkt einhergehen, bilden eine dritte Ebene und beschreiben das erweiterte Produkt.

Abbildung 12: Grund- und Zusatznutzen einer Flugleistung

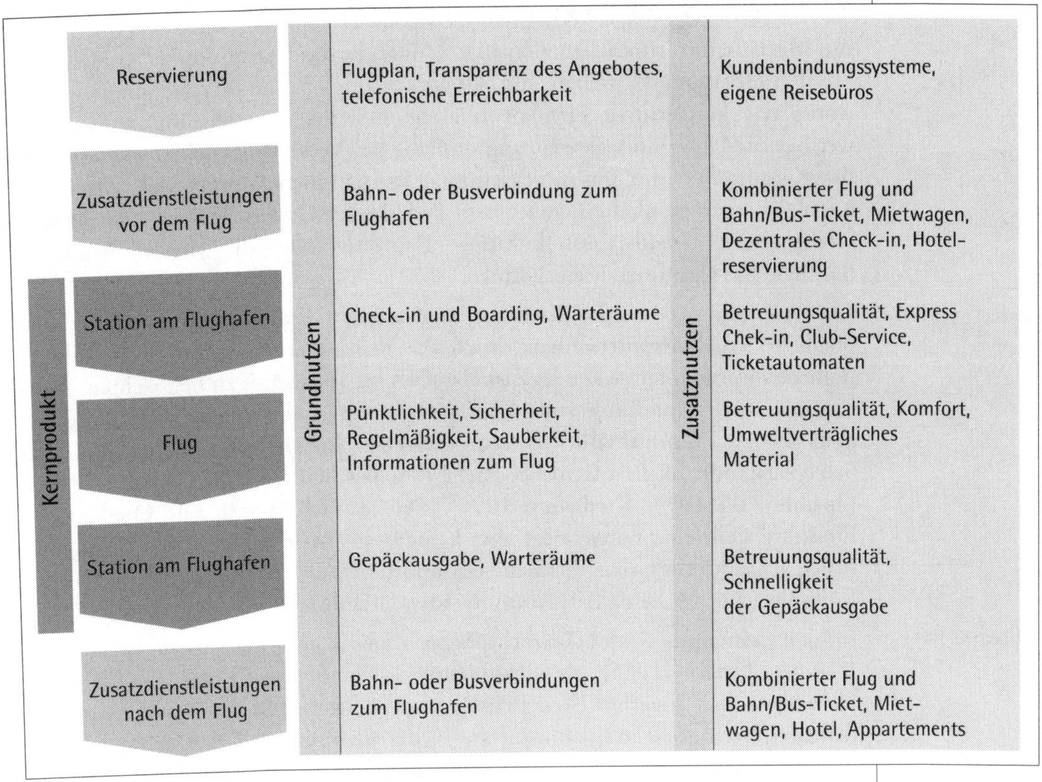

Quelle: Bruhn/Meffert (1995)

Diese Systematik wurde von *Meffert/Bruhn* (1995) auf die Dienstleistungen – eine Dienstleistung stellt unter anderem eine Faktorenkombination aus Lebewesen, materiellen Gütern und Nominalgütern dar – übertragen. Zudem wurden die materiellen und immateriellen Komponenten des Produkts ebenfalls in drei Ebenen aufgeteilt. In seiner untersten Stufe beschreibt das Modell das Kernprodukt als Grundleistung, beziehungsweise Mußkomponente, die vom

Kunden nachgefragt wird. Das Qualitätsprodukt umfaßt in einer weiteren Stufe die Elemente, die als Sollkomponente grundsätzlich die durch den Konsumenten erwarteten Leistungen bezeichnen. Beide Leistungen zusammen bezeichnen den sogenannten Grundnutzen, der somit auch immaterielle Leistungen beinhalten kann und weiter zu fassen ist als der von *Vershofen* verwendete Begriff. Der Zusatznutzen, welcher in der letzten Stufe liegt und die Kannleistungen kennzeichnet, ist davon zu trennen. Entsprechen die als Grundnutzen erbrachten Leistungen den Kundenerwartungen, so bieten sich die Zusatznutzen schaffenden Aktivitäten zur Produktdifferenzierung und schließlich zur Schaffung von Wettbewerbsvorteilen an.

Zusatznutzen

Auf touristische Grundleistungen angewendet, ist das Kernprodukt beispielsweise bei Beherbergungsbetrieben die Übernachtungs- und Verpflegungsleistung, wobei das konstitutive Element nur die Beherbergungsleistung an sich ist, welches die Unterkunftsgewährung umfaßt. Bei Verkehrsbetrieben wiederum ist das Kernprodukt die Transportleistung. Destinationen können viele Arten von Kernleistungen beinhalten, von denen Baden oder Golfen Beispiele für aktivitätenorientierte Urlaubsarten, kulturelle Bauwerke oder die Historie landesgebundene Kernleistungen sein können.

Generell gilt, daß der Großteil der angebotenen Produkte ausgereift ist und objektive Qualitätsunterschiede durch die Konsumenten kaum noch wahrgenommen werden. Diese Tendenz ist ebenfalls im Tourismus zu beobachten. Auch hier trat eine Wandlung zum Käufermarkt ein und zählt die Erfüllung des „physischen Grundbedürfnis zu Reisen“ inzwischen schon zu den Selbstverständlichkeiten (Kroeber-Riel 1986, Wachenfeld 1987, Haedrich 1993, Opaschowski 1995, Kreilkamp 1998). Die sachlich funktionale Qualität der Produkte stellt eine notwendige aber keineswegs mehr ausreichende Bedingung für den Markterfolg dar. Vielmehr bestimmt sich die Wettbewerbsfähigkeit des Produktes aus der Fähigkeit, Konsum- bzw. Urlaubserlebnisse zu vermitteln.

Erlebniswert

In den Mittelpunkt der Betrachtungen rückt somit der Erlebniswert. Von *Weinberg/Konert* (1985) als „...subjektiv erlebten, durch das Produkt, die Dienstleistung, ... vermittelten Beitrag zur Lebensqualität des Konsumenten...“ definiert, vermittelt er Erlebnisse, die in der Gefühls- und Erfahrungswelt der Konsumenten verankert sind. *Schulze* (1996) macht mittels der Unterscheidung zwischen einem innen- und einen außenorientierten Konsum die Funktion von Erlebniswerten in der heutigen Gesellschaft deutlich. „Kauft man eine Brille als Mittel, um besser zu sehen, ein Auto als fahrbaren Untersatz, Mehl als Lebensmittel usw., so handelt man außenorientiert.“ Die Qualität des Produktes wird folglich unabhängig vom Konsumenten definiert, da es sich um objektive Eigenschaften des Produktes handelt. Anders hingegen bei der Innenorientierung. „Der innenorientierte Konsument sucht eine Brille, mit der er sich schön fühlt, ein Auto, das ihn fasziniert, eine Mehlsorte, mit der er was erleben kann: Erlebnismehl.“ Schließlich folgert er, daß Urlaubsreisen heutzutage „...fast ausschließlich aus innenorientierter Motivation nachgefragt...“ werden.

Den starken Einfluß emotionaler Kriterien bei der Auswahl einer Destination beschreibt beispielsweise *Schrattenecker* (1984) folgendermaßen: „Es ist anzunehmen, daß eine Präferenzbildung bzw. eine Auswahl zwischen Zielländern nicht ausschließlich auf **rationaler** Basis stattfindet, sondern auch eine **emotionale Auseinandersetzung** mit den Ländern, die vorwiegend auf der Komplexität des Beurteilungsgegenstandes „Zielland“ beruht, stattfindet: Es sind also sowohl rationale als auch emotionale Inhalte vorhanden. Beispielsweise könnten für einen Urlauber emotionale Kriterien wie „internationales Flair“ und rationale, wie „Vorhandensein von Möglichkeiten, Wassersport wie Segeln, Surfen und Wasserschifahren ausüben zu können“ bei der Wahl seines Ziellandes ausschlaggebend sein. Diese Kriterien schließen sich nicht einander aus, sondern sie ergänzen einander: Sowohl das eine – emotional besetzte – als auch das andere – sachhaltige Angebot – wird gesucht.“

Noch konkreter werden *Fesenmeier/MacKay* (1996), die auf die hohe Bedeutung dieser Erlebniswerte gerade in der Anfangsphase der Reiseentscheidung hinweisen: „As such destination decisions may be based on the symbolic elements of the destination (as conveyed in visual imagery) rather than the actual features.“

Es wird damit deutlich, daß für touristische Produkte die Schaffung eines Wettbewerbsvorteils im Bereich des Kernnutzens kaum möglich ist, wenn die Produkte nicht mehr einzigartig und somit nicht mehr in ihrer sachlich funktionalen Eigenschaft unterscheidbar sind. Wenn man die Grundtypen der Wettbewerbsvorteile zugrundelegt, verbleibt bei fehlender Möglichkeit der materiellen Differenzierung die Wahl zwischen einer Strategie der Kostenführerschaft oder der immateriellen Differenzierung, die auch als Erlebniswertstrategie bezeichnet wird. Das bestätigt auch *Bieger* (2002), der eine sinnvolle Differenzierung für eine Destination mit auswechselbarer Ressourcenausstattung (Kapital, Infrastruktur und Natur) nur noch im Bereich der Software (Kultur, Systeme, Erlebnisse, Ambiente und Lebensstil) sieht. Mittel- bis langfristig gesehen, werden die emotionalen Konsumerlebnisse auf vielen Märkten, wozu auch der Tourismusmarkt gehört, einen größeren Beitrag zur Lebensqualität der Konsumenten leisten als die dann als trivial empfundenen sachlichen und funktionalen Basiseigenschaften der Produkte. Somit ist es Aufgabe des strategischen und operativen Marketings, diesen Zusatznutzen, der für den eigentlichen Kaufentscheid verantwortlich ist, zu generieren, vermitteln und aufrechtzuerhalten. Gerade in diesen neuen Aspekten liegt zugleich die besondere Herausforderung für das strategische Krisenmanagement.

Fragen

- Was unterscheidet eine Krise von einer Katastrophe?
- Was wird heutzutage unter dem touristischen Produkt verstanden?
- Was macht das touristische Produkt so anfällig gegenüber negativen Ereignissen?
- Wie wirkt die Medienberichterstattung auf die Konsumenten?
- Welche Grundformen negativer Ereignisse können für den Bereich des Tourismus unterschieden werden?

Empfehlungen zur vertiefenden Lektüre

Adams, William C.: Whose lives count?: TV Coverage of Natural Disasters. Journal of Communication, 1986, Heft 36, S. 113–122

Berg, Klaus; Kiefer, Marie-Luise (Hrsg.): Massenkommunikation, (Nomos) Baden-Baden 1992

Jankrift, Kay Peter: Brände, Stürme Hungersnöte. Katastrophen in der mittelalterlichen Lebenswelt, (Jan Thorbecke) Stuttgart 2003

Luhmann, Niklas: Soziologie des Risikos, (de Gruyter) Berlin - New York 1991

Skriver, Ansgar: Vom Unterhaltungswert von Katastrophen, in: E+Z, 1990, Heft 4, S.15-16

Starn, Randolph: Historische Aspekte des Krisenbegriffs, in: Jänicke, Martin (Hrsg.): Politische Systemkrisen, (Kiepenheuer & Witsch) Köln 1973, S. 52-69

3 Die Wirkungsbereiche von Krisen

Wirkungszusammenhänge negativer Ereignisse

Bevor Techniken, Strategien und Instrumente des Krisenmanagements zum Einsatz kommen, müssen die Wirkungszusammenhänge negativer Ereignisse genauer betrachtet werden. Als erstes muß geklärt werden, welche Betrachtungsbereiche dazu sinnvollerweise unterschieden werden sollen, um innerhalb dieser dann eine genaue Wirkungsanalyse, insbesondere im Bezug auf die betroffene Organisation, zu vollziehen. Dazu sollen folgende zwei Untersuchungen beispielhaft dargestellt werden, die sich mit negativen Ereignissen im Tourismus beschäftigen:

Hultkrantz/Olsson (1995) untersuchten die Wirkungen des Nuklearzwischenfalls von Tschernobyl auf den schwedischen Tourismus. Ein Ergebnis ihrer Analysen war die Feststellung, daß dieses negative Ereignis auf den Tourismus unterschiedliche Wirkungen hatte. Während der Einreiseverkehr nach Schweden spürbar unter dem Ereignis litt, konnten beim Binnenreiseverkehr hingegen keine Veränderungen beobachtet werden.

Die Welttourismusorganisation untersuchte die Konsequenzen des Golfkriegs auf den Tourismus. Dazu nahm sie eine sektorale und eine regionale Gliederung der Beobachtungsbereiche vor (WTO 1991a). Als ein Ergebnis ihrer Analysen wurden innerhalb der regionalen Betrachtung unterschiedlich starke Entwicklungen festgestellt. Diese variierten nicht nur in der Stärke, sondern auch in der Richtung. Sie umfaßten also nicht nur Rückgänge, sondern auch Stagnationen bzw. Zuwächse der internationalen Ankünfte und unternommenen Reisen. Außerdem wurde bei der sektoralen Betrachtung beobachtet, daß auch die verschiedenen Marktsegmente sehr unterschiedlich auf ein und dasselbe Ereignis reagierten. Fluggesellschaften wurden zwar generell stark durch die kriegerischen Auseinandersetzungen in Mitleidenschaft gezogen, doch ging die Nachfrage für Langstreckenreisen weitaus stärker zurück als für Kurz- und Mittelstreckenflüge. Gleichfalls verzeichneten bestimmte Reisearten und Hotelkategorien stärkere Reaktionen und waren auch besonders kleinere Unternehmen härter betroffen als größere.

Wie beide angeführten Untersuchungen bestätigen, kann von einer unterschiedlichen Wirkung auf ein und dasselbe negative Ereignis ausgegangen werden. In dieser Beobachtung liegt der Grundstein für ein erfolgversprechendes Krisenmanagement. Es eröffnet die Möglichkeit, sich nicht nur auf bewältigende

Maßnahmen zu konzentrieren und diese zu planen. Vielmehr deuten sie auch an, daß durch strategische Vorbereitungen die negativen Folgeerscheinungen eines negativen Ereignisses vermindert werden können.

Folgende Wirkungsbereiche werden unter Zugrundelegung der Systemtheorie unterschieden: Konsumenten, touristische Einheiten, Konkurrenten, Staat und Lieferanten, Kapitalgeber und Arbeitnehmer.

Abbildung 13: Die verschiedenen Wirkungsbereiche

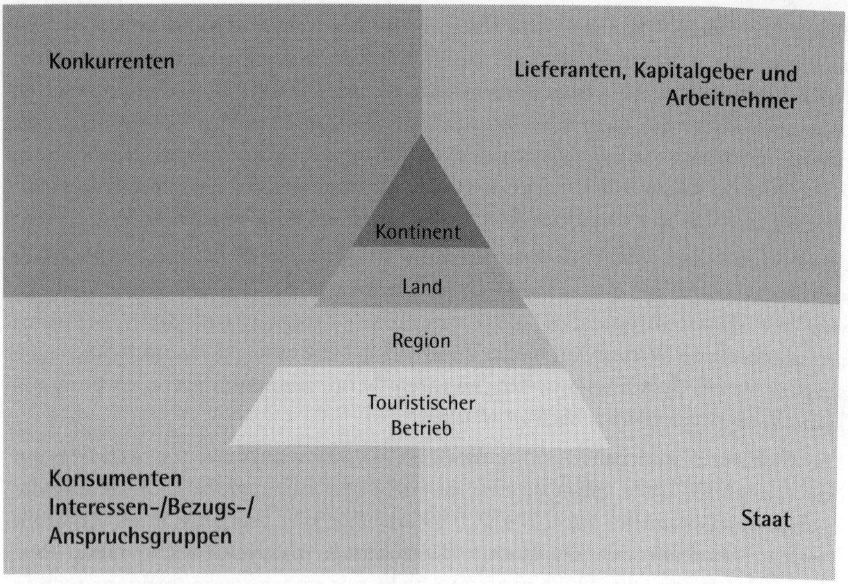

3.1 Der Konsument als Wirkungsbereich

Ziel dieses Kapitels

- Wichtige Faktoren und Variablen des touristischen Kaufentscheidungsprozesses verstehen
- Einflußfaktoren der Risikowahrnehmung und Risikobeurteilung identifizieren und beurteilen
- Formen terroristischer und krimineller Aktionen und ihre Bedeutung für den Tourismus unterscheiden
- Die rechtlichen Rahmenbedingungen des touristischen Verhaltens erkennen
- Den zeitlichen Wert des Krisenmanagements erkennen

Wesentliche Begriffe und Konzepte

- Anspruchsgruppen
- Verhaltenstypen von Konsumenten
- Risiko und Involvement
- Kulturkreiszugehörigkeit
- Kriminalität und Terrorismus
- Pauschal- und Individualreisende

Zur Erstellung des touristischen Produktes wird die Anwesenheit des Touristen vorausgesetzt. Ob potentiell oder im Augenblick partizipierend, kann der Konsument „Tourist" ohne Zweifel als der wichtigste Teil dieser Betrachtung identifiziert werden. Seine Wahrnehmung und die Reaktion auf negative Ereignisse dominieren die Aktivitäten des Krisenmanagements.

In der Vergangenheit galt die Daumenregel, daß Touristen nach ein bis zwei Jahren ein negatives Ereignis vergessen hätten. Danach würde sich für das betroffene Unternehmen oder die Destination die Normalität wieder einstellen. Nach den Erfahrungen der vergangenen negativen Ereignisse ist diese passive Strategie des Abwartens heute nicht mehr zu empfehlen. Vielmehr empfiehlt sich aktives Handeln. Das setzt aber ein fundiertes Verständnis der Wahrnehmungs- und Entscheidungsprozesse der Touristen voraus.

3.1.1 Der Einfluß von Anspruchsgruppen

Das klassische Marketing konzentriert sich auf die aktuellen Kunden eines Unternehmens sowie auf Zielgruppen, die als potentielle Kunden in Frage kommen. Nachteilig ist bei dieser Vorgehensweise, daß die weiteren gesellschaftlichen Gruppen im Umfeld der Organisation, die nicht für Kundenbeziehungen in Frage kommen, vernachlässigt werden.

Vor allem Anspruchsgruppen erweisen sich in einer komplexen und schnell verändernden Umwelt als wichtiger Einflußfaktor für die Unternehmen. Sie formulieren ihre Interessen in Form von konkreten Erwartungen und Ansprüchen an die Unternehmen. Zudem versuchen sie, auf die Unternehmensziele, deren Erreichung, die unternehmerische Tätigkeit und auf das Verhalten des Unternehmens Einfluß zu nehmen. *Haedrich* (1998) belegte, daß 1991 nur noch 40,6% der befragten Unternehmen in der Lage waren, ihre geplanten Wettbewerbsstrategien ungehindert von gesellschaftlichen Ansprüchen umzusetzen. Der Eintritt negativer Ereignisse wird diesen Wert noch erhöhen.

Beispiel 1: Boykotts im Tourismus

Anspruchsgruppen spielen auch im Tourismus eine wichtige Rolle. Ihre Aktionen und insbesondere Boykottaufrufe finden nicht nur mediale Beachtung, sondern treffen auch auf einen Sektor, in dem die Mundpropaganda einen sehr hohen Einfluß auf die Konsumenten und den Reiseentscheidungsprozeß hat. Die folgenden Beispiele sind eine Auswahl von Boykottaufrufen im Tourismus aus der jüngeren Vergangenheit:

1. Allgemeiner Boykottaufruf gegen Reisen nach Simbabwe wegen allgemeiner politischer Vorwürfe (politische Ursache);
2. Boykottaufruf in Deutschland gegen Reisen nach Italien, nachdem ein Statement des für Tourismus zuständigen italienischen Staatssekretärs veröffentlicht wird, welches deutsche Urlauber verunglimpft (politische Ursache);
3. Allgemeiner Boykottaufruf gegen Reisen nach Indonesien wegen des Vorwurfes von extensiven Rodungen der Wälder (ökologische Ursache);
4. Allgemeiner Boykottaufruf gegen Reisen nach Thailand wegen des Vorwurfes, die Kinderprostitution nicht ausreichend zu bekämpfen (soziale Ursachen);
5. Boykottaufruf in den USA gegen Deutschland und Frankreich, deren Regierungen den Irakkrieg ablehnen (politische Ursachen)

Anspruchsgruppen versuchen mit dem Aufruf zum Boykott, auf eine bestimmte Situation aufmerksam zu machen und diese zu ändern. Selten handelt es sich dabei um offizielle politische Aktionen, noch werden sie von offizieller Seite unterstützt. Dennoch stieg die Zahl der Boykotte und deren negativer Konsequenzen für touristische Unternehmen und Zielgebiete in der Vergangenheit erheblich an. Die ökonomischen Auswirkungen von Boykotten gegen einzelne Staaten sind jedoch schwer zu bewerten, da diese nur langfristig festgestellt werden können.

Die Bedeutung von Anspruchsgruppen im Zusammenhang mit negativen Ereignissen unterliegt einigen Besonderheiten, die von der Distanz zum Produkt und der Art des Produktes abhängen. Beispielsweise hatten die massiven Betriebsstörungen des Chemiekonzerns Hoechst AG in Frankfurt am Main 1993 hauptsächlich zu Reaktionen im Bereich der Anspruchsgruppen und weniger bei den Kunden geführt (Schönefeld 1994). Trotz der Protestwelle unter den Anwohnern, den weiteren und näheren Anspruchsgruppen des Unternehmens, wies das Betriebsergebnis des Unternehmens mit Abschluß des Geschäftsjahres einen höheren Gewinn aus als in den Vorjahren. Zum einen erklärt das die Beschaffenheit der Produkte des Unternehmens, die vom sanktionierenden Endverbraucher kaum wahrzunehmen sind. So ist die Hoechst AG beispielsweise als Hersteller von Kunstdünger oder Insektiziden am Endprodukt kaum zu erkennen. Zum anderen interessiert sich der Käufer von Insektiziden oder Kunstdünger wenig für die gesellschaftliche Reputation des Herstellers, solange es nicht den Absatz seiner eigenen Erzeugnisse betrifft.

Ein weiteres Beispiel aus dem produzierenden Gewerbe sind die Ereignisse um den Versuch der Versenkung der Öl-Verladeplattform Brent Spar der Shell AG 1995. Wochenlang stand das Unternehmen im Mittelpunkt des öffentlichen Interesses und litt in dieser Zeit stark unter dem Druck der Endverbraucher, die Shell-Produkte boykottierten. So bezifferte man den durchschnittlichen Absatzverlust im Durchschnitt auf 20%, im Einzelfall sogar auf mehr als 50%. Zur gleichen Zeit hatte das Unternehmen jedoch keinerlei Probleme beim Absatz von Flugbenzin und Schmierölen.

Dies macht deutlich, daß die Bedeutung von Anspruchsgruppen um so größer ist, je näher sich der Endverbraucher zum Produkt fühlt und je eindeutiger der Aufgang einer Vorleistung im interessierenden Endprodukt ist. Das gilt insbesondere für den Tourismus. Zum einen sind die Produktbestandteile zwar teilweise mit geringer Aufmerksamkeit bedacht, für den Einzelnen jedoch einfach wahrzunehmen. Ein negatives Ereignis, das hier eintritt, kann normalerweise ohne große Probleme identifiziert und sanktioniert werden. Zum anderen sind touristische Leistungen kaum anderweitig zu verwenden und auch nicht für eine spätere Nutzung zu lagern. Folglich ist die gesellschaftliche Umwelt im Tourismus für Destinationen und Unternehmen als besonders sensibel einzustufen. Auch ist von einer unmittelbaren Wirkung beim Eintritt negativer Ereignisse auszugehen.

3.1.2 Der Kaufentscheidungsprozeß

Kaufentscheidung

Kaufentscheidungen sind komplexe Vorgänge, die durch eine Vielzahl von Variablen beeinflußt werden. Grundsätzlich liegen zur Erklärung der Kaufentscheidungen eine Vielzahl von Einzelerkenntnissen vor. Sie werden in Total- und Partialmodelle der Kaufentscheidung übertragen. Totalmodelle, die alle Determinanten zu erfassen versuchen, sind bis heute nicht in der Lage, den Kaufentscheidungsprozeß zweifelsfrei nachzubilden. Deshalb stützen sich die meisten Betrachtungen auf Partialmodelle, die nur wenige wesentliche Einflußvariablen berücksichtigen.

Diese Feststellung läßt sich auch auf den touristischen Entscheidungsprozeß übertragen. Da er sich zudem noch über einen längeren Zeitraum erstreckt, wird die Anwendung von Totalmodellen noch zusätzlich erschwert. Trotz der Besonderheiten touristischer Leistungen, denen ein besonders komplexes Informationsverhalten zugrunde liegt, wird die Übertragung der Erkenntnisse des Konsumgütermarketings bejaht.

Determinanten

Unter Berücksichtigung der modernen Konsumentenforschung wird das Verhalten des Konsumenten sowohl durch psychische als auch soziale Determinanten beeinflußt. Je nach Anzahl der an der Entscheidung Beteiligten, werden für den nichtorganisatorischen Bereich Konsumenten- und Familienentscheidungen unterschieden. Letztere werden in den folgenden Ausführungen vernachlässigt, um die Komplexität der Betrachtung zu reduzieren. Es ist auch zu vermuten, daß negative Ereignisse hier prinzipiell gleich wirken dürften. Werden die psychischen Vorgänge betrachtet, so wirken Emotionen, Motivationen und Einstellungen, die insgesamt als aktivierende Prozesse bezeichnet werden, als Einflußfaktoren auf die Entscheidung des Konsumenten ein. Sie beschreiben die Vorgänge, welche mit den inneren Erregungen und Spannungen des Konsumenten verbunden sind und bilden die Antriebskräfte seines Handelns.

Motive sind ein hypothetisches Konstrukt, das sich aus den grundlegenden Antriebskräften, Emotionen und Trieben und den darauf aufbauenden kognitiven Prozessen zur Zielbestimmung zusammensetzt. Motive, durch welche die Frage des „Warum" einer Reise geklärt werden soll, haben eine hohe Erklärungswirkung für das Besuchsverhalten (Frömbling 1993; Schrattenecker 1984). *Frömbling* (1993) sieht es als zweckmäßig an, die Menge der Motive nach der Art ihrer Antriebskraft in höhere und niedere Motivationen zu unterscheiden. Diese auf die Motivationsforschung zurückgehende Trennung, nach der niedere Bedürfnisse vor den höheren befriedigt werden, wobei es sich jeweils um eine relative und nicht eine vollständige Befriedigung des Motivs handelt, wird heutzutage zur Erklärung des erlebnisbetonten Konsums verwendet. Unter diesem Aspekt nehmen die Motive eine wichtige Stellung im Zusammenhang mit den negativen Ereignissen ein.

Werte werden einerseits in enger Beziehung zu den Motiven gesehen, andererseits mit Einstellungen gleichgesetzt. Sie stehen für die grundlegenden, von kurzfristigen Einflüssen unabhängigen Wertvorstellungen, die zudem vom sozialen Umfeld mitgeprägt werden. Werte wurden bisher in der Tourismusforschung nicht verwendet. Eine Segmentierung ausschließlich auf ihrer Basis erweist sich als nicht erfolgversprechend, da sie Besucher von Nichtbesuchern nicht signifikant unterscheiden ließen. Die hohe zeitliche Stabilität von Werten führt dazu, daß ihnen im Zusammenhang mit negativen Ereignissen eine geringe Bedeutung zukommt.

Einstellungen unterscheiden sich durch ihre zusätzlichen Gegenstandsbeurteilungen von den Motiven, weshalb sie als relativ stabil und konsistent hinsichtlich ihrer Reaktion auf Stimuli der Umwelt angesehen werden. Legt man als Bezugsobjekt die Destination zugrunde, beschreibt die Einstellung die subjektiv wahrgenommene Eignung der Destination zur Befriedigung einer Motivation. Es werden spezifische und unspezifische Einstellungen unterschieden. Anhand von unspezifischen Einstellungen, die generelle Einstellungen zu Urlaubsreisen, wie z.B. Reiseformen wiedergeben, kann keine große Erklärungswirkung für das Besuchsverhalten einer Region nachgewiesen werden. Nur anhand der spezifischen Einstellungen, die einen Bezug zu den Ausprägungsformen der Region haben, kann das Besuchsverhalten analysiert werden.

Der Einstellung wird unter Anwendung der E-V Hypothese eine hohe Relevanz für die Vorhersage des Verhaltens des Konsumenten unterstellt. Zu diesem Ergebnis kommt auch *Frömbling* (1993) für das Reiseverhalten, wobei von ihr zugleich auf die hohe Bedeutung, besonders der Einstellung zum natürlichen Angebot hingewiesen wird. Situative und persönliche Faktoren, aber auch ökonomische Restriktionen, relativieren diese Hypothese insoweit, daß man weniger vom Indikator des Kaufverhaltens als der Kaufwahrscheinlichkeit spricht. Die umgekehrte V-E Hypothese, wonach sich die Einstellung zum Gegenstand erst durch die Nutzung bzw. den Erwerb ergibt, somit das Ergebnis des Verhaltens ist, macht ferner deutlich, daß es keine Allgemeingültigkeit gibt.

Die Vorgänge der gedanklichen Informationsverarbeitung bilden den zweiten Teil der psychischen Vorgänge beim Entscheidungsprozeß. Zu diesen als kognitive Prozesse beschriebenen Aktivitäten zählt man das Aufnehmen, Wahrnehmen und Lernen von Informationen. Außerdem wird der Konsument durch die sozialen Determinanten beeinflußt. Hierzu zählt man die Familie und Bezugsgruppen, die in der näheren Umwelt auf den Konsumenten wirken und die Zugehörigkeit zu Kulturkreisen, die seine weitere Umwelt bestimmen.

Verhaltenstypen von Konsumenten

Kroeber-Riel (1992) unterscheidet anhand der verschiedenen Anteile von kognitiver und emotionaler Beteiligung am Auswahlverhalten verschiedene Verhaltenstypen von Konsumenten. Es sind einfache Modelle des Kaufverhaltens, die prinzipielle Wirkungszusammenhänge verdeutlichen. Dabei werden Prozesse mit einer geringen kognitiven Steuerung als Verhaltensweisen und nicht als

Entscheidungen im engeren Sinne bezeichnet. Im Vergleich zu umfassenden Strukturmodellen haben sie den Vorteil, nur die Variablen zu enthalten, die zur Erklärung des Verhaltens benötigt werden. Ihre prinzipielle Anwendbarkeit im Tourismus bestätigen *Frömbling* (1993) und auch *Mühlbacher/Botschen* (1990).

Für das habituelle Verhalten kennzeichnend ist entweder die Beibehaltung von Entscheidungen, die zu Wiederholungen führen oder die Übernahme von bestimmten Verhaltensmustern. Die quasi automatisch ablaufenden Prozesse setzen einen geringen Informationsbedarf voraus und haben eine schnelle Informationsverarbeitung zur Folge. Im touristischen Bereich findet sich dieses Verhalten beispielsweise in der Zielgebietstreue wieder.

Vor allem affektive Reaktionen steuern das impulsive Verhalten, wobei diese fast automatischen Verhaltensweisen auf situative und persönliche Faktoren zurückzuführen sind. Für den touristischen Entscheidungsprozeß kann diese Verhaltensweise wegen ihrer geringen Bedeutung vernachlässigt werden.

Vereinfachte und extensive Entscheidungen zeichnen sich durch eine hohe kognitive Beteiligung aus und werden als die einzigen tatsächlichen Entscheidungen bezeichnet. Beide Verhaltensweisen dominieren bei der Reiseentscheidung. Die extensive Entscheidung kennzeichnet eine weitgehend gedankliche Steuerung, die einen hohen Informationsbedarf auslöst. Durch sie versucht der Konsument, seinen Alternativraum komplett zu erkennen und schließlich die verschiedenen Wahlmöglichkeiten zu bewerten. Dies hat eine lange Entscheidungsdauer zur Folge. Typischerweise kommt dieses Verhalten im Tourismus dann zur Anwendung, wenn der Tourist keinerlei Erfahrung mit dem Produkt hat. Aber auch Entscheidungen mit einem hohen Risiko, beispielsweise finanzieller Art, ebenso wie Produkte, die bereits unter negativen Ereignissen litten, führen zu extensiven Entscheidungen. Geeigneterweise sollten Touristen bei extensiven Kaufentscheidungen umfassende und detaillierte Informationen, entweder in Schriftform oder durch Beratungsgespräche, zur Verfügung gestellt werden.

Beispiel 2: Alte Gewohnheiten änderten sich so schnell

Lange Jahre war es den Kunden nicht wichtig, von welchem Veranstalter sie eine Pauschalreisen kauften. Die Airline und der Zustand der Flugzeugflotte spielten eine untergeordnete Rolle. Im Vordergrund stand vielmehr der günstige Reisepreis, der zum wichtigsten Entscheidungskriterium avancierte.

Das änderte sich 1996, als ein Charterflugzeug kurz nach dem Start aus der Dominikanischen Republik abstürzte und alle Passagiere in den Tod riß. Eigentlich hätte dieser Flug von Alas Nacionales mit einer Boeing 767 durchgeführt werden sollen. Da das eigentlich für den Flug vorgesehene Fluggerät aber nicht flugbereit gewesen war, wurde der Flug statt dessen kurz entschlossen mit einer Boeing 757 der türkischen Fluglinie Birgenair durchgeführt.

Nach dem Ereignis begannen viele Touristen vor der Buchung intensiv die Komponenten der Pauschalreise zu studieren. Besonderes Interesse galt dabei der Flugkomponente. Sie holten umfangreiche und detaillierte Informationen über die Chartergesellschaft und deren Flugzeugmodelle ein. Dieses Verhalten war neu. Sogar detaillierte Informationen über Zwischenfälle bei Fluggesellschaften, die in den USA regelmäßig veröffentlicht wurden, waren zuvor auf nur geringes Interesse bei vielen Reisenden gestoßen.

Bei vereinfachten Entscheidungen verfügt der Konsument bereits über Erfahrungen mit der in Frage kommenden Menge der Alternativen. Kognitive, emotionale und soziale Restriktionen sorgen dafür, daß der Konsument sich auf die Menge der ihm bekannten Kaufalternativen, dem „evoked set" konzentriert. Das evoked set umfaßt die Menge der Produkte, die der Konsument subjektiv weder negativ beurteilt noch ein besonderes Risiko mit ihnen verbindet. Sie werden von ihm grundsätzlich als für die Bedürfnisbefriedigung tauglich eingestuft und akzeptiert. Die folglich begrenzten Informationsbemühungen sind eher marken- als produktbezogen, was auch für den Tourismus bestätigt wird (Kleinert 1993). Hohe Bedeutung haben in diesem Zusammenhang ausdruckskräftige Schlüsselinformationen wie Testurteile oder Kaufempfehlungen von Meinungsführern, die an die Stelle einer Vielzahl von Einzelinformationen treten. Negative Ereignisse können zu einer Veränderung der wichtigen Beurteilungskriterien der vereinfachten Kaufentscheidung führen, falls die thematisierten Bereiche im Krisenfall bisher nur eine geringe Bedeutung hatten.

3.1.3 Die Einflüsse des Involvements

Um die Konsequenzen negativer Ereignisse auf den Entscheidungsprozeß vertiefend zu analysieren, ist die Berücksichtigung des Involvementkonstrukts zu empfehlen. Das Involvement beschreibt nämlich das innere Engagement, mit dem sich ein Konsument einem Gegenstand oder einer Aktivität zuwendet. Dabei wird nach der Ursache zwischen einem persönlichen, einem objektspezifischen und einem situativen Involvement unterschieden.

Persönliches Involvement

Das persönliche Involvement beschreibt den Zuwendungsgrad einer Person zu einem Sachverhalt. Es bestimmt sich durch persönliche Motive, Einstellungen, Erfahrungen und Kenntnisse. Dieser Zustand ist im Zeitverlauf relativ stabil und von der Situation unabhängig. Diese Form des Involvements ist im Tourismus häufig und vor allem bei jugendlichen Konsumenten zu beobachten. Es ist in aller Regel aktivitätenbezogen. Ein hohes persönliches Involvement findet sich beispielsweise in den Segmenten der Surfer, Taucher und Snowboarder. Das bedeutet, daß Informationen über negative Ereignisse auch bei einem geringen allgemeinen Verbreitungsgrad, in den Segmenten, wo sie z.B. leidenschaftlich ausgeübte Aktivitäten betreffen, auf eine hohe Aufmerksamkeit stoßen werden. Somit ist innerhalb einer gleichartig interessierten Gruppe, mit einer schnellen Diffusion der Nachricht zu rechnen. Daneben werden negative Ereignisse von persönlich hoch involvierten Personen ständig aufgenommen und verarbeitet sowie länger erinnert. Dies ist von der Entscheidungssituation unabhängig.

Die konkrete Wirkung des Ereignisses ist davon abhängig, inwieweit wichtige Eigenschaften des Produkts getroffen werden. Entscheidend ist dabei die subjektive Nutzenbeurteilung des Touristen. Ein persönlich hoch involvierter Tourist wird aufgrund seiner Erfahrungen und Kenntnisse die Umstände sachlicher beurteilen.

Beispiel 3: Eine unterschiedliche Bewertung

In touristischen Marktsegmenten, die spezialisierte Kundengruppen ansprechen, spielt das persönliche Involvement in Krisenzeiten eine sehr wichtige Rolle.

Aufgrund der tragischen Anschläge in Luxor 1997 verzeichnete der ägyptische Tourismus erhebliche Besucherrückgänge. Dennoch gab es Ausnahmen von diesem generellen Trend. Urlauber, die Interesse hatten im Roten Meer zu tauchen, reagierten anders als normale Badeurlauber. Viele der auf Tauchreisen spezialisierten Reiseveranstalter berichteten, daß bereits nach einer kurzen Phase von drei Monaten des Fernbleibens, Taucher viel schneller und in höherer Anzahl als die normalen Touristen wieder Ägypten als Reiseziel auswählten. Dieser Trend hielt über einen längeren Zeitraum an und sorgte für eine Steigerung der Taucherreisen nach Ägypten im zweistelligem Bereich.

Das Gleiche wurde beim weltberühmten New York City-Marathon festgestellt, welcher nur zwei Monate nach den verheerenden terroristischen Anschlägen des 11.09.2001 stattfand. Während in dieser Zeit nur absolut dringende Reisen durchgeführt wurden und Reisende Flugzeuge soweit als möglich mieden, reisten nationale und internationale Teilnehmer trotz der Sicherheitsbedenken nach New York, um an der Veranstaltung teilzunehmen.

Ähnlich verhielt es sich auch nach dem Anschlag von Bali (Indonesien) im Oktober 2002. In diesem Fall wurde beobachtet, daß Surfer schneller als andere Urlauber die Destination wieder aufsuchten. Besonderen Ausdruck ihres Verhalten lieferten die unter den Surfern beliebten T-Shirts mit dem Aufdruck „Osama don't surf".

Im Fall des Tankerunglückes der „Jessica" im ersten Halbjahr 2001 vor den Galapagos Inseln, bedrohten die ausgelaufenen 600.000 Liter Diesel und 300.000 Liter Heizöl das Naturreservat, das 960 Kilometer westlich vom ecuadorianischen Festland im Pazifik liegt. Obwohl diese einzigartige Landschaft und Tierwelt von dem Unglück verschmutzt war und weltweit die Presse über den Vorfall berichtete, blieben auch im weiteren Verlauf des Jahres die Ankünfte unverändert hoch und lagen bei Jahresende 2001 bei 70.000 Personen. Da die Besucher ein hohes persönliches Involvement aufwiesen (aufgrund des wissenschaftlichen und ökologischen Interesses an der Flora und Fauna), blieb die Nachfrage auch in diesem Fall stabil.

Objektspezifisches Involvement

Das objektspezifische Involvement steht für das einem Produkt oder einer Dienstleistung entgegengebrachte Interesse durch den Konsumenten. Zu seinen Einflußfaktoren zählen das funktional-technische und das soziale Risiko ebenso wie die Häufigkeit der Nutzung und die emotionale Anziehungskraft des Produkts. Abhängig von den wahrgenommenen Unterschieden der Reiseprodukte einer Kategorie empfindet der Tourist ein unterschiedliches funktional-technisches Risiko. Mit zunehmendem Unterschied steigt dieses Risiko, was ein hohes objektspezifisches Involvement bedingt. Der Konsument ist nämlich dann bestrebt, die Vor- und Nachteile gegeneinander abzuwägen, um spätere negative Konsequenzen zu vermeiden (Jeck-Schlottmann 1987). Liegt ein hohes objektspezifisches Involvement vor, kann unterstellt werden, daß ein negatives Ereignis aufgrund des höheren Gewichts und der im Vergleich zu positiven Reizen stärkeren Diskriminanzwirkung nachteiliger wirken wird (Romeo 1991).

Abhängig von der Häufigkeit der Nutzung des Produktes variiert das objektspezifische Involvement. Diese Feststellung kann sich sowohl auf eine Destination als auch auf eine Aktivität beziehen. Hierbei ist zu erkennen, daß Touristen mit Erfahrung über das Zielgebiet bzw. eine Urlaubsart über eine andere Wahrnehmung zu dem gleichen Ereignis verfügen als ein in diesem Sinne unerfahrener Tourist.

Reiseprodukte unterliegen einem hohen sozialen Risiko, da sie Symbolwert haben. Einerseits kann dieser Symbolwert in der Zugehörigkeit zu einer bestimmten Bezugsgruppe liegen. Andererseits ist der Konsum einer Reise ein Statussymbol, das einen höheren Lebensstandard vermittelt und bestätigt. Der Konsum der Reise als Statussymbol hat eine hohe Bedeutung und unterliegt der besonderen Gefahr, im Wert durch ein negatives Ereignis relativiert zu werden.

Hinzu kommt noch ein innenbestimmter emotionaler Wert des Reiseprodukts, den der Tourist als Lust- bzw. Freudegefühl beim Konsum verspürt. Dieser mit der Ausübung der Reise sich einstellende Erlebniswert sorgt dafür, daß der Tourist – eine geringe kognitive Kontrolle unterstellt – das Produkt einfach nur besitzen will, um in den Genuß des Produkterlebnisses zu kommen. Eine Beeinträchtigung dieses Erlebnisses oder gar dessen Zerstörung würde dafür sorgen, daß diesem Produkt eine weit geringere Aufmerksamkeit zukommt.

Situatives Involvement

Das situative Involvement schließlich ist eine zeitliche Komponente. Das bedeutet, daß sich der Tourist abhängig von der Entscheidungssituation, in der er sich befindet, mit Informationen, die seine Reiseentscheidung betreffen, anders auseinandersetzt. Je näher der Zeitpunkt der Entscheidung rückt, desto höher ist die damit verbundene Aktivierung, durch die er angeregt wird, sich gedanklich oder emotional mit dem Handlungsgegenstand auseinanderzusetzen.

Anhaltendes Involvement

Gesamtinvolvement

Sowohl das persönliche als auch das objektspezifische Involvement sind dauerhaft stabiler und von situativen Ereignissen unabhängig zu sehen. Deshalb werden beide auch als anhaltendes Involvement bezeichnet. Der Grad der Aufmerksamkeit, den der Konsument aufgrund objektspezifischer oder persönlicher Determinanten einer bestimmten Menge von Reiseprodukten entgegenbringt, ist also stabil. Anders muß hingegen das situative Involvement gesehen werden. Zum einen verändert es sich im Zeitverlauf, zum anderen wird ihm ein hoher Einfluß auf das Gesamtinvolvement zugeschrieben, der das objektspezifische und persönliche Involvement dominiert.

Das hat auch für die Aspekte der negativen Ereignisse eine erhebliche Bedeutung. Abhängig vom Zeitpunkt, zu dem ein negativen Ereignis eintritt, wird der Tourist unterschiedlich starke Involvementzustände aufweisen. Folglich ist auch mit unterschiedlichen Konsequenzen zu rechnen. Dies muß bei der Wirkungsanalyse, der Entwicklung der Strategien, den Instrumentensätzen, aber auch beim Timing berücksichtigt werden. Zudem haben das Medieninvolvement und Botschaftsinvolvement Einfluß auf den Touristen, worauf bereits hingewiesen wurde (siehe Kapitel 2.2.4).

3.1.4 Die Risikowahrnehmung und -akzeptanz

Die risikotheoretischen Untersuchungen im Rahmen des Konsumentenverhaltens konzentrierten sich in der Vergangenheit auf das Risiko einer falschen Kaufentscheidung unter Berücksichtigung der ökonomischen und sozialen Risiken. Damit wird aber nur ein Teil der Risiken und ihrer Folgen betrachtet. Insbesondere wird der nun wichtige Bereich der Wirkungen eines negativen Ereignisses, der keine Kaufentscheidung voraussetzt, vernachlässigt.

Beispiel 4: Autofahren ist sicher, aber Fliegen ist so gefährlich!

Viele Fehler bei der Krisenbewältigung sind auf ein mangelhaftes Verständnis bei der Risikowahrnehmung zurückzuführen. Die auf den 11. September 2001 folgende Krise im Tourismussektor zeigte erneut auf, daß dieses Defizit nach wie vor besteht. Die Versuche von vielen Verantwortlichen in Fluggesellschaften und in der Politik, die Öffentlichkeit wieder zum Fliegen zu animieren, indem argumentiert wurde: „Fliegen ist sicher", schlug nicht nur fehl, sondern wurde auch als nicht vertrauenswürdig erachtet.

Das Verständnis des Konzepts der Risikowahrnehmung ist der erste Schritt hin zu einem effektiven Krisenmanagement. Vertreter von Fluggesellschaften haben, wie auch dieser Fall zeigte, die Tendenz, Risiken objektiv zu beurteilen. Sie greifen auf Wahrscheinlichkeiten zurück, wie die in der folgenden Tabelle dargestellten. Diese zeigen deutlich, daß die Wahrscheinlichkeit bei einem Autounfall 1998 in den USA zu sterben weitaus höher war (1 zu 6212) als bei einem Flugunfall (1 zu 390.532). Bei Betrachtung dieser Statistiken war die Aussage: „Fliegen ist sicher", sogar richtig.

Art des Unfalls	Tote, 1998	Wahrscheinlichkeit p.a.
Kraftfahrzeug	43,501	6,212
Lufttransport	692	390,532
Schifftransport	692	390,532
Bahntransport	515	524,753
Fall auf oder von Stufen oder Treppen	1,389	194,563
Ausrutschen oder Stolpern	740	365,200
Getroffen vom fallenden Objekt	723	373,787
Während des Sports oder der Erholung	685	394,523
Stromschlag	548	493,153

Quelle: US National Safety Council

Auch die Einbeziehung der zurückgelegten Strecken bei der Betrachtung von Wahrscheinlichkeiten bestätigten diese Argumentation; 1999 betrug die Todeswahrscheinlichkeit in den USA beim Kraftverkehr 0.83 per 100 Millionen Passagiermeilen. Sie war damit weitaus höher als die von Bussen (0.07), Zügen (0.10) und Fluglinien (0.003).

Warum aber schlagen diese Argumentationen trotzdem fehl? Sie werden von den Konsumenten einfach nicht akzeptiert; dies ist insbesondere dann der Fall, wenn zuvor negative Ereignisse eingetreten sind. Konsumenten beurteilen Risiken nämlich subjektiv. So erscheint ihnen auch in diesem Fall ein Flug weitaus risikoreicher als eine Autofahrt. Ein wohlüberlegtes Krisenmanagement muß diesem Umstand Rechnung tragen und die zugrundeliegenden Mechanismen der Risikowahrnehmung gut verstehen. Andererseits ist zu befürchten, daß auch mit einem Vielfachen der Anstrengungen und Aufwendungen nicht annähernd der gleiche Effekt erzielt wird.

Die Betrachtung und der Rückgriff auf Erkenntnisse der Forschung im Bereich der Risikotechnologien bieten sich hierzu an, wo besonders risikobehaftete Technologien wie die Kernkraft in der Vergangenheit die Notwendigkeit förderten, sich mit den Wirkungszusammenhängen des Risikos, ungünstiger Entwicklungen und dem Risikoverständnis der Menschen auseinanderzusetzen. Ständiges Ziel dieser Untersuchungen war, eine Akzeptanzschwelle für Risiken auszumachen und Strategien sowie Instrumente zu erarbeiten, um damit die Akzeptanz für diese zu erhöhen. Indem man zwischen Leistungsersteller, normativen Institutionen und der Gesellschaft unterschied und somit zugleich eine monopolistische Angebotsstruktur voraussetzte, lag zu Beginn den Arbeiten ein ziemlich abstraktes Beziehungsfeld zu Grunde. Erst spätere Untersuchungen gingen auf das bereits dargestellte differenziertere gesellschaftliche Umfeld der Organisation ein (siehe Kapitel 3.1.1).

Zwei grundsätzliche Blickwinkel lassen sich in der Vielzahl der Verwendungen des Risikobegriffs unterscheiden (Eine Übersicht zu den verschiedenen Risikoauffassungen findet sich z.B. bei *Kupsch* 1973; *Imboden* 1983; *Jungermann* 1991; *Fasse* 1995). Durch ein Modell der Risikoerwartung wird versucht, Handlungsabläufe aufgrund von Rationalitätsaxiomen wertfrei zu beschreiben. Nach diesem vor allem in der Versicherungsmathematik anzutreffenden Vorgehen definiert man das Risiko als den zu erwartenden Schaden. Er wird als ein Produkt aus Schadenshöhe und Eintrittswahrscheinlichkeit bestimmt.

Beim Ansatz der subjektivistischen Risikobeurteilung werden hingegen auch persönliche Faktoren, welche die Risikowahrnehmung von Konsumenten beeinflussen, berücksichtigt. Das vom Konsumenten empfundene Risiko hängt demnach nicht nur von der objektiven Bestimmbarkeit von Wahrscheinlichkeiten und Konsequenzen ab.

Definition Risiko

Unter Risiko wird der zu erwartende Schaden verstanden.

Im Rahmen der objektiven Risikobestimmung wird das Risiko als das Produkt aus Schadenshöhe und Eintrittswahrscheinlichkeit bestimmt. Bei der für das touristische Krisenmanagement wichtigeren subjektiven Risikobestimmung werden zudem die persönlichen Faktoren des Konsumenten mit in die Betrachtung eingebunden.

Zur weiteren Analyse der Risikowahrnehmung und -beurteilung werden die quantitativen Risikofaktoren, die qualitativen Merkmale der Risikoquelle, die individuellen Determinanten des Konsumenten sowie die kriminellen oder terroristischen Bedrohungsfaktoren betrachtet, welche die subjektive Perspektive beeinflussen.

Beispiel 5: Haie und Kokosnüsse

Wenn von Haien gesprochen wird, erinnern sich viele Menschen zuerst an die Attacken auf Schwimmer und Windsurfer in Australien. Für die Olympischen Spiele in Sydney erhöhte sich deshalb zusätzlich der Druck auf die Organisatoren. Mit umfangreichen Maßnahmen mußten die Schwimmer, Windsurfer und Segler vor möglichen Haiangriffen geschützt und diese Maßnahmen einer sensibilisierten Weltöffentlichkeit verkündet werden.

Kokosnüsse und Palmen sind daneben das unbestrittene Symbol für Strand und Sonnenurlaub. Jedes Kind kennt den Geschmack von Kokosnüssen, die in jedem Supermarkt erhältlich sind – niemand fürchtet sich vor Kokosnüssen, weder zuhause noch im Urlaub.

Das wahrgenommene Risiko steht aber im Widerspruch zur Realität. Jedes Jahr sterben etwa 150 Menschen an herunterfallenden Kokosnüssen während es im Jahr 2000 lediglich 79 Haiangriffe gab, leicht erhöht über dem Durchschnitt der vorangegangenen Jahre. Die Zahl der tödlichen Opfer von diesen Attacken war tatsächlich weit niedriger. Sie lag im Jahr 2000 bei zehn Opfern und liegt im Schnitt zwischen 10-20. Von den zehn Toten im Jahr 2000 entfielen drei auf Australien (bei sieben Haiangriffen), zwei auf Tansania, und jeweils einer auf die Fiji-Inseln, Japan, Kanada, Papua-Neuguinea und die USA.

Auf Grund dieser Informationen initiierte der britische Reiseversicherer Club Direct im Jahr 2002 eine spezielle Pressekampagne mit der Warnung an Urlauber, sich nicht länger als nötig unter Kokosnußpalmen aufzuhalten oder gar dort zu campen. Der Versicherer wies aber auch darauf hin, daß seine Reiseversicherung trotz alledem sowohl für Schäden durch herabfallende Kokosnüsse als auch durch Haiangriffe aufkommen werde

3.1.4.1 Quantitative Risikofaktoren

Sowohl die Schadenswahrscheinlichkeit als auch die Schadenshöhe zählen zu den quantitativen Risikofaktoren. Beide Komponenten unterliegen einer verzerrten Wahrnehmung, die von verschiedenen Einflüssen abhängig ist. Für die Verzerrung der Schadenswahrscheinlichkeit sind vor allem der Einsatz von mentalen Heuristiken seitens der Konsumenten verantwortlich, die sich an der Anfälligkeit oder Verfügbarkeit des Ereignisses orientieren. Damit bestätigt sich teilweise die eingangs geäußerte Vermutung, daß innerhalb des präventiven Krisenmanagements die Konzentration auf die Art der Ereignisse einen erheblichen Beitrag zur rechtzeitigen Identifikation von Bedrohungssituationen ermöglicht.

Schadenswahrscheinlichkeit

Allen Heuristiken ist gemein, daß sie eine Lähmung der Entscheidungsprozesse verhindern und die Suchkosten reduzieren helfen. Zudem sind sie realitätsnah, weil sie sich an die Erfahrungen anpassen. Sie sind aber auch stabil, was Außenstehenden ermöglicht, mit ihrer Kenntnis Vermutungen über das zu erwartende Verhalten anzustellen. Zu den wesentlichen Heuristiken zählen die Repräsentativitäts-, die Verfügbarkeits- und die Urteilsankerheuristik.

Heuristiken

Die Repräsentativitätsheuristik beschreibt die Ableitung des Risikos aufgrund einer wahrgenommenen Zugehörigkeit des Objektes oder der Aktivität zu einer bestimmten Risikokategorie oder -art, womit aus bekannten Fällen auf Gesetzmäßigkeiten geschlossen wird. Die diesen „Gesetzmäßigkeiten" der Generalisierung unterliegenden organisatorischen Einheiten oder Gruppen kennen keine Grenzen (Holzmüller/Schuh 1988). Sie können sowohl Branchen wie auch Destinationen, Urlaubskategorien u.a. betreffen. In diesem Generalisierungsphänomen kann ein wichtiger Erklärungsansatz gesehen werden, weshalb negative Ereignisse so unterschiedlich wirken.

Nach der Verfügbarkeitsheuristik steigt die Eintrittswahrscheinlichkeit eines Ereignisses dergestalt, wie leicht ein solches erinnert wird oder vorzustellen ist.

„Ist vor kurzem ein Flugzeug abgestürzt, dann konzentrieren wir uns auf dieses Ereignis und lassen alle erfolgreich verlaufenen Flüge außer acht, wenn wir uns entscheiden sollen, ob wir einen Flug unternehmen oder nicht" (Perrow 1992).

Diese Heuristik, die im Prinzip durchaus zu angemessenen und zu rechtfertigenden Verhaltensweisen führt, unterliegt vor allem den Sondereinflüssen der Medien. Das weist einerseits auf die Chance hin, durch die Betrachtung des Bezugsrahmens das Ereignis rechtzeitig hinsichtlich seiner möglichen Entwicklung einschätzen zu können. Andererseits impliziert diese Erkenntnis auch eine Gefahr. Diese rührt daher, daß insbesondere extreme Unwahrscheinlichkeiten durch die Artikulierung ihres Risikos mit einer ungleich höheren Wahrscheinlichkeit betrachtet werden. Als Beispiel führen *Jungermann/Slovic* (1993a) die Aufklärungspflicht des Arztes auch für extrem seltene Zwischenfälle im Promillebereich an, wodurch die Entscheidungsfreiheit des Patienten sichergestellt werden soll. Diesem Umstand muß vor allem bei der präventiven Risikokommunikation Rechnung getragen werden.

Abbildung 14: Erinnerung

Den Einfluß der zeitlichen Komponente unterstreicht auch die folgende Befragung der Forschungsgemeinschaft Urlaub und Reisen. Auf die Frage: „Beeinflussen die Terroranschläge in den USA mit ihren möglichen Konsequenzen Ihr Reiseverhalten bei Ihrer nächsten Urlaubsreise?" antworteten die Befragten bereits innerhalb von 3 Monaten mit klar abnehmender Tendenz.

	November 2001	Januar 2002
Nein, beeinflußt mich nicht	65%	69%
Ja	29%	14%
Weiß noch nicht	6%	17%

Quelle: FUR (2002)

Gemäß der Urteilsankerheuristiken werden Orientierungsgrößen, sogenannte Wahrnehmungsanker, verwendet, um die Wahrscheinlichkeit des Gesamtversagens des Systems aus dem Versagen einer Einzelgröße zu bestimmen. Diese Heuristik kommt vornehmlich dann zur Anwendung, wenn verkettete komplexe Ereignisse beurteilt werden sollen.

Für die subjektive Einschätzung des Schadens sind zwei Faktoren von besonderer Wichtigkeit: das Katastrophenpotential und die persönliche Betroffenheit.

Subjektive Einschätzung des Schadens

Das Katastrophenpotential eines Ereignisses steigt mit den Konsequenzen an, die dieses Ereignis hat. Dabei verliert die Wahrscheinlichkeit des eintretenen Ereignisses fast an Bedeutung. Der regelmäßige Tod von Rauchern schreckt somit weniger ab als der einmalige Absturz eines Flugzeugs mit mehreren Toten. Vermutlich ist diese Einschätzung bei dem Konsumenten tief verankert und kann, wenn überhaupt, nur durch einen langfristigen Wertewandel verändert werden.

Die persönliche Betroffenheit wurde wie das Katastrophenpotential bereits angesprochen, weil sie ja wesentliche Merkmale der Auswahl von Nachrichten für die Massenmedien sind. Durch die geographische, kulturelle und psychologische Nähe wird bestimmt, wie stark ein Konsument den Schaden empfindet. Zu ergänzen ist dies um eine zeitliche Komponente, die eine Nähe zur eigentlichen Entscheidung ausdrückt und die einen erheblichen Einfluß auf die Betroffenheit ausübt.

3.1.4.2 Qualitative Merkmale einer Risikoquelle

Eine Reihe von qualitativen Merkmalen beeinflußt die Beurteilung von Risiken. Dazu gehört, daß freiwillig übernommene Risiken als weniger tragisch eingestuft und eher akzeptiert werden als zugemutete Gefahren. Diesem Aspekt kommt unter zweierlei Gesichtspunkten Bedeutung zu: Der Tourist muß die Möglichkeit haben, freiwillig Risiken zu übernehmen. Gewagte und konstruierte Werbebotschaften, die bewußt Risiken verbergen, haben nicht nur Unzufriedenheit wegen der Abweichungen des Ist- vom Sollimages zur Folge, sondern verhindern überdies, daß Touristen das Risiko selbst übernehmen. Doch selbst wenn diese Möglichkeit gegeben ist, bedeutet dies nicht gleichzeitig, daß sie auch wahrgenommen wird. Prinzipiell neigen Konsumenten dazu, risikobehafteten Entscheidungen auszuweichen. Diese als „omission bias“ bezeichnete prinzipielle Verhaltenseigenschaft des Ausweichens von riskanten Entscheidungen wird heutzutage durch eine Vielzahl rechtlicher Normen begünstigt. Unterlassene Handlungen, durch die vielleicht ein Schaden verhindert worden wäre, werden weniger gewichtet und seltener verfolgt als Handlungen, die schließlich zu einem Schaden führen (Jungermann/Slovic 1993a). Um die Wirkung negativer Ereignisse gering zu halten, gilt es deshalb, unbedingt sicherzustellen, daß für den Touristen so häufig wie möglich ein Entscheidungszwang herbeigeführt wird.

Beispiele für negative Ereignisse aus dem natürlichen Umfeld sind:	
Lawinen	Erdbeben
Buschfeuer	Waldbrände
Sturmfluten	Erdrutsche
Stürme	Vulkanausbrüche
Beispiele für menschlich induzierte negative Ereignisse sind:	
Unruhen	Bürgerkrieg
Entführungen	Terrorismus
Geiselnahmen	Flugzeugunglücke
Verkehrsunfälle	Umweltverschmutzung

Verantwortlichkeit

Die Verantwortlichkeit stellt einen weiteren, nicht weit von der Freiwilligkeit entfernten Bereich dar. War bei der Freiwilligkeit das entscheidende Kriterium, daß es sich um eine eigene Entscheidung handelt, geht es jetzt darum, daß es noch einen Bereich gibt, dem man ausgesetzt ist, nämlich den natürlichen Ereignissen. Um diesen Aspekt besonders deutlich zu machen, spricht *Luhmann* (1991) immer dann von Risiko, wenn eine Entscheidung zugrundeliegt und dann von Gefahr, wenn die Verantwortung der Umwelt zugeschrieben wird, man dem

Ereignis also ausgesetzt ist. Dieser Trennung ist erhebliche Bedeutung für die Beurteilung negativer Ereignisse beizumessen. Grundsätzlich werden nämlich menschlich induzierte negative Ereignisse bedrohlicher und auch tragischer wahrgenommen als negative Ereignisse, die dem natürlichen Umfeld entspringen.

Natürliche vs. zivilisatorische Risiken

Während natürliche Risiken als unfreiwillig, unkontrollierbar, gesellschaftlich nicht attribuierbar und damit letztlich als mehr oder weniger unvermeidbar eingeschätzt werden – und damit offenbar als weniger schlimm –, werden zivilisatorische Risiken als freiwillig, kontrollierbar, attribuierbar – und damit letztlich als vermeidbar angesehen – und daher offenbar schlimmer gewichtet.

Quelle: Jungermann/Slovic (1993a)

Hinzu kommt die grundsätzliche Tendenz, für ein negatives Ereignis regelmäßig Schuldige zu suchen. Diese auch auf die psychologische Attributionsforschung zurückzuführende Erkenntnis stellt einen Grund dar, warum immer häufiger versucht wird, Gefahren als Risiken zu betrachten und die dafür Verantwortlichen zu suchen. Ergänzt man dies um den beschriebenen Aspekt, daß riskante Entscheidungen vermieden werden, wird deutlich, warum Touristen oft erst im nachhinein, z.B. an der Aufklärungspflicht des Veranstalters ein besonderes Interesse haben. Dadurch erlangen sie noch rückwirkend die Möglichkeit, aus der Verantwortung zu treten.

Kontrolle des Ereignisses

Ereignisse, die man glaubt, selbst kontrollieren zu können, unterliegen darüber hinaus einer prinzipiell günstigeren Beurteilung als solche, die außerhalb des eigenen Einflußbereichs stehen. Beispielhaft zeigt dies ein Flugzeugunglück, daß bei gleicher Schadenswahrscheinlichkeit tragischer empfunden wird als ein Unglück mit dem Auto, da letzteres der eigenen Kontrolle als Führer unterliegt. Vor diesem Hintergrund sind auch verschiedene Aktivitäten zur Verbesserung der Flugsicherheit nach den Anschlägen vom 11. September 2001 in den USA zu beurteilen. War es bis dahin üblich, Passagiere zu einem passiven Verhalten im Falle von Flugzeugentführungen anzuhalten, änderte sich diese Anweisung schlagartig. Mit dem Hinweis, etwaige Flugzeugentführer mit Büchern und Schuhen zu bewerfen und sie anschließend zusammen mit der Crew zu überwältigen, wurden Maßnahmen angeraten, die objektiv gesehen von geringem Wert waren. Genauer betrachtet, entsprachen sie aber genau dem Bedürfnis der Passagiere, selbst Kontrolle zu übernehmen und trugen zur Minimierung des subjektiv empfundenen Risikos bei.

regelmäßiger Eintritt

Darüber hinaus werden bekannte negative Ereignisse, an deren regelmäßigen Eintritt man sich gewöhnt hat, eher akzeptiert als neue Risiken. Dies ist im Wesentlichen darauf zurückzuführen, daß für unbekannte Risiken noch keine Erfahrungen vorliegen, des weiteren die Wirkung schlecht abschätzbar und weniger kalkulierbar ist. Gerade diese Unkalkulierbarkeit hat zur Folge, daß alles Mögliche unternommen wird, um das Ereignis in ein Erklärungsmuster zu setzen, mit dem Ziel, es zu verstehen.

Für die betroffene Organisation liegt darin ein nicht unerhebliches Krisenpotential begründet. Es geht nicht mehr nur um die glaubwürdige und ernsthafte Bemühung der Organisation, die Hintergründe des konkreten Vorfalls aufzuklären. Vielmehr muß auch das „Signalpotential" des Ereignisses abgeschätzt werden, womit die potentielle Gefahr, die dieses Ereignis ankündigt, gemeint ist. Nur dadurch ist abzuschätzen, wie stark das einsetzende öffentliche Interesse sein wird.

Wenn die Aufklärung nicht gelingt und neben diese Erstmaligkeit auch noch eine schlechte Beurteilung des Verhaltens tritt, kann dieser Vorfall leicht zum Negativbeispiel avancieren und wird in der Zukunft immer wieder zur Vergleichsbildung herangezogen. Bekannte Beispiele hierfür sind die Öl-Verladeplattform Brent Spar, der Tanker Exxon Valdez oder der Anschlag von Luxor (Ägypten).

3.1.4.3 Individuelle Risikofaktoren

persönliche Determinanten

Eine Reihe persönlicher Determinanten beeinflußt die Risikowahrnehmung und -beurteilung. Auf der einen Seite variiert sie in Abhängigkeit von demographischen Variablen wie Alter, Geschlecht, Familienstand und Bildung. So wird eine höhere Risikowahrnehmung von weiblichen Touristen im Vergleich zu Männern festgestellt, ebenso wie eine geringere Risikowahrnehmung von jungen Touristen im Alter zwischen 18 und 24 Jahren im Vergleich zu älteren Touristen berichtet wird (Die Untersuchung bezog sich auf die USA und Großbritannien, *WTO* 1994b). Ebenso sind Familien mit Kindern Risiken gegenüber eher abgeneigt. Sie halten sich mit Urlaubsbuchungen nach negativen Ereignissen besonders zurück und weichen auf nicht betroffene Zielgebiete aus.

Der Experten- oder Laienstatus hat auf der anderen Seite eine erhebliche Bedeutung bei der Risikobeurteilung. Stützen sich Experten eher auf quantitative Merkmale, um Risiken abzuschätzen, ziehen Laien eher qualitative Merkmale vor. Dabei neigen Experten dazu, wahrscheinliche, aber folgenlose Ereignisse überzubewerten. Laien schätzen unwahrscheinliche, aber folgenschwere Ereignisse vom Risiko eher höher ein.

Kulturkreiszugehörigkeit

Ein weiterer Faktor ist in der Kulturkreiszugehörigkeit zu sehen. Dieser trägt dazu bei, daß Menschen Ereignisse unterschiedlich wahrnehmen und beurteilen. Dies ist wiederum auf die verschiedenartigen gesellschaftlichen Umgangs- und Entwicklungsformen mit negativen Ereignissen zurückzuführen.

Bestätigung findet dies in den Ereignissen Mitte der 80er Jahre in Europa, bei welchen aufgrund terroristischer Anschläge die Ankünfte amerikanischer Touristen stark zurückgingen, während zugleich die innereuropäischen Ankünfte zunahmen. Für japanische Touristen wurde eine ähnlich auffallend sensitive Haltung gegenüber negativen Ereignissen, sowohl in Folge der Berichterstattung über den Sextourismus in Hongkong und den Philippinen als auch als Reaktion auf den Reaktorunfall von Tschernobyl für ganz Europa berichtet. Diese besondere Risikoscheu im Vergleich zu anderen Kulturen wirkt um so stärker, als nach erfolgtem Fernbleiben von der Destination nur sehr langsam ein Erholungsprozeß eintritt. Auch die Notwendigkeit, eine Reiseversicherung abzuschließen, welche die Risiken während einer Reise absichert, ist eine Ausdrucksform dieser kulturell unterschiedlichen Risikobehandlung. Während fast 80% der Touristen aus skandinavischen Ländern sich für eine Reiseversicherung entscheiden, betrachten dies in Spanien nicht einmal 20% der Reisenden als notwendige Maßnahme.

Beispiel 6: Kulturkreiszugehörigkeit

Das auf das Konto von islamischen Terroristen gehende brutale Massaker von 58 ausländischen Touristen und vier Ägyptern in Luxor im November 1997 schädigte die Tourismuswirtschaft, die tragende Säule der ägyptischen Wirtschaft, erheblich und destabilisierte Ägypten. Vor dem Zeitpunkt des Anschlages wurde damit gerechnet, daß der Tourismus mit 4,2 Millionen Besuchern, dem Land annähernd 4 Milliarden US $ an Einnahmen beschert hätte. Der Tourismus wäre damit ohne diese Vorfälle für Ägypten zur wichtigsten Devisenquelle avanciert.

Der Anschlag in Luxor löste eine gewaltige und unmittelbare Stornierungswelle aus und bewirkte bis ins Folgejahr einen starken Buchungsrückgang für Reisen nach Ägypten. Insgesamt sanken die internationalen Ankünfte in Ägypten um 12,8 Prozent. Tourismusverantwortliche schätzten, daß der Vorfall in Luxor den ägyptischen Tourismus fast fünfzig Prozent seiner jährlichen Einnahmen gekostet hatte. „By any account, it was a catastrophe. I myself lost something like 85 per cent of my business“, sagte Ilhamy el-Zayyat, Vorsitzender der Ägyptischen Tourismuskammer und Inhaber einer großen Reiseagentur.

Während der Großteil der wichtigen europäischen Quellmärkte vergleichbare Rückgänge hatte, wichen die Schweizer und Japaner von dieser Entwicklung ab. Die Bestürzung war für beide nationalen Gruppen weitaus höher, da 35 Schweizer und zehn Japaner den Anschlägen zum Opfer fielen. Der ungewöhnlich abrupte und langanhaltende Rückgang hängt aber auch mit der kulturell bedingten Risikoscheue zusammen.

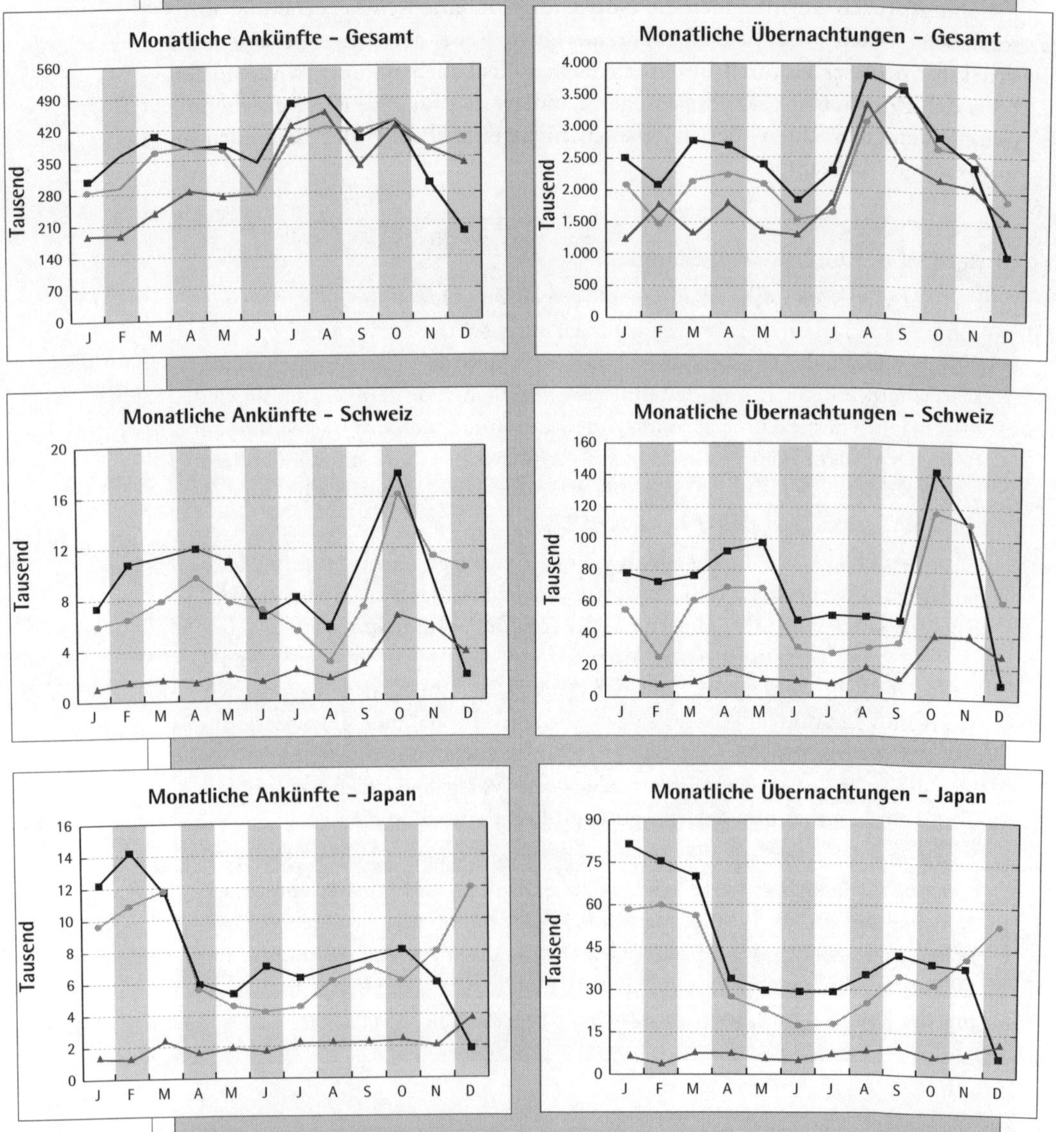

Quelle: Unveröffentlichte Daten der WTO

Auch die Entwicklung des russischen Marktes weist sehr interessante Eigenheiten auf. Aufgrund ihrer Kulturkreiszugehörigkeit empfinden Russen solche Ereignisse als weniger riskant und außergewöhnlich. Deshalb verzehnfachten sich die Touristenankünfte und Übernachtungen seit 1991 in Ägypten kontinuierlich. Wie die nachfolgenden Diagramme mit den monatlichen Ankünfte zwischen 1996 und 1998 zeigen, hielt dieser Zuwachs auch nach dem Anschlag von Luxor an.

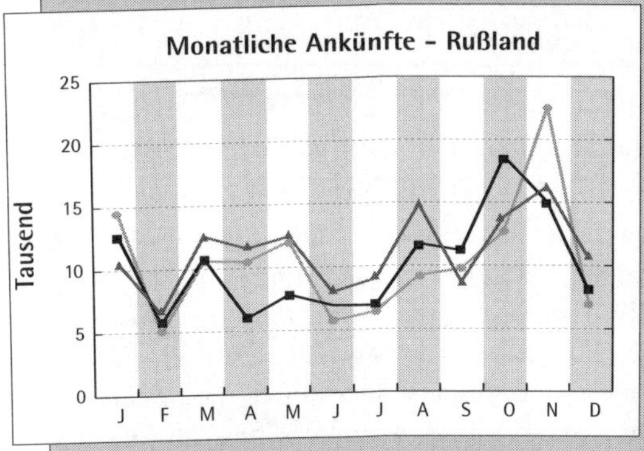

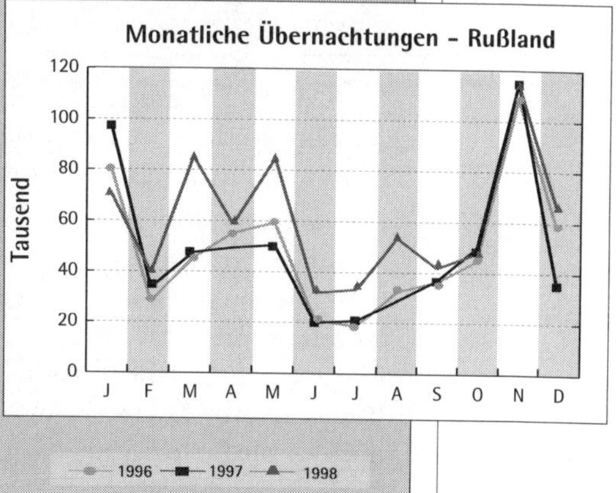

Quelle: Unveröffentlichte Daten der WTO

Betroffenheit einer nationalen Gruppe

Zudem ist die Betroffenheit einer nationalen Gruppe für den Tourismus von hoher Bedeutung. Miami war beispielsweise schon seit längerer Zeit für eine überdurchschnittliche Rate für Gewaltverbrechen bekannt, doch erst die Ermordung einer deutschen Touristin im April 1993 löste einen starken Rückgang der deutschen Besucherzahlen aus. Dabei scheint es aus der Sicht des Touristen eine Unterscheidung zu geben zwischen der Möglichkeit, selbst Opfer zu sein und einer allgemeinen Gefährdung. Letztere wird im Sinne einer Kulisse grundsätzlich wahr- und hingenommen, hat aber noch keine weiteren Konsequenzen. Erst durch die Bedrohung der eigenen nationalen Gruppe tritt eine wahrnehmbare Reaktion ein. Es handelt sich dabei nicht um eine Bedrohung, die gegen bestimmte Staatsbürger gerichtet ist, sondern um eine von der Ursachenseite aus eher zufällige Betroffenheit. Während erstere sich dadurch begründet, daß kriminelle und terroristische Aktivitäten gegen Touristen aufgrund ihrer Nationalität ausgeübt werden, geht es hier um eine allgemeine Bedrohung, die deshalb tragischer empfunden wird, weil ein Vertreter der eigenen Gruppe getroffen wird.

Beispiel 7: Es passiert nur anderen, bis ... – Das Ding mit den Landsleuten

Anfang der 1990er verschlechterte sich Floridas Image. Zurückzuführen war dies auf Gewaltverbrechen gegenüber der Bevölkerung und Touristen, die ein lukratives Ziel für Kleinganoven darstellten. 1992 wurden allein in Dade County über 12.000 Verbrechen gegenüber Reisenden verzeichnet. Trotz dieser Ereignisse stiegen die Tourismusankünfte weiterhin beständig an. Dies geschah, weil ausländische Touristen sich nicht von den Vorfällen bedroht fühlten oder sich zumindest immer noch in Sicherheit wägten.

Das änderte sich jedoch, als der erste ausländische Tourist aus einem wichtigen ausländischen Quellmarkt betroffen wurde. Im Jahre 1993 kulminierten die Übergriffe auf Touristen schließlich und forderten mehr als zehn Opfer unter Touristen aus Kanada, Großbritannien, Deutschland und Venezuela. Diese Vorfälle, einige zeichneten sich durch besondere Brutalität aus, lösten ein bis dahin unbekanntes nationales und internationales Medienecho aus. Die Wogen der Emotion schlugen so hoch, daß sogar die British Sunday Times den Sonnenstaat als „Terrorstaat" betitelte. Ab diesem Zeitpunkt veränderte sich nun auch die Akzeptanz europäischer Touristen. Mit dem Bekanntwerden des Schicksals der eigenen Landsleute begannen sie, sich plötzlich selbst in Gefahr zu fühlen und befürchteten, selbst Opfer von Überfällen zu werden.

Florida's Image als Sonnenstaat und Urlaubsdestination verschlechterte sich in Folge schlagartig und die Touristenankünfte gingen stark zurück. Besonders die Zahl der Deutschen sank um ein Drittel von 608.000 im Jahr 1993 auf 411.000 im Jahr 1994. Das bedeutete einen ernsthaften wirtschaftlichen Verlust für die Tourismusbranche, deren Umsatz 1993 auf 28 Milliarden Dollar geschätzt wurde und als wichtigste Einnahmequelle des Staates galt.

Es gelang schließlich mit zahlreichen Bundes- und Lokalinitiativen, welche nach diesen Vorfällen initiiert wurden, die Sicherheit für Touristen wiederherzustellen. Sie sorgten nicht nur dafür, daß in Folge die Verbrechensrate auf den niedrigsten Stand in den letzten 25 Jahren fiel sondern schufen auch wieder die Basis für die Erholung des Tourismus.

Die aufgeführten individuellen Risikofaktoren geben einen Überblick über die wahrscheinlichsten und wichtigsten Einflußvariablen. In der Praxis werden mehrere dieser Faktoren gleichzeitig zur Anwendung kommen. Beispielsweise erklärt sich die Besonderheit, daß es bei Konflikten, in welche US-Amerikaner verwickelt sind, stets zu einem generellen Rückgang von unternommenen

Auslandsreisen kommt, durch die Faktoren nationale Gruppe und Kulturkreiszugehörigkeit. Oft geschieht es auch, daß negative Ereignisse aufgrund mangelhafter geographischer Kenntnisse nicht zugeordnet werden können und gerade deshalb große Auswirkungen haben.

3.1.4.4 Besondere Risikofaktoren – Kriminelle oder terroristische Bedrohungen

Der Sicherheitsaspekt nimmt eine spezielle Stellung als Teilbereich der negativen Ereignisse ein. Dabei wird unter Sicherheit die Besorgnis verstanden, mögliches Opfer eines Gewaltverbrechens oder terroristischer Akte zu sein (WTO 1994b; Smith 1998).

Kriminelle Aktivitäten

Kriminelle Aktivitäten sind zwar ständiger Bestandteil des täglichen Lebens, gewinnen jedoch im Zusammenhang mit dem Tourismus an besonderer Bedeutung. Erstens führen die touristischen Aktivitäten – Entdecken neuer Bereiche, Eingehen von Risiken etc. – dazu, daß Touristen als verwundbare Ziele besonders gefährdet sein können. Zweitens werden Touristen gerade während ihrer Erholungsphase mit Problemen belastet, denen sie eigentlich entfliehen wollten. Dabei geht es weniger um den materiellen Verlust, den der Tourist erleidet, sondern die immateriellen Schäden wie z.B. die Zurschaustellung seiner Verletzlichkeit oder der Verlust von Urlaubserinnerungen.

Sicherheit

Die hohe Bedeutung, welche der Sicherheitsaspekt für die Reiseentscheidung hat, wird durch die Studie von Longwoods bestätigt, nach welcher die Sicherheit eines Zielgebiets bei der Destinationsauswahl an 2. oder 3. Stelle steht.

Quelle: Kemmer (1995)

Kriminelle Aktivitäten im Tourismus können folgendermaßen klassifiziert werden:

Abbildung 15: Klassifizierung krimineller Aktivitäten

Typ 1	Touristen werden zufällig Opfer krimineller Aktivitäten, die keinen Zusammenhang mit dem Tourismus haben.
Typ 2	Die Gegend wird deshalb von Kriminellen genutzt, weil sie touristisch ist. Opfer der kriminellen Aktivitäten sind aber nicht ausschließlich Touristen.
Typ 3	Die Gegend zieht kriminelle Elemente an, da Touristen leichte Opfer sind.
Typ 4	Kriminelle Aktivitäten nehmen organisierte Formen an, um spezielle Formen der touristischen Nachfrage zu befriedigen.
Typ 5	Organisierte kriminelle und terroristische Gruppen begehen spezifische gewalttätige Aktionen gegen Touristen und touristische Einrichtungen.

Quelle: Eigene Darstellung nach Angaben bei Ryan (1993)

Sofern es sich um eine allgemeine kriminelle Handlung handelt, die zu Opfern unter den Touristen führen, ist kurzfristig nicht mit einer Auswirkung auf die allgemeine touristische Entwicklung zu rechnen. Langfristig besteht trotzdem die Möglichkeit von Einstellungsänderungen. Diese führen, wenn auch nicht zu einer Destinationsänderung im Sinne eines anderen Landes, jedoch zu Umorientierungen bei der Region- und Resortwahl. Außerdem werden diese Aktivitäten nur bis zu einem gewissen Grad akzeptiert: Sobald sie gravierende Verletzungen oder gar den Tod von Personen nach sich ziehen, ändert sich das Verhalten der Touristen schlagartig. Trotz eines immer noch attraktiven Images wird eine Destination dann als gefährlich eingestuft.

Folglich ist eine systematische Begegnung krimineller Vorkommnisse zu empfehlen. Sie muß ständiger Bestandteil der Produktpolitik für Destinationsmanager sein. Dazu gehört einerseits das Abstellen der Ursachen, wobei logischerweise kriminelle Aktivitäten kaum gänzlich zu unterbinden sind, andererseits die Aufklärung der Touristen. Es ist für den Touristen wichtig, die tatsächliche Gefahr am Zielort zu kennen, um sich durch sein Verhalten anzupassen und zweitens diese noch in Relation zu der gewohnten Gefahr am Ausgangsort zu setzen. Erst dadurch ist der Tourist in der Lage, seinen Beitrag zur Verhinderung von gefährlichen Situationen zu leisten.

Terrorismus

Der Terrorismus nimmt eine Sonderstellung im Bereich der negativen Ereignisse ein. Terroristische Aktivitäten lösen allgemein nur geringe Rückgänge der touristischen Ankünfte aus, sofern Touristen nicht explizit als Ziel von Anschlägen definiert werden. Diese Situation ändert sich aber schlagartig, wenn Touristen ausdrücklich zum Angriffsziel erklärt werden und systematische Aggressionen zu Verletzten und Toten führen. Hierbei sind zwei verschiedene Situationen zu unterscheiden, in welcher der Tourist entweder als Symbol des Entsenderstaats oder als Teil des ökonomischen Systems des Zielgebietes verstanden wird. Während in der ersten Situation die Gruppe der Gefährdeten klar definiert werden kann, fällt dies im zweiten Fall schwerer. Hier kann quasi jeder Tourist Ziel des Angriffs werden.

Definition Terrorismus

Als Terrorismus werden kriminelle, gewalttätige Angriffe definiert, die sich gegen Personen oder Sachen richten, um eine Regierung bzw. die Bevölkerung einzuschüchtern oder um politische bzw. gesellschaftliche Ziele anzustreben.

Im ersten Fall wächst die Bedrohungswahrscheinlichkeit der Touristen in einem direkten Zusammenhang mit der politischen Exponiertheit des Ursprungslandes, das heißt mit deren Aktivität und Parteinahme in internationalen Konflikten und Krisen. Ziel des Anschlages ist es, dem Entsenderstaat eine Nachricht zu übermitteln, die unter normalen Umständen nicht beachtet würde. Diese außengerichtete Aktivität hat dabei um so größere Wirkung, je grausamer und je touristisch exponierter der Platz ist, an dem sie stattfindet oder je größer das damit verbundene Katastrophenpotential ist. Letzteres verdeutlichen vor allem die Anschläge auf Flugzeuge, die sich des Katastrophenpotentials und somit der abschreckenden Wirkung bedienen. Ferner nutzen sie den Umstand, daß circa ein Drittel der internationalen Touristen das Flugzeug als Transportmittel benutzen.

Abbildung 16: Internationale Ankünfte von Touristen und per Flugzeug

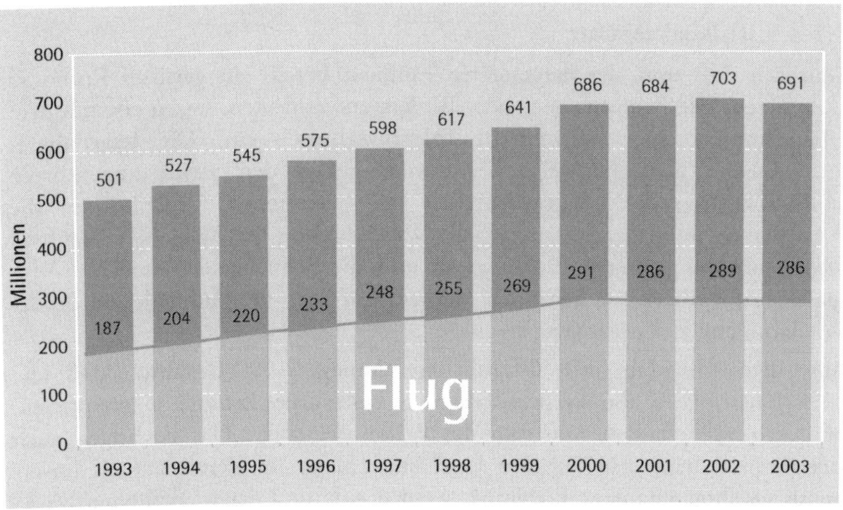

Quelle: Daten der WTO, Stand 2005

Im zweiten Fall werden Touristen gegen den Empfängerstaat, die Region oder die Destination, also innengerichtet, instrumentalisiert. Dazu trägt die hohe Bedeutung des Tourismus als Wirtschaftsbereich und Devisenquelle für die Empfängerstaaten bei. Auch die hohe Sensibilität macht diesen Bereich so besonders interessant.

Die ETA bezeichnet man als Begründer dieser Aktivitäten. Seit den 80er Jahren werden von ihr touristische Objekte zu Zielen von Anschlägen ausgewählt. Dadurch soll nicht der Tourist, sondern der Staat des Ziellandes, in diesem Fall Spanien, getroffen werden. Im Gegensatz zu ihrer üblichen Taktik wurden bei den touristischen Anschlägen Vorwarnungen ausgesprochen und Anschlagszeiten gewählt, zu denen Touristen nur in geringer Zahl präsent sein konnten. Diese an der Basis der Terrororganisation lange Zeit einzig akzeptierte Lösung war zugleich der Grund, weshalb es kaum zu Konsequenzen im Tourismus kam. Das hat sich bis zum heutigen Tag nicht geändert, obwohl jüngere Anschläge auch Verletzte zur Folge hatten. Die Vorgehensweise der ETA ist inzwischen vielfach kopiert worden, so vom Sendero Luminoso, der seit 1989 in Peru den Tourismussektor als Ziel definiert und der PKK, die in der Türkei seit 1991 auch touristische Ziele angreift.

Es kann auch zu Mischformen neben dieser rein innen- oder außengerichteten Zielrichtung terroristischer Aktivitäten gegen Touristen kommen. Dies ist beispielsweise der Fall bei den Bombenanschlägen der IRA, die seit Mitte der 80er Jahre anhalten und sowohl das ökonomische System des Vereinigten Königreichs als auch die britischen Touristen in Irland zum Ziel von Anschlägen haben.

3.1.4.5 Risikoakzeptanz

Touristen sind trotz der dargestellten Einflüsse bereit, ein gewisses Risiko zu akzeptieren. Die Bemühungen, aktiv Risiken zu vermeiden, setzen erst mit dem Überschreiten einer bestimmten Toleranzschwelle ein. Die Lage dieses individuellen Schwellenwerts bestimmen neben den zuvor angeführten Einflußfaktoren die Glaubwürdigkeit der betroffenen Organisation, die Schnelligkeit ihres Handelns sowie die Wiederholung der Ereignisse. Während die Glaubwürdigkeit der Organisation und die Schnelligkeit ihres Handelns später noch eingehend behandelt werden, gilt hier die Aufmerksamkeit der Wiederholung von negativen Ereignissen.

Toleranzschwelle

Aus dem Umgang mit öffentlichen Anliegen ist bekannt, daß die Sensivitätsschwelle, also die Bereitschaft ein bestimmtes Ereignis zu akzeptieren, mit dem wiederholten Auftreten des Ereignisses sinkt. Das bestätigen auch Erkenntnisse beim Rückruf von Produkten. Sonst im Zeitverlauf als unverbunden wahrgenommene Ereignisse, werden aufgrund der wiederholten Rückrufe als zusammengehörig empfunden und stärker als sonst der Verantwortung der betroffenen Unternehmung zugerechnet. Es ist auch zu bedenken, daß mit einem hohen Involvement aufgenommene Ereignisse, um erinnert zu werden, weitaus weniger Wiederholungen benötigen als bei niedrigem Involvement. Demnach ist davon auszugehen, daß Wiederholungen der Ereignisse sich nachteilig auf die Toleranzschwelle des Touristen auswirken.

Insgesamt gesehen, werden negative Ereignisse, sofern sie innerhalb der jeweiligen individuellen Toleranzschwelle liegen, aber kaum verhaltenswirksam. Die Besuchsabsicht bzw. Kaufabsicht des touristischen Produkts nimmt erst nach dem Überschreiten dieses Schwellenwerts ab.

Beispiel 8: Berge – ein Traum ohne Grenzen

Viele von ihnen kamen als Touristen in die Berge, um ihren Urlaub mit Wandern und Klettern zu verbringen, und einige werden niemals zurückkehren.

Foto: PGHM. Das Mont Blanc Massiv

Jedes Jahr verunglücken mehr als 70 Menschen beim Bergsteigen im Mont Blanc Massiv tödlich. Dies wirkt sich jedoch nicht negativ auf die Ankünfte der Touristen aus, da allgemein bekannt ist, daß Bergsport mit Risiken und immer wieder tödlichen Unfällen verbunden ist.

Trotzdem ist es für viele Urlauber die größte Herausforderung, den legendären Gipfel des Mont Blanc zu besteigen, welcher mit seinen 4.807 Metern der höchste Gipfel der Alpen ist. Um ihr Traumziel zu erreichen, gehen viele Menschen bewußt höhere Risiken als im Alltag ein.

Die mehr als 900 Rettungseinsätze der speziellen Rettungseinheit „Peloton de Gendarmerie de Haute-Montagne" (PGHM) in den vergangenen Jahren verdeutlichen das enorme Risiko des Massivs. Sie zeigen aber auch auf, daß es zu keinen Konsequenzen bei der Anziehungskraft des Massivs auf Bergsteiger kommt.

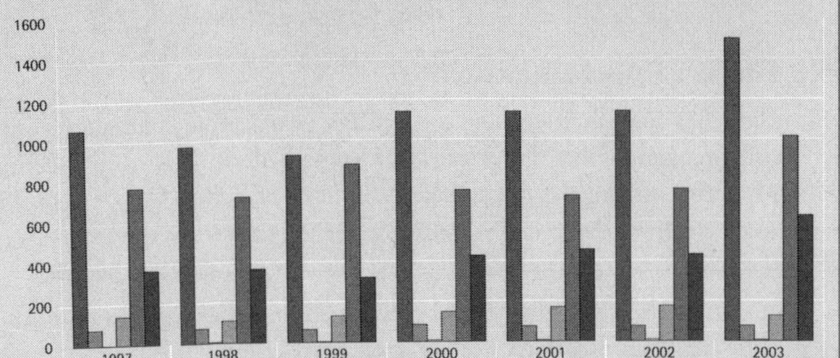

	1997	1998	1999	2000	2001	2002	2003
Einsätze	1064	973	925	1140	1138	1140	1497
Tote	80	74	64	85	75	75	76
Vermißt	2	5	3	7	6	8	6
Erkrankt	141	110	130	148	169	174	126
Verletzt	774	722	880	750	721	754	1014
Unverletzt	366	367	319	427	456	431	624

3.1.5 Der rechtliche Rahmen

Damit die Reaktionen der Touristen im Zusammenhang mit dem Eintreten von negativen Ereignissen umfassend beurteilt werden können, stellt sich die Frage nach den rechtlichen Grenzen des Verhaltens des Touristen. Die folgenden Überlegungen legen dabei das deutsche Reiserecht zugrunde. Dies bietet sich an, weil es weltweit als eine der strengsten Rechtsvorschriften für diesen Bereich gilt. Des weiteren werden Individualreisende und Pauschalreisende getrennt betrachtet, da sich die Möglichkeiten, die Vertragsbeziehungen zu beenden und umzugestalten, erheblich unterscheiden.

3.1.5.1 Für den Individualtouristen

Verträge verschiedenster Art schließt der Individualreisende direkt mit dem Leistungserbringer. Nach dem deutschen Recht sind dies z.B. Beherbergungsverträge (§§ 535 ff BGB) Bewirtungsverträge (§§ 651, 433 ff BGB) oder Beförderungsverträge (§§ 631 ff BGB). Diese Vertragstypen haben vor allem im Binnenreiseverkehr eine große Bedeutung. Nach einer ersten Prüfung der verschiedenen Normen sowie der Rechtsprechung wird erkennbar, daß der Individualreisende aufgrund eines negativen Ereignisses grundsätzlich keine besondere Kündigungsmöglichkeit hat. In Ausnahmefällen hat der Tourist jedoch wegen des Wegfalls der Geschäftsgrundlage ein außerordentliches Kündigungsrecht, deren nähere Voraussetzungen hier im Einzelnen nicht erörtert werden sollen. Werden die Verträge von einem deutschen Touristen im Ausland abgeschlossen, muß der Individualtourist seine Ansprüche nach ausländischem oder internationalem Recht möglicherweise vor einem ausländischen Gericht geltend machen. Die dazu notwendigen Verfahren sind mit einem erheblichen Aufwand sowie unterschiedlichen – auch juristischen – Schwierigkeiten verbunden.

3.1.5.2 Für den Pauschaltouristen

Die Situation der Pauschalreisenden ist anders geartet. Sie schließen direkt mit ihrem Reiseveranstalter einen Vertrag, der verschiedene Leistungen beinhaltet. Nach den Bestimmungen des deutschen Pauschalreiserechts (§§ 651 a bis l BGB) gilt für dieses Rechtsverhältnis das deutsche Recht sowie der deutsche Gerichtsstand, sofern die Reise bei einem deutschen Veranstalter gebucht wurde.

Dem Reisenden stehen in materieller Hinsicht differenzierte rechtliche Möglichkeiten zu, die im nachfolgenden kurz ausgeführt werden:

- Der Pauschaltourist hat vor Reisebeginn ein Rücktrittsrecht, ohne daß es der Geltendmachung eines besonderen Grundes bedarf (§ 651 i BGB). Der Veranstalter hat in diesem Fall einen Anspruch auf eine angemessene Entschädigung (Die Höhe der Stornogebühr einer Flugpauschalreise kann von 4% des Reisepreises bei 30 Tagen vor Reisebeginn bis zu 50% 6 Tage vor Reisebeginn reichen). Daneben lassen die Reiseveranstalter in der Regel über die Ausgestaltung ihrer Allgemeinen Reisebedingungen Umbuchungen gegen Erstattung der Kosten zu. In juristischer Hinsicht wird hierbei der geschlossene Reisevertrag aufrechterhalten. Dies dient damit insbesondere dem Interesse des Reiseveranstalters.

- Hat die Reise bereits begonnen, bestehen Gewährleistungsansprüche wegen eines Mangels (§ 651 c BGB) sowie Kündigungsrechte wegen erheblichen Mangels (§ 651 e BGB) oder infolge höherer Gewalt (§ 651 j BGB). Das Verhältnis der einzelnen Vetragsauflösungsmöglichkeiten ist in ihrer Abgrenzung schwierig. Die Mängel am vertraglich übernommenen Leistungsprogramm des Reiseveranstalters können vielfältiger Natur sein. Sie werden jedes Jahr durch weitere richterliche Entscheidungen konkretisiert. Grundsätzlich hat dabei der Reiseveranstalter verschuldensunabhängig für den Erfolg einer Reise und die Gefahr des Mißlingens einzustehen. Eine Haftung des Reiseveranstalters entfällt erst, wenn die Beeinträchtigung außerhalb seines „beherrschbaren Gefahrenbereichs" liegt, d.h. es sich nicht um ein vom Reiseveranstalter organisierbares Risiko handelt.

3.1.5.3 Höhere Gewalt

Der Begriff der höheren Gewalt ist weder in § 651 j BGB noch in sonst vergleichbaren Regelungen definiert. Auch fehlt eine beispielhafte Aufzählung der insoweit relevanten Störungsursachen, wie sie im früheren Regierungsentwurf eines Gesetzes über den Reiseveranstaltungsvertrag enthalten war (Bundestag 1977). Im Rahmen der Kündigungsrechte wird der Begriff der höheren Gewalt in Anlehnung an das Haftpflichtrecht verstanden als ein „von außen kommendes, keinen betrieblichen Zusammenhang aufweisendes, auch durch die äußerste, vernünftigerweise zu erwartende Sorgfalt nicht abwendbares Ereignis..." (BGHZ 100, 185).

§ 651 j BGB Kündigung wegen höherer Gewalt

(1) Wird die Reise infolge bei Vertragsabschluß nicht voraussehbarer höherer Gewalt erheblich erschwert, gefährdet oder beeinträchtigt, so können sowohl der Reiseveranstalter als auch der Reisende den Vertrag allein nach Maßgabe dieser Vorschrift kündigen.

Die höhere Gewalt darf weder in den Risikobereich des Touristen noch in den des Reiseveranstalters fallen. Aus dem Vorliegen eines derartigen Ereignisses kann jedoch nicht generell die Schlußfolgerung gezogen werden, daß höhere Gewalt im Sinne von § 651 j BGB gegeben ist. Vielmehr muß stets genau geprüft werden, ob auch in dem konkret zu beurteilenden Fall die einzelnen Begriffsmerkmale der höheren Gewalt erfüllt sind.

Definition höhere Gewalt

Höhere Gewalt wird definiert als ein von außen kommendes, keinen betrieblichen Zusammenhang aufweisendes, auch durch die äußerste, vernünftigerweise zu erwartende Sorgfalt nicht abwendbares Ereignis.

Erhebliche Beeinträchtigung

Bei der Art des Ereignisses muß es sich um eine erhebliche Beeinträchtigung der Reise handeln, die den vertraglichen Nutzen der Reise als Ganzes in Frage stellt, aber nicht unbedingt ihre Durchführbarkeit. Nach der Rechtsprechung gehören hierzu z.B. Probleme in der Erbringung der Reiseleistung (z.B. Zerstörung oder Beschädigung der Unterkunft), Beeinträchtigung des Umfeldes des Zielortes (Strandverschmutzung durch Tankerunfall) oder die persönliche Gefährdung (Krieg, Terroranschläge, Verstrahlung). Die erhebliche Beeinträchtigung ist nach der Entscheidung des Bundesgerichtshofs bereits dann anzunehmen, wenn, unter Berücksichtigung der konkreten Umstände des Einzellfalls, mit erheblicher Wahrscheinlichkeit von einer solchen Entwicklung auszugehen ist. Im entschiedenen Fall eines Hurrikans betrug diese Eintrittswahrscheinlichkeit 25%.

Bei der Beurteilung, ob höhere Gewalt vorliegt, stützen sich die Gerichte in der Regel – mangels eigenen Sachverstandes –, auf die jeweiligen Einschätzungen des Auswärtigen Amtes (AA). Dieses spricht zum Beispiel eine generelle Reisewarnung für eine bestimmte Region aus oder erklärt ein Zielgebiet zum Krisengebiet. In diesen Fällen kann das Vorliegen von höherer Gewalt angenommen werden. Das Auswärtige Amt ist sich der wirtschaftlichen Bedeutung ihrer Einschätzung bewußt und betont, daß diese einen Informationscharakter hat und lehnt jede Konsequenz in Bezug auf rechtliche Folgen ab.

Nicht vorhersehbares Ereignis

Bei der Einstufung bestimmter Vorfälle als höhere Gewalt ist wichtig, daß es sich bei Vertragsabschluß um ein nicht vorhersehbares Ereignis handelt. Das heißt, daß die höhere Gewalt zum Zeitpunkt der Buchung noch nicht vorgelegen haben darf. Aus diesem Grunde wurden politische Unruhen und allgemeine politische Krisen eines Zielgebiets – wie zum Beispiel Sri Lanka, China, Türkei, Ägypten – nicht als Fälle höherer Gewalt betrachtet. Entscheidend bei der Beurteilung der Vorhersehbarkeit ist, ob ein Reiseveranstal-

Unstreitige Beispiele für den Eintritt von höherer Gewalt

- Krieg oder Kriegsgefahr mit flächendeckenden Bürgerkriegszuständen,
- wenn Touristen oder Tourismuszentren als ausdrückliche Ziele systematisch und zielgerichtet angegriffen werden,
- Umweltbeeinträchtigungen, die Katastrophencharakter haben, also schwerwiegend und ungewöhnlich sind (z.B. Epidemien, Naturkatastrophen, Strahlungsgefahr von Tschernobyl).

ter bei entsprechend zumutbaren Bemühungen über die Umstände am Zielort bei Vertragsabschluß informiert sein konnte und eine „konkrete Wahrscheinlichkeit" und nicht nur eine denkbare Möglichkeit vorliegt. Dabei hat sich der Reiseveranstalter aller modernen Kommunikationsmittel zu bedienen. Diese Erkundigungs- und Informationspflicht des Reiseveranstalters besteht bis zum Reiseantritt. Wird diese Nebenpflicht verletzt, liegt ein Reisemangel vor, den der Reiseveranstalter zu vertreten hat und welcher den Kunden zur Schadensersatzforderung berechtigt.

Einige Brisanz birgt gerade die Erkundigungs- und Informationspflicht unter dem Aspekt des Krisenmanagements in sich: Ein Veranstalter, der besondere Anstrengungen unternimmt, um durch präventive Maßnahmen negativen Ereignissen ihren möglichen Krisencharakter zu nehmen, wird ständig vor die Entscheidung gestellt, welche dieser Information er dem Touristen zur Verfügung stellt. Dabei kann er nicht vor jedem unwahrscheinlichen Ereignis warnen, um nicht auf Unverständnis der Kunden zu stoßen. Ferner steigt, wie bereits gezeigt, die Risikowahrnehmung um so überproportionaler, je unwahrscheinlicher ein Ereignis ist. Trotzdem besteht die Gefahr, daß wichtige Informationen nicht weitergegeben werden. Es sollte also ein Mittelweg beschritten werden, der von einem guten Verständnis der Wirkungsarten und Wirkungszusammenhänge begleitet sein müßte.

Die höhere Gewalt hat in ihrer rechtlichen Konsequenz ein beiderseitiges außerordentliches Kündigungsrecht zur Folge. Damit soll vor allem der Reiseveranstalter von den Folgen außergewöhnlicher und nicht kalkulierbarer Ereignisse entlastet werden. Nach wirksamer Kündigung ist der bereits geleistete Reisepreis unter Abzug der erbrachten Leistungen vom Reiseveranstalter zurückzuzahlen. Außerdem obliegt dem Reiseveranstalter eine Rückbeförderungspflicht, wobei Mehrkosten zur Hälfte vom Reisenden zu tragen sind. Der individualreisende Tourist bleibt dagegen in einer ähnlichen Krisensituation vollkommen auf sich gestellt und hat die Rückreise auf eigene Gefahr und Kosten anzutreten.

3.1.5.4 Allgemeines Lebensrisiko

Störungen, welche dem allgemeinen Lebensrisiko des Reisenden zuzurechnen sind sowie Umweltbeeinträchtigungen des Umfeldes im Zielgebiet, gelten nicht als höhere Gewalt. Unter dem allgemeinen Lebensrisiko versteht man Bereiche, die zum normalen, natürlichen Risiko des Reisenden gehören und nicht reisespezifisch sind wie z.B. das Risiko eines Überfalls oder Diebstahls. Von der Rechtsprechung wurde die höhere Gewalt auch verneint, wenn es sich nur um vereinzelte Terroranschläge oder Drohungen handelte, die weder auf flächendeckenden Unruhen beruhen noch diese hervorrufen. Sobald dieses Risiko jedoch zu einem spezifischen Risiko für Reisende wird, hat der Reiseveranstalter die Pflicht, den Reisenden darüber zu informieren.

Der Tourist selbst hat auch für die Umweltbeeinträchtigungen des Umfeldes das Risiko zu tragen. Man geht davon aus, daß sich dieser durch allgemein zugängliche Informationsquellen selbst ein Bild von den Zuständen machen kann. Beschränkt wird dies, wenn der Reiseveranstalter eine konkrete Zusage über die Umweltzustände trifft, die somit haftungsbegründend wirkt. Zudem müssen aber auch ständig alle Risiken, die den besonderen Zweck der Reise beeinträchtigen, durch den Reiseveranstalter beobachtet werden und dem Reisenden mitgeteilt werden. Geschieht dies nicht, entsteht aus diesen Risiken an sich kein Haftungsgrund, sondern aus dem Umstand, daß die entsprechenden Informationen nicht mitgeteilt wurden. Damit wird deutlich, daß pauschalreisende Urlauber bei negativen Ereignissen selbst über den Zeitpunkt des Reiseantritts hinweg noch eine erhebliche Reaktionsmöglichkeit zugestanden wird, die es im folgenden zu beachten gilt.

3.1.6 Der zeitliche Rahmen

Der Prozeß der Reiseentscheidung ist in der Regel kein kurzfristiger sondern erstreckt sich über einen längeren Zeitraum. Negative Ereignisse treffen demnach auf Konsumenten, die sich in unterschiedlichen Phasen ihrer jeweiligen Reiseentscheidung befinden. Dies wiederum beeinflußt die Wirkung, welche der Eintritt des Ereignisses beim Konsumenten haben wird und macht die Einführung einer zeitlichen Komponente notwendig.

Beispiel 9: Rimini und die Algenplage

Seit der Entstehung der ersten Badeorte Mitte des 19. Jahrhunderts, profitierte die Adria-Küste in Italien von einer ständig wachsenden Zahl an Touristen und dem damit einhergehenden Ausbau der Infrastruktur. Die touristische Entwicklung konzentrierte sich auf die typischen Elemente Strand und Meer. Von italienischen und ausländischen Touristen – hier vor allem den deutschen Touristen – wurde Rimini als eine ideale Destination für Familienurlaub und Erholung eingestuft.

Die Bedeutung des Zeitaspekts kann an zwei gleichartigen negativen Ereignissen (Algenbildung) nachvollzogen werden. Beide Vorfälle ereigneten sich in Rimini (Italien) zu unterschiedlichen Jahreszeiten und zogen unterschiedliche Folgen nach sich.

Im Juni 1989 zog ein übermäßiges Algenwachstum in der Adria eine ernsthafte Krise für den Tourismus nach sich. Genau am 28. Juni, kurz vor der Badehochsaison und dem Urlaubsbeginn in dem wichtigsten Quellmarkt Deutschland, wurde das erste Auftreten von Algenteppichen beobachtet. Diese hielten sich den ganzen Juli über und verschwanden erst nach dem 6. August. Die Presse berichtete intensiv über die Situation und verstärkte die Bildung eines negativen Images der Destination. Die Hoteliers bemühten sich umgehend gegen das Ausbleiben der Touristen anzukämpfen. Mit Maßnahmen wie mobilen Swimming Pools, Barrieren gegen die Algenteppiche und Preissenkungen, versuchten sie die Krise zu bekämpfen. Trotzdem zogen es insbesondere die ausländischen Touristen vor, ihren Sommerurlaub nicht an der Adria-Küste zu buchen. Sie stornierten ihre schon bestehenden Buchungen, um ihren Urlaub in einer anderen Destination zu verbringen, die ihnen Sonne, sauberes Meer und Strände garantierte.

Nachdem die Algenpest für beendet erklärt wurde, setzte eine Kettenreaktion ein: Das negative Image der Destination wurde nicht nur mit der Verschmutzung des Meeres verbunden, sondern mit allen negativen Aspekten, die schon seit einiger Zeit latent waren, wie Chaos, Menschenmassen, Lärm, Kriminalität. Auch wurden von diesem negativen Image Gebiete betroffen, welche von der Algenpest überhaupt nicht heimgesucht worden waren.

Die Touristenankünfte sanken in Folge um mehr als 25 Prozent im Vergleich zum Vorjahr. Speziell der mittel- bis hochpreisige Tourismussektor mit dem höchsten Qualitätsstandard und der größten Attraktivität für ausländische Touristen sackte um mehr als 50-60 Prozent im Vergleich zu den anderen Marktsegmenten ab. Kleinere Pensionen und Familienbetriebe erlitten geringere Einbußen dank ihrer engen persönlichen Kontakte zu den ausländischen Stammgästen und den Touristen aus dem eigenen Land. Während die Nachfrage nach Ferienwohnungen um 40-50% zurückging, veränderten sich die Ankunftszahlen der Urlauber mit Zweitwohnung an der Adria nur minimal.

Interessant ist, daß bereits ein Jahr zuvor, genau am 15. August 1988 ein großes Algenwachstum in der Adria beobachtet wurde. Dies hatte jedoch keine größeren Auswirkungen auf den Tourismus in der Region, da das Ende der Hauptsaison erreicht war und die meisten Touristen ihren Strandurlaub bereits beendet hatten. Auch die Presse beachtete dieses Phänomen nur mit geringer Aufmerksamkeit.

Quelle: Becheri (1991)

3.1.6.1 Orientierungs- und Entscheidungsphase

Orientierungsphase

Der Tourist kann in der Orientierungsphase als absolut frei in seiner Auswahlentscheidung bezeichnet werden. Er kennt grundsätzlich weder persönliche, soziale, noch rechtliche Beschränkungen, die mit der konkreten Reiseentscheidung zusammenhängen. Informationen über Urlaubsaktivitäten und Destinationen werden ständig aufgenommen, bewertet, abgelehnt und gelernt. Allgemein ausgedrückt, werden in dieser Phase Eindrücke gesammelt, die das touristische Image des Produktes prägen. Das touristische Image einer Destination ist eine Verfeinerung des allgemeinen Images einer Destination. Letzteres entsteht über einen langen Zeitraum und enthält nicht notwendigerweise touristische Informationen.

Der Tourist schenkt in dieser Phase der zukünftigen Reise, im Unterschied zu anderen Produkten, eine prinzipiell größere Aufmerksamkeit. Verantwortlich sind vor allem zwei Einflüsse: Einerseits ist das Reisen stark durch den Abenteuerdrang und die Neugier der Touristen beeinflußt, was häufigere Wechselbewegungen nicht nur bei den Destinationen, sondern auch bei den Aktivitäten zur Folge hat. Andererseits muß das Reisen inzwischen als eine grundsätzliche Verhaltensweise eingestuft werden, die regelmäßig wiederkehrend, den Touristen zur ständigen Informationsaufnahme animiert. Neben diesem grundsätzlichen Interesse kommt der Ausprägung der verschiedenen Involvementkomponenten Bedeutung zu. Das situative Involvement ist in dieser Phase am schwächsten ausgebildet. Der eigentlich bestimmende Einfluß auf den aktuellen Involvementzustand geht vom persönlichen Involvement des Konsumenten aus. Das bedeutet, daß Ereignisse, die Gegenstände von persönlichem Interesse der Touristen betreffen, eine schnellere Verbreitung und höhere Aufmerksamkeit finden werden. Ansonsten ist davon auszugehen, daß in dieser Teilphase die massenmediale Berichterstattung eine vergleichsweise geringe Konsequenz hat. Dies gilt vor allem dann, wenn es sich um bekannte Ereignisse handelt. Trotzdem können außergewöhnliche Ereignisse mit hohem Katastrophenpotential und ein schlecht durchgeführtes Krisenmanagement dazu beitragen, daß diese Vorfälle, insbesondere bei längerer Erörterung, auch noch für spätere Reiseentscheidungen in Erinnerung bleiben.

Entscheidungsprozeß

Nach dieser ersten Zeitspanne ist innerhalb der Orientierungsphase ein Punkt zu beobachten, bei dem die eher passive Informationshaltung des Konsumenten hin zu einer aktiven wechselt. Zu diesem Zeitpunkt beginnt der eigentliche eng zu definierende Entscheidungsprozeß, der zwischen einem und mehreren Monaten andauern kann. Das situative Involvement, das auf seinen höchsten Wert ansteigt, dominiert von nun an das Gesamtinvolvement. Hervorstechende allgemeine Merkmale dieser aktiven und gezielten Informationssuche sind, daß sie prinzipiell von jüngeren Touristen stärker als von älteren betrieben wird, ebenso wie Erstbesucher mehr Informationen nachfragen und sich stärker auf Informationen aus dem sozialen Umfeld abstützen als Wiederholungsreisende. Hiermit wird deutlich, daß Jugendliche und Erstreisende, die stark von Bezugsgruppen abhängig sind, von der öffentlichen Aufmerksamkeit, die einem negativen Ereignis zuteil wird, besonders abhängig sind. Es läßt sich demnach folgern, daß negative Ereignisse, die eine ungünstige öffentliche Aufmerksamkeit zur Folge haben, in dieser Phase jene Gruppen und die davon abhängigen touristischen Produkte besonders beeinflussen.

Zu beachten ist ferner, daß die Informationssuche generell abhängig vom Bildungsgrad ist. Touristen mit einer höheren Schulbildung ziehen eher neutrale Informationsquellen zu Rate und verarbeiten die Informationen prinzipiell kognitiver. Bezüglich negativer Ereignisse ist die aktive Informationssuche jedoch durch den Schwellenwert der persönlichen Risikoakzeptanz gekennzeichnet. Dies bestätigt zum einen das allgemein hohe Interesse von Touristen, sich über die Wahrscheinlichkeit und den Umfang negativer Ereignisse zu informieren. Zum anderen aber der Umstand, daß diese Informationen nicht immer aktiv nachgefragt werden. So gaben 65% der Befragten der Reiseanalyse an, Informationen über negative Ereignisse nicht oder nur unter einfachen Umständen zu berücksichtigen. Auf die Frage, ob sie für ihre Reiseentscheidung Meldungen von Unruhen, Naturkatastrophen bzw. Krisen berücksichtigt hätten, antworteten die Befragten:

Abbildung 17: Krisenmeldungen in der Reiseentscheidung

Antwortvorgaben	Befragte in %
Nein, nehme darauf keine Rücksicht	24,2
Ja, mache mir schon Gedanken dazu und berücksichtige diese Dinge, soweit ohne großen Aufwand möglich	41,0
Ja, nehme solche Meldungen schon sehr ernst und berücksichtige sie auch beim Reisen	28,8
Keine Angaben	5,9

Quelle: Braun/Lohmann (1989)

Kritischer Zeitraum

Dieser Zeitraum ist gesamt gesehen, als besonders kritisch einzustufen. Weil dem Touristen eine weitaus größere Menge an Alternativen zur Verfügung stehen, sorgen bereits kleinere, bekanntgewordene Ereignisse dafür, daß Produkte von der weiteren Betrachtung ausgeschlossen werden. Die Gefahr liegt bei diesem frühen Ausschluß aus dem evoked set darin, daß dieser zu einem Zeitpunkt stattfindet, zu dem normalerweise noch kein Reisebüro aufgesucht wurde. Demnach ist der Wunsch durch den Konsumenten noch nicht artikuliert worden und es kann die möglicherweise aufklärende Information nicht mehr gezielt gegeben werden. Erfahrungsgemäß liegt dieser kritische Zeitraum für die Planung der Sommerurlaubsreise zwischen Anfang Dezember des Vorjahres bis Ende März und für den

Winter im September, Oktober. Er bewegt sich aber aufgrund der Tendenz der kurzfristigen Reiseentscheidungen immer stärker auf den Zeitraum der Reisezeit hin. Neben der Notwendigkeit, diese empfindlichen Zeiten durch besondere Vorkehrungen abzusichern, ist festzuhalten, daß aus Kundensicht der Wert des Krisenmanagements, über die Zeitachse des gesamten Jahres gesehen, schwankt. Es gilt, diesen Kundenwert des Krisenmanagements zu erkennen und bei der unternehmerischen Reaktion zu berücksichtigen.

3.1.6.2 Nachentscheidungsphase

Die Nachentscheidungsphase beginnt mit der getroffenen Reiseentscheidung. Dabei läßt sich diese Phase nochmals in einen Zeitraum unterteilen, welcher mit der innerlich getroffenen Entscheidung beginnt und einer Zeitspanne, die mit der vertraglich getroffenen Reiseentscheidung korrespondiert (Unter rechtlichen Gesichtspunkten bestehen weitergehende Untergliederungsmöglichkeiten. Die Informationsverordnung unterteilt vier Vorreisephasen: Prospekt, vor Vertragsabschluß, Reisebestätigung, vor Reiseantritt). Die Lage des Zeitpunkts einer innerlich getroffenen Reiseentscheidung läßt sich nicht genau bestimmen, solange dies nicht nach außen hin durch eine die Wahl dokumentierende Handlung sichtbar wird. Prinzipiell wird jedoch sein Vorhandensein bestätigt. Nach dessen Eintritt werden die nachgesuchten und wahrgenommenen Informationen vor allem zur Bestätigung der einmal getroffenen Auswahl herangezogen. Dieses mittels der Dissonanztheorie erklärte Verhalten wird namentlich für Entscheidungen bestätigt, die mit großen Anstrengungen verbunden waren, wie es für die Reiseentscheidung in der Regel als extensive oder limitierte Entscheidung anzunehmen ist. Eine Konsequenz dessen ist die ungleich günstigere Bewertung der getroffenen Wahl im Vergleich zu den verworfenen Alternativen.

Auch *Braun/Lohmann* (1989) beschreiben den Umstand des Verdrängens von Alternativen. Sie verweisen auf die im Rahmen der Reiseanalyse befragten Touristen, von denen 86,6% nach Durchführung ihrer Reise angaben, daß keine weitere Destination als Reiseziel vor der endgültigen Reiseentscheidung zur Frage gestanden hätte. Dieser hohe Wert irritiert und wird auch von den Autoren als „sehr unwahrscheinlich“ eingestuft, da es sich unter solchen Umständen ja auch um keine Entscheidung mehr handeln könne. Gleiche Zweifel melden sie an den Ergebnissen der Reiseanalyse an, wenn nur 3,7% der befragten Touristen angaben, daß sie ihre einmal entschiedenen Reisepläne nochmals geändert hätten. Auf der anderen Seite veranschaulichen diese Zahlen, daß nach einer innerlich getroffenen Reiseentscheidung eine höhere Akzeptanzschwelle für negative Ereignisse vorhanden ist. Des weiteren ist es für die vorliegenden Umstände von Interesse, daß dieser Schwellenwert auch von der kognitiven Überlappung der Produktalternativen beeinflußt wird. Liegen nämlich die Wahlmöglichkeiten enger beieinander, fällt dem Touristen die Neuorientierung leichter und wird sein Entscheidungsprozeß kaum wesentlich verlängert. Während diese Erkenntnis noch unter dem Wirkungsbereich Destination vertiefend behandelt wird, interessiert jetzt die gleiche Wahrnehmung der Produkte. Diese ist nämlich von Nachteil, da hierdurch dem Konsumenten die Umorientierung erheblich erleichtert wird.

Durch den Abschluß eines Vertrages ist der Tourist – wie unter den rechtlichen Erörterungen bereits dargestellt – in seinen Handlungen in verschiedener Weise eingeschränkt. Handelt es sich nicht um die Kündigungsrechte wegen erheblicher Mängel oder infolge höherer Gewalt des pauschalreisenden Touristen, unterliegt der Tourist den Besonderheiten des Rücktrittsrechts. Sein eventueller Rücktritt ist somit mit Stornokosten verbunden. Zugleich haben die Unternehmen aber auch ein hohes Interesse an zufriedenen Kunden, die sie auch in der Zukunft bedienen möchten. Wie nun genau die Reaktionen der Unternehmen ausfallen werden, bestimmen die Wahrscheinlichkeit der langfristigen Kundenbeziehung und die Höhe des wirtschaftlichen Ausfalls.

3.1.6.3 Urlaubsphase

In dieser Phase hat der Tourist seinen Urlaub bereits angetreten und wird währenddessen mit dem Eintritt des negativen Ereignisses konfrontiert. In diesem Zeitraum ist der Tourist direkter Beteiligter und wird abhängig von seiner persönlichen Gefährdung reagieren. Der Individualreisende kann in dieser Phase keine weiteren Ansprüche stellen, sofern sie nicht in direktem Zusammenhang mit der Leistungserstellung stehen oder durch spezielle Risikoversicherungen abgedeckt sind. Hingegen kann sich der Pauschalreisende auf den Umstand beziehen, daß der Veranstalter verschuldensunabhängig für den Erfolg einer Reise und die Gefahr des Mißlingens einzustehen hat und ihm außerdem ein Kündigungsrecht in den Fällen der höheren Gewalt zusteht.

In beiden Fällen ist davon auszugehen, daß der eigentliche Erholungsurlaub nicht wiederholt werden kann. Die einmal beantragten und genehmigten Urlaubstage können nicht wieder gutgeschrieben werden. Eine Ausnahme ergibt sich, wenn der Arbeitnehmer im Urlaub erkrankt und somit die Krankheitstage nicht als Urlaubstage berechnet werden (vgl. § 9 BUG). Zudem kommt für Pauschalreisende die Schadensersatzregelung des § 651f BGB zur Anwendung, die Grundlage für materiellen Ersatz wegen nutzlos aufgewendeter Urlaubszeit sein kann. Folglich ergeben sich für den Betroffenen neben dem weiteren Verweilen am Urlaubsort nur die Alternativen einer Rückkehr zum Heimatort oder einer unwahrscheinlichen und aufwendigen Umorientierung hin zu einem neuen Urlaubsziel. Letzteres ist demgemäß mit erheblichen zusätzlichen finanziellen Anstrengungen verbunden. Die Glaubwürdigkeit der Unternehmenshandlungen ist in dieser Phase auch gegenüber dem Touristen wichtig. Ihre Bedeutung steigt, je langfristiger das Interesse der Leistungsträger an der Kundenbeziehung ist und je stärker der Multiplikatoreneffekt ist, den der Tourist ausüben kann.

3.1.6.4 Nachurlaubsphase

Diese Phase unterscheidet sich von der Orientierungsphase vor allem dadurch, daß ein enger Bezug zum Urlaub besteht und der Tourist noch ein sehr klares Vorstellungsbild vom Urlaub hat. Seine Einstellung zur Destination und den Leistungserstellern basiert nun auf direkter Erfahrung und ist im Vergleich zu der auf indirekter Erfahrung basierenden Einstellung weitaus stabiler. Das hat wiederum eine höhere Verhaltensrelevanz zur Folge. Inwieweit dies auch für das Reiseverhalten gilt, hängt vor allem von der zugrundeliegenden Motivation ab, die zur Reise führte. Wenn das Motiv der Reise das Entdecken war, wird diese Reise selten wiederholt. Hingegen führen andere Motivationen eher zu Wiederholungen.

Diese Phase gewinnt darüber hinaus auch dort an Bedeutung, wo verstärkt mit aufgebauten Erlebniswerten gearbeitet wird. Für den Touristen ist es ähnlich wie bei anderen Konsumenten wichtig, die Erlebnisse zu reflektieren und mit anderen Menschen teilen zu können. Gelingt diese Stabilisierung und Reflexion nicht, kann sich auch im Nachfeld der Urlaubsreise Unzufriedenheit einstellen, die zwar nicht mehr rückwirkend auf die eigene Wahl Konsequenz hat, sich aber auf die zukünftigen Reiseentscheidungen auch im sozialen Umfeld des Urlaubers auswirken wird. In allen Fällen wird der Tourist, ob als Beobachter des negativen Ereignisses oder als qualifizierter Bewerter, der die Destination kennt oder die Aktivität ausgeübt hat, um seine Meinung gefragt. Er beeinflußt somit wesentlich den zukünftigen Wert des Produktes.

Abbildung 18: Phasen der Reiseentscheidung

Aspekte \ Phasen	Orientierungsphase	Nachentscheidungsphase	Urlaubsphase	Nachurlaubsphase
Ausprägung des situativen Involvements	niedrig / hoch			
Rechtliche Grenzen • Rücktrittsrecht • a. o. Kündigungsrecht • Mängel		Pauschalreisende Pauschalreisendende	Pauschalreisendende Pauschal-/Individualreisende	
Allgemeine Auswirkung auf das Besuchs-/Konsumverhalten	Wird stark rückläufig sein	Abhängig vor der Vertragsgestaltung	Gering, abhängig vom langfristigen Interesse des Leistungsträgers	Kaum vorhanden, wenn nicht Stammgast

Wie die Abbildung verdeutlicht, dominieren vor allem die Variablen des situativen Involvements unter den rechtlichen Grenzen die Handlungsmöglichkeiten des Konsumenten. Zu beachten bleibt, daß sich nicht alle Touristen in der gleichen Reisephase befinden, auch wenn das Gros der Reisenden Destinationen in saisonalen Stoßzeiten aufsucht. Die folglich unterschiedlichen Ausgangslagen und die abweichenden Reaktionen der Touristen sind beim späteren Instrumenteneinsatz zu beachten.

Fragen

- Welche Bedeutung haben Anspruchsgruppen?
- Welche Kaufentscheidungstypen sind im Tourismus von Bedeutung?
- Was versteht man unter subjektivistischer Risikobeurteilung?
- Welche Faktoren beeinflussen die Risikobeurteilung und -wahrnehmung?
- Was sind Heuristiken?
- Was unterscheidet die Wahrnehmung von natürlichen und menschlich induzierten negativen Ereignissen?
- Welche Grundformen des Terrorismus werden unterschieden?
- Welche Konsequenzen haben kriminelle Aktivitäten auf den Tourismus?
- Durch welche rechtlichen Möglichkeiten unterscheiden sich Individualreisende von Pauschalreisenden?
- Was versteht man unter dem unterschiedlichen zeitlichen Wert des Krisenmanagements?

Empfehlungen zur vertiefenden Lektüre

Braun, Ottmar; Lohmann, Martin: Die Reiseentscheidung, (Studienkreis für Tourismus) Starnberg 1989

Führich, Ernst: Reiserecht, 4. Aufl., (C.F. Müller) Heidelberg 2002

Hoffman, Bruce: Inside Terrorism (Victor Gollancz) London 1998

Jankrift, Kay Peter: Brände, Stürme Hungersnöte. Katastrophen in der mittelalterlichen Lebenswelt, (Jan Thorbecke) Stuttgart 2003

Kroeber-Riel, Werner: Konsumentenverhalten, 5. Aufl., (Verlag Vahlen) München 1992

Luhmann, Niklas: Soziologie des Risikos, (de Gruyter) Berlin - New York 1991

Niehuus, Mark: Reiserecht, 2. Aufl., (Dt. Anwaltverlag) Bonn 2001

Tversky, Amos; Kahneman, Daniel: Judgement under Uncertainty: Heuristics and Biases, in: Science, 185, 1974, S. 1124-1131

Waldmann, Peter: Terrorismus – Provokation der Macht (Gerling Akademie Verlag) München 1998

Wiedemann Peter M.; Schütz, Holger: Was sollte ein Risikomanager über die Risikowahrnehmung wissen?, in: Glaeßer, Dirk; Pechlaner, Harald (Hrsg.): Risiko und Gefahr im Tourismus, (ESV) Berlin 2004, S.75-87

Nützliche Websites

www.dgfr.de

www.reiserecht-aktuell.de

www.reiserecht-fuehrich.de

3.2 Das touristische Produkt als Wirkungsbereich

Ziel dieses Kapitels

- Einflußfaktoren der Destinationsbestimmung benennen zu können
- Arten von Wettbewerbsvorteilen für Destinationen erklären zu können
- Die Bedeutung der Art von Wettbewerbsvorteilen hinsichtlich negativer Ereignisse zu erkennen
- Die Funktion des Images für Destinationen zu erkennen
- Konsequenzen von negativen Ereignissen auf das Image aufzeigen zu können
- Zuständigkeiten für das touristische Produkt und Hindernisse bei der Bewältigung negativer Ereignisse aufzeigen

Wesentliche Begriffe und Konzepte

- Destinationen
- Distanzhypothese
- Wettbewerbsvorteile
- Grund- und Zusatznutzen
- Kulisseneffekt
- Image
- Tourismusorganisation

Die folgenden Ausführungen konzentrieren sich auf die touristische Destination. Sie ist das wesentlichste touristische Produkt und wird besonders häufig von negativen Ereignissen betroffen. Trotz dieser Fokussierung finden die Ausführungen grundsätzlich auch bei Reiseveranstaltern ebenso wie bei anderen touristischen Leistungserstellern analoge Anwendung.

Destinationen

Destinationen werden unterschiedlich bemessen: Kontinente oder Staatengruppen werden als Destinationen bezeichnet. Beispiele sind das Seidenstraßenprojekt der WTO, welches die Länder entlang der 12.000 km langen Seidenstraße im europäisch-asiatischen Raum umfaßt oder die Sklavenroute, die auf dem afrikanischen Kontinent mehr als 15 Staaten vereinen soll. Auch einzelne Staaten, Regionen oder gar einzelne Hotelanlagen werden als Destination betrachtet. Prinzipiell bestehen hinsichtlich der Größe der geographischen Räume keinerlei Ober- oder Untergrenzen. Diese Aufzählung soll aber nicht den Eindruck vermitteln, daß es sich um eine hierarchische überschneidungsfreie Abstufung von Ebenen handelt, die immer sauber voneinander abzugrenzen sind. Es ist vielmehr nur eine marktgerechtere Form des heutigen Produktverständnisses. Sie ersetzt die

> Grundsätzlich kommen für die Auswahl die gleichen Kriterien zur Anwendung, die im Marketing auch bei der Marktsegmentierung angewendet werden. Das bedeutet übertragen, daß neben der Wirtschaftlichkeit die zeitliche Stabilität der Auffassungen wichtig ist, ebenso wie die Unterscheidungen zu einer möglichst heterogenen Abgrenzung kommen sollen, die jedoch, für sich genommen möglichst homogen sein sollten.

traditionelle Ordnung der Tourismuszuständigkeiten, die sich an politischen Grenzen orientiert. Entscheidend dafür, was unter einer Destination zu verstehen und wie groß diese ist, ist nämlich nur die Wahrnehmung durch den Konsumenten. Mit diesem Verständnis des touristischen Produktes wird zugleich deutlich, daß ein geographischer Raum durchaus Bestandteil mehrerer Destinationen sein kann. Er kann ebenso Bestandteil der räumlich kleineren Destination eines Badeurlaubers sein, wie er zur gleichen Zeit Element der Destination Europa, z.B. für den amerikanischen Touristen auf Rundreise sein kann.

Die Motive der Touristen und die Distanzen beeinflussen maßgeblich, was eine Destination ist. Die Motive legen den Mittelpunkt der Betrachtungen fest. Ein Aktivurlaub sorgt dafür, daß die „Aktivität" Kern des Angebots ist, um die sich weitere Leistungen gruppieren. Sie bestimmen dadurch zugleich den Aktionsradius der Destination für den Touristen, also seine geographischen Maße. Der Reiturlauber begreift unter einer Destination einen weiteren Raum als ein Badeurlauber, der Pilgerreisende einen weiteren Raum als der Kongreßreisende.

Distanzhypothese

Die Distanzen, welche zwischen dem Ausgangsort des Reisenden und seinem Zielort liegen, ergänzen die Motive als Einflußfaktoren der Destinationsbestimmung. In Abhängigkeit von der Distanz wird eine Destination prinzipiell als größere geographische Einheit beschrieben, wenn sie entfernter vom Heimatort des Touristen liegt. Dieser als Distanzhypothese bezeichnete Effekt, wonach das Image einer Destination um so facettenreicher wird, je näher sie liegt, ist mehrfach empirisch bestätigt worden. Diese Feststellung deckt sich zudem mit der bereits gewonnenen Erkenntnis, daß die Berichterstattung der Medien mit zunehmender Entfernung die Ereignisse mit gleichzeitig abnehmender Aufmerksamkeit verfolgt. Für ein negatives Ereignis hat das folgende Auswirkung: Der Nachrichtenwert nimmt mit steigender Entfernung ab, wodurch der Vorfall mit geringerer Wahrscheinlichkeit öffentliche Aufmerksamkeit erlangt. Außerdem definiert sich das Image aus weniger Faktoren, womit die Anzahl der Ereignisse abnimmt, die in einem direkten Wirkungsverhältnis zu diesen Faktoren stehen.

Als nachteilig kann sich auch die zunehmende Entfernung auswirken. Wenn negative Ereignisse nicht mehr genau einem geographischen Raum zugeordnet werden können, leiden auch benachbarte Regionen unter den Ereignissen, obwohl sie möglicherweise gar nicht davon betroffen sind. Daneben treten Veränderungen über das Jahr hinweg ein, die eine zeitliche Dimension bei der Beurteilung der Destination erforderlich machen.

Beispiel 10: Erschreckendes Afrika

Afrika ist, wie es der frühere Generalsekretär der World Tourism Organization, Enriquez Savignac ausdrückte, eine der Regionen der Welt, die am stärksten von negativen Ausstrahlungseffekten betroffen ist. Obwohl Afrika ein Kontinent mit 54 Ländern ist, wird er, wenn es sich um negative Ereignisse handelt, oft nur als eine einzige Region wahrgenommen.

Viele Touristen stufen den gesamten Kontinent Afrika als eine Risikoregion ein. Deshalb besuchen Europäer zuerst Reiseziele in Amerika, gefolgt von Asien und zuletzt Südamerika. Nur diejenigen, welche schon den Großteil der Welt kennen, ziehen Afrika als Reiseziel in Betracht. Befaßt man sich mit den Gründen, warum so wenige Touristen Interesse an einem Besuch Afrikas haben, so stellt man fest, daß in den wichtigsten Quellmärkten des Tourismus das Image von Afrika durch die spürbare soziale Instabilität innerhalb der Region geprägt ist. Zudem werden afrikanische Reiseziele in der Konsequenz als gefährlich eingestuft. Selten sind die Befragten aber in der Lage, diese Empfindung mit Fakten zu belegen.

Viele Touristen sehen bei Reisezielen in Afrika ein Risiko, da sie eine Reise dorthin mit Krankheiten und besonders ansteckenden Infektionskrankheiten verknüpfen. Generell assoziieren Reisende Nachrichten, welche über AIDS (in manchen Ländern erreichen die Ansteckungsraten über 20 % der erwachsenen Bevölkerung), Cholera oder dem Ebola-Virus berichten, mit der gesamten Region Afrikas und nicht ausschließlich mit dem gefährdeten Gebiet. Afrika wird von vielen Befragten als unbedeutende Tourismus-Region angesehen, welche zudem fremdartig ist. Dieses Gefühl vermittelt den Reisenden Angst und besondere Vorsicht.

Die allgemeine Wahrnehmung von Afrika als Kontinent, von Konflikten, Hungersnot und AIDS geprägt, ist ein Haupthindernis für einen breiten Erfolg des Tourismus. Dabei ist der Kontinent in seiner Gesamtheit kein Katastrophengebiet. Auch ist Afrika nicht nur ein einziges Land, wie es so oft in den Medien dargestellt wird. An dieser Wahrnehmungsstörung sollte konsequent gearbeitet werden, da kritische Touristen nie auf die Idee kommen würden, ihren Urlaub in Frankreich oder in Großbritannien aufgrund des Balkankonflikts zu stornieren. Auf der anderen Seite würden sie jedoch höchstwahrscheinlich von ihren Urlaubsplänen nach Afrika Abstand nehmen, wenn in einem anderen afrikanischen Land eine Konflikt ausbrechen würde. Dies geschieht leider, obwohl das betroffene Land Tausende von Kilometern von ihrem eigentlichen Reiseziel entfernt liegt.

3.2.1 Wettbewerbsvorteile

Wie andere Produkte stehen auch Destinationen zueinander in Konkurrenz. Sie müssen für ihre Kunden besondere, möglichst einzigartige Vorzüge entwickeln, um wettbewerbsfähig zu sein. Im Folgenden werden die Leistungen einer Destination genauer betrachtet, um die Konsequenz negativer Ereignisse besser abschätzen zu können.

3.2.1.1 Bestimmung relevanter Wettbewerbsfaktoren

Der Ansatz von *Tschiderer* (1980), der die Produkte der Ferienorte als Marktleistungsbündel definierte, gilt inzwischen als klassisch. Nach seiner Ansicht setzten sich die Marktleistungsbündel aus einem konstanten Kernteil und einem abgeleiteten variablen Angebot zusammen. Als Kernleistung des Leistungsbündels bezeichnete er das natürliche Angebot, „welches mit wenigen Ausnahmen für den Erholungstourismus das Kernstück und somit bestimmendes Element der Gesamtleistung ist“. Problematisch ist die Konzentration auf das natürliche Angebot, die einengend und nicht mehr zutreffend ist. *Frömbling* (1993) hingegen nimmt eine abnehmerorientierte Perspektive zur Bestimmung der Leistungsmerkmale des touristischen Produktes ein und verwendet die bereits erörterten Begriffe Grund- und Zusatznutzen. Ferner teilt sie zur Bestimmung der Wettbewerbsfaktoren die Motivationen der Touristen in primäre und sekundäre Bedürfnisse ein. Während sie im Erholungsbedürfnis das primäre Reisemotiv sieht, konkretisiert sie als sekundäre Bedürfnisse unter anderem das aktive Gesundheitsstreben als Sicherheitsbedürfnis, Geselligkeit und soziale

Kontakte als soziales Bedürfnis, Prestige und Status als Anerkennungsbedürfnis, Erleben und Spontanität als Selbstverwirklichungsbedürfnis. Somit wendet *Frömbling* die Motivationshierarchie von *Maslow* an, zu der sie anmerkt:

Das Maslowsche Modell macht deutlich, daß es im Fremdenverkehr offensichtlich gewisse Grundbedürfnisse gibt, die für alle Zielgruppen bis zu einem gewissen Grad befriedigt werden müssen.

Bei der Anwendung der Maslowschen Bedürfnishierarchie ist generell zu beachten, daß – abgesehen von der untersten Stufe, den Grundbedürfnissen – die Reihenfolge der weiteren Motivationen bei vielen Menschen unterschiedlich ist. Das machen beispielsweise Menschen deutlich, denen Geltung wichtiger als Liebe ist. Des weiteren, und hier liegt das wesentliche Problem an *Frömblings* (1993) Vorgehensweise, ist davon auszugehen, daß für den Erholungsreisenden kein Zweifel daran besteht, daß sein Urlaub der Erholung dient. Die pauschale Einstufung der Erholung als primäres Bedürfnis ist demnach nicht hilfreich. Die entscheidende Frage ist vielmehr, was jeder einzelne unter Erholung versteht. Ein Stadtbewohner sieht darin vielleicht den Strandurlaub, wohingegen der Landbewohner damit die Städtereise verbindet. Der in ständigen Konferenzen weilende Manager sieht in der Einsamkeit des Segelturns die Erholung, wohingegen ein Fließbandarbeiter das Nachtleben von Mallorca damit verbinden mag. So sehr sich in diesen Beispielen Klischees verbergen, um so mehr führen sie jedoch das grundsätzlich unterschiedliche Erholungsverständnis vor Auge.

> Ein Tourist steht nach dem Entschluß, einen Urlaub oder eine Reise durchzuführen, zahlreichen Fremdenverkehrsgebieten und Urlaubsangeboten gegenüber. Diese ähneln sich vermutlich stark in ihren grundnutzenstiftenden Eigenschaften und können insofern als homogen bezeichnet werden. ... Die Befriedigung der über den Grundnutzen ... hinausgehenden Urlaubsbedürfnisse, können daher in Anlehnung an die allgemeine Nutzentheorie als Zusatznutzen umschrieben werden, der mit einem Urlaub oder einer Reise angestrebt wird. Erst diese sekundären Bedürfnisse (Erlebnisbedürfnisse) führen zu einer differenzierten Wahrnehmung des ... Angebots von Fremdenverkehrsregionen.
>
> Quelle: Frömbling (1993)

Im Ansatz von *Gutiérrez/Bordas* (1993), welche in diesem Zusammenhang von touristischen Basisbedürfnissen sprechen, spiegelt sich die Erkenntnis wieder, daß das Erholungsverständnis der Touristen vollkommen unterschiedlich sein kann. In folgender Abbildung ordnen sie einige ausgewählte Grundbedürfnisse den entsprechenden Arten von Tourismusangeboten zu.

Abbildung 19: Touristische Grundbedürfnisse und damit zusammenhängende Tourismusangebote

Basisbedürfnis	Tourismusart
Sich unter der Sonne erholen	Sonnen- und Strandtourismus
Andere Kulturen kennenlernen	Kulturtourismus
Sport treiben	Sporttourismus
Sich mit der Natur auseinandersetzen	Abenteuertourismus

Quelle: Gutiérrez/Bordas (1993)

Der wesentliche Unterschied zu den üblichen Bestimmungen der Urlaubsmotivationen ist, daß versucht wird, primäre Bedürfnisse zu bestimmen. Diese helfen dann wiederum, die Grundleistungen der Produkte zu identifizieren. Nur dadurch wird erkennbar, wer überhaupt als Wettbewerber zu betrachten ist, wie folgendes Beispiel zeigt: "Río de Janeiro zum Beispiel konkurriert in den Märkten „Sonne und Strand" und „Tagungen". In jedem dieser Märkte hat es verschiedene Konkurrenten. Möglicherweise konkurriert es mit Cancún im Markt „Sonne und Strand" jedoch nicht in dem der „Tagungen", in welchem es vielleicht mit México D.F., einem unter vielen Konkurrenten, im Wettbewerb steht." (Gutierrez/Bordas 1993)

Grund- und Zusatzleistungen

Wenn dieser Ansatz weitergeführt wird, eröffnet sich die umfassende Möglichkeit, Grund- und Zusatzleistungen des touristischen Produktes zu bestimmen.

Bei der beispielhaften Betrachtung eines Golfspielers, geht dieser im Urlaub seinem Primärbedürfnis Golfen nach. Die Destination, die sich nun um ihn als Golftouristen bemüht, muß folglich alle anderen Golf-Destinationen als prinzipielle Wettbewerber betrachten. Das Golfspielen stellt folglich den Grundnutzen des Urlaubs dar, das weitere Angebot der Destination den Zusatznutzen.

Anders verhält es sich hingegen bei Studienreisenden. In diesem Fall zielt der Urlaub möglicherweise auf die Erweiterung der Kenntnisse eines bestimmten Landes oder die Auseinandersetzung mit der Kultur ab. Die geforderte Grundleistung kann demzufolge nur in diesem Zielgebiet erbracht werden.

Zur vertiefenden Betrachtung werden nun diese Grund- und Zusatznutzen mit den Wettbewerbsvorteilen kombiniert. Dabei wird gemäß *Porter* (1992) zwischen Kosten- und Differenzierungsvorteilen als Grundarten von Wettbewerbsvorteilen unterschieden. Aus der Sicht des Kunden und im Vergleich zu den Mitanbietern bedeutet dies, daß dem Kunden entweder ein höherer Wert – materieller oder immaterieller Art – verschafft wird oder die vergleichbare Leistung günstiger angeboten wird.

3.2.1.2 Differenzierungsvorteil im Grundnutzen

Es wird immer schwieriger, Wettbewerbsvorteile im Grundnutzen einer Urlaubsreise zu erlangen. Wesentlicher Grund hierfür ist die voranschreitende Globalisierung des Tourismus, die das Angebot an touristischen Leistungen ausweitet und die prinzipielle Austauschbarkeit von Leistungen fördert. Während einerseits sichtbar wird, daß die Anzahl der Destinationen zugenommen hat, welche austauschbare Grundleistungen anbieten, wie beispielsweise den Strand- und Badeurlaub, wird es auf der anderen Seite aber zugleich klar, daß manche Leistungen einmalig und nicht nachzuahmen sind.

Die Pyramiden Ägyptens sind solch ein Fall. Ein Urlauber, der sich unter der Motivation des Kultururlaubs mit diesen Dokumenten der Zeitgeschichte auseinandersetzen will, hat keine Möglichkeit, sie zu substituieren. Pyramiden, beziehungsweise die kulturelle Dimension Oberägyptens, sind somit ein nicht imitierbarer Wettbewerbsvorteil im Grundnutzen der Destination.

Destinationen mit Wettbewerbsvorteilen im Grundnutzen sind prinzipiell krisenresistenter und haben eine schnellere Erholungsmöglichkeit.

Auf die Pilgerreisenden, die als Zielort eine heilige Stätte haben, trifft dies ebenfalls zu. Sie könnten zwar den Zielort durch andere heilige Stätten substituieren. Jedoch funktioniert das nur bis zu einem gewissen Grad, da jeder dieser Orte durch ein einzigartiges Kultobjekt gekennzeichnet ist. Jedes Jahr pilgern unzählige Gläubige gen Mekka, obwohl die Risiken wegen des Massenandrangs erhebliche Ausmaße annehmen und immer wieder Tote und Verletzte zur Folge haben.

Beispiele für den Wettbewerbsvorteil im immateriellen Bereich des Grundnutzens sind der *emotionale Tourismus*, der beispielsweise Kriegsveteranen zu den Orten ihrer Kriegseinsätze zurückkehren läßt, ebenso wie der *Militärtourismus*, bei dem die ehemals im Ausland stationierten Soldaten zu ihren damaligen Stationierungsorten reisen.

Durch die Ausführungen wird es leicht verständlich, daß einige Destinationen von dem zu erfüllenden primären Reisebedürfnis her nicht substituierbar sind. Dies hat nun aber nicht automatisch zur Folge, daß Destinationen mit Wettbewerbsvorteilen im Grundnutzen gegen jede Art von negativen Ereignissen immun sind. Vielmehr weist dies auf eine generell höher liegende Akzeptanzschwelle gegenüber negativen Ereignissen hin.

Zugleich läßt diese Art von Wettbewerbsvorteil auch darauf schließen, daß Reisen in diese Destinationen zwar unter dem negativen Ereignis leiden. Das bedeutet, daß die Zahl der Touristen, welche die Destination bereisen, zurückgehen wird. Dieser Effekt wird sich aber für eine weitaus kürzere Zeit einstellen. Dies begründet sich letztlich dadurch, daß das Bedürfnis des potentiellen Touristen an sich nicht befriedigt ist. Es geht also nicht um den generellen Wunsch, zu verreisen, sondern um das viel konkretere Reisemotiv. Die Reise in eine solche Destination wird also nicht sofort aufgehoben, wenn sie durch ein negatives Ereignis beeinflußt wurde, sondern nur solange aufgeschoben, bis die Umstände sich günstiger zeigen. Destinationen, die über Wettbewerbsvorteile im Grundnutzen verfügen, weisen somit eine im Vergleich weitaus größere Krisenresistenz und eine schnellere Erholungsmöglichkeit auf als andere Destinationen.

3.2.1.3 Differenzierungsvorteil im Zusatznutzen

Wenn der Vorteil der Nichtaustauschbarkeit der Kernleistung nicht gegeben ist, verhält es sich anders. In diesem Fall kann versucht werden, über den Zusatznutzen eine Differenzierung zu erreichen, mit dem Ziel einer einmaligen Positionierung in der Erlebniswelt des Konsumenten.

Diese Art von Wettbewerbsvorteil wird durch die Vermittlung eines emotionalen Zusatznutzens erreicht, der aber nachhaltig sein muß. Dies schließt ein, daß er schwer imitierbar ist. Nur dann kann man von einem Wettbewerbsvorteil durch Erlebnisprofilierung sprechen. Das Produkt wird deshalb nämlich anderen funktional gleichartigen Produkten vorgezogen, weil die soziale bzw. psychologische Bedeutung weitaus höher ist. Zugleich darf aber nicht vernachlässigt werden, daß das Vorhandensein des Grundnutzens nach wie vor eine notwendige Voraussetzung für den Markterfolg ist. Eine Badedestination wie Rimini kann zwar über emotionale Positionierungsvorteile verfügen, welche die Wettbewerbsfähigkeit sicherstellen, ist jedoch nach wie vor von der einwandfreien Existenz der Kernleistung Badeurlaub abhängig. Fällt diese Leistung weg, leidet darunter die Destination, unabhängig von ihrem nach wie vor bestehenden Wettbewerbsvorteil im Zusatznutzen (siehe Beispiel 9).

Dieser Art von Wettbewerbsvorteil kommt aufgrund der prinzipiellen Austauschbarkeit vieler Destinationen in ihrem Grundnutzen eine immer stärker werdende Bedeutung zu. Die Bemühungen zur Erlangung einer Differenzierung im Zusatznutzen lassen sich beispielsweise an Spanien – der klassischen Destination für Strand- und Badeurlaub – beobachten. Dort werden konsequent emotionale Dimensionen in den strategischen Marketingmaßnahmen betont. Aber auch verschiedene afrikanische Destinationen versuchen Strand- und Badeurlaube dadurch wettbewerbsfähig zu machen, daß sie unter strategischen Gesichtspunkten emotionale Aspekte mit dem Produkt verbinden. Exkursionen zu den Dokumentationsstätten der Sklaverei sind eine der vielen Maßnahmen, die im Rahmen des Sklavenroutenprojekts der WTO in diesem Produktbereich Wettbewerbsvorteile schaffen sollen.

Seine emotional imaginäre Basierung ist die wesentliche Besonderheit dieses Wettbewerbsvorteils. Das macht ihn gegenüber negativen Ereignissen besonders anfällig, da beeinträchtigte Erlebniswelten nicht durch sachliche Argumente wiederhergestellt werden können. Zudem erfordert der grundsätzlich langfristige Aufbau dieser Wettbewerbsvorteile erhebliche zeitliche und finanzielle Ressourcen. Beides macht deutlich, daß bereits sehr frühzeitig, das heißt schon im Planungsprozeß des emotionalen Zusatznutzens, die Möglichkeit negativer Ereignisse berücksichtigt werden muß (siehe Kapitel 4.1.5 und 5.1).

Abbildung 20: Bedeutung von Grund- und Zusatznutzen

	Grundnutzen	Zusatznutzen
Differenzierungsvorteil im Grundnutzen	Wettbewerbsvorteil	Nicht vorhanden bzw. nicht wettbewerbsentscheidend
Differenzierungsvorteil im Zusatznutzen	Notwendige Voraussetzung	Wettbewerbsvorteil

Der Grund- und Zusatznutzen der Destination erlangt mit den Wettbewerbsvorteilen eine unterschiedliche Bedeutung.

3.2.1.4 Kostenvorteil

Die zweite Grundform von Wettbewerbsvorteilen stellt der Kostenvorteil dar. Durch die Strategie der Kostenführerschaft wird die Organisation versuchen, ein vergleichbares Standardprodukt günstiger anzubieten. Wichtig ist dabei, daß es sich um vom Touristen als vergleichbare und austauschbar wahrgenommene Produkte handelt. Als Beispiele für diese Art von Wettbewerbsvorteilen lassen sich in etwa die austauschbaren Badedestinationen nennen, die in Regionen mit günstigen Infrastruktur- und Lohnkosten entstehen.

Destinationen, die auf Kostenvorteile setzen, sind besonderen Risiken unter dem Aspekt der negativen Ereignisse ausgesetzt. Aufgrund der notwendigen Austauschbarkeit, die der Tourist wahrnimmt und der Konzentration auf den Preis, kommt wiederum nur der Preis als Instrument der Krisenbewältigung in Frage. Zwar erweist sich der Preis prinzipiell als ein geeignetes Instrument, die erhöhte Risikowahrnehmung zu reduzieren, jedoch stößt diese Vorgehensweise beim Kostenvorteil auf ein entscheidendes Problem: Die Preissenkungsreserven sind normalerweise geringer als bei Unternehmen mit Differenzierungsvorteilen. Während hierauf später noch unter dem strategischen Krisenmanagement eingegangen wird (siehe Kapitel 5.1.1), soll hier schon auf die nicht unerhebliche Signalwirkung durch die Preissenkung hingewiesen werden, die generelle Preissenkungsspielräume offen legt und zukünftig zu veränderten Erwartungshaltungen führt.

3.2.1.5 Die Zeitdimension

Auf den zeitlichen Aspekt wurde im Zusammenhang mit dem Eintritt des negativen Ereignisses und den Reisephasen bereits eingegangen. Abhängig von den Reisephasen, in denen sich die Kunden befinden, hat ein negatives Ereignis unterschiedliche Konsequenzen. Als die wesentliche Determinante für diesen Unterschied wurde das situative Involvement des Kunden ausgemacht, das im Zeitverlauf schwankt. Eine weitere Bedeutung kommt dem zeitlichen Aspekt im Bereich des Angebots zu, wo es zur Bestimmung der Wettbewerber herangezogen werden soll.

Destinationen sind nämlich keine statischen sondern dynamische Gebilde. Vor allem aufgrund der natürlichen Einflußkomponenten auf das Angebot, ändern sich die Wettbewerber einer Destination.

Abhängig von regelmäßigen und wiederkehrenden zeitlichen Intervallen kann der Kreis der Wettbewerber somit auch differieren. Dies kann im Extremfall dazu führen, daß eine prinzipielle Substitutionsmöglichkeit der Destination auf Grund des zeitlichen Faktors vorübergehend nicht gegeben ist.

Zeitdimension

Deutlich wird der Einfluß der Zeitdimension an der Wettbewerberbeurteilung der Kanarischen Inseln.

Über viele Jahre gingen dort die für den Tourismus Verantwortlichen davon aus, daß über das ganze Jahr hinweg die Destinationen Marokko, Tunesien und Madeira die Konkurrenten sind, wenn es um Touristen aus den europäischen Quellmarkt geht. Erst später wurde festgestellt, daß die Wettbewerber des Sommers nicht mit denen des Winters übereinstimmen. Während die griechischen Inseln und Mallorca als die Wettbewerbsdestinationen des Sommers angesehen werden müssen, sind dies hingegen im Winter die Karibischen Inseln.

Quelle: Gutiérrez/Bordas (1993)

Das Wissen um diese zeitliche Dimension darf nicht unterschätzt werden. Es kann von enormer Hilfe sein im Fall eines negativen Ereignisses. Es hilft nämlich, die Wirkung nicht nur auf die eigene Destination, sondern auch auf die Wettbewerber abzuschätzen.

3.2.2 Image

Das Vorstellungsbild einer Destination ist wie bereits angesprochen von Faktoren abhängig, die sowohl im touristischen als auch im nicht touristischen Einflußbereich liegen. Zur Erfassung und Beschreibung greift man auf das Konstrukt Image zurück. Es kommt immer dann zur Anwendung, wenn es darum geht, „Bilder, Vorstellungsbilder bzw. bildhafte Konstrukte“ zu beschreiben, „die ganzheitlich wirken und zu erfassen sind, einen hohen Komplexitätsgrad aufweisen und obwohl stabil und inflexibel, doch beeinflußbar sind“ (Mayerhofer 1995).

Definition Image

Das Image beschreibt das gesamthafte Vorstellungsbild, das sich eine Person von einem Bedeutungsgegenstand, hier einer Destination, macht.

Images sind das Ergebnis eines ständigen Meinungsbildungsprozesses, der unabhängig von einer konkreten Entscheidungssituation stattfindet. Sie setzen sich nach *Johannsen* (1971) zusammen aus „objektiven *und* subjektiven, aus richtigen und eventuell auch falschen Vorstellungen, Einstellungen und Erfahrungen". Abzugrenzen ist der Begriff Image vor allem gegen den des Stereotyp, der eher auf Menschen bezogen wird und sich zudem durch extreme Werturteile auszeichnet. Außerdem unterscheidet er sich vom Vorurteil, welches als von außen übernommen und als weniger beeinflußbar gilt.

Trommsdorff (1975) beschreibt das Image als „ein mehrdimensionales, aus denotativen und konnotativen Produktmerkmalen bestehendes Konstrukt ..., das gleichzeitig die Struktur eines eindimensionalen Phänomens der Einstellung widerspiegelt." Wurde die Einstellung über die Ausprägung auf einem gut – schlecht Kontinuum dargestellt, „so hat das Image Ausprägungen auf mehreren Dimensionen, nämlich den subjektiven Eindrücken von einzelnen (auch nicht sachlichen) Merkmalen des Produkts". Die Anzahl der Definitionsversuche für die Begriffe Einstellung und Image sind reichlich, was sich durch die Tatsache erklären läßt, daß sie hypothetische, nicht zu beobachtende Erscheinungen beschreiben. Dies wiederum bedeutet, daß es kein „wahr" oder „falsch", sondern nur eine Zweckmäßigkeit der Definitionen geben kann.

Die wissenschaftliche Auseinandersetzung konzentrierte sich lange Zeit auf die Frage, ob das Image nur konnotative (nicht sachliche Items), oder auch denotative (sachliche Kriterien) umfassen soll. Spätestens in der praktischen Handhabung erwies sich, daß eine Trennung auch aufgrund der hohen Bedeutung von emotionalen Vorstellungen des Konsumenten im Tourismus unzweckmäßig ist. Auch hinsichtlich der Erfassung wurden Fortschritte gemacht. Mit der Einführung der Nonverbalen Imagemessung (NVI) wurde dem Umstand Rechnung getragen, daß Erlebniswerte immer häufiger durch bildliche Formen kommuniziert wurden. Dadurch wurde aber auch berücksichtigt, daß es neben der sprachlichen auch zu einer bildlichen Informationsverarbeitung und -speicherung kommt, die bildhaften Images weitaus facettenreicher erfaßt werden können, ebenso, wie es dadurch leichter wird, die gefühlshaften Stimmungsfaktoren zu erfassen. Probleme, die sich vorher durch die sprachliche Formulierung der visuellen Reize durch die Probanden und ihre anschließende Rückübersetzung in Bilder durch die Marktforscher ergaben, entfielen. Dies gilt auch für das Übersetzungsproblem von Wortreizen bei internationalen Imageerhebungen. Rechnung zu tragen ist hier jedoch den unterschiedlichen Bedeutungsgehalten, die auch Bilder in den verschiedenen Kulturkreisen haben können.

Definition Erlebniswelt

Gesamtheit aller Vorstellungen und Empfindungen, die eine Person oder eine Personengruppe mit einem bestimmten Objekt verbindet. Sie beruht auf kognitiv erfaßten, gelernten und überprüfbaren Tatsachen und den Verknüpfungen mit subjektiven, emotional aufgeladenen *Be-Deutungen* bestimmter Merkmale des infragestehenden Objekts.

Quelle: Fuchs (1993)

Eine weitere Konsequenz war die Einführung des Begriffs Erlebniswelt als Beschreibung eines weit gefächerten Images. Hierdurch wird dem Umstand Rechnung getragen, daß subjektive und objektive Beurteilungen fast immer gemeinsam in die Produktbeurteilung einfließen und nicht isoliert voneinander betrachtet werden können.

Erlebniswelten sind als Konstrukt weiter als das Image zu begreifen. Umfaßte das Image nämlich in seinen Messungen nur denotative und konnotative Wortreize, werden nun auch nonverbale Reize mit einbezogen, die Bilder erfassen lassen – am umfassendsten würde die Vorstellungswelt des Konsumenten beschrieben, wenn auch die Bilder im weitesten Sinne wie Duft-, Tast-, Hör- und weitere Reizbilder erfaßt werden könnten –. Somit wird mit dem Konstrukt Erlebniswelt weit umfassender beschrieben, wie ein Konsument bzw. Tourist ein „Objekt, eine Marke, ein Unternehmen oder aber auch ein (Bundes-) Land, eine Stadt oder eine Region" erlebt (Mayerhofer 1995).

Im weiteren werden die Begriffe Image und Erlebniswelt synonym verwendet. In diesem Zusammenhang wird jedoch ausdrücklich darauf hingewiesen, daß der Imagebegriff damit in seiner weiteren Fassung unter Einbeziehung der konnotativen und denotativen Merkmale gemeint ist.

3.2.2.1 Das Image des Landes

Eine Vorstellung von einem Land bildet sich automatisch und unabhängig davon, ob ein Land als Urlaubsziel in Frage kommt. Es interessiert im weiteren ausschließlich das Fremdimage einer Destination. Das Selbstimage, also die eigene Vorstellung der Bewohner einer Destination von dieser selbst, hat für die vorliegende Betrachtung keine Bedeutung, ebenso wie für den Erholungstourismus an sich. Das Länderimage ist Ergebnis der allgemeinen Informationen, die der Konsument ständig aufnimmt. Dabei fließen Nachrichten über politische, wirtschaftliche und gesellschaftliche Ereignisse genauso ein wie Eindrücke, die über Produkte des Landes gewonnen werden. Dieses Vorstellungsbild ist das nicht tourismusspezifische Länderimage, bei dem die als charakteristisch erlebten Details des Landes besonders betont sind. Der im Folgenden verwendete Begriff

Skifahren in Madrid

Skifahren in Madrid. Wie sehr das vorherrschende Länderimage Spaniens, insbesondere Madrids von allgemeinen Informationen geprägt ist, wird an diesem Bild besonders deutlich. Madrid hat zwei Skigebiete in unmittelbarer Nähe (30km) und ein weiteres in knapp 100km Entfernung. Dennoch wird Spanien bzw. Madrid selten mit Skifahren in Verbindung gebracht.

Länderimage kann dabei durchaus deckend sein mit dem Destinationsimage. Normalerweise ist dieses Image jedoch eng mit den politischen oder geographischen Grenzen verbunden.

Aufbauend auf *Mayerhofer* (1995) sind es besonders folgende Faktoren, die das Länderimage prägen:

- Eigenschaft der Bevölkerung, auch als Touristen im eigenen Land erlebt
- Landschaftliche Gegebenheiten
- Kulturelle und religiöse Aspekte
- Wahrzeichen
- Essen & Trinken
- Berühmte Persönlichkeiten
- Die Kompetenz des Landes als Hersteller von Produkten und Dienstleistungen (made-in-image)
- Repräsentative Waren, Filme, Veranstaltungen, Literatur und Musik des Landes

Diese Beeinflussung ist nicht einseitig. Genauso wie das Länderimage durch diese Faktoren beeinflußt wird, fällt es umgekehrt auch wieder auf diese zurück. Insoweit besteht eine ständige Wechselbeziehung zwischen dem Länderimage und seinen Einflußfaktoren.

Brandenburger Tor

Das Brandenburger Tor ist ein außergewöhnliches Beispiel, wie schnell sich ein Wahrzeichen zu einem nationalen und touristischen Symbol entwickeln kann. Erst wieder nach der deutschen Wiedervereinigung in den Mittelpunkt gerückt, zog das Brandenburger Tor allein zur Sylvesternacht 2003/2004 mehr als eine Million Menschen an. 250.000 mehr als bei der traditionellen Party am Times Square in New York.

Beispiel 11: Swissair: Das Ende eines nationalen Symbols

Das Beispiel Swissair zeigt die Wechselbeziehungen zwischen dem Länderimage und seinen beeinflussenden Faktoren. Darüber hinaus ist zu sehen, welche Rolle der negative Imagetransfer spielt.

Bisher wurde angenommen, daß hauptsächlich Produkte und Unternehmen die positiven Aspekte eines country-of-origin Images nutzen. Ein typisches Beispiel für einen solchen Nutzer des Länderimages sind Fluglinien.

Die Insolvenz von Swissair zeigt jedoch, daß ein positives Länderimage relativ einfach auch negative Rückwirkungen auf das Länderimage verursachen kann. Wie viele andere Fluglinien benutzte und bewarb Swissair die nationalen Traditionen an Board, bemalte die Flugzeuge mit den Nationalfarben und benutzte die Nationalflagge am Flugzeugheck. Weltweit wurde sie als Botschafter für schweizer Werte wie Zuverlässigkeit, Qualität, Stabilität, Sicherheit und Weltoffenheit angesehen.

Das weiße Kreuz am Flugzeugheck wurde als Symbol schweizer Werte durch die Welt transportiert.

Die überaus ehrgeizigen Expansionspläne in einer Umwelt, die immer komplexer und wettbewerbsintensiver wurde, führten 2001 letztendlich zur Insolvenz des Unternehmens. Was einmal nützlich war, verkam zu einem Problem mit enormen Konsequenzen für das gesamte Land, den Tourismus und für andere Bereiche, die von den klassischen schweizer Werten profitierten.

Ein Zeitungsredakteur der *Le Temps* folgerte: „Das weiße Kreuz auf rotem Grund an den Flugzeugen transportierte unseren Ruf um die Welt: es stand für Qualität und Disziplin. Seit gestern ist das Geschichte. Ohne Worte!" Die *Neue Zürcher Zeitung* (NZZ) wurde sogar deutlicher: „Um die Welt gingen die Bilder von beschlagnahmten Flugzeugen und Flugzeugen, welche wegen Treibstoffmangel stehenblieben; Berichte über gestrandete Passagiere... werden nicht nur dem Swissair Image schweren Schaden zufügen, sondern auch der gesamten Schweiz."

Quellen: Le Temps und Neue Zürcher Zeitung, 03.10.2001. Foto: Unique (Flughafen Zürich AG)

Darüber hinaus wird das Länderimage abhängig von dem jeweiligen politischen System und den Beziehungen zu anderen Nationen geprägt. Insofern kommt auch bei der Beurteilung des Länderimages – ähnlich zu den erörterten kulturellen Differenzen der Risikobeurteilung – eine nationale Komponente des Beurteilenden zum Tragen. Beispielsweise stuften nordamerikanische Touristen den Irak, Somalia, Libyen, den Libanon und Syrien aufgrund andauernder politischer Spannungen als die risikoreichsten Destinationen ein, ziehen Produkte aus „freien" Ländern solchen aus „unfreien" vor (Sönmez/Graefe 1998a; Lebrenz 1996) oder beurteilten die Produkte aus Ländern mit einem höheren Entwicklungsniveau grundsätzlich auch als höherwertigere Produkte.

Es bleibt festzuhalten, daß das nicht tourismusspezifische Länderimage einen erheblichen Einfluß darauf hat, ob eine Destination grundsätzlich als Urlaubsziel in Frage kommt oder nicht. Die Entscheidung, ob eine Destination prinzipiell Teil von genauer untersuchten Alternativen ist, wird vom Konsumenten bereits sehr früh getroffen und kommt meist ohne Zuhilfenahme weiterer Unterstützung wie beispielsweise durch Reisebüros zustande.

3.2.2.2 Das Image der Region

Im Sinne eines mehrere Staaten umfassenden Bereichs hat das Regionenimage eine ebenfalls hohe Bedeutung unter dem Aspekt negativer Ereignisse. Es kann bewußt aufgebaut und genutzt werden, um eine Region touristisch zu vermarkten. Dies geschieht normalerweise dann, wenn ein individuelleres Image vom Markt nicht beachtet würde. Das Seidenstraßenprojekt und die Sklavenroute der WTO sind Beispiele hierfür. Ein Regionenimage kann aber auch unbewußt und ungewollt entstehen und braucht keinen spezifischen touristischen Hintergrund zu haben. Ein solches Image einer Region fußt in aller Regel auf den Informationen, die ständig – vor allem durch die Nachrichtenberichterstattung – aufgenommen werden. Beispiele für Regionenimages bieten Länder wie Usbekistan und Kasachstan, deren Länderimages von den Konsumenten normalerweise nicht individuell erlebt werden. Anders verhält sich das bei Ländern wie den USA oder der Schweiz, weil diesen aus Sicht der deutschen Touristen ein eigenständiges Länderimage zugeschrieben wird.

Das Seidenstraßenprojekt der WTO

Abbildung 21: Prozentuale Veränderung der internationalen Ankünfte im Nahen Osten 1967-2001

Ereignis	Land			
	Israel	Ägypten	Jordanien	Syrien
Sechs-Tage-Krieg, 1967	-7.0	-45.0	-52.0	-17.4
Yom-Kippur-Krieg, 1973	-14.8	-1.1	+5.3	-31.6
Libanon-Krieg, 1982	-13.0	+3.4	+29.5	-24.1
Internationaler Terror, 1986	-17.0	-13.6	+2.6	+5.0
Intifada, 1988	-15.0	+3.8	+26.0	+4.6
Bedrohungen durch den Irak, 1990	-5.0	+3.8	+16.2	+5.8
2. Golf-Krieg, 1991	-17.0	-15.0	-15.4	+8.8
Al Asqa Intifada, 2000	-54.4	-45.6	+16.3	+12.4

Quelle: WTO und Mansfeld (1995)

Negative Ereignisse wirken innerhalb dieser regional verbunden wahrgenommenen Gebiete auf alle Länder, unabhängig von ihrer tatsächlichen Betroffenheit. Dieser Fall wurde bereits mehrfach beobachtet. Beispielsweise litten Indien und die Malediven unter den Ereignissen des Terrorismus in Sri Lanka, wurde Pakistan von den kriegerischen Auseinandersetzungen in Afghanistan getroffen und beeinflußte der Putsch in Uganda den gesamten ostafrikanischen Tourismus. *Mansfeld* (1995) analysierte das negative Regionenimage des Nahen Ostens und führt es in seiner Ursache auf den ständigen Arabisch-Israelischen Konflikt zurück. Ein Ergebnis seiner Analysen der wichtigsten Konflikte von 1967-1992 war der Nachweis, daß diese jeweiligen negativen Ereignisse einen allgemeinen negativen Trend für die Region auslösten. Außerdem ist zu beobachten, daß die unterschiedlichen Auswirkungen auf die beteiligten Länder mit dem Grad der Verwicklung in den Konflikt korrelieren. Dabei entscheidet nicht der Grad der tatsächlichen Verwicklung sondern der vom Touristen wahrgenommenen bzw. verstandenen Grad der Verwicklung. Dieser wird bei den meisten Ereignissen stark von den Medienberichten in dem Land des Konsumenten geprägt und stimmt auch mit dem in der Öffentlichkeit vorherrschenden Meinungsbild überein. Außerdem konnte beobachtet werden, daß die ebenfalls zur Region gehörigen Länder Türkei, Griechenland und Zypern von den Ereignissen nur betroffen wurden, wenn sich diese zu internationalen Krisen entwickelten und generelle Probleme verursachten wie das Ansteigen der Transportkosten. Ansonsten blieben diese Länder weitgehend von den Wirkungen der Ereignisse verschont. Stellenweise profitierten sie sogar als Substitute davon. Diese Entwicklung erklärt sich durch die vergleichsweise stärker ausgeprägten Länderimages der Türkei, Griechenlands und Zyperns, wodurch diese Länder insofern für Ausstrahlungseffekte immun waren.

Länder oder aber Regionen, die mehrere Staaten umfassen, können zusammenfassend in zweifacher Weise von negativen Ereignissen betroffen sein:

- Erstens, indem das Land direkt durch das negative Ereignis betroffen ist. Das bezieht sich sowohl auf die Verwicklungen in Konflikte als auch auf den Ort des Ereignisses.
- Zweitens dadurch, daß das Land von Ausstrahlungseffekten des negativen Ereignisses betroffen ist.

Der Überraschungseffekt ist im zweiten Fall ungleich größer. Das ist in der Regel darauf zurückzuführen, daß sich die Tourismusverantwortlichen nicht bewußt waren, daß ihr Land von den Touristen im gleichen Imageraum mit der betroffenen Destination wahrgenommen wurde. Dieser Effekt beruht auf der Abweichung des Selbstimages vom Fremdimage und stellt sich immer dann ein, wenn die Auseinandersetzung mit den Vorstellungsbildern der Touristen mangelhaft, bzw. nur aus der Perspektive des Destinationsmanagers vorgenommen wurde.

3.2.2.3 Das Image der Destination

Ausschlaggebend für die eigentliche Produktwahl ist das Image der Destination. Welches Destinationsverständnis dabei zugrundegelegt wird, also ob es ein Ressort oder vielleicht eine Region ist, entscheidet der Kunde. In Erweiterung der zuvor gewonnenen Erkenntnis, daß ein geographischer Raum mehrere Destinationen beinhalten kann, bedeutet dies, daß ein geographischer Raum durchaus über mehrere und verschiedene Wettbewerbsvorteile verfügen kann. Dies macht schon in der Normalsituation eine differenzierte Auseinandersetzung mit den wichtigen Kundensegmenten notwendig. Sofern diese Überschneidungs- oder Berührungspunkte aufweisen, ist wegen des Kulisseneffekts, eine möglichst stimmige Gesamtstrategie anzustreben. Im Zusammenhang mit negativen Ereignissen ist dieser Aspekt von weiterer Bedeutung. Die den verschiedenen Destinationsverständnissen zugrundeliegenden Kundensegmente weisen nämlich in aller Regel ein unterschiedliches Reaktionsverhältnis auf. Dieses ist neben den verschiedenen Akzeptanzschwellen abhängig von der Stärke der jeweiligen Wettbewerbsvorteile.

Kulisseneffekt

Der Kulisseneffekt beschreibt den Umstand, daß andere Zielgruppen, die sich am gleichen geographischen Ort aufhalten, die Destinationswahrnehmung bzw. Produktbeurteilung erheblich beeinflussen.

Siehe auch Kapitel 7.3.1

Diese Feststellung deutet schon die Möglichkeiten des strategischen Krisenmanagements an, denen noch an späterer Stelle vertiefend nachgegangen wird (siehe Kapitel 5). Zuvor sollen aber noch drei wesentliche Einflüsse betrachtet werden, welche die Vorstellung, Beurteilung und Wirkung des negativen Ereignisses im Zusammenhang mit dem Destinationsimage beeinflussen.

Die unterschiedlichen Reaktionen der Kundensegmente konnten beispielsweise in Israel beobachtet werden:

Gewalt- und Terrorakte lösten im Verlauf des Jahres 1996 Rückgänge der internationalen Ankünfte von Touristen aus. Diese waren im Bereich der FIT (Flight Inclusive Tour) und Katalogreisen weitaus stärker als bei den Rund-, Pilger- und Kulturreisen, bei denen kaum Stornierungen vorkamen. Die im Grundnutzen, wie hier bei der Kultur- oder Pilgerreise, verankerten Wettbewerbsvorteile erwiesen sich somit resistenter in einer Situation, in der sich die Sicherheitslage verschlechterte. Andere Bereiche wie der Badeurlaub, bei welchem Israel keine erkennbaren Wettbewerbsvorteile hat, reagierten weitaus anfälliger auf die gleichen Ereignisse.

Quelle: Priel/Peymani (1996)

3.2.2.3.1 Der Einfluß der Erfahrung

Die Erfahrung des Touristen mit der Destination hat Einfluß auf das mit der Produktwahl verbundene Kaufrisiko (siehe Kapitel 3.1.2). Dieses sinkt für den Fall, daß die Destination wiederholt ausgewählt wird. Darüber hinaus beeinflußt die Erfahrung aber auch die Anfälligkeit des Destinationsimages gegenüber negativen Ereignissen. Die zunehmend wettbewerbsentscheidenden emotionalen Produktdifferenzierungen müssen vom Konsumenten erst einmal erlernt werden, um wirksam zu werden. Das kann in Form einer symbolischen Erfahrung oder des direkten Lernens geschehen. Wird die Produktdifferenzierung durch direkte Erfahrung, das heißt durch die Inanspruchnahme der Urlaubsreise gelernt, ist sie weitestgehend klar und widerspruchsfrei zum tatsächlichen Erleben des Produktes. Man ist sich also der emotionalen Produktvorteile bewußt und zu einer besseren Beurteilung in der Lage, ob durch ein negatives Ereignis solche Komponenten in Mitleidenschaft gezogen wurden.

Wenn die Produktdifferenzierung jedoch das Ergebnis der symbolischen Erfahrung ist, also des Lernens durch Werbung und anderer beeinflussender Komponenten, kann es zu Abweichungen zwischen Anziehungsimage und Aufenthaltsimage kommen. Diese Handhabung und Korrektur der Abweichung ist ständige Aufgabe des Destinationsmarketing. Sie führt nämlich schon in der Normalsituation zur Unzufriedenheit bei den Konsumenten. Vor allem für den Fall der symbolischen Erfahrung, bei dem negative Ereignisse die noch nicht erfahrenen Erlebniswelten treffen, ist davon auszugehen, daß potentielle Touristen wegen des fehlenden Verständnisses der Wirkungszusammenhänge ihre Entscheidung für eine Destination schneller verwerfen. Dies bestätigen auch die Erkenntnisse der Einstellungsforschung, wonach nur die durch direkte Erfahrung gelernten Einstellungen für die touristische Verhaltensprognose relevant sind (Kroeber-Riel 1992; Frömbling 1993).

Beispiel 12: Terrorismus als Stimmungskiller für Tourismus?

Seit 1979 bedroht die baskische Seperatistengruppe ETA den lukrativen spanischen Tourismussektor. Vorrangiges Ziel ist nicht die Tötung von Touristen sondern der größtmögliche Schaden für die spanische Wirtschaft, welche mit etwa zwölf Prozent ihres Bruttosozialprodukts vom Tourismus abhängig ist. Ihre Aktivitäten erstreckten sich bisher hauptsächlich auf die Costa Dorada, Cambrill, Salou und Südspanien. Kein Tourist wurde bei diesen Anschlägen getötet. Der touristisch relevanteste Anschlag wurde 1996 auf den Flughafen in Tarragona verübt, wo 35 Touristen durch eine Bombenexplosion verletzt wurden.

Zwischen September 1998 und Ende 1999 herrschte eine vierzehnmonatige Friedensphase. 1999 flammten die terroristischen Aktivitäten der ETA wieder auf. Im März 2001 wurden explizit erstmals ausländische Touristen gewarnt, ihren Urlaub nicht in Spanien zu verbringen, da sie sich sonst „unerwarteten Konsequenzen" aussetzen würden. Seit diesem Zeitpunkt rissen die Ereignisse nicht mehr ab und mehrere Bombenanschläge in typischen spanischen Urlaubsgebieten forderten Verletzte und Tote.

Trotz dieser Intensivierung der terroristischen Aktivitäten, erstmaligen Reisewarnungen und den verheerenden Anschlägen vom 11. März 2004 in Madrid, hatten diese Ereignisse kaum Auswirkungen auf die ausländischen Touristenankünfte in Spanien, noch entstand ein erhöhtes Interesse, den Urlaub wegen dieser Anschläge zu stornieren. Das kann hauptsächlich dadurch erklärt werden, daß die meisten Besucher schon vorher direkte und positive Erfahrungen in Spanien sammeln konnten, und daß Spanien eine klassische Destination von Wiederholungsgästen darstellt.

Die gleiche Beobachtung trifft auf die Türkei zu, welche als Destination ein großes Interesse am internationalen Tourismus hat. In der Vergangenheit hatte das Land mit verschiedenen terroristischen Anschlägen der Kurdischen PKK zu kämpfen. Eine Untersuchung des Studienkreis für Tourismus und Entwicklung ergab, daß sich nur 24 Prozent der Deutschen subjektiv sicher fühlten, nachdem die Konflikte in der Türkei auftraten. Im Gegensatz dazu erklärten 79 Prozent der Befragten, die im Jahr zuvor ihren Urlaub in der Türkei verbracht hatten, daß sie sich überhaupt nicht gefährdet fühlen würden.

3.2.2.3.2 Der Einfluß der Herkunft

Die Herkunft der Konsumenten ist ein weiterer Einflußfaktor für das Destinationsimage. Abhängig davon, aus welchem regionalen Umfeld die

Touristen kommen, verknüpfen sie jeweils andere Erlebnisdimensionen mit einer Destination. Im Gegensatz zum bereits angesprochenen Einfluß der kulturellen und nationalen Komponente auf die Risikobewertung, hat die geographische Dimension einen weitaus konkreteren Produktbezug.

Dies hat zur Folge, daß die regional unterschiedlich ausfallenden Beurteilungen der Destination nicht gleichermaßen durch das negative Ereignis beeinflußt werden. Das eröffnet eine weitere Möglichkeit für Maßnahmen des Krisenmanagements. Regionale Bereiche, deren Imagevorstellungen weniger durch das negative Ereignis beeinträchtigt wurden, können bevorzugt als Zielgruppen angesprochen werden.

Beispiel 13: Die geographische Herkunft beeinflußt die Wahrnehmung der Touristen

Das Destinationsimage besteht aus einer Summe von mehr oder weniger individuellen und subjektiven Ideen, Eindrücken, Überzeugungen und Erwartungen, die ein potentieller Tourist über einen bestimmten Zeitraum hinweg gesammelt hat. Jedes dieser Elemente wurde durch verschiedene Faktoren wie Medien, Presse, Erfahrungen von Freunden und Bekannten, Literatur etc. beeinflußt. Fakt ist, daß jeder Besucher seine sehr spezielle eigene Vorstellung vom Image einer Destination entwickelt. Dennoch ist es möglich, Gruppen zu bilden, die vergleichbare Vorstellungen von einer Destination haben. Sie können eingeteilt werden nach: Alter, Art des Urlaubs, Reiseerfahrung, Lebensstil und Stellung im Lebenszyklus.

Ahmed (1996) untersuchte die Bedeutung der geographischen Herkunft im Zusammenhang mit dem Image des US Staates Utah als Destination. Er befragte mehr als 1.900 Einwohnern aus sechs verschiedenen US-Regionen und bewies, daß die Vorstellungen von potentiellen Utah-Touristen vom entsprechenden geographischen Hintergrund abhängen.

Er stellte erhebliche Diskrepanzen zwischen dem Gesamtimage und den einzelnen 5 konstituierenden Imagefaktoren (Naturressourcen, Outdooraktivitäten, Kultur, Nachtleben und Alkoholgesetzen) fest. Das Gesamtimage wie auch die Kultur fanden Einwohner aus dem „Intermountain-West" (Arizona, Colorado, Idaho, Montana, Nevada und New Mexico) „beeindruckender" als jene aus den östlichen Staaten (Connecticut, Delaware, Washington DC, Kentucky, Maine, Maryland, Massachusetts, New Hampshire, New Jersey, New York, Ohio, Pennsylvania, Virginia). Die Naturresourcen fanden Bewohner von Kalifornien „beeindruckender" als solche aus Washington oder Oregon. Bewohner aus dem mittleren Osten (Illinois, Indiana, Iowa, Kansas, Michigan, Minnesota, Missouri, Nebraska, North Dakota, South Dakota und Wisconsin) fanden das

Nachtleben von Utah besser und waren den Alkoholgesetzen gegenüber liberaler.

Ahmed (1996) führte diese verschiedenen Wahrnehmungen unter anderem auf die regionalen Moralkonzepte, Geschmacksrichtungen, Verhaltensweisen und Subkulturen zurück. Er betonte, daß die bloße Feststellung des Gesamtimages einer Destination nicht ausreichend sei für eine erfolgreiche Werbung. Auch bei einem negativen Gesamtimage könnten durchaus Bestandteile noch als positiv oder einzigartig wahrgenommen werden.

3.2.2.3.3 Der Einfluß von Sicherheitsereignissen

Im Zusammenhang mit dem Image der Destination kommt auch dem Sicherheitsaspekt eine weitere Bedeutung zu. Während dieser grundsätzlich dafür verantwortlich ist, daß die allgemeine Sicherheitslage als gefährlich eingestuft wird, können Sicherheitsereignisse auch Erlebniswerte des Destinationsimages zerstören.

Wenn ein solcher Einfluß längere Zeit anhält, ist davon auszugehen, daß das Sicherheitsereignis das Image nicht nur beeinflußt, sondern es vielmehr vollkommen dominiert. Das zeigt beispielsweise *Lennon* (1999) an der Stadt Belfast, die nur noch als Kriegsgebiet assoziiert wird oder *Buckley/Klemm* (1993) für Nordirland.

Die Einflüsse von Sicherheitsereignissen auf die Imagedimensionen, wiesen *Gartner/Shen* (1992) empirisch nach. Beim Vergleich des touristischen Images Chinas vor und nach dem Tiananmen Square-Zwischenfall, stellten die Autoren überraschenderweise fest, daß sich dieser Vorfall hauptsächlich auf die Wahrnehmung der natürlichen Anziehungskomponenten auswirkte, die sich, beeinflußt durch die gewalttätigen Ausschreitungen, signifikant verschlechterten. *Gartner/Shen* (1992) vermuteten daher richtig, daß es sich bei dieser Dimension um ein wichtiges, bisher in diesem Umfang nicht wahrgenommenes Element des touristischen Images auch schon zu Normalzeiten handeln müsse.

Kaschmir war lange Zeit für Inder während der Sommerzeit ein ideales Urlaubsziel, um der Wärme zu entkommen und außerdem ein beliebter Wintersportort. Die Unterkünfte waren regelmäßig langfristig ausgebucht.

Seit dem Beginn des Kaschmirkonflikts konnte es sich kaum ein Medienorgan leisten, nicht über diesen Konflikt zu berichten. Kaschmir mit seiner außergewöhnlich reizvollen Landschaft hat nicht nur den kompletten Zusammenbruch der Nachfrage erfahren sondern besitzt inzwischen auch ein vollkommen negatives Image.

Hieran wird deutlich, daß die Wirkung von Sicherheitsereignissen umfassender als bisher üblich zu begreifen ist. Während der normalerweise zu berücksichtigende Aspekt der gestiegenen Gefährdungslage unmittelbar und kurzfristig wirkt, kommen die parallel zu beobachtenden Beeinflussungen des Images auch noch langfristig zum Tragen. Im extremsten Fall dominieren die Sicherheitsereignisse das Image derart, daß sie unabhängig von der eigentlichen Gefährdungslage empfunden werden. Ein typisches Beispiel hierfür ist Vietnam. Unabhängig von der tatsächlichen Gefährdungslage ist das Image der Destination nach wie vor vom Vietnam-Krieg geprägt. Anstatt dieses Image zu bekämpfen, nutzt die Destination es inzwischen bewußt als Attraktion.

3.2.3 Produktverantwortung

Ist man sich auf der Unternehmensebene aufgrund des rechtlichen Rahmens der Organisation im klaren, wo die Grenzen des Unternehmens liegen und was die Zuständigkeiten der Unternehmensführung sind, trifft man im Tourismus auf eine andere, eher schwierigere Situation.

Grundsätzlich ist das touristische Angebot in klassischen Destinationen von einer klein- und mittelbetrieblichen Struktur geprägt. Kaum eine Destination ist als touristisches Produkt aufgebaut. Vielmehr werden klassische Verwaltungsbezirke mehr oder weniger stark durch das „Betreiben" eines touristischen Produktes beeinflußt. Besonders deutlich machen dies Destinationen wie Las Vegas oder Mallorca. Während bei solch stark ausgeprägten touristischen Gebieten die Zuständigkeiten schon im Normalfall klar von der Bedeutung des touristischen Produktes beeinflußt werden, trifft dies bei einem Großteil der Destinationen nicht zu. Insbesondere im letzteren Fall hat die Tourismusorganisation schon zu Normalzeiten etliche Probleme.

Diese werden durch die beschränkte Einflußmöglichkeit und den Umstand verursacht, daß Entscheidungen für etwas zugleich auch Entscheidungen gegen etwas beinhalten. Aufgrund der Vielzahl der Beteiligten führt dies häufig zu einem Kompromiß beim kleinsten gemeinsamen Nenner. Aus diesem Grund fordert *Bieger* (2002), daß Tourismusorganisationen Non-Profit Organisationen sein müssen, um einen Interessenkonflikt zu verhindern. Das Ergebnis ist, daß es eine Vielzahl von Interessengruppen gibt, die daran interessiert sind, die Produktverantwortung auszuüben, diese aber ungern teilen wollen, was dadurch ein Zuständigkeitsproblem zur Folge hat.

Daneben stellt sich das Aussageproblem oder die Antwort auf die Frage, was überhaupt als Produkt bzw. Destinationsimage aufzubauen und zu pflegen ist. Zu den Faktoren, die unter anderem Einfluß auf die Problematik haben, gehören die Homogenität der Interessen, das Vorhandensein zentralistischer Strukturen, die Akzeptanz der Führungspersönlichkeiten etc.

Abbildung 22: Zuständigkeiten in der Destination

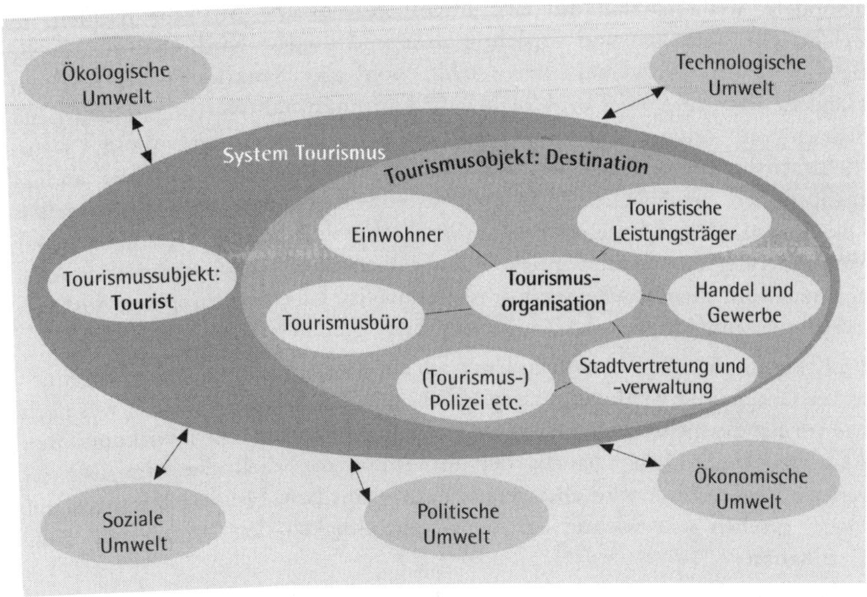

Die Tourismusorganisation ist Träger der für die Destination zu erbringenden Leistung. Sie nimmt die Marketing-, Angebots-, Planungs- und Interessenvertretungsfunktionen wahr. Das Tourismusbüro hingegen zeichnet sich für das operative Tagesgeschäft verantwortlich.

Selbst, wenn unterstellt würde, daß diese Probleme in Normalzeiten weitgehend gelöst sind, ergeben sich doch im Fall negativer Ereignisse besondere Schwierigkeiten, die zum Teil in der Tragweite der Entscheidung und der besonderen Verantwortung begründet liegen. Wird dem Zuständigkeitsproblem im Krisenmanagement nachgegangen, ist zu erkennen, daß die rechtliche Zuständigkeit nicht selbstverständlich identisch ist mit der Zuständigkeit für die touristische Destination. Während im Unternehmen das Management prinzipiell deswegen tätig sein wird, um den Erfolg des Unternehmens nicht zu gefährden und gegebenenfalls rechtlich verantwortlich gemacht werden kann, wird bei Destinationen dem Problem häufig erst im Krisenfall nachgegangen und die präventiven Möglichkeiten vernachlässigt. Unter diesen Umständen will keiner die Verantwortung übernehmen, auch wenn sonst eine Vielzahl von „Machtinteressierten" vorhanden ist.

Zuständigkeitsproblem

Dies erscheint aber nicht sinnvoll. Für die Destination ist das Krisenmanagement ein öffentliches Gut, da das Ausschließlichkeitsprinzip nicht anwendbar ist. Außerdem wird das Image, was in seiner Pflege und dem Aufbau normalerweise einer Tourismusorganisation zugeordnet wird, als ein Teil der vertrauensbildenden Leistungen belastet. Um also für das Eintreten von negativen Ereignissen gewappnet zu sein, muß die Tourismusorganisation sich ihrer Zuständigkeit bewußt sein und die Verantwortlichkeit von Anfang an regeln. Dies gilt besonders, wenn es sich um eine öffentlich-rechtliche Struktur handelt, in welcher eher verhalten und vorsichtig abwägend reagiert wird, ebenso, wie die Belohnung bei richtigem Handeln fehlt, wohl aber Sanktionen bei falschem Handeln sicher sind. Hier wird folglich die Führungsverantwortung in derartigen Situationen weniger freiwillig übernommen, insbesondere dann, wenn Mehrfachverantwortungen das Abwälzen von Entscheidungen auf andere Institutionen ermöglichen. Dieser Umstand tritt noch zum prinzipiellen Dilemma hinzu, daß bei einer Frühauslösung mit einer geringen Resonanz, einer Verminderung der Glaubwürdigkeit der Organisation / Suborganisation und einem persönlichen Ansehensverlust zu rechnen ist, bei einem zu späten Auslösen jedoch die Sinnhaftigkeit der Tätigkeit in Frage gestellt würde.

Aussage-problem

Im Krisenmanagement besteht zudem auch ein Aussageproblem. Das mangelhafte Verständnis von Marketingstrategien schon in der Normalsituation, was nach wie vor für die meisten Destinationen gilt, führt häufig zu einem wirkungslosen Aktionscocktail. Dieser hat in der Regel nur das Ziel, die Ereignisse zu verharmlosen. Damit wird aber gerade das zerstört bzw. beeinträchtigt, was auf Dauer gesehen sehr wichtig ist: die Glaubwürdigkeit der Organisation bzw. Destination.

Aufgrund der hohen Bedeutung, welche die Regelung der Produktverantwortung für die Destination hat, müssen diese Entscheidungen schon zu Normalzeiten getroffen und umgesetzt worden sein. Gerade in der Krisensituation wird das Destinationsimage dadurch auf den Prüfstand gestellt, daß die sonst eher unbewußt beachteten Aussagen und Verhaltensweisen der Tourismusorganisation transparent vor Auge geführt werden. Damit ergibt sich auch eine Chance für das Krisenmanagement, die sich durch entsprechende Vorbereitung nutzen ließe.

Beispiel 14: Das Jahrhunderthochwasser in Sachsen im August 2002

Im August 2002 wurde der Osten und Südosten Deutschlands und Teile Osteuropas von einer Flutkatastrophe historischen Ausmaßes heimgesucht. Besonders stark wurde Sachsen betroffen. Nach tagelangen Niederschlägen verwandelten sich die Flüsse des Erzgebirges und die Elbe in reißende Ströme, die über die Ufer traten, großflächig die Tallagen überschwemmten und Deiche, Häuser, Brücken und Straßen zerstörten. 20 Menschen verloren ihr Leben in den Fluten, 110 wurden verletzt. Tausende mußten ihre Wohnungen verlassen, allein in Dresden wurden 30.000 Menschen evakuiert. Die Naturkatastrophe löste die größte Rettungsaktion in der deutschen Nachkriegszeit aus. Zeitweise waren mehr als 40.000 Feuerwehrleute, 25.300 Soldaten, 10.000 Helfer des Technischen Hilfswerks und 25.000

Freiwillige im Einsatz. Daß diese Katastrophe auch weitreichende Folgen für den seit der Wende florierenden Tourismus in Sachsen hatte, ist offensichtlich. So war stellenweise die gesamte touristische Infrastruktur (Hotels, Sehenswürdigkeiten etc.) zerstört und die Verkehrswege stark beschädigt. Mit den ersten Katastrophennachrichten setzte eine massive Stornierungswelle ein. Durch die negativen Medienberichte und die andauernden Spendenaufrufe prägte sich bei den potentiellen Touristen ein derart negatives Image ein, daß diese auch dann noch ausblieben, als Reisen in die Destinationen längst wieder möglich waren. So ging die Zahl der Gäste in den stark vom Hochwasser betroffenen Regionen in den Monaten August und September um bis zu 40% gegenüber dem Vorjahr zurück. Insgesamt fiel die Zahl der Ankünfte in ganz Sachsen im Jahr 2002 um rund 362.000, mehr als 8%. Allein in Dresden wurden die fehlenden Einnahmen aus dem Tourismus auf 164,3 Mio. geschätzt.

Die sofort in den Medien verwendete Bezeichnung „Jahrhunderthochwasser" läßt darauf schließen, daß es sich bei dem Ereignis um etwas Außergewöhnliches handelte, mit welchem niemand gerechnet hatte. *Theuerkorn* konnte aber auch feststellen, daß bei den Tourismusverantwortlichen das Krisenbewußtsein nur gering ausgeprägt war. So wurden Tourismuskrisen zwar in anderen Regionen der Welt als wahrscheinlich und „normal" betrachtet, nicht aber vor der eigenen Haustür. Folglich konnte auch nicht auf ein vorhandenes Krisenmanagement zurückgegriffen werden. Zudem fand *Theuerkorn* die Meinung verbreitet, daß Krisen grundsätzlich nur spontan und durch Improvisation zu lösen seien, nicht aber mit Hilfe von entsprechenden Präventionsmaßnahmen. Diese Einstellung änderte sich selbst nach den Erfahrungen im August 2002 nicht. Aus diesem Grund, aber auch wegen der finanziellen und personellen Situation der Tourismusorganisationen, beschränken sich die Präventionsmaßnahmen hier nach wie vor auf die rechtlich vorgeschriebenen betrieblichen Notfallvorkehrungen des eigenen Unternehmens (z.B. Feuerschutz, Fluchtwege), während übergeordnete tourismusrelevante Krisenpläne für die Destination weiterhin fehlen.

Das Hochwasser machte auch den Querschnittscharakter des Tourismus und die Abhängigkeit vom öffentlichen Sektor deutlich. Hierbei kam es aufgrund der Größe des Katastrophengebietes zur Überschneidung zahlreicher administrativer und territorialer Kompetenzbereiche. Allein in Sachsen waren mehr als 18 Landkreise und kreisfreie Städte vom Hochwasser betroffen, damit auch mehr als 18 kommunale Regierungen, Tourismusorganisationen, etc.

Die Zuständigkeitsprobleme waren in diesem Fall aber gering. Zum einen hatte die Katastrophe Ausmaße angenommen, welche die Grenzen von Destinationen weit überschritten hatte. Zum anderen stellte *Theuerkorn* fest, daß die rechtlich zuständigen Landräte oder Oberbürgermeister die tourismusrelevanten Probleme aufgrund der komplexen Gesamtsituation nicht oder erst später und in sehr geringem Maße wahrnahmen. In dieses Vakuum stießen die lokalen und regionalen Tourismusorganisationen sowie die Vertreter des privaten Tourismussektors. Obwohl den Tourismusorganisationen durch das fehlende Interesse übergeordneter Stellen ein relativ großer Handlungsspielraum zur Verfügung stand, wurde derselbe gleichzeitig von den geringen vorhandenen finanziellen und personellen Mitteln und durch die Selbstbetroffenheit der Organisationen eingeschränkt. Mittels großer Eigeninitiative, Kooperationen, Kreativität, innerbetrieblicher Sparmaßnahmen und Sponsoring wurden dennoch unterschiedliche Aktionen zur Krisenbewältigung eingeleitet. So konnte in Sachsen bereits nach einem Jahr wieder das Vorkrisenniveau des Tourismusaufkommens erreicht werden.

Trotz dieses vermeintlichen Erfolges beklagten jedoch zahlreiche kleine Tourismusunternehmen und -organisationen die mangelhafte Unterstützung und Berücksichtigung ihrer Interessen im Verhältnis zu den großen Unternehmen. In der Kritik standen dabei vor allem die Beantragung und Verteilung der öffentlichen Fördermittel, die Vernachlässigung der indirekten Schäden bei der finanziellen Kompensation und die Finanzierung umfassender Werbekampagnen zu Gunsten der großen Destinationen. Diese Differenzen in der Zielbestimmung und Bewertung des Krisenmanagements sind deshalb von großer Bedeutung, da der sächsische Tourismus eine ausgeprägte kleinbetriebliche Struktur aufweist. Gerade klein- und mittelständische Unternehmen konnten die finanziellen Aufwendungen und Ausfälle durch die Tourismuskrise wesentlich schwieriger kompensieren als Großunternehmen. Damit belegt das Beispiel des Hochwassers in Sachsen einmal mehr die Notwendigkeit eines Krisenmanagement, um eine effektive Bewältigung und nachhaltige Tourismusentwicklung sicherstellen zu können.

Quelle: Theuerkorn (2004)

Fragen

- Wirken negative Ereignisse auf alle Destinationen gleich?
- Wie wirken sich die verschiedenen Formen von Wettbewerbsvorteilen bei Destinationen im Zusammenhang mit negativen Ereignissen aus?
- Was versteht man unter einem Kulisseneffekt?
- Nennen Sie Beispiele für den Grund- und Zusatznutzen des touristischen Produkts.
- Welche Bedeutung hat die Zeitdimension, wenn es um die Wettbewerbsbestimmung geht?
- Wie wird das Image einer Destination am besten erfaßt?
- Was versteht man unter Selbstimage und Fremdimage und welche Konsequenzen kann die Nichtbeachtung des Fremdimages haben?
- Erklären sie die Konsequenz von negativen Ereignissen bei Produkten, deren Differenzierung direkt erfahren wurde im Vergleich zur symbolischen Erfahrung.
- Zeigen Sie praktische Konsequenzen des Zuständigkeitsproblems bei Destinationen auf.

Empfehlungen zur vertiefenden Lektüre

Ahmed, Zafar: The Need for the Identification of the Constituents of a Destination's Tourist Image: A Promotional Segmentation Perspective, in: Revue de Tourisme, 1996, Heft 2, S. 44-57

Bieger, Thomas: Management von Destinationen, 5. Aufl., (Oldenbourg) München - Wien 2002

Buckley, Peter; Klemm, Mary: The Decline of Tourism in Northern Ireland, in: Tourism Management, 1993, Juni-Ausgabe, S. 184-194

Gartner, William; Shen, Jingqing: The Impact of Tiananmen Square on China's Tourism Image, in: Journal of Travel Research, Vol. 30, 1992, Nr. 4, S. 47-52

Gutiérrez, Carlos; Bordas, Eulogio: La competitividad de los destinos turísticos en mercados lejanos, AIEST (Hrsg.): Wettbewerbsfähigkeit touristischer Fernziele, Vol. 35, 1993, S. 103-211

Konert, Franz-Josef: Vermittlung emotionaler Erlebniswerte, (Physica) Heidelberg - Wien 1986

Lennon, Gerry: Marketing Belfast as a Tourism Destination, in: Tourism, Vol. 47, 1999, Nr. 1, S. 74-77

Mayerhofer, Wolfgang: Imagetransfer, (Service Fachverlag) Wien 1995

Porter, Michael E.: Wettbewerbsvorteile, (Campus) Frankfurt 1992

3.3 Die Konkurrenten als Wirkungsbereich

Ziel dieses Kapitels

- Grundsätzliche Reaktionsmöglichkeiten der Konkurrenten erkennen
- Eigene Handlungsoptionen erkennen

Wesentliche Begriffe und Konzepte

- Konkurrentenverhalten
- Sanktionsmöglichkeiten

Die Konkurrenten einer Destination oder Unternehmung können in der Situation eines negativen Ereignisses sowohl eine Alternative zum Betroffenen bilden als auch Mitbetroffener sein. Nachdem auf den Aspekt, wer als Wettbewerber zu betrachten ist, bereits eingegangen wurde, stellt sich nun die Frage der Vorteilsnahme, die der Konkurrent aus der Situation eines negativen Ereignisses ziehen kann.

Generell gesehen, gerät die nachteilige Entwicklung einer Destination zum Vorteil der Konkurrenzdestinationen. Dies gilt ganz besonders dann, wenn es sich um lokal begrenzte negative Ereignisse handelt, weil dadurch das Volumen der Reisenden als Ganzes nicht beeinflußt wird.

Wenn nur ein Unternehmen oder eine bestimmte Destination, nicht aber die Konkurrenten von dem negativen Ereignis betroffen sind, ergeben sich für die Wettbewerber folgende Reaktionsmöglichkeiten:

1. Sie können auf jede Form der Vorteilsnahme verzichten.
2. Sie können das Ereignis vorteilhaft für sich nutzen, indem sie die Fehler des Konkurrenzproduktes im Rahmen der vergleichenden Werbung hervorheben. Diese Vorgehensweise richtet sich direkt gegen den Betroffenen und trägt aktiv zur Veröffentlichung des Mangels bei.

Beispielsweise reagierten die Wettbewerber der Fidschi Inseln, die auf die politische Instabilität 1987 mit Anzeigen, in denen sie in vergleichender Weise auf die Sicherheit der eigenen Destination hinwiesen:

Golden beaches, coconut palms and no coups!

War in the Solomons ended 1945. Why risk Fiji?

Quelle: Hall (1994)

3. Konkurrenten können sich auf die Mitteilung des Nichtvorhandenseins des Fehlers oder Maßnahmen der Produktverbesserung im fraglichen Bereich beschränken. Diese Art der Reaktion kommt immer dann in Frage, wenn das negative Ereignis allgemein bekannt ist und es möglicherweise zu einer allgemeinen Verunsicherung kam.

> So werden zu Zeiten einer erhöhten allgemeinen Verunsicherung selbst die Ankündigungen von Produktveränderungen als klare Aussagen des Wettbewerbers verstanden. Nach den Anschlägen auf Passagierflugzeuge mit Boden-Luft Raketen in Kenia in 2002 kündigte British Airways die Installation von Abwehrsystemen in ihren Flugzeugen an.

Mit einer aktiven Reaktion der Konkurrenten ist zukünftig verstärkt zu rechnen. Dazu trägt der ständig wachsende Wettbewerbsdruck ebenso wie die erweiterten Möglichkeiten der vergleichenden Werbung in Europa bei. Vor allem der dritte Fall wird an Bedeutung gewinnen, bei dem in „zurückhaltender Form" auf das Nichtvorhandensein der Probleme hingewiesen wird, ohne damit direkt den Konkurrenten anzusprechen.

Sanktionsmöglichkeiten

Die Möglichkeiten des Betroffenen, diese Vorteilsnahme zu unterbinden, bestimmen seine rechtlichen und wirtschaftlichen Sanktionsmöglichkeiten. Diese sind als gering einzustufen. Rechtlich gesehen gibt es auf internationaler Ebene kaum Mittel, ein solches Verhalten zu unterbinden. Aber auch wirtschaftlich gesehen, sind Sanktionen vor allem aufgrund der polypolitistischen Marktstruktur bei den Destinationen und Unternehmen kaum ein wirkungsvolles Instrument.

Unabhängig von den Möglichkeiten des Betroffenen entscheidet der Konsument über den Erfolg der versuchten Vorteilsnahme. Nur wenn dieser das Verhalten des Konkurrenten billigt, beziehungsweise deshalb sein Produkt kauft, macht diese Vorgehensweise Sinn.

> **Beispiel 15: Think Swiss – Fly Thai**
>
> Das nun folgende Beispiel verdeutlicht den Konkurrenzdruck und die Verschärfung der Reaktionen von Konkurrenten.
>
> Im Oktober 2001 meldete die schweizer Fluggesellschaft Swissair Konkurs an (siehe auch Beispiel 11). Dieser Unternehmeszusammenbruch kam unerwartet und wurde anschließend von sehr emotionalen Diskussionen über Managementfähigkeiten und ethische Werte in der Schweiz begleitet. Der Star Alliance Partner Thai Airways nutzte diesen Moment und veröffentlichte Anfang 2002 in der gesamten Schweiz eine Werbekampagne, die

Anzeige: Thai Airways und New Identity

sich vor allem gegen die Sanierungsbestrebungen und die Neugründung der „Nachfolgegesellschaft" Swiss richteten.

Die Werbekampagne von Thai Airways griff bewußt auf graphische Elemente zurück, die bis dahin exklusiv von der Swissair genutzt wurden. Dies führte zu einem hohen Wiedererkennungseffekt in der Bevölkerung, bei der das Vorgehen von Thai Airways auf hohe Akzeptanz stieß. Große Teile der touristischen Fachpresse beglückwünschte zudem die Fluggesellschaft zu dieser Kampagne.

Grundsätzlich kann dazu festgestellt werden, daß die Bereitschaft des Kunden, ein solches Konkurrentenverhalten zu akzeptieren, mit zunehmendem Abstand zum Eintritt des negativen Ereignis steigt. Das Vorgehen, welches anfänglich als ausnutzend interpretiert wurde, wird dann als informativ und aufklärend verstanden. Die Akzeptanz seitens des Kundens wird aber auch von dem Wunsch nach Abstrafung des Unternehmens beeinflußt, welcher immer ausgeprägter wahrzunehmen ist. Zudem wird die Entscheidung gegen ein Produkt durch die Austauschbarkeit dieser begünstigt, infolge derer die Sanktion eines Produktes nicht mehr einen grundsätzlichen Verzicht bedeutet. Es ist davon auszugehen, daß dieser Entwicklung für den Tourismus zukünftig eine weitaus stärkere Bedeutung zukommen wird.

Werden neben der ursprünglich betrachteten Organisation mehrere oder alle Konkurrenten durch das negative Ereignis getroffen, kann dies in direkter oder indirekter Weise geschehen. Für die indirekte Wirkung ist der Generalisierungseffekt verantwortlich, bei dem eine undifferenzierte Übertragung von Einstellungen auf andere, gleich wahrgenommene Objekte einsetzt. Dies geschieht beispielsweise aufgrund der Zugehörigkeit zur gleichen Produktkategorie, gleichen Branche oder des Vorhandenseins von „Meta-Attributen" wie der gleichen Staatsangehörigkeit. Im Vergleich zur direkten wird die indirekte Mitbetroffenheit in der Regel erst verspätet wahrgenommen. In beiden Fällen wird das Konkurrentenverhalten grundsätzlich problemlösungsorientiert sein. Vorteilhaft aus der Sicht des betroffenen Unternehmens ist, daß gemeinsame Anstrengungen unternommen werden, dem Ereignis und seinen Wirkungen entgegenzutreten. Dabei kommt den Verbänden der betroffenen Unternehmen eine wesentliche Funktion zu. Als Vertreter gemeinsamer Interessen sind sie in der Lage, losgelöst von individuellen Positionen gegenüber den gesellschaftlichen Anspruchsgruppen und der Politik versachlichend tätig zu werden.

Beispiel 16: WTO`s Tourism Recovery Committee

Nach den Anschlägen vom 11. September 2001 auf die Vereinigten Staaten wurde der Tourismussektor in einer bis dahin in Umfang und Dringlichkeit unbekannten Dimension herausgefordert.

Während der 14. Generalversammlung der WTO, die kurz nach den Anschlägen stattfand, wurde das Bedürfnis nach intensiver Kommunikation und Koordination seitens der Mitgliedsstaaten der WTO zum Ausdruck gebracht. Dies führte zur Konstituierung des Krisenkomitees, welches zu einem späteren Zeitpunkt in Tourism Recovery Committee umbenannt wurde.

Dieses Komitee war das erste seiner Art, welches das Krisenmanagement im Tourismus auf Regierungsebene weltweit adressierte. Es setzt sich aus Repräsentanten der meisten betroffenen Länder (21), Repräsentanten der wichtigsten Teilbereiche der Tourismuswirtschaft (15) und führenden Experten der Branche zusammen.

Das Komitee trat zum ersten Mal am 11.11.2001 in London während des World Travel Markets zusammen und diskutierte das vom WTO-Sekretariat vorbereitete Grundlagenpapier zu den Auswirkungen der Anschläge auf die weltweite Tourismusindustrie. Die Mitglieder des Komitees präsentierten ihrerseits die bisher gesammelten Erfahrungen ihrer Länder und Unternehmen mit der aktuellen Krise sowie die ersten strategischen und operativen Lösungsansätze.

Mitglieder des Komitees während des Madrid Meetings

Es folgten zwei regionale Sitzungen der Vertreter der Mittelmeerländer, in denen der Tourismus eine wichtige Rolle spielt (30.01.2002 in Madrid und 01.03.2002 in Tunis). Zwei Zusammenkünfte des gesamten Komitees folgten in Berlin am 15.03.2002 und in London am 12.11.2002 speziell in Hinblick auf die Zunahme terroristischer Aktionen gegen den Tourismussektor (Djerba/ Tunesien, Bali/ Indonesien und Mombasa/ Kenia). Die ursprünglich als Sitzung des Recovery Komitees angekündigte Zusammenkunft in Phuket/Thailand vom 31.1-1.2.2005 in Reaktion auf die verheerenden Folgen der Tsunamis in Asien im Dezember 2004 wurde schließlich als außerordentliche Zusammenkunft des Exekutivrates vollzogen.

Alle Sitzungen des Recovery Komitees basierten auf dem gegenseitigen Interesse, die anfängliche Krise so schnell wie möglich zu bewältigen und von einem Erfahrungsaustausch zu profitieren. Folgenden Themen galt dabei die besondere Aufmerksamkeit:

- Beobachtung der aktuellen Situation und die Auswirkungen auf den Tourismus
- Verstärkung der WTO-Aktivitäten in den Bereichen Sicherheit und Destinationsimage
- Unterstützung der WTO-Mitglieder, insbesonders durch die regelmäßige Bereitstellung von Informationen und Empfehlungen zum Umgang mit der Krise
- Sicherstellung der Koordination und Konsistenz der Kommunikation bezüglich des Zustandes und der aktuellen Entwicklung der Tourismusindustrie.

Zusätzlich nutzte das Komitee, wann immer es konnte, die Möglichkeit, über ihren Vorsitzenden oder durch andere Repräsentanten, die Mitteilungen aller von der Krise betroffenen Länder mit einer Stimme zu verbreiten.

Fragen

- Wer ist entscheidend dafür, ob das Konkurrentenverhalten erfolgreich ist?
- Welche Funktion können Verbände im Zusammenhang mit dem Krisenmanagement ausüben?
- Welche Sanktionsmöglichkeiten hat ein touristisches Unternehmen gegenüber der Vorteilsnahme von Konkurrenten?
- Wie sind die Erfolgsaussichten solcher Sanktionen für den internationalen Bereich zu bewerten?

Empfehlungen zur vertiefenden Lektüre

Glaeßer, Dirk: Internationale Tourismuspolitik in unruhigen Zeiten, in: Sicherheit in Tourismus und Verkehr (FIT) Dresden 2004

Glaeßer, Dirk: Krisenmanagement zunehmend gefragt, in: Eine-Welt-Presse: Tourismus und Entwicklung, 1/2004 (Deutsche Gesellschaft für Vereinte Nationen) Berlin 2004, S. 10

World Tourism Organization: Tourism Recovery Series (WTO) Madrid 2002-2003

3.4 Der Staat als Wirkungsbereich

Ziel dieses Kapitels

- Verständnis des staatlichen Handelns in Krisensituationen

Wesentliche Begriffe und Konzepte

- Staat
- Politischer Prozeß
- Außen- und Innenwirkung des staatlichen Handelns

3.4.1 Handlungen mit Innenwirkung

Der Staat ist in der Lage, durch formale Vorgaben den Handlungsspielraum bzw. die Autonomie von Unternehmen / Organisationen zu begrenzen. Dabei sind unter Staat alle Organe der horizontalen Gewaltenteilung, nämlich Legislative, Judikative und Exekutive zu verstehen.

Grundsätzlich ist zu beobachten, daß der Staat vermehrt Aufgaben wahrnimmt, deren gemeinsames Merkmal die Leistungserbringung für die Gesellschaft ist, wie beispielsweise der Umweltschutz, die Förderung von Wirtschaftsbereichen oder die Katastrophenvorsorge. Im Rückblick durchlief er hinsichtlich seiner Aufgaben und Funktionen in den meisten westeuropäischen Ländern eine Entwicklung vom liberalen Rechtsstaat hin zum Sozial- und Leistungsstaat der Gegenwart.

Einschränkung der Handlungsfreiheit

Einher geht damit eine stärkere Verzahnung der öffentlichen mit der privaten Sphäre, was dann wiederum zu einer Einschränkung der Privatautonomie führt. Insgesamt gesehen kommt es zu einer Verrechtlichung vieler Lebensbereiche. Diese Tendenz ist für Organisationen, die von negativen Ereignissen betroffen werden, grundsätzlich als ungünstig einzustufen. Das gilt insbesondere für den Fall, wenn es zu Regulierungen durch Gesetze oder Verordnungen kommt, die für die betroffene Organisation die Handlungsfreiheit einschränken oder kostenwirksam sind.

Phasenmodell

Dem politischen Prozeß kann ein Phasenmodell zugrundegelegt werden, wenn der Frage nachgegangen wird, welche Faktoren dazu führen, daß diese kostenwirksamen beziehungsweise Handlungsfreiheiten beschneidenden Entscheidungen zustande kommen.

Unter Verwendung des Drei-Phasen-Modells von *Dyllick* (1992) konkurrieren in einer ersten Phase, der Problemartikulierung, die Vielzahl der thematisierten Probleme um die Aufmerksamkeit der politischen Instanzen und die öffentliche Meinung. Hinsichtlich der Wahrnehmung und Beurteilung gelten für die politischen Entscheidungsträger die gleichen Kriterien, die bereits unter dem Wirkungsbereich der Konsumenten erörtert wurden. Zudem wird bestätigt, daß politische Mandatsträger sich als rational handelnde Stimmaximierer verhalten. Somit gilt ihr bevorzugtes Interesse dem, was ihnen mehr Stimmen verspricht, zu mehr Bekanntheit führt oder zu höherem Rückhalt bei wichtigen Gruppen verhilft. Dabei ist zu beobachten, daß in dieser Phase die Einflüsse unkonventionellerer Formen zunehmen, und die Bedeutung von Anspruchs- und Interessengruppen steigt.

Beispiel 17: Der Aviation and Transportation Security Act

Durch die terroristischen Anschläge vom 11. September in den USA erlangte die Frage der Transportsicherheit – und besonders die angestiegene Lufttransportsicherheit – neue Bedeutung und die oberste Priorität in der Agenda der US-Regierung. Die Regierungsmitglieder erkannten, daß in der aktuellen Situation diese kritische Frage nicht mehr den Fluglinien und Flughafenbetreibern überlassen werden konnte.

Wie schnell die Phase der Problemartikulierung, Politikformulierung und Implementierung durchlaufen werden kann, zeigt der Aviation and Transportation Security Act (ATSA), den Präsident Bush bereits am 19.11.2001 als neues Gesetz erließ.

Genau 10 Wochen, nachdem die Schwächen und die Fehlbarkeit des aktuellen Systems vorgeführt worden war, wurde durch den ATSA eine neue Behörde für Transportsicherheit (TSA) im Ministerium für Transport geschaffen und weitgehende Maßnahmen zur Transportsicherheit beschlossen. Das Hauptziel dieses Gesetzes ist es, die Sicherheit auf den nationalen Flughäfen zu steigern und sie der Bundesverwaltung zu unterstellen. Die Kontrolle von Personen und Gepäck wird nun von der TSA oder durch ein von ihr beauftragtes Unternehmen durchgeführt. Das neue Gesetz erforderte zudem die Ausbildung, das kontinuierliche Training und die Überprüfung aller Angestellten ebenso wie die Anwesenheit von Bundespolizisten auf allen öffentlichen Flughäfen. Mit der Verabschiedung des Gesetzes werden folgende Aktivitäten auf Bundesebene verlagert:

- Beaufsichtigung der Sicherheit von Passagieren und Gepäck auf mehr als 440 öffentlichen Passagierflughäfen in den USA
- Durchführung von intensiven Überprüfungen des persönlichen und familiären Hintergrunds, Training und Tests des Sicherheitspersonals

- Kauf und Instandhaltung der Röntgengeräte zur Gepäckkontrolle
- Kontrolle von Sicherheitsbereichen und Überwachung der Zugangskontrolle in Flughäfen
- Kooperation mit anderen Gesetzesvertretern auf Bundes-, Landes- und lokaler Ebene

In der Phase der Politikformulierung werden die konkreten und inzwischen priorisierten Probleme mit Zielen und Programmen versehen. Da bereits darauf hingewiesen wurde, daß sich Experten und Laien in der Beurteilung von Risiken oft unterscheiden, ist es von Bedeutung, welcher Risikoeinschätzung die politischen Entscheidungsträger folgen sollen. In dieser Phase fällt den Interessenverbänden eine wichtige Rolle zu, hier als Experten und Betroffene gehört zu werden und durch Selbstverpflichtungen weitere gesetzgeberische Aktivitäten und Reglementierungen beeinflussen können.

In der Phase der Politikimplementierung werden Programme beziehungsweise Gesetze erlassen, überwacht und notfalls als Verstöße sanktioniert. Erst mit dieser Umsetzung kann über die tatsächliche Wirkung einer politischen Entscheidung geurteilt werden.

Nachhaltigkeit der touristischen Entwicklung

Staatliche Regelungen sind aber nicht nur kostenwirksam zu betrachten, sondern können auch die Nachhaltigkeit der touristischen Entwicklung sichern. Bei Umweltproblemen, die nicht notwendigerweise touristisch verursacht sein müssen, sind staatliche Eingriffe meist die einzige Möglichkeit, negativen Ereignissen vorzubeugen. Der unachtsame Umgang und der Mißbrauch von Ressourcen zeigte sich in Form von Wasserverschmutzungen oder Luftverunreinigungen, welche häufig schon touristische Krisen verursachten.

Beispiel 18: Erika und Prestige

Die gesetzlich komplizierte Situation beim Transport von internationaler Fracht auf dem Seeweg führt dazu, daß nur der Staat oder, wie in den folgenden Fällen beschrieben wird, die internationale Gemeinschaft in der Lage ist, effektiv negative Ereignisse und deren enorme Konsequenzen für Natur und Tourismus zu verhindern.

Am Mittwoch, den 13.11.2002, verunglückte bei starkem Sturm der Öltanker Prestige vor der Westküste von Galizien in Spanien. Ersten Meldungen zufolge war das Schiff mit 77.000 Tonnen Schweröl beladen. Wegen eines Lochs in der Außenhülle an der Steuerbordseite drohte es zu sinken. Im Auftrag des Eigentümers und dessen Versicherung übernahm

Die Spuren der Prestige

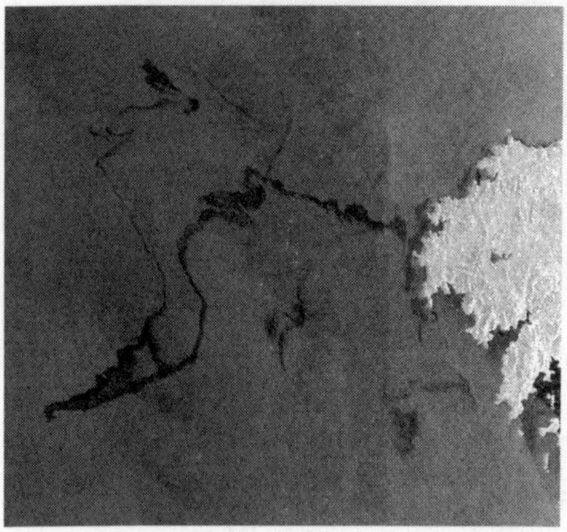

Foto: Angefertigt am 17. November 2002 mit einem Radarsatelliten des Earth Watching Projekts der ESA. Die Aufnahme zeigt das auslaufende Öl der Prestige verteilt auf einer Fläche von über 100 km.

die holländische Rettungsfirma SMIT die Kontrolle über den Havaristen. Das Schiff wurde auf das offene Meer geschleppt. Während die Diskussionen andauerten, an welcher Stelle die gefährliche Fracht auf ein anderes Schiff umgeladen werden könnte, verschlechterte sich die Situation an Bord zunehmend.

Am Dienstag morgen, den 19.11.2002, zerbarst der Tanker schließlich in zwei Teile, etwa 100 Seemeilen von der spanischen und portugiesischen Küste entfernt. Die gefährliche Ladung lief in die See und führte zur Verschmutzung der galizischen Küste, einem sehr wichtigen Fischerei- und Tourismusgebiet.

Ein ähnlicher Unfall geschah weniger als 3 Jahre zuvor, als der Öltanker Erika, der 35.000 Tonnen widerstandsfähiges und schwer zu reinigendes Öl transportierte, die französische Küste verschmutzte. Beide Öltanker waren alte Schiffe und dazu Ein-Hüllen-Tanker, welche geringe Sicherheit bei Unfällen bieten.

Weil Sicherheitsbestimmungen einzelner Länder keine wesentlichen Auswirkung auf die maritime Ordnung haben, ergriff die EU die Initiative und verabschiedete ein Maßnahmenpaket, das solche den Standard nicht mehr erfüllende Schiffe in nächster Zukunft aus europäischen Gewässern verbannt. Diese Initiative, welche ohne Zweifel finanzielle Auswirkungen für die betroffenen Länder hat, wird sich für die Umwelt sowie für den Tourismussektor positiv auswirken.

Nicht zu vergessen ist aber auch die andere Seite des Sozial- und Leistungsstaates, die den von negativen Ereignissen betroffenen Unternehmen hilft. Diese Hilfe kommt immer dann zum Tragen, wenn der Staat die durch den Vorfall verursachten Schäden beziehungsweise Gewinnausfälle ersetzt, um damit die Existenz von Unternehmen oder einer ganzen Branche zu sichern.

Ersatz der Gewinnausfälle

Grundsätzlich gesehen reagiert der Wirkungsbereich Staat langsamer als andere Wirkungsbereiche. Problematisch ist aber, daß in anderen Wirkungsbereichen die negativen Ereignisse im Laufe der Zeit wieder vergessen und diese somit keine Wirkung entfalten, während politische Entscheidungen, die schließlich in Gesetze oder andere rechtliche Normen münden, von da ab eine quasi dauerhafte Wirkung haben. Diese ist in aller Regel sowohl für die direkt Betroffenen als auch für die von den gesetzlichen Entscheidungen eingeschlossenen Konkurrenten kostenwirksam. Die Praxis zeigt jedoch, daß in jedem Fall die Möglichkeit besteht, die Reaktion des Staates und somit die Konsequenzen durch beispielhaftes Verhalten zu beeinflussen. Das ist bei jeder subjektiv zugesprochenen Verantwortung zu empfehlen und nicht nur auf den Fall der rechtlichen Verantwortung zu beschränken.

Dauerhafte Wirkung politischer Entscheidungen

Eines der vielen typischen Beispiele lieferte die spanische Regierung. Sie zahlte im Nachgang zu den Anschlägen in Madrid vom 11. März 2004 den betroffenen Unternehmen 25 Millionen Entschädigung für nicht realisierte Gewinne.

3.4.2 Handlungen mit Außenwirkung

Der internationale Tourismus ist Teil des Außenhandels eines Staates. Wird beispielsweise die Reise eines Deutschen in das Ausland betrachtet, so vollzieht sich aus Sicht des deutschen Staates ein Import von Tourismusleistungen, aus Sicht des Empfängerlandes hingegen kommt es zu einem Export dieser Leistung.

Unter den Aspekten des Krisenmanagements ist zu beachten, daß der Außenhandel und insbesondere der Import von Leistungen und Gütern aus anderen Staaten schon immer Gegenstand von Beschränkungen war. Mögen diese tarifärer, das heißt zollrechtlicher, oder nicht tarifärer Art sein, womit alle weiteren, nicht-zollrechtlichen Maßnahmen bezeichnet werden. Die Warnung nicht in ein bestimmtes Land zu reisen, ist aus einer solchen Sicht die Erhöhung der Importbarrieren von Tourismusleistungen.

Reisewarnungen, die in aller Regel durch die Außenministerien bearbeitet und von ihnen erlassen werden, erfolgen in erster Linie zum Schutz der eigenen Staatsbürger. Die eigene Sicherheit ist eine der wesentlichen Gründe, warum sich zuvor individuell lebende Menschengruppen in Städten, Siedlungen und später in Staaten zusammengeschlossen haben. Zu diesem Schutz betreibt der moderne Staat eine große Anzahl von Systemen, die rechtzeitig auf Gefahren und Risiken hinweisen sollen. Daneben halten immer mehr Staaten nun auch Leistungen für ihre Bürger vor, die diese in Extremsituationen unterstützen sollen. Diplomatische Dienste, militärische Kräfte und auch Rettungsdienste werden in jüngerer Zeit immer häufiger für im Ausland in Not geratene Staatsbürger eingesetzt. Aus dieser Sicht haben Reisewarnungen eine ökonomische Bedeutung für den beurteilenden Staat. Dieser muß nämlich sicherstellen, daß die Wahrscheinlichkeit der Inanspruchnahme dieser für Notfälle vorgesehenen kostenintensiven Leistungen auf Ausnahmen beschränkt bleibt.

Beispiel 19: MedEvac, das fliegende Krankenhaus

Seit dem Jahre 2000 befindet sich ein Airbus der deutschen Luftwaffe zum Verwundeten- und Krankentransport im Einsatz. Ein weiterer kann bei Bedarf innerhalb von 3 Tagen verfügbar gemacht werden. Jedes dieser fliegenden Krankenhäuser verfügt über sechs hochmoderne Intensivbetten sowie weitere 36 Transportmöglichkeiten für Liegendpatienten. Außerdem befinden sich fast 30 Ärzte und Rettungsassistenten an Bord.

Innenansicht des MedEvac

Neben militärischen Einsätzen kam der MedEvac bereits mehrmals zum Einsatz, um Touristen aus dem Ausland wieder nach Deutschland zu fliegen.

Zu seinem ersten Einsatz war der MedEvac im Jahre 2000 unterwegs, um 50 palästinensische Kinder zur Behandlung nach Deutschland zu fliegen. Im April 2002 wurden 12 schwerst brandverletzte deutsche Urlauber nach dem Anschlag von Djerba (Tunesien) nach Deutschland geflogen.

Im Mai des gleichen Jahres wurden bei einem Attentat in Karatschi (Pakistan) schwerverletzte französische Staatsbürger nach Frankreich gebracht. Im darauffolgenden August beteiligte sich der MedEvac-Airbus zusammen mit anderen Rettungsflugzeugen an der Evakuierungsflügen von Intensivpatienten der vom Hochwasser bedrohten Krankenhäuser in Dresden.

Im Auftrag eines deutschen Reiseversicherers transportiert der MedEvac im März 2004 33 bei einem Busunfall zum Teil schwerstverletze Urlauber aus Mexiko zurück. Dieser Einsatz wird als erster kommerzieller Flug bezeichnet, da die Kosten vom Auftraggeber übernommen wurden. Zum Jahreswechsel 2004/5 wurden mit drei Rettungsflügen insgesamt 130 schwer- und schwerstverletze deutsche und andere europäische Opfer des Tsunamis in Asien von Phuket und Bangkok (Thailand) nach Deutschland überführt.

Bereits früher wurden Rettungsflüge durch die Bundeswehr durchgeführt. Ein sehr bekannter Einsatz fand im Jahre 1978 statt, als zwei Flugzeuge nach dem Explosionsunglück auf dem Campingplatz „Los Alfaques" verunglückte deutsche Urlauber nach Hause brachten. Die Flugzeuge waren auf den Transport von Kranken beschränkt. Die Betreuung von Intensivpatienten ist erst mit dem neuen MedEvac Airbus möglich.

Daneben haben Reisewarnungen, die inzwischen innerhalb weniger Stunden nach dem Bekanntwerden eines negativen Ereignisses ergehen, sowohl politische als auch ökonomische Konsequenzen für den betroffenen Staat. Zwar waren die Reisewarnungen in diesem Sinn schon immer Gegenstand von außenpolitischen Kontroversen (siehe Beispiel 30), dennoch nahm die Intensität und Qualität dieser Auseinandersetzungen seit den Anschlägen vom 11. September in den Vereinigten Staaten unzweifelhaft zu. Beschränkten sich in der Vergangenheit die Kontroversen auf den simplen Austausch der Positionen, werden die eingesetzten Mittel nun eindeutig professioneller. Sie fördern einerseits die Eskalation, tragen andererseits aber auch zu einer Verbesserung der Meinungsbildung bei.

Maßnahmen können aber auch in anderer Richtung erlassen werden und sich gegen einreisende Touristen richten. Dies geschieht häufig, um die Sicherheit zu erhöhen. In diesem Fall ist die ökonomische Wirkung in erster Linie auf das eigene Land und insbesondere deren Tourismusindustrie beschränkt. Die politischen Konsequenzen reichen aber über die Grenzen des Landes hinweg wie das folgende Beispiel zeigt.

Beispiel 20: Wie Du mir – so ich Dir

Durch die Anschläge des 11. Septembers 2001 veränderten sich die Sicherheitsmaßnahmen der USA erheblich. Die US-Regierung begann, Maßnahmen einzuführen, die hinsichtlich Qualität und Quantität bisher unbekannt waren. Dazu gehörten unter anderem neue Einreise- und Visabestimmungen und die Erfassung biometrischer Daten von einreisenden Touristen. Für Angehörige bestimmter Staaten gelten strengere Kontrollen und Richtlinien als für andere. Dieses differenzierte Vorgehen führte zu erheblichen politischen Spannungen.

Mit Beginn des 5. Januar 2004 wurden von Brasilianern bei der Einreise in die USA die Fingerabdrücke genommen, Fotos gemacht und gespeichert. Diese Sicherheitskontrollen waren umfangreicher als bei Reisenden anderer Nationen. Die Folgen waren nicht nur längere Wartezeiten, sondern auch große Verärgerung über die unterschiedliche Behandlung. Die politische Reaktion auf diese Verschärfung der Einreisebestimmungen ließ nicht lange auf sich warten.

Nach dem Motto „Wie Du mir – so ich Dir" wurde von brasilianischer Seite entschieden, im Rahmen der Reziprozität die gleichen Maßnahmen für US-Touristen bei der Einreise nach Brasilien zu verhängen. Fotos von jedem einreisenden US-Bürger wurden gemacht, Fingerabdrücke genommen und eine Visagebühr von 100,- USD erhoben (den gleichen Betrag mußten in die USA einreisende Brasilianer bezahlen). Gleichzeitig forderte das brasilianische Außenministerium offiziell die US-Regierung auf, Brasilien von der Liste der Staaten mit den erhöhten Sicherheitskontrollen zu streichen.

Die ausführliche Medienberichterstattung verschaffte dem Vorfall internationale Beachtung. Dennoch stieß die Vergeltungsmaßnahme der brasilianischen Regierung nicht nur auf Zuspruch. Mit Blick auf die negativen Auswirkungen für den Tourismus, forderten im eigenen Land die lokalen Behörden von Rio de Janeiro, Brasiliens wichtigster Ferienregion, gemeinsam mit privaten Unternehmern die Rücknahme der neuen Vorschriften. Um die unmittelbaren Konsequenzen zu mildern, begrüßte Rio de Janeiro US-amerikanische Touristen am Flughafen mit Blumen, Halsketten und T-Shirts, die mit dem Slogan „Rio loves you!“ bedruckt waren.

Nach intensiveren Konsultationen zwischen den USA und Brasilien normalisierte sich das Verhältnis wieder. Trotzalledem zeigt das Fallbeispiel deutlich, wie sehr Tourismus, eine der weltweit bedeutendsten Wirtschaftsaktivitäten, zunehmend als Instrument der Außenpolitik eingesetzt wird.

3.5 Kapitalgeber, Personal und weitere Wirkungsbereiche

Ziel dieses Kapitels

- Weitere Wirkungsbereiche von Bedeutung erkennen

Wesentliche Begriffe und Konzepte

- Kapitalfonds
- Ratingagenturen
- Verantwortliches Handeln

Zu den weiteren Elementen der institutionellen Unternehmensumwelt zählen die Kapitalgeber, Fondsverwalter, Ratingagenturen, Arbeitnehmer und Lieferanten. Die Lieferanten werden hier nur der Vollständigkeit halber angeführt. Sie sollen insoweit nicht weiter betrachtet werden, als die unter dem Wirkungsbereich Produkt gewonnenen Erkenntnisse auf die Teilprodukte des Leistungsbündels übertragen werden können.

Finanzierungskosten

Ratingagenturen wie Standard& Poor's oder Moody's beurteilen nicht nur die Konsequenzen des negativen Ereignisses sondern schätzen zudem ab, welche Qualität die Handlungen der betroffenen Organisation haben. Ihre Beurteilungen haben einen erheblichen Anteil daran, wie sich ein negatives Ereignis als weitere finanzielle Belastung auswirkt. Für einen guten Schuldner erhöht sich die Abstufung um eine Stufe (Notch) von „A-" auf „BBB+" ca. 0,6 % Prozent seiner Refinanzierungskosten

Kapitalgeber

Bei touristischen Infrastrukturprojekten nehmen vor allem finanzielle Ressourcen einen hohen Stellenwert ein. Gerade Beherbergungsbetriebe erweisen sich als besonders anlageintensiv. Verschärft wird dieser Umstand ferner durch den hohen Fremdkapitalanteil. Solange nicht die Immobilie, die oft zur Sicherung der Schuld dient, durch das negative Ereignis betroffen ist, interessiert den Kapitalgeber vor allem, ob die Wirkungen in den weiteren Wirkungsbereichen zu kontrollieren und keine langfristigen Konsequenzen zu erwarten sind. Das gilt im gleichen Sinne auch für die anderen Unternehmensaktivitäten, wenn es zu Verbindungen mit externen Kapitalgebern kommt. Außerdem ist zu beachten, daß ein immer größer werdender Anteil von Investoren die unternehmerischen Entscheidungen unter ethischen Gesichtspunkten beurteilt. Was zuvor im wesentlichen als ein Verhalten der Anspruchsgruppen in der weiteren gesellschaftlichen Umwelt des Unternehmens beobachtet wurde, findet sich nun auch bei einigen Finanzinvestoren wieder. Zum einen wird das Volumen von Fonds, die nur in sozial verantwortlich agierende Unternehmen investieren, inzwischen auf 40 Milliarden US$ geschätzt. Zum anderen hat aber der finanziell weit wichtigere Anteil an Fondsverwaltern nach dem Enron-Skandal in den USA und Parmalat-Skandal in Europa begonnen, ethische Verhalten von Unternehmen genauer zu beurteilen. Demnach ist die Handhabung von Kapitalgebern, welche teilweise indirekter Natur ist, ein immer bedeutender Wirkungsbereich.

Verantwortliches Handeln

Die Münchner Rück ist nicht nur weltgrößter Rückversicherer sondern auch ein bedeutender institutioneller Investor. Als dieser übt er vermehrt Druck auf die Unternehmen aus, in die er investiert, indem er nachhaltiges und umweltschonendes Wirtschaften fordert. Mindestens 80% seiner Anlagen in Aktien müssen demnächst zudem in Werten angelegt sein, die entweder im Dow-Jones-Sustainabilty-(DJSI) oder im britischen FTSE4Good-Index geführt werden.

Da touristische Unternehmen in aller Regel ein starkes Interesse an der temporär befristeten Beschäftigung von Personal haben, ist auch dies ein Wirkungsbereich negativer Ereignisse (Weitere Ausführungen zum Personal finden sich unter Kapitel 7.2.2). Verantwortlich hierfür sind die saisonalen Nachfrageschwankungen, die selten eine ganzjährige Beschäftigung ermöglichen. Des weiteren tragen die individuellen Bedürfnisse beziehungsweise nationalen Gewohnheiten der Touristen dazu bei, daß die Beschäftigung von ausländischem Personal, wie beispielsweise Bäcker, Köche oder Reiseführer erforderlich wird. Auf das temporär befristet eingestellte Personal, insbesondere ausländischer Nationalität, wird das negative Ereignis immer dann wirken, wenn die persönliche Sicherheit gefährdet ist. Sonst wird die Konsequenz gering sein.

Personal

3.6 Rangfolge der Wirkungsbereiche

Ein wesentliches Merkmal von Krisensituationen ist die Limitation der zur Verfügung stehenden Ressourcen bei der betroffenen Organisation. Das bedeutet zugleich, daß die Wirkungsfelder untereinander aufgrund ihrer Bedeutsamkeit zu gewichten und zu priorisieren sind. Für eine erwerbswirtschaftliche Organisation leitet sich diese Wichtigkeit aus dem Einfluß ab, den die jeweiligen Bereiche auf den Geschäftserfolg ausüben. Allgemein gesehen, ist dieses Konsequenzpotential der Wirkungsbereiche sehr wohl von den jeweiligen Branchen abhängig. Es wirkt beispielsweise bei Produktionsbetrieben eher kostensteigernd, da die Wirkungen primär gesetzliche Auflagen sein werden und weniger Konsequenzen aus dem Absatzbereich zu vermuten sind.

Eigentlich ist im Tourismus anzunehmen, daß der Konsument, also der Absatzbereich, an erster Stelle der Wirkungsbereiche steht. In der überwiegenden Anzahl der Fälle werden die Ereignisse eher eine absatzseitige als eine kostenseitige Wirkung auslösen. Letztere ist aber nicht grundsätzlich auszuschließen. Die Konsequenz des Ereignisses wird im wesentlichen durch die Wettbewerbskonstellation bestimmt, in der sich die betroffene Einheit bzw. die betroffenen Einheiten befinden. Unter diesem Aspekt sind auch die Konkurrenten wichtig. Die gesellschaftliche Umwelt der betroffenen Organisation, die weiter zu definieren ist als nur die Menge der tatsächlichen oder potentiellen Kunden, hat auch im Tourismus eine hohe Bedeutung. Zwar kommt den Anspruchsgruppen derzeit noch ein geringer Stellenwert zu, doch trägt das allgemein hohe Interesse am Tourismus dazu bei, daß Themen mit negativen Ereignissen aus dem Tourismus oder im Bezug dazu eine schnelle Verbreitung und hohe Aufmerksamkeit finden. Dies wiederum beeinflußt den Wirkungsbereich Staat, der in der Reihenfolge gesehen normalerweise erst nach dem Bereich der gesellschaftlichen Umwelt anzuordnen ist. Seine Mobilisierung ist im wesentlichen von der öffentlichen Meinung abhängig, auf die sich die betroffene Organisation bereits vorher zu konzentrieren hat. Beschleunigend auf die Einschaltung des Staates wirkt das Katastrophenpotential des Ereignisses. Ist dies hoch, kann das unter Umständen dazu führen, daß staatliche Institutionen eine wesentliche Führungsrolle einnehmen. Die betroffene Organisation gelangt in diesem Fall unversehens in eine defensive Position. Die in den verschiedenen Wirkungsbereichen gewonnenen Erkenntnisse bilden ebenso wie die Kenntnisse der generellen Reihenfolge – wobei diese sich natürlich durch die Ereignisse und andere Einflüsse ändern – Grundlage der präventiven Maßnahmen. Sie sollen auch helfen, zu einer Gesamtoptimierung der Handlungen des Unternehmens im Krisenbewältigungsfall beizutragen.

Fragen

Wirkungsbereich Staat

- Welche Konsequenzen hat das staatliche Handeln?
- Reagiert der Staat nur sanktionierend?
- Welche Leistungen hält der Staat für Touristen vor?

Wirkungsbereich Kapitalgeber, Personal und weitere Wirkungsbereiche

- Wie reagieren Kapitalgeber auf negative Ereignisse?
- Was ist aus Sicht der Kapitalgeber unter verantwortlichem Handeln in touristischen Unternehmen zu verstehen?

Empfehlungen zur vertiefenden Lektüre

Dyllick, Thomas: Management der Umweltbeziehungen, Nachdruck der 1. Aufl., (Gabler) Wiesbaden 1992

Glaeßer, Dirk: Internationale Tourismuspolitik in unruhigen Zeiten, in: Sicherheit in Tourismus und Verkehr (FIT) Dresden 2004

Glaeßer, Dirk: Krisenmanagement zunehmend gefragt, in: Eine-Welt-Presse: Tourismus und Entwicklung, 1/2004 (Deutsche Gesellschaft für Vereinte Nationen) Berlin 2004, S. 10

Müller, Ueli; Zimmermann, Willi et. al.: Katastrophen als Herausforderung für Verwaltung und Politik, (vdf) Zürich 1997

World Tourism Organization: Tourism Recovery Series (WTO) Madrid 2002-2003

World Tourism Organization: Tsunami Relief for the Tourism Sector – Phuket Action Plan (WTO) Madrid 2005

World Tourism Organization: Proposal to Channel Funds for the Economic and Operational Recovery of Small and Medium-size Tourism Enterprises Affected by the Tsunami (WTO) Madrid 2005

4 Methoden der Analyse und Aufklärung

Ziel dieses Kapitels

- Anwendungsbereiche für Frühaufklärungssysteme erkennen
- Systematik des Aufbaus von Frühaufklärungssystemen verstehen
- Analyse- und Prognosetechniken beurteilen im Hinblick auf die Identifikation wichtiger Bereiche und Ereignisse für das Krisenmanagement
- Konsequenzen des negativen Imagetransfers erkennen
- Entwicklungsschritte von Frühaufklärungssystemen beschreiben
- Beschaffenheit und Eignung von Frühaufklärungssystemen beurteilen lernen, die Indikatoren verwenden oder schwache Signale aufklären

Wesentliche Begriffe und Konzepte

- Analyse- und Prognosetechniken
- Negativer Imagetransfer
- Ähnlichkeitsmessung
- Frühaufklärungssysteme
- Indikatoren
- Schwache Signale
- Reisehinweise

Innerhalb des Krisenmanagements wird zwischen einem präventiven und einem bewältigenden Krisenmanagement unterschieden. Ziel des präventiven Krisenmanagements ist die Vorsorge und Vermeidung von Krisen.

An erster Stelle gilt es, die Bereiche der Organisation zu identifizieren, die durch negative Ereignisse besonders gefährdet sind oder von so erheblicher Bedeutung sind, daß sie keinerlei Gefährdung ausgesetzt werden dürfen.

Nachdem mögliche interne Problemfelder der Krisenvorsorge identifiziert und bewertet wurden, erfolgen strategische und operative Maßnahmen, um die Organisation nach außen abzusichern.

Erst auf Basis dieser Erkenntnisse können die externen Bereiche des Unternehmens durch die Frühaufklärung betrachtet werden, um mögliche Veränderungen zu erkennen und eine rechtzeitige Reaktion der Organisation zu ermöglichen.

Die Abfolge von Identifikations- zu Frühaufklärungssystemen ist teilweise dadurch zu relativieren, daß die Ergebnisse der Frühaufklärung durchaus zur Änderung der zuvor festgestellten gefährdeten Bereiche führen können. Dennoch entspricht die Betrachtung in dieser Reihenfolge durchaus der praktischen Vorgehensweise.

4.1 Identifikation wichtiger Bereiche und Ereignisse

In jedem Unternehmen gibt es kritische bzw. wichtige Bereiche, die für den Erfolg des Unternehmens verantwortlich oder notwendig sind.

An vorderster Stelle stehen die Wettbewerbsvorteile des Unternehmens. Weitergehend gibt es weitere Bereiche, die sich erst in Folge eines negativen Ereignisses als wichtig für das Unternehmen erweisen. Während Bestimmung und Fortführung von Wettbewerbsvorteilen schon Aufgabe der normalen Unternehmensführung ist, müssen im jetzigen Identifikationsprozeß auch nicht wettbewerbsrelevante Bereiche überprüft werden, um ihre unbekannte Wirkung auf die Organisation unter den negativen Umständen rechtzeitig sichtbar werden zu lassen. Diese Untersuchung sollte auch mit Blick in die Zukunft geschehen.

Wird der Blick auf die negativen Ereignisse gerichtet, so sind dort etliche Vorkommnisse bekannt, durch deren Auftreten Krisen im Tourismus ausgelöst wurden. Werden beide Faktoren, Bereiche und Ereignisse zusammengeführt, ergibt sich folgende Situationsmatrix:

Abbildung 23: Situationsmatrix

		Ereignisse	
		Bekannt	Unbekannt
Bereiche	Als wichtig bekannt	1.	2.
	Als wichtig unbekannt	3.	4.

1. Der erste Quadrant beschreibt die Situation, in der ein bereits bekanntes negatives Ereignis eintritt und auf einen als wichtig eingestuften Bereich trifft. Da beide Bereiche bekannt sind, ist eine weitergehende Analyse an dieser Stelle nicht notwendig.
2. Der zweite Quadrant bezieht sich auf den Umstand, daß ein als wichtig eingestufter Bereich von einem bisher in seiner Wirkung oder Auftreten unbekannten negativen Ereignis betroffen wird. Das Überraschungsmoment geht somit vom Ereignis und seiner Ausbildung aus.

> SARS ist ein typisches Beispiel für ein unbekanntes Ereignis, daß weltweit zu erheblichen Problemen im Tourismus geführt hat. Dabei ging es nicht um eine sich schnell verbreitende Epidemie sondern um das Problem, den Ursprung der SARS-Infektion zu bestimmen.

3. Die dritte Situation ergibt sich, wenn zwar das Ereignis in seinem Bedrohungspotential bekannt ist, es aber einen als unwichtig eingestuften Bereich trifft.
4. Die für das Krisenmanagement als am problematischsten einzustufende Konstellation beschreibt der vierte Fall. Ein unbekanntes negatives Ereignis trifft einen in seiner Wichtigkeit unbekannten Bereich. Damit ist quasi jede Information als relevant anzusehen, da eine Unterscheidung nach deren Wichtigkeit prinzipiell kaum möglich scheint.

> Dieser Fall trat beispielsweise für Australien in der SARS-Krise ein. Obwohl Australien eigentlich als Destination nur am Rande von SARS betroffen war, kristallisierte sich ein bis dahin als unwichtiger Bereich, die Abhängigkeit von Flughafen-Hubs in Asien für Langstreckenflüge aus den wichtigen Quellmärkten, als wesentlicher Bereich heraus. Dies wirkte zusammen mit dem bis dahin unbekannten Ereignis SARS.

Idealerweise wird neben einer Verbesserung der Kenntnisse über die Wichtigkeit der Bereiche eine Verringerung der unbekannten Ereignisse angestrebt. Letzteres ist aber aufgrund der Vielzahl der möglichen Ereignisse kaum durchführbar. Deshalb muß sich die Krisenvorsorge in der Praxis an erster Stelle auf die Identifikation der als wichtig einzustufenden Bereiche des touristischen Produkts konzentrieren. Erst mit diesem Wissen können sowohl wirkungsvolle Vorsorgemaßnahmen getroffen als auch eine praktikable Frühaufklärung ermöglicht werden.

Es sollen nun ausgewählte Analyse- und Prognosetechniken auf ihre Fähigkeit hin beurteilt werden, wichtige Bereiche und Ereignisse für das Krisenmanagement zu identifizieren. Die schon an dieser Stelle betrachteten Prognoseverfahren dienen der Feststellung wichtiger Bereiche, wenn das Ereignis bekannt ist oder umgekehrt der Feststellung wichtiger Ereignisse, wenn der Bereich bekannt ist. Zugleich finden sie aber auch im vierten Fall Anwendung, in dem insbesondere die Szenarioanalyse zur Feststellung schwacher Signale zum Einsatz kommt.

4.1.1 Cross-Impact und Vulnerability-Analyse

Die Cross-Impact-Analyse ist eine quantitative Analysemethode, durch die Wechselbeziehungen zwischen Faktoren ergründet und verdeutlicht werden. Ziel ist, die Stärke und die Abfolge dieser Wechselbeziehungen beurteilen zu können.

Die Cross-Impact-Analyse hat im Laufe der Zeit viele Ausprägungen erfahren. An dieser Stelle interessiert aber hauptsächlich die Möglichkeit, mögliche Ereignisse in ihrer Wirkung auf wichtige Bereiche der Organisation beziehungsweise ihre Strategien zu bewerten. Dafür werden die möglichen Umweltentwicklungen in die Zeilen einer Matrix eingestellt und die verfolgten oder geplanten Strategien der wichtigen Bereiche in die Spalten. Anschließend beurteilen Experten die Wirkung der Umweltentwicklungen auf die Bereiche beziehungsweise Strategien, indem sie die Beurteilungswerte einer vorgegebenen Skala in die Matrix eintragen. Während die positiven Beurteilungswerte der Skala Chancen beschreiben, die sich durch die Umweltentwicklung ergeben, stellen die negativen Werte Bedrohungen dar.

Zur abschließenden Bewertung der Wirkungen der Ereignisse werden die positiven und negativen Beurteilungen jeweils getrennt zeilenweise summiert. Der gewonnene Wert macht erkennbar, welche der verschiedenen Umweltereignisse als besondere Bedrohung (hoher Negativwert) oder Chance (hoher Positivwert) zu verstehen sind. Das gleichermaßen vorgenommene Summieren über die Spalte hinweg erlaubt die Beurteilung der wichtigen Bereiche bzw. ihrer Strategien über sämtliche Rahmenbedingungen hinweg.

Die Ergebnisse der Cross-Impact-Analyse können durch die Vulnerability-Analyse verfeinert werden. Durch die Einbindung der Eintrittswahrscheinlichkeit des Ereignisses, die durch Expertenbefragung erhoben wird, können die relevanten Szenarien mit ihren Auswirkungen priorisiert werden. Dies ermöglicht die Dringlichkeit von Reaktionen festzulegen, Anpassungsnotwendigkeiten zu formulieren sowie die Wichtigkeit der zu beobachtenden Ereignisse zu bestimmen.

Die Cross-Impact-Analyse stellt grundsätzlich ein geeignetes Instrument dar, mit dem wichtige Bereiche der Organisation bzw. Ereignisse aufgedeckt werden können. Problematisch ist nur, daß durch die der Bewertung vorausgehende Auswahl der Ereignisse und Bereiche bereits eine Vorauswahl getroffen wird. Außerdem ist zu beachten, daß der Nutzen der so gewonnenen Information stark vom Wissen und der Eignung der Experten bestimmt wird.

Abbildung 24: Cross-Impact-Analyse

Umweltbereich		SGF 1	SGF 2	SGF 3	SGF 4	Auswirkung +	Auswirkung -
1. **Gesamtwirtschaft**							
Bruttosozialprodukt		-3	-2	0	+1	+1	-5
Zinsen		-3	-3	-3	-2	0	-11
2. **Politisch-rechtliche Umwelt**							
Umweltschutz		-1	+2	0	+1	+3	-1
Subventionen		0	+1	+1	0	+2	0
3. **Technologie**							
Neue Produkttechnologie		+2	+2	+3	-1	+7	-1
Neue Verfahrenstechnologie		-1	0	0	+1	+1	-1
4. **Demographie/Kultur**							
Bevölkerungsentwicklung		-1	+1	0	0	+1	-1
Einstellung zum Konsum		+2	+2	-1	0	+4	-1
Auswirkung	+	+4	+8	+4	+3		
	-	-9	-5	-4	-3		

Legende: SGF = Strategisches Geschäftsfeld. Die vermuteten Auswirkungen sind auf einer Skala von -3 bis +3 anzukreuzen. Beispiel: Umweltentwicklung ... stellt für SGF ... eine Bedrohung/Gelegenheit dar.

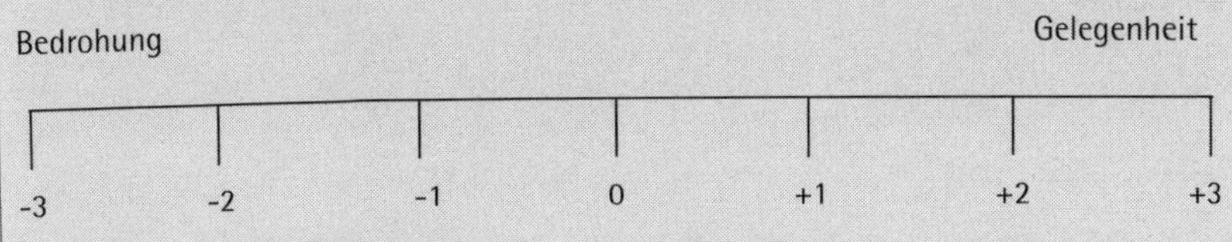

Quelle: Köhler/Böhler (1984)

4.1.2 Interaktionsmatrix

Ähnlich der Cross-Impact-Analyse setzt die Interaktionsmatrix ausgewählte Beobachtungsbereiche miteinander in Beziehung, um dominante und kritische Kreisläufe aufzudecken. Dazu werden in Zeilen eingetragene Wirkungsursachen auf die spaltenweise eingetragenen Wirkungsbereiche innerhalb der Beurteilungsbandbreite von 0 (keine) bis 3 (starke Beeinflussung) bewertet.

Abbildung 25: Interaktionsmatrix

Aktive Beziehung von / auf	1.mot. Individualverkehr	2. FussgängerInnen	3. Verkehrsinfrastruktur	4. tour. Attraktivität	5. Landschaft	6. Luft/Lärm	7. Handel/Gewerbe	Aktivsumme (AS)	Quotient (AS/PS)
1. mot. Individualverkehr	-	3	2	3	1	3	2	14	1,4
2. FussgängerInnen	1	-	1	1	1	0	2	6	0,5
3. Verkehrsinfrastruktur	3	2	-	3	3	2	3	16	2,3
4. Tour. Attraktivität	2	1	0	-	1	1	3	8	0,5
5. Landschaft	1	3	2	3	-	1	1	11	1,2
6. Luft/Lärm	1	3	0	3	2	-	1	10	1,1
7. Handel/Gewerbe	2	1	2	2	1	2	-	10	0,8
Passivsumme (PS)	10	13	7	15	9	9	12		
Produkt (AS*PS)	140	78	112	120	99	90	120		

Quelle: Müller/Flügel (1999)

Durch zeilen- bzw. spaltenweises Summieren ergeben sich Aktiv- (AS) bzw. Passivsummen (PS). Schließlich wird das Produkt P (AS*PS) und der Quotient Q (AS/PS) errechnet und eine aktive, passive, kritische sowie eine träge Größe bestimmt. Diese Elemente helfen verschiedene Fragen zu beantworten:

Mit der aktiven Größe, der höchsten Q-Zahl, bestimmt man das Element, welches die anderen Bereiche am stärksten, aber selbst durch andere Bereiche am schwächsten beeinflußt wird. Diese Variable verfügt demnach über die größte

Hebelwirkung. Umgekehrt verhält es sich mit der passiven Größe, der niedrigsten Q-Zahl, die den stärksten Einflüssen der anderen Bereiche ausgesetzt ist, diese aber selbst am schwächsten beeinflußt.

Die kritische Größe, die höchste P-Zahl, zeigt den Bereich der stärksten Abhängigkeiten an. Dieser übt nämlich starke Einflüsse auf die anderen Bereiche aus, wird zugleich aber auch am stärksten durch diese beeinflußt. Veränderungen an dieser Größe haben demnach Kettenreaktionen zur Folge. Anders verhält sich das mit dem trägen Element, welches sich durch geringe Einflüsse auf andere Bereiche und von diesen auf sich auszeichnet.

Die Interaktionsmatrix stellt ein Instrument dar, mit dem umfassend und systematisch Bereiche und Ereignisse zueinander auf ihre Abhängigkeiten überprüft werden können. Die besondere Stärke liegt in der Komplexitätsreduktion und der umfassenden Analysemöglichkeit. Die in diesem Fall notwendige Erfahrung der Experten beeinflußt zusätzlich den Wert der Ergebnisse, was sich insbesondere bei neuartigen Abläufen und Ereignissen als nachteilig erweist.

4.1.3 Delphi-Methode

Die Delphi-Methode ist eine qualitative Prognosemethode, deren Zielsetzung das Präzisieren von relevanten und ungewissen Ereignissen ist. Durch mehrfache Befragung von Experten unter schrittweiser Veröffentlichung der Rundenergebnisse wird versucht, Informationen zu gewinnen und insbesondere die Extremurteile in ihrer Werthaltigkeit zu evaluieren. Durch die Anonymität der Teilnehmer untereinander soll dem sonst zu vermutenden Konformitätsdruck entgegengewirkt werden. Damit ist zugleich jedoch die Gefahr von isolierten Einzelprognosen gegeben. Um diese zu vermeiden, wird der persönliche Kenntnisstand der Beteiligten erhöht, indem man in den verschiedenen Runden der Befragung die statistisch aufbereiteten Vorrundenergebnisse zur Verfügung stellt.

Die Delphi-Methode eignet sich generell für die Prognose der Bedeutung einzelner Bereiche oder Ereignisse. Vorteilhaft ist ferner der fehlende Konformitätsdruck ebenso wie die Möglichkeit, neu gewonnene Informationen in die Befragung einfließen zu lassen. Ein Nachteil ist, daß die geforderte Anonymität nur einen indirekten Lernprozeß zwischen den Teilnehmern ermöglicht. Außerdem ist die Delphi-Methode für komplexe Vorgänge nur eingeschränkt nutzbar. Der Zwang, eigene Extremurteile zu begründen, trägt außerdem dazu bei, solche möglicherweise aufgrund mangelnden Erklärungswillens oder -fähigkeit zu vermeiden. Nicht zu vernachlässigen ist der hohe Zeitaufwand, welcher mehrere Monate betragen kann und deshalb wegen des Zeitfaktors für die Einschätzung vieler Ereignisse nicht in Frage kommt. Schließlich sei noch auf die Moderatoren hinzuweisen, deren Qualität maßgeblich das Prognoseergebnis beeinflussen können.

4.1.4 Szenario-Analyse

Mit der Szenario-Analyse steht eine Methode für die Analyse der Umwelt ebenso wie zur Konsequenzabschätzung bestimmter verfolgter Strategien zur Verfügung. Im Gegensatz zu den meisten quantitativen und qualitativen Prognoseverfahren baut die Szenariotechnik nicht auf der Prämisse der Zeitstabilität auf. Dadurch können die sichtbar gewordenen Probleme beim Einsatz traditioneller Prognosetechniken, die besonders im Zusammenhang mit der Ölkrise 1973 deutlich wurden, weitgehend vermieden werden (Kreikebaum 1993). Abhängig von dem betrachteten Bereich werden global- und firmenspezifische Szenarien unterschieden. Während erstere allgemeine Umweltszenarien betrachten, gehen die hier vorrangig interessierenden firmenspezifischen Szenarien auf die konkreten Umstände des Unternehmens bzw. der Destination ein.

Im Gegensatz zu quantitativen Trendextrapolationsverfahren werden mehrere mögliche, plausible und in sich stimmige Zukunftsbilder entwickelt. Zugleich werden aber auch die Entwicklungspfade verdeutlicht, welche zu diesen Ergebnissen führen. Hierfür werden eine Vielzahl von anderen Prognoseverfahren wie auch Kreativtechniken untergeordnet eingesetzt. Dies ermöglicht, sowohl quantitative als auch qualitative Informationen zu verarbeiten. Um den Aufwand zu beschränken, werden in der Regel nur zwei bis drei Szenarien ausgearbeitet. Sie sollen die beiden extremen Zukunftssituationen umfassen und gegebenenfalls die aktuelle Situation fortzeichnen. Typischerweise umfaßt der Vorgang 7-8 Schritte und schließt zur Feststellung Analyseverfahren wie die Cross-Impact-Analyse und Vulnerability-Analyse ein.

Die Szenariotechnik wird in ihrer Aussagefähigkeit in entscheidendem Maße von der Qualifikation der Experten bestimmt, denen die inhaltliche Arbeit selbst überlassen bleibt. Gleiches gilt für die Auswahl der zu bildenden Grenz- und Trendszenarien. Abhängig von der Komplexität und Dynamik der Umweltsituation, die besonders im internationalen Kontext hoch ist, verstärkt sich das Problem durch die Nichtberücksichtigung wichtiger Einflußfaktoren. Der größte Vorteil liegt in der hypothetischen Beschreibung von Zukunftsbildern, die zwar nicht exakt, aber in sich schlüssig sind. Damit werden unabhängig von der Wahrscheinlichkeit mögliche Wechselwirkungen in den unterschiedlichen Situationen mit ihren Konsequenzen verdeutlicht.

4.1.5 Negativer Imagetransfer

Beim Imagetransfer bedient man sich des Umstandes, daß die mit der Marke bzw. dem Produkt verbundenen Assoziationen das Verhalten des Konsumenten beeinflussen. Mit der Methode des Imagetransfers werden positive Imagebestandteile der Hauptmarke eines Produktbereichs auf ein anderes Produkt einer anderen Produktkategorie übertragen. Dies geschieht bevorzugt über das Vehikel des gemeinsamen Markennamens. Dieser Imagetransfer umfaßt Assoziationen, die zwar mit dem Produkt wahrgenommen werden, aber nicht notwendigerweise durch dieses geprägt sein müssen.

Ähnliches gilt auch für die Situation negativer Ereignisse. Die überwiegende Anzahl der negativen Ereignisse bewirkt keine direkte, dauerhafte und sachliche Zerstörung des Produkts. Sie ziehen nur deshalb eine hohe Wirkung nach sich, weil sie ähnlich wie beim Imagetransfer bestimmte negative Werte aufbauen oder positive, mit dem touristischen Produkt verbundene Imagedimensionen zerstören bzw. beeinträchtigen. Ihnen liegt somit ein vergleichbarer Wirkungsmechanismus wie beim positiven Imagetransfer zugrunde. Das bestätigte auch *Romeo* (1991), welcher die Rückübertragung von negativen Informationen auf die Stammarke untersuchte. Er fand diese von den gleichen Faktoren gesteuert, die sonst den positiven Imagetransfer beeinflußten. Diese lassen sich in vier Einflußbereiche trennen (Mayerhofer 1995):

- Imagekonzepte,
- Produkt- und Ereignisart,
- Unternehmen und
- Konsumenten.

In den Erörterungen zu den Wirkungsbereichen der Konsumenten und des Produkts wurde den letzten beiden Umständen bereits vertiefend nachgegangen. Deshalb sollen im weiteren die Imagekonzepte und die Produkt- und Ereignisarten in den Mittelpunkt der Betrachtung gestellt werden.

4.1.5.1 Imagekonzepte

Um die Einflüsse der Imagekonzepte zu erklären, werden funktionale, verwendungsbezogene und symbolische Markenkonzepte unterschieden. Während funktionale Markenkonzepte sich auf die ähnlichen physischen Eigenschaften oder Funktionen der umfassenden Produkte abstützen, stellen verwendungsbezogene Markenkonzepte auf den gleichen Zusammenhang der Verwendung, wie z.B. bei Campingausrüstung, ab. In beiden Fällen ist das Vorstellungsbild des Konsumenten von bestimmten individuellen Merkmalen des Produkts geprägt. Symbolische Markenkonzepte zeichnen sich hingegen durch ein abstraktes ganzheitliches Vorstellungsbild aus. Zurückzuführen ist dies auf die unterschiedlichen Gedächtnisstrukturen, welche diesen Konzepten jeweils zugrundeliegen.

Park/Lawson/Milberg (1989) stellten fest, daß die Produkte der funktionalen und verwendungsbezogenen Konzepte auch bei Abwesenheit eines Markenkonzepts zueinander als ähnlich und zusammenpassend wahrgenommen werden. Zu erklären ist dies vor allem durch die ihnen zugrundeliegenden gleichen Merkmale und Verwendungssituationen. Bei Produkten mit symbolischen Konzepten wird hingegen unter gleichen Umständen die Ähnlichkeit nicht gesehen. Erst, wenn der Markenname eingebracht wird, erhöht sich die Wahrnehmung als zusammenpassend. Ihre Ähnlichkeitsbeurteilung bleibt dagegen unverändert.

Diese Transferpotentiale sind unter dem Gesichtspunkt negativer Ereignisse von besonderem Interesse. Sie führen eine prinzipiell andere Gefährdungslage von touristischen Produkten mit funktionalen und verwendungsbezogenen Imagekonzepten im Vergleich zu symbolischen Konzepten vor Augen. Der den funktionalen und verwendungsbezogenen Imagekonzepten attestierte geringere Spielraum für den Imagetransfer bedeutet zugleich, daß die Menge der negativen Ereignisse, die der Destination oder dem Unternehmen gefährlich werden können, weitaus beschränkter ist. Die Ereignisse werden vor allem dort zu suchen sein, wo ein verwendungs- bzw. funktionsmäßiger Bezug zum Produkt besteht. Zugleich wird aber auch deutlich, daß symbolischer Konzepte im Tourismus unter einer weit höheren Anfälligkeit von negativen Ereignissen zu leiden haben.

4.1.5.2 Produkt- und Ereignisart

Die Art des Ereignisses, des Produktes sowie das Verhältnis der beiden Faktoren zueinander bestimmen zudem die Wirkung negativer Ereignisse.

Das Produkt betrachtend, wird der Imagetransfer stark von der möglichen Beurteilbarkeit der Leistung beeinflußt. Erfahrungsgüter, die erst durch Inanspruchnahme überprüfbar werden, eignen sich für den Imagetransfer weit besser als Suchgüter, bei denen eine vorherige Beurteilung prinzipiell möglich ist. Das unterstreicht die prinzipiell höhere Anfälligkeit des touristischen Produktes für einen negativen Imagetransfer, da – wie bereits gesehen – das touristische Produkt ein Erfahrungsgut ist.

Aus Sicht des Ereignisses ist von Bedeutung, wie leicht es erinnert wird. Einerseits zieht ein leicht erinnerbares, typisches Ereignis eine beschränkte und eindeutige Wirkung nach sich. Andererseits haben Vorfälle, die nicht oder nur schlecht in ein Erklärungsmuster zu setzen sind, auch eine schlechter abschätzbare Wirkung mit prinzipiell größerer Verunsicherung beim Konsumenten zur Folge.

Das Verhältnis bzw. die Nähe zwischen Ereignis und Produkt bestimmt die Wahrscheinlichkeit, daß negative Wirkungen auf das Produkt eintreten. Zur genaueren Analyse dieser Transferwahrscheinlichkeit werden die Konstrukte Ähnlichkeit und Übereinstimmung eingesetzt.

Für den Fall des positiven Imagetransfers bezieht sich Ähnlichkeit auf: ähnliche Produktbestandteile, Befriedigung ähnlicher Bedürfnisse oder die Verwendung der Produkte in ähnlichen Situationen. Für den negativen Imagetransfer entscheidet schließlich, wie groß die Ähnlichkeit das negativen Ereignisses mit dem Produktnutzen, seiner geleisteten Bedürfnisbefriedigung oder der Verwendung ist. Je ähnlicher aus Sicht des nachfragenden Konsumenten das Produkt mit dem Ereignis ist, um so größer ist die Wahrscheinlichkeit des

Imagetransfers (Boush/Loken 1991; Muthukrishnan/Weitz 1991; Smith/Park 1992).

Das Konstrukt der Ähnlichkeit hat in der Praxis des Krisenmanagements hohe Erklärungskraft. So erklärt der Verwendungsbezug beispielsweise, warum für Touristen Ereignisse in Destinationen eine andere Bedeutung als am Heimatort haben. Während sie einen Busunfall am Urlaubsort im Zusammenhang mit dem touristischen Produkt sehen, betrachten sie einen Busunfall im Werksverkehr als mit der Arbeit zusammenhängend und weniger mit dem Wohnort. Strategien, die solche Umstände außer Acht lassen, sind aus diesem Grund als wenig geeignet einzustufen. Trotzdem finden Vergleiche dieser Art immer wieder Anwendung, sei es, ob auf die niedrigere Kriminalitätsrate in der Destination im Vergleich zum Herkunftsort der betroffenen Touristen hingewiesen wird oder andere Wahrscheinlichkeiten in den direkten Vergleich gestellt werden.

Ähnlichkeiten

Experten nehmen sowohl oberflächliche als auch tieferliegende Gemeinsamkeiten eher wahr als Laien, weisen diesen aber, wenn sie nur oberflächlich vorhanden sind, eine geringere Bedeutung zu. Das stimmt überein mit der Beobachtung, daß ein hohes persönliches und produktspezifischen Involvement beim Touristen diesen zu einer prinzipiell umfassenden und tiefergehenden Beurteilung des Vorfalls anregt.

Quelle: Muthukrishnan/Weitz (1991)

Mit dem Konstrukt der Übereinstimmung wird betrachtet, inwieweit Produkte und Ereignis zusammenpassen und vom Konsumenten als übereinstimmend wahrgenommen werden. Dabei wird zwischen offensichtlichen Übereinstimmungen, zu denen die Grundnutzen stiftenden Eigenschaften und die Wettbewerbsvorteile zählen, und nicht offensichtlichen Dimensionen getrennt. Offensichtliche Assoziationen verbessern die Möglichkeit des Imagetransfers, wobei dies kontextbezogen variieren kann. Ein negatives Ereignis hat eine größere Wirkung, wenn mit ihm spezifische touristische Assoziationen einhergehen oder wenn der von einem Vorfall betroffene Bereich touristisch assoziiert wird. Außerdem läßt sich die Feststellung von *Chakravarti/ MacInnis/Nakamoto* (1990), daß mit Abnahme der produkt- bzw. funktionsspezifischen Ausprägung die Übertragungsmöglichkeit steigt, auch für den Tourismus verwenden, wo nicht lokal oder regional eingrenzbar wahrgenommene Ereignisse tendenziell schneller auf ganze Regionen übertragen werden.

4.1.5.3 Die Ähnlichkeitsmessung

Für die Erfassung der Nähe zwischen Produkt und Ereignis, die als Ähnlichkeit bezeichnet nun auch die Assoziationen im Sinne der zuvor beschriebenen Übereinstimmung umfaßt, liegen verschiedene meßtechnische Ansätze vor.

Mayerhofer (1995) stellte hierzu eine Ähnlichkeitsmessung für den Imagetransfer im weiteren Sinne vor. Es bedient sich des Konzepts der Erlebniswelten, wodurch die komplexen Vorstellungsbilder beim Konsumenten umfassend dargestellt werden können (siehe auch Kapitel 3.2.2). Vor allem wird durch die Einbeziehung von Bildern in die Imageerfassung, die Aufnahme von nur schwer beschreibbaren Gefühlen erleichtert. Dies ist sowohl für das stark gefühlsmäßig beurteilte Produkt als auch die negativen Ereignisse von großem Vorteil. Letztere werden, wenn nicht direkt erlebt, hauptsächlich durch Bilder kommuniziert.

Durch die indirekte Messung verbessert sich zudem die Erfassung von Ähnlichkeiten. Sowohl die einschränkende Vorauswahl von Produktmerkmalen, welche vor allem bei symbolischen Konzepten und den damit verbundenen Assoziationen zu Problemen führen, als auch eine mögliche Überforderung der Probanden wird damit ausgeschlossen.

Im ersten Schritt werden für die Messung der Ähnlichkeit die relevanten Erlebniswelten unter Verwendung von Bild- und Wortreizen erhoben. Dies erfolgt getrennt sowohl für Marken, Produktgruppen und Regionen. Eine Erfassung dieser drei Bereiche empfiehlt sich für den Tourismus, da oft eine hohe Abhängigkeit von Länderimages zu Produkten wie auch in umgekehrter Richtung vorliegt.

In einem weiteren Schritt werden die erfaßten Beurteilungswerte mit Hilfe der Korrespondenzanalyse in mehrdimensionale Erlebnisweltträume überführt. In einer ersten Analyse zwischen Marken- und Produktgruppenimages kann dann festgestellt werden, ob Markenimages über eine eigenständige Erlebniswelt verfügen. Dies ist der Fall, wenn sie sich von der Positionierung der Produktgruppenimages entsprechend entfernt befinden.

Die Lage innerhalb des Erlebnisweltraums läßt nun die Beurteilung zu, inwieweit es sich um ähnliche Erlebniswelten handelt, bzw. welches die wesentlichen, diese Positionierung bestimmenden Dimensionen sind. Je weiter sich ein Beurteilungsobjekt vom Mittelpunkt der Darstellung entfernt, desto ausgeprägter ist das entsprechende Image. Umgekehrt kann hingegen nahe zum Mittelpunkt der Darstellung befindlichen Beurteilungsobjekten keine ausgeprägte Erlebniswelt zugeschrieben werden.

Korrespondenzanalyse

Ziel der Korrespondenzanalyse ist es, die Zusammenhänge zwischen Beurteilungsobjekten und den zugeordneten Reizen in einem mehrdimensionalen Raum abzubilden. Die Vorteilhaftigkeit der Korrespondenzanalyse gegenüber anderen Verfahren resultiert u.a. aus der gemeinsamen Darstellung von Beurteilungsobjekten und Beurteilungskriterien.

Quelle: Backhaus u.a. (1996)

Beispiel 21: Ähnlichkeitsmessung

Wie bereits dargestellt, bietet sich für das Sichtbarmachen der Erlebniswelten im Tourismus die gleichzeitige Verwendung von Marken, Produktgruppen und Regionen an. Zum einen haben Länderimages eine hohe Abhängigkeit von den Produkten, zum andern besteht diese auch in umgekehrter Richtung.

In folgender Abbildung werden nun die drei Beurteilungsobjekte Marken, PRODUKTGRUPPEN und **REGIONEN** in den zwei wesentlichsten Dimensionen positioniert, die 57% der Gesamtvarianz erklären. Beide Dimensionen, die waagrechte Achse stellt die erste, die senkrechte Achse die zweite Dimension dar, verdeutlichen bereits in dieser Form die räumliche Nähe der Objekte zueinander und zu den verwendeten Beurteilungskriterien. Hierdurch wird die Mehrschichtigkeit des Images deutlich und außerdem die Einflußbeziehungen aufgezeigt.

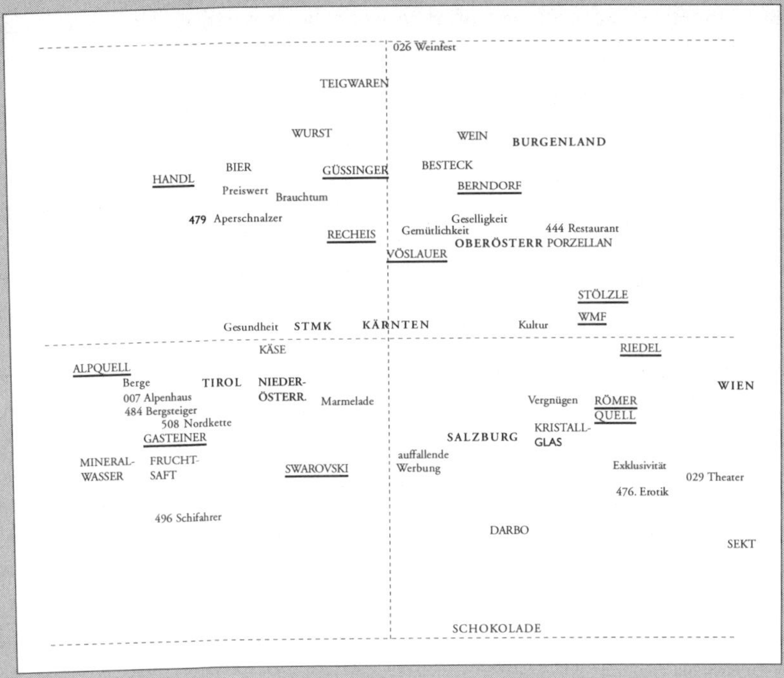

Für die Destinationen Wien bzw. Salzburg werden beispielsweise Erlebniswelten erkennbar, die sich durch Begriffe, wie Exklusivität, auffallende Werbung und Vergnügen sowie durch Bilder, die eine Theaterloge und ein sich umarmendes Paar zeigen, kennzeichnen. Ferner zeigen diese Erlebniswelten Beziehungen zu den Produktgruppen Sekt, Schokolade und Kristallglas und den Marken Darbo, Riedel und Römerquelle auf.

Quelle: Mayerhofer (1995)

Verfeinert werden diese Ergebnisse durch eine Quantifizierung der Ähnlichkeit bzw. die räumliche Nähe der Beurteilungsobjekte. Dies ist insbesondere für die Identifikation der Transferachsen von Interesse. Dazu werden die in der Korrespondenzanalyse gewonnenen Positionierungsdaten weiter in einer Clusteranalyse untersucht. Sowohl die graphische Darstellung im Dendrogramm als auch die Matrix der quadrierten Euklid'schen Dissimilaritätskoeffizienten geben abschließend Hinweise auf die imagebestimmenden Dimensionen, die Lage zu anderen Produkten und Marken sowie die Assoziation mit Länderimages.

4.1.5.4 Neue Möglichkeiten durch den Imagetransfer

Vorteilhaft an der Verwendung der Methode des Imagetransfers ist, daß, im Gegensatz zu den meisten anderen Verfahren, nicht auf die Erfahrung von Experten abgestellt wird. Das wiegt um so schwerer, wenn neue Entwicklungen und unbekannte Ereignisse bewertet werden müssen, für die keine Erfahrungen vorliegen. Auch ist der Aspekt von Vorteil, daß die Beurteilung aus der Sicht der Konsumenten erfolgt und nicht, wie sonst üblich, aus der des Betroffenen oder der von ihm eingeschalteten Experten.

Zum einen erleichtern die Imagekonzepte die grundsätzliche Abschätzung einer möglichen Bedrohung durch negative Ereignisse aufgrund des gegebenen Transferpotentials. Zum anderen helfen die Konzepte wichtige Ereignisse und Bereiche einzuschränken bzw. zu priorisieren. Die visualisierte Darstellung der mittels der Korrespondenzanalyse erhobenen Unterschiede und die anschließende meßtechnische Erfassung der Ähnlichkeit, eröffnet ferner die Möglichkeit, nicht nur die Produkte umfassend in ihren Erlebniswelten und zu ihren Wettbewerbern zu analysieren, sondern auch die wesentlichen Einflußbereiche sichtbar zu machen.

Negative Störungen, die von diesen Produkten bzw. den identifizierten Imagefaktoren ausgehen, sind, wie die Beeinträchtigung der Bereiche selbst, als besonders kritisch einzustufen. Die Transfermöglichkeiten bzw. -wahrscheinlichkeiten eines negativen Ereignisses, das eine dieser wesentlichen Dimensionen trifft, sind um so höher einzustufen, je näher diese zur jeweiligen Erlebniswelt des touristischen Produktes liegen.

Einschränkend ist zu erwähnen, daß die Bestimmung des Images grundsätzlich keine Aufgabe des präventiven Krisenmanagements ist. Kenntnisse der Produktpositionierung und der sie beeinflussenden Faktoren gehören in den Bereich der normalen Unternehmensführung. Im Tourismus, insbesondere auf Destinationsebene, sind hier jedoch immer noch erhebliche Defizite vorhanden.

Beispiel 22: Nicht involviert, aber plötzlich betroffen

Wie wichtig es ist, zu verstehen, wie der negative Imagetransfer funktioniert und wie überraschend er Dritte treffen kann, zeigt der Flugunfall der Charterlinie BIRGENAIR im Jahr 1996.

Eine Chartermaschine mit 164 deutschen Touristen stürzte kurz nach dem Start in der Dominikanischen Republik ins Meer. Nach der Unfalluntersuchung stellte sich heraus, daß die türkischen Piloten für den Unfall verantwortlich waren. Der Inhaber der für verschiedene Reiseveranstalter tätigen Charterfluggesellschaft BIRGENAIR wie auch der CEO des betroffenen Reiseveranstalters waren türkischer Herkunft. Nach dem Unfall erlitten nicht nur die an dem Unfall tatsächlich beteiligten Unternehmen einen starken Buchungsrückgang, sondern auch die Destinationen Türkei und Dominikanische Republik, ebenso fast alle Unternehmen, welche mit ausländischen Charterlinien zusammen-arbeiteten.

Die Konsequenzen kamen zustande, obwohl es keine objektiven Zusammenhänge gab. Sie lassen sich jedoch durch den negativen Imagetransfer erklären.

4.2 Systeme und Methoden der Frühaufklärung

Das präventive Krisenmanagement muß neben der Identifikation möglicher Ereignisse und wichtiger Bereiche rechtzeitig wichtige latente Ereignisse aufspüren. Dafür müssen Informationen über sich abzeichnende Entwicklungen in der Organisationsumwelt frühzeitig und derart generiert werden, daß sie eine Wirkungsanalyse auf die Organisation ermöglichen.

Zur Verwirklichung dieser Ziele werden drei Generationen von Informationssystemen unterschieden. Bei Systemen der ersten Generation wird von Frühwarnsystemen gesprochen. Mit ihrer Hilfe sollen Unter- und Überschreitungen von

Informationssysteme

Schwellenwerten festgestellt und Warnmeldungen generiert werden. Es handelt sich bei diesen Systemen um Weiterentwicklungen der operativen Planungskonzepte mit Konzentration auf die Ergebnis- und liquiditätsorientierte Planungsrechnung. Diese basieren im wesentlichen auf bereits bestehenden Kennzahlen. Durch eine explorative Hochrechnung, die grundlegend auf vergangenheitsorientierten Daten beruht, sollen voraussichtliche Ist-Zustände mit den Sollvorgaben verglichen werden. Diese Vorgehensweise erlaubt zwar die Einleitung bestimmter Gegenmaßnahmen und Planungskorrekturen, ist aber prinzipiell nicht geeignet, latente Krisen zu identifizieren. Deshalb kann auf diese nur noch reagiert werden. In diesem Sinne weisen Frühwarnsysteme der ersten Generation Mängel auf, die den Aktionsraum eines präventiven Krisenmanagements erheblich begrenzen. Trotz dieses Nachteils finden sich diese Systeme nach wie vor als kurzfristige Informationssysteme in der Praxis wieder.

Früherkennungssysteme der zweiten Generation basieren auf der Annahme, daß organisationsinterne und -externe Chancen- und Risikofelder durch einen Katalog von Indikatoren abzudecken sind und durch dessen Beobachtung und Messung rechtzeitige Frühwarninformationen generiert werden können. Folglich konzentrieren sich die Bemühungen auf die Festlegung der relevanten Beobachtungsbereiche und auf die Auswahl geeigneter Indikatoren. Letztere müssen in der Ursachen - Wirkungskette soweit vorgelagert sein, daß der zeitliche Abstand eine rechtzeitige Einleitung von Maßnahmen zuläßt. Werden stabile Umweltbedingungen unterstellt, bilden Früherkennungssysteme eine geeignete Grundlage für ein rechtzeitiges Krisenmanagement.

Die Frühaufklärungssysteme der dritten Generation basieren auf der Erkenntnis, daß komplexe Umweltentwicklungen nur schwer durch die auf Kausalbeziehungen basierenden Systeme der zweiten Generation erfaßbar sind. Ihr Hauptaugenmerk gilt der Identifikation von strategischen Überraschungen, d.h. zukünftigen signifikanten Abweichungen von Informationen, die in die strategische Planung einfließen. Strategische Überraschungen basieren primär auf Diskontinuitäten, die schwer vorhersehbar sind. Ihnen wird jedoch die Eigenschaft zugesprochen, sich durch sogenannte schwache Signale anzukündigen. Informationssysteme der dritten Generation konzentrieren sich daher auf die rechtzeitige Wahrnehmung und Bewertung schwacher Signale.

Werden die Systeme einer vergleichenden Beurteilung unterzogen, bestätigt sich ihre durchweg gleichgerichtete Zielsetzung. Alle Systeme versuchen, der Organisation möglichst rechtzeitig Informationen über die Umweltveränderungen zu liefern und ihr dabei behilflich zu sein, Konsequenzen abzuschätzen.

Während deutlich wurde, daß Frühwarnsysteme der ersten Generation keine geeignete Hilfestellung für ein präventives Krisenmanagement leisten können, steht dies für Systeme der zweiten und dritten Generation außer Frage. Ihre Anwendbarkeit im Krisenmanagement, die vor allem von der Art der Problemstellung bestimmt wird, soll unter Zuhilfenahme der zuvor eingeführten Situationsmatrix verdeutlicht werden.

Abbildung 26: Eignung der Frühaufklärungssysteme

Bereiche	Ereignisse: Bekannt	Ereignisse: Unbekannt
Als wichtig bekannt	1. Systeme der zweiten Generation	2. Systeme der zweiten und dritten Generation
Als wichtig unbekannt	3. Systeme der zweiten und dritten Generation	4. Systeme der dritten Generation

Für Situationen innerhalb des ersten Quadranten erweisen sich indikatorengestützte Frühaufklärungssysteme als besser geeignete Verfahren. Die Auswahl brauchbarer Indikatoren vollzieht sich vergleichsweise einfach. Ebenso kann die Ankündigung eines negativen Ereignisses relativ sicher und rechtzeitig erfolgen.

Für die Fälle des zweiten und dritten Quadranten ist die indikatorengestützte Frühaufklärung als nur bedingt geeignet anzusehen. Für den Fall, daß der Bereich in seiner Wichtigkeit bekannt ist, die bedrohlichen Ereignisse aber noch nicht konkretisierbar sind, ist es vor allem von der Art des Bereichs und der relevanten Umwelt abhängig, ob eine indikatorengestützte Aufklärung möglich ist oder bereits Systeme der dritten Generation eingesetzt werden müssen. Vergleichbar verhält es sich in der Situation bei bekannten Ereignissen, die normalerweise durch Indikatoren wahrgenommen werden können. Die besondere Herausforderung liegt in diesem Fall vielmehr in der richtigen Interpretation der möglichen Konsequenzen. Deshalb wird auch hier die reine Anwendung indikatorengestützter Verfahren nicht ausreichend sein.

Für den vierten Bereich werden aufgrund der hohen Anzahl unbekannter Komponenten ausschließlich Verfahren der dritten Generation zur Anwendung kommen können.

Die dargestellten Zusammenhänge weisen an dieser Stelle darauf hin, daß sowohl die indikatorengestützte als auch die auf Identifikation schwacher Signale ausgerichtete Frühaufklärung eine geeignete Vorbereitung für ein erfolgversprechendes präventives Krisenmanagement im Tourismus bieten.

4.2.1 Indikatorengestützte Frühaufklärung

Indikatorengestützte Früherkennungssysteme arbeiten mit meßbaren Indikatoren. Durch ihre Veränderung können Ereignisse, welche sonst erst später wahrgenommen worden wären, angedeutet werden. Ihrem Aufbau liegt eine schrittweise Vorgehensweise zugrunde.

Abbildung 27: Entwicklungsstufen eines Früherkennungssystems

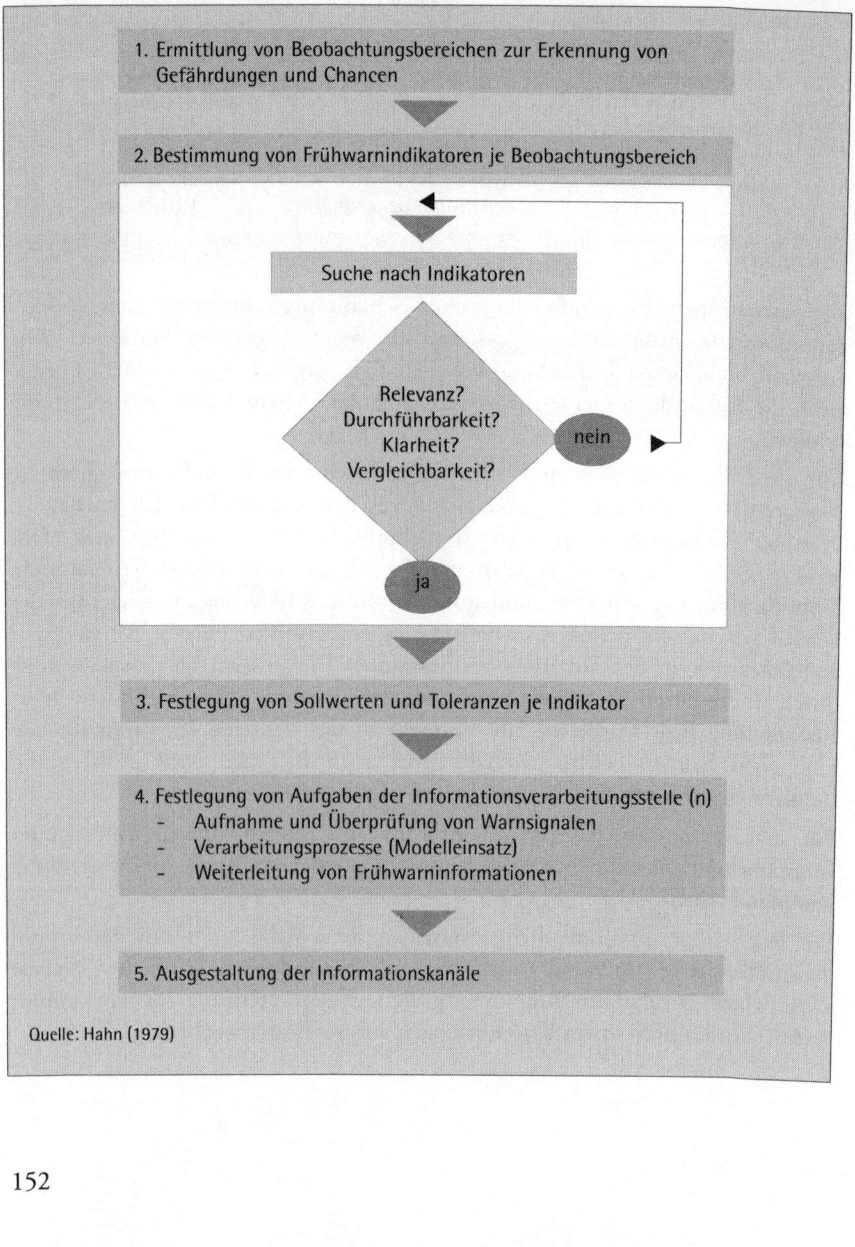

Quelle: Hahn (1979)

4.2.1.1 Ermittlung von Beobachtungsbereichen

Aus der Menge der möglichen Beobachtungsbereiche werden solche bestimmt, die für die spezifischen Ziele und Märkte der Organisation besonders wichtig, beziehungsweise kritisch sind. Auf ihre Feststellung wurde bereits umfassend eingegangen, ebenso wie auf die Tatsache, daß diese Beobachtungsgebiete sowohl innerhalb als auch außerhalb der Organisation liegen können (siehe Kapitel 4.1)

4.2.1.2 Bestimmung von Frühwarnindikatoren

Damit die Indikatoren über gute Frühwarneigenschaften verfügen, muß bei der Auswahl berücksichtigt werden, daß sie rechtzeitig auf wesentliche Veränderungen in der Umwelt hinweisen. Daneben sollen sie klare Aussagen ermöglichen hinsichtlich der Auswirkungen, welche die Organisation beim Überschreiten des Toleranzwertes zu erwarten hat, sowie über einen längeren Zeitraum wesentlich bleiben. Außerdem ist schon bei der Auswahl der Indikatoren zu beachten, daß die später ständig vorzunehmende Erhebung der Daten wirtschaftlich vertretbar ist.

Zur Auswahl der Frühwarnindikatoren sind verschiedene Verfahren möglich:

- *Pümpin* (1980) schlägt zur Auswahl geeigneter Indikatoren Kausalketten vor. Durch die Fragestellung, auf welche vorgelagerten Faktoren ein mögliches Ereignis zurückgeführt werden kann, bewegt man sich rückwärts, systematisch auf die späteren Indikatoren zu. Damit immer nur solche vorgelagerten Faktoren einbezogen werden, die besonders wichtig sind, empfiehlt sich in der jeweiligen Auswahlstufe die zusätzliche Analyse mittels der Cross-Impact-Analyse. Die Komplexität von Krisensituationen und die Vielzahl von möglichen Abhängigkeiten läßt jedoch eine rein kausale Bestimmung der Indikatoren nur im eingeschränkten Maße empfehlenswert erscheinen.
- Die Feedbackdiagramme bieten eine andere Vorgehensweise. *Gomez* (1981), der auf den systemtheoretischen Gedanken als Ansatz zurückgreift, sieht die Symptome als Teil eines komplexen und durch vielfältige Einflußgrößen bestimmten Systems. Zur Feststellung der Ursachen einer Problemsituation wird diese als erstes in Beziehung zu den wesentlichen Einflußfaktoren gesetzt und anschließend die Art der Beziehung konkretisiert. Dabei können neben positiven und negativen Beziehungen auch weitere wichtig erscheinende Aspekte berücksichtigt werden wie die Stärke, Langfristigkeit oder der Ursachenbereich des Einflusses.

Abbildung 28: Gesamtstruktur eines Feedbackmodells zur Analyse des Bevölkerungswachstums eines Urlaubsgebiets

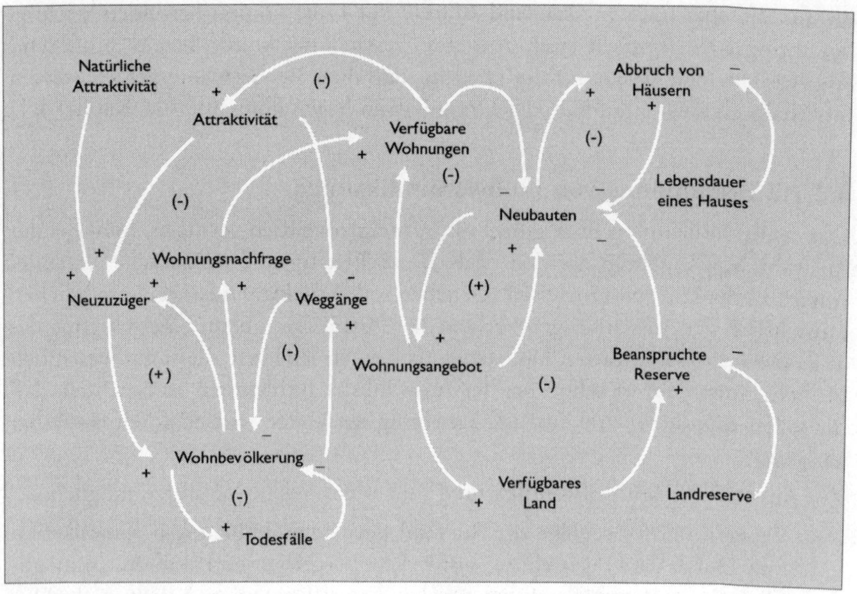

Quelle: Gomez (1981)

Wichtig ist, daß die Wirkungsbeziehungen eine Kreislaufsituation beschreiben, durch welche die Rückwirkungen ebenfalls in die Analyse einfließen. Die sich in den weiteren Stufen anschließende Verfeinerung der Feedbackstruktur durch die Integration zusätzlicher Kreisläufe führt zu einem Gesamtstrukturmodell der Problemsituation. Damit wird nicht nur die im Focus stehende Fragestellung strukturiert, sondern auch erkennbar, ob bestimmte Faktoren stabilisierende oder verstärkende Wirkung auf das Gesamtsystem haben.

Zur finalen Bestimmung der Indikatoren werden die verschiedenen, identifizierten Einflußvariablen des Feedbackmodells in der zuvor beschriebenen Interaktionsmatrix untersucht und bewertet. Die als aktive und kritische Größen identifizierten Variablen sind besonders als Frühwarnindikatoren geeignet.

4.2.1.3 Indikatoren für Länderrisiken

Der Bereich des Außenhandels ist traditionell an der Einschätzung der Risiken in anderen Ländern interessiert, die Einfluß auf die Handels- und Investitionstätigkeit haben könnten. Klassischerweise werden die ökonomischen, rechtlichen, sozialen und politischen Rahmenbedingungen nach quantitativen und qualitativen Kriterien bewertet. Etliche Spezialinstitute, teils mit staatlicher Förderung, teils rein privater Natur, beschäftigen sich schon seit einiger Zeit mit der ständigen Erfassung und regelmäßigen Bewertung dieser Risiken, die sie als Country Ratings – internationale Geschäftsklimavergleiche – veröffentlichen.

Dieses Informationsangebot wurde in den letzten Jahren ständig erweitert. Zum einen ist die Außenhandelstätigkeit auch eng mit Reisen zur Geschäftsanbahnung, Vertragsverhandlungen und Kontaktpflege verbunden. Außerdem sind Geschäftsreisende immer häufiger persönlichen Risiken ausgesetzt. Deshalb bietet inzwischen eine größer werdende Anzahl von Firmen Dienstleistungen an, die auch diese Risiken erfassen und beurteilen. Zum anderen hat auch der Bereich, der sich zum Ziel gesetzt hat, den Touristen mit Informationen zu versorgen, sein Angebot angesichts höherer Ansprüche, aber auch der weltweiten Herausforderungen quantitativ und qualitativ in den letzten Jahren kontinuierlich ausgebaut.

Im folgenden wird nun auf eine Auswahl von Informationsdiensten, ihre Funktionsweise und die Eignung der von ihnen produzierten Indikatoren eingegangen.

4.2.1.3.1 Country @ratings - Coface

Von der Compagnie française d'assurance pour le commerce extérieur (Coface), einem Tochterunternehmen der Natexis Banques Populaires, werden verschiedene Indizes aufbereitet. Die „Country @ratings" gehen auf die Länderrisiken von 150 Staaten ein und werden jährlich veröffentlicht. Angelegt als klassischer Index für die Außenhandelsrisiken, wird beurteilt, zu welchem Grad Unternehmen durch wirtschaftliche, finanzielle und politische Entwicklungen beeinflußt werden können.

Die Country @ratings basieren zum einen auf den Informationen der französischen Handelsmissionen innerhalb der französischen Botschaften. Mit eigenem Personal in derzeit 168 Missionen werden weltweit insgesamt 120 Länder direkt und unter Beachtung regionaler Zuständigkeit weitere 36 indirekt abgedeckt. Zum anderen werden aktuelle Informationen durch das Netzwerk der Oxford Analytica, beigesteuert, analysiert und bewertet. Bei Letzterem handelt es sich um ein Beratungsunternehmen, das nach eigenen Angaben auf ein Netzwerk von 1000 Wissenschaftlern der Universität Oxford und anderen weltweiten Forschungseinrichtungen zurückgreifen kann.

Auszug aus den Country @ratings

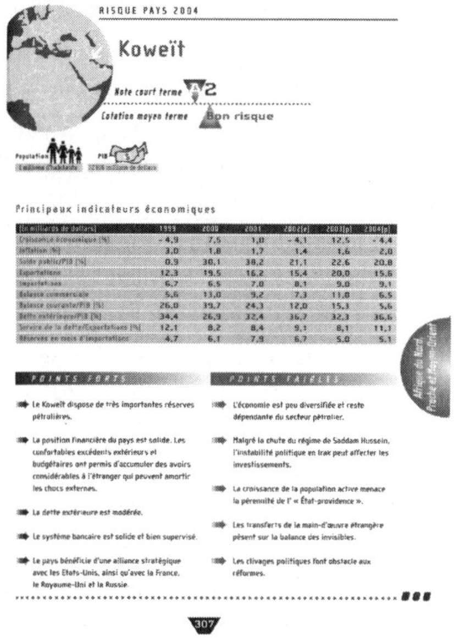

RISQUE PAYS 2004

Koweït

Note court terme A2

Cotation moyen terme Bon risque

Principaux indicateurs économiques

(En milliards de dollars)	1999	2000	2001	2002(e)	2003(p)	2004(p)
Croissance économique (%)	- 4,9	7,5	1,0	- 4,1	12,5	- 4,4
Inflation (%)	3,0	1,8	1,7	1,4	1,6	2,0
Solde public/PIB (%)	0,9	30,1	38,2	21,1	22,6	20,8
Exportations	12,3	19,5	16,2	15,4	20,0	15,6
Importations	6,7	6,5	7,0	8,1	9,0	9,1
Balance commerciale	5,6	13,0	9,2	7,3	11,0	6,5
Balance courante/PIB (%)	26,0	39,7	24,3	12,0	15,3	5,6
Dette extérieure/PIB (%)	34,4	26,9	32,4	36,7	32,3	36,6
Service de la dette/Exportations (%)	12,1	8,2	8,4	9,1	8,1	11,1
Réserves en mois d'importations	4,7	6,1	7,9	6,7	5,0	5,1

POINTS FORTS

- Le Koweït dispose de très importantes réserves pétrolières.
- La position financière du pays est solide. Les confortables excédents extérieurs et budgétaires ont permis d'accumuler des avoirs considérables à l'étranger qui peuvent amortir les chocs externes.
- La dette extérieure est modérée.
- Le système bancaire est solide et bien supervisé.
- Le pays bénéficie d'une alliance stratégique avec les Etats-Unis, ainsi qu'avec la France, le Royaume-Uni et la Russie.

POINTS FAIBLES

- L'économie est peu diversifiée et reste dépendante du secteur pétrolier.
- Malgré la chute du régime de Saddam Hussein, l'instabilité politique en Irak peut affecter les investissements.
- La croissance de la population active menace la pérennité de l' « État-providence ».
- Les transferts de la main-d'œuvre étrangère pèsent sur la balance des invisibles.
- Les clivages politiques font obstacle aux réformes.

307

Quelle: Coface

Das Country @rating setzt sich zusammen aus Indikatoren für 7 verschiedene Bereiche:

1. Politische Faktoren, die Zahlungen oder bestehende Verträge beeinflussen können;
2. Zahlungsprobleme, die auf Störungen in der Zahlungsbilanz zurückzuführen sind und Auswirkungen auf den Zahlungstransfer und die Rückführung öffentlicher oder privater Schuldverpflichtungen haben;
3. Die Fähigkeit des Staates, internationalen Verpflichtungen nachzukommen;
4. Abwertungsrisiko als Folge plötzlichen Kapitalabflusses;
5. Krisenanfälligkeit des Bankensystems, beurteilt anhand der Beschaffenheit des Bankensektors und der Wahrscheinlichkeit des Platzens von Spekulationsblasen;
6. Wirtschaftliches Risiko durch Abschwächung des kurzfristigen Wirtschaftswachtums, unabhängig von irgendeiner finanziellen Krise, die aus den vorigen Risiken resultieren mag;
7. Zahlungsverhalten für kurzfristige Verpflichtungen.

Während die ersten drei Risikobereiche typischerweise in Indizes des Außenhandels Anwendung finden, setzen die Klassen 4-6 die Ursachen von jüngeren Marktkrisen in Indikatoren um. Mit dem 7. Faktor werden wiederum Informationen verwendet, die Coface und seinen Kreditversicherungspartnern durch eigene Markttätigkeit vorliegen.

Zusammenfassend wird das kurzfristige Länderrisiko in einer 7-stufigen Skala innerhalb von zwei grundsätzlichen Risikokategorien bewertet:

- Für Einstufungen von A1 bis A4 (wobei A1 die beste Bewertung darstellt), wird das kurzfristige Risiko von sehr gering bis hin zu akzeptabel angesehen,
- Bei den Einstufungen von B, C oder D hingegen liegt eine unsichere wirtschaftlich und politische Umwelt vor, die ein mittleres bis sehr hohes Risiko zur Folge hat.

Des weiteren wird das mittelfristige Risiko 6-stufig bewertet und Risikofaktoren von besonderer Bedeutung für das Land beschrieben.

Das Country @rating ist das bewußt französisch gewählte Beispiel eines Indizes zur Beurteilung des Geschäftsklimas. Solche Indizes werden auch von anderen Ländern bzw. staatlichen Institutionen, die Exportgarantien vergeben, erstellt.

Interessant speziell an dem Country @rating ist die teilweise staatlichen, teilweise privaten Quellen entspringende Information. Zwar ist der Index von seinem Aufbau grundsätzlich nicht für die Tourismusindustrie gedacht, doch sind die Bewertungen aus zweierlei Sicht von Nutzen. Erstens wird damit der Blick aus einer neutralen, nicht rein sektorspezifischen, Perspektive ermöglicht. Zweitens wird damit ein relativ kostengünstiger Indikator für die Länderrisiken verfügbar gemacht. Wird zudem beachtet, daß solche Abschätzungen der Länderrisiken auch von anderen am Außenhandel interessierten Nationen betrieben werden, stehen länderspezifische Indikatoren zur Beurteilung der Länderrisiken zur Verfügung. Diese unabhängigen Beurteilungen genau des gleichen Landes sind für international tätige Tourismusunternehmen von Interesse ebenso wie für Destinationen, die verschiedene Quellmärkte bearbeiten wollen.

4.2.1.3.2 Business Risk Service

Zu den ohne staatliche Beteiligung erstellten Indizes für den Außenhandel gehört der auf einem mehrdimensionalen Konzept basierende Business Risk Service (BRS). Er beurteilt und prognostiziert das Geschäftsklima und die politische Stabilität in über 100 Staaten. Die Daten werden für einen Kernbereich von 50 Ländern dreimal jährlich erhoben, ausgewertet und zum 1. April, 1. August und 1. Dezember veröffentlicht. Weitere 50 Länder werden im jährlichen Rhythmus beurteilt. Der BRS umfaßt drei Komponenten: den Operations Risk Index (ORI), den Political Risk Index (PRI) und den Remittance and Repatriation Factor (R Factor).

Der ORI dient der Beurteilung des Geschäftsklimas und konzentriert sich auf 15 Faktoren, welche die Gewinnerzielung im Ausland erschweren bzw. das Investitionsklima kennzeichnen. Der Index basiert auf der Bewertung von über 100 Experten aus Banken, Industrieunternehmen und Regierungsbehörden, wobei jeweils 5-10 Experten anhand umfassender Listen ein ihnen bekanntes Land mit festgelegten Kriterien beurteilen. Die Bewertung der gewichteten Faktoren erstreckt sich von 0 (inakzeptable Bedingungen) bis zu 4 (sehr günstige Bedingungen). Der ORI eines jeden Landes ergibt sich schließlich aus der Summe der arithmetischen Mittel der von den Experten bewerteten Kriterien.

Der PRI dient zur Einschätzung der politischen Stabilität eines Landes. Er umfaßt 10 Kriterien, von denen acht dem Ursachenbereich der Instabilität und zwei Symptome beschreiben. Bei der Beurteilung werden als Experten überwiegend Politologen und Soziologen herangezogen, während bewußt auf Geschäftsleute verzichtet

Auszug aus den BRS

Business Risk Service 2004-III

PROFIT OPPORTUNITY RECOMMENDATION
2B. CONSIDER MEDIUM- AND LONG-TERM BUSINESS VENTURES, INCLUDING MANAGEMENT AND TECHNICAL SERVICE CONTRACTS.

Most Probable Political Scenario: President Gloria Macapagal-Arroyo fails to improve the fiscal situation despite adopting unpopular tax increases. Poverty and rising prices add to public frustration. Terrorist incidents weaken security and contribute to declining popularity of the government. Foreign relations with the U.S. are still captive to the country's decision to withdraw troops from Iraq. The administration takes advantage of its majority in the Senate and passes key measures to reduce corruption and bureaucracy. Consequently, foreign investment begins to increase and buoy economic growth. The country increases its attractiveness as an offshore outsourcing destination but is unable to challenge India's dominance in the field. Relations with China strengthen in the next two years.

THE PHILIPPINES' RATINGS

	Combined Score	Political Risk Index	Operations Risk Index	Remittance and Repatriation Factor
1997	42	45	42	37
1998	41	44	40	39
1999	42	44	41	42
2000	43	42	42	44
2001	43	43	41	44
2002	43	43	41	44
2003	43	43	41	45
Present	43	43	41	46
+1 Year	43	43	41	46
+5 Years	45	45	44	48

THE PHILIPPINES' OUTLOOK

- Political risk is still high despite the reelection of President Gloria Macapagal-Arroyo. Mrs. Arroyo denied the possibility of a military coup d'etat as corruption investigations into the armed forces intensified in October. The International Federation of Journalists (IFJ) recently criticized the lack of effort by the government to protect domestic journalists. The popularity of the government came into question when the lower house of Congress approved a proposed law to raise tobacco and alcohol taxes in October. The government will increase spending to strengthen the country's defense capability according to the 2004-2010 Medium-Term Philippine Development Plan. A U.S. Senate Committee approved a nearly doubling of the foreign military assistance to the Philippines in 2005 (US$30 million to US$55 million). Public officials will promote technology-based entrepreneurship by upgrading current laboratories as well as underwriting new facilities in the next two years. The Chinese premier announced in November that China and the Philippines will enhance economic cooperation, particularly in trade and investment.
- Operating conditions are deteriorating because of power outages and terrorism attacks. Real GDP expanded 6.2% in the second quarter of the year, largely a result of the robust services performance (7.3%). Industrial production contracted 5.0% in August from a year earlier. Electrical machinery output decreased 7.0% during the period. The unemployment rate was 11.7% in August, down from 12.6% in that month in 2003. The number of unemployed contracted 4.4% to 4.207 million. Consumer price inflation was 6.9% higher in September than a year before. The strength of oil prices is creating cost-push factors and will contribute to a 5.5% average in 2004. In October, the government announced that the construction of Bacolod Airport is being placed on fast track. Once completed, the new airport will handle one million passengers and over 16 000 tons of cargo per year. The budget deficit was 4.2% of GDP during January-June. Government revenue increased 12.4% and expenditures rose 9.9% during that time, but an

Quelle: BERI. Die Daten für jedes Land werden auf einem zweiseitigen Report dargestellt.

wird. In diesem Falle erstreckt sich die Beurteilungsmöglichkeit von 0 (außerordentliche Probleme) bis zu 7 (keine Probleme). Weitere 30 Punkte können auf die Kriterien zur besonderen Gewichtung verteilt werden.

Der R Factor geht konkret auf die Zahlungsfähigkeiten und -verpflichtungen eines Landes ein und bewertet die Möglichkeiten, Kapital und Erträge in andere Währungen umzutauschen sowie zu transferieren. Im Gegensatz zu den anderen Sub-Indices liegen diesem Faktor überwiegend quantitative Daten zugrunde.

Die Ergebnisse des ORI, PRI und R Factors werden zusammengezählt und durch drei geteilt. Dadurch ergibt sich die Profit Opportunity Recommendation (POR) für das aktuelle Jahr, die das Land in eine der folgenden Kategorien einordnet.

1. Keine geschäftlichen Transaktionen zu empfehlen. Von jeglichen geschäftlichen Beziehungen wird abgeraten.
2. Nur für Handel geeignet. Die Situation im Zielland erlaubt keine Investitionen. Empfohlen werden nur kurzfristige Transaktionen ohne Kapitalverkehr.
3. Nur für ertragsunabhängige Zahlungen geeignet. Empfehlenswert ist hier die Gewinnerzielung nur über den Transfer von Know-how oder Lizenzen.
4. Für Investitionen geeignet, Investition von Kapital wird empfohlen. Probleme im Hinblick auf Währungskonvertibilität oder Dividendentransfer sind nicht zu erwarten.

In leicht vereinfachter Form wird der POR für jedes Land auch für das folgende Jahr und in fünf Jahren prognostiziert.

Häufig wird zur Frühaufklärungseigenschaft des BRS angemerkt, daß bestimmte quantitative Angaben, z.B. von internationalen Organisationen wie der Weltbank trotz aller Bemühungen nur begrenzt international vergleichbar sind. Dies ist insoweit zu relativieren, als sich die Kritik auf die absolute Vergleichbarkeit der Länder untereinander und weniger auf die relative Veränderung eines bestimmten Landes bezieht. Gerade letztere interessiert vornehmlich für die Frühaufklärung, da der BRS zur Identifikation von Abweichungen im Zeitablauf verwendet werden soll. Aus diesem Grund stellt der BRS ein durchaus sinnvolles Instrument zur Beurteilung politischer Risiken im Tourismus dar. Grundsätzlich werden dabei Unternehmen bei der Beurteilung von langfristigen Aktivitäten wie Investments eher davon profitieren als für kurzfristige Aktivitäten.

4.2.1.3.3 Risk Map – Control Risks Group

Die jährlich publizierte Risk Map von Control Risks ist ein weiteres Produkt im Bereich der für den Außenhandel veröffentlichten Indizes. Über 130 Länder werden hier in nach zwei verschiedenen Kriterien beurteilt. Zur Beurteilung des politischen Risikos werden staatliche oder nicht-staatliche Akteure betrachtet und beurteilt, inwiefern Handlungen wahrscheinlich sind, die ein Unternehmen

Auszug aus der Risk Map

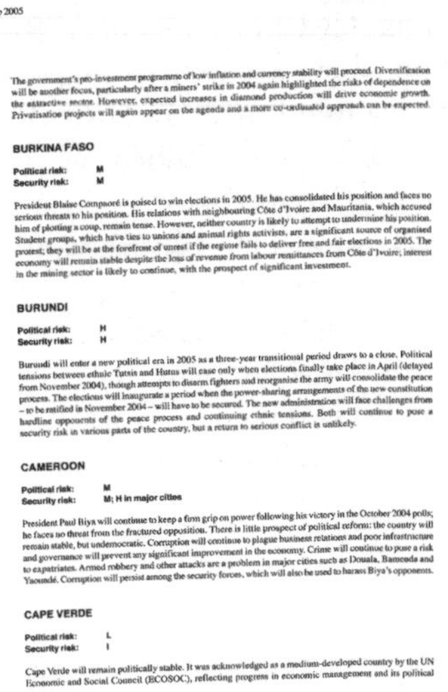

24 RiskMap 2005

The government's pro-investment programme of low inflation and currency stability will proceed. Diversification will be another focus, particularly after a miners' strike in 2004 again highlighted the risks of dependence on the attractive sector. However, expected increases in diamond production will drive economic growth. Privatisation projects will again appear on the agenda and a more co-ordinated approach can be expected.

BURKINA FASO

Political risk: M
Security risk: M

President Blaise Compaoré is poised to win elections in 2005. He has consolidated his position and faces no serious threats to his position. His relations with neighbouring Côte d'Ivoire and Mauritania, which accused him of plotting a coup, remain tense. However, neither country is likely to attempt to undermine his position. Student groups, which have ties to unions and animal rights activists, are a significant source of organised protest; they will be at the forefront of unrest if the regime fails to deliver free and fair elections in 2005. The economy will remain stable despite the loss of revenue from labour remittances from Côte d'Ivoire; interest in the mining sector is likely to continue, with the prospect of significant investment.

BURUNDI

Political risk: H
Security risk: H

Burundi will enter a new political era in 2005 as a three-year transitional period draws to a close. Political tensions between ethnic Tutsis and Hutus will ease only when elections finally take place in April (delayed from November 2004), though attempts to disarm fighters and reorganise the army will consolidate the peace process. The elections will inaugurate a period when the power-sharing arrangements of the new constitution – to be ratified in November 2004 – will have to be secured. The new administration will face challenges from hardline opponents of the peace process and continuing ethnic tensions. Both will continue to pose a security risk in various parts of the country, but a return to serious conflict is unlikely.

CAMEROON

Political risk: M
Security risk: M; H in major cities

President Paul Biya will continue to keep a firm grip on power following his victory in the October 2004 polls; he faces no threat from the fractured opposition. There is little prospect of political reform: the country will remain stable, but undemocratic. Corruption will continue to plague business relations and poor infrastructure and governance will prevent any significant improvement in the economy. Crime will continue to pose a risk to expatriates. Armed robbery and other attacks are a problem in major cities such as Douala, Bamenda and Yaoundé. Corruption will persist among the security forces, which will also be used to harass Biya's opponents.

CAPE VERDE

Political risk: L
Security risk: I

Cape Verde will remain politically stable. It was acknowledged as a medium-developed country by the UN Economic and Social Council (ECOSOC), reflecting progress in economic management and its political

Quelle: Control Risks (2004)

negativ beeinflussen können. Insbesondere wird beurteilt, ob der Staat bereit und in der Lage ist, bestehende Verträge zu garantieren.

Bei der Einstufung des Sicherheitsrisikos wird die Wahrscheinlichkeit betrachtet, mit der staatliche oder nicht-staatliche Akteure Handlungen vollziehen, die Schäden an den finanziellen Ressourcen, Einrichtungen und Mitarbeitern eines Unternehmens zur Folge haben können.

Die Quellen des Unternehmens sind vielfältig. Nach eigenen Angaben verfügt Control Risks über viele Primärquellen in den Ländern (sogenannte Stringer, die neben ihrer hauptberuflichen Tätigkeit, z.B. als Anwälte, Polizisten oder Journalisten tätig sind), die durch typische offen Quellen wie Nachrichtenagenturen ergänzt werden.

Die Bewertung wird ausschließlich über Analysten des eigenen Unternehmens vollzogen. Sowohl das politische als auch das Sicherheitsrisiko wird über eine 5er-Skala von unwichtig über gering, mittel, hoch bis zu extrem bestimmt. Die Einstufung erfolgt für das gesamte Land, häufig werden jedoch abweichende Einstufungen für Regionen bis zu Städten angegeben. Die skalierte generelle Einschätzung wird durch eine formlose individuelle Beschreibung und Bewertung der Risiken ergänzt.

In aktuellerer und umfassenderer Form werden die Informationen der Risk Map durch den Country Risk Forecast, einem Online-Service, dargestellt. Hier werden ständig aktualisierte Prognosen zum politischen, Sicherheits-, Terror- aber auch Reiserisiko verfügbar gemacht. Die zuvor erwähnte 5er-Skala wird dabei nun auch auf die zwei weiteren Risikoklassen angewendet. Dieser Service zielt nun weitaus konkreter auch auf Geschäftsreisende ab, die auch in krisenanfällige und krisenhafte Regionen der Welt reisen. Damit liegen kon-

Country Risk Forecast

Quelle: Control Risks

krete Verbindungen zum Tourismus vor, womit wie sonst nur bei den Reisehinweisen auch die persönliche Sicherheit der Reisenden berücksichtigt wird.

Beide Produkte lassen eine weitreichende Beurteilung der Länderrisiken zu. Risk Map ist aus seiner grundsätzlichen Konfiguration eher zur Beurteilung von mittel- und langfristigen Aktivitäten geeignet, während der umfassendere Onlineservice auch die aktuellen Veränderungen berücksichtigt. Zudem wird er um zwei weitere Risikoklassen – dem Reise- und Terrorrisiko – ergänzt. Verbunden mit den unter den Reisehinweisen noch betrachteten Instrumenten der Städtebeurteilung „City Brief" und weiteren Serviceleistungen der Firmengruppe wird es touristischen Unternehmen ermöglicht, vertiefende und zeitgerechte Beurteilungen der Landessituation zu erhalten. Aus Sicht der betroffenen Destination deutet die Einstufung bzw. deren Veränderung im Index auf mögliche Konsequenzen bei Investoren, Reiseveranstaltern und anderen Leistungserstellern im Tourismusbereich hin.

4.2.1.3.4 Reisehinweise

Die Reisehinweise sind spezifische Informationssysteme für den Tourismus. Herausgeber von Reisehinweisen sind hauptsächlich die Außenministerien der wichtigsten touristischen Quellmärkte. Ihre Informationen richten sich in erster Linie direkt an die Reisenden und erst dann an die touristischen Organisationen.

Abbildung 29: Das System der Reisehinweise in wichtigen Quellmärkten

<table>
<tr><td>USA</td><td colspan="2">Consular information</td><td colspan="2">Public announcement</td><td>Travel warning</td></tr>
<tr><td>Großbritanien</td><td colspan="2">Unclassified travel advice</td><td colspan="2">Advice against all but essential travel</td><td>Advice against all travel</td></tr>
<tr><td>Deutschland</td><td colspan="2">Reisehinweise</td><td colspan="2">Sicherheitshinweis</td><td>Reisewarnung</td></tr>
<tr><td rowspan="2">Österreich</td><td rowspan="2">Guter Sicherheits-standard</td><td colspan="3">Sicherheitsrisiko</td><td rowspan="2">Reise-warnung</td></tr>
<tr><td>Erhöhtes Sicherheits-risiko</td><td>Hohes Sicherheits-risiko</td><td>Sehr hohes Sicherheits-risiko mit partieller Reisewarnung</td></tr>
<tr><td>Frankreich</td><td colspan="3">Voyages déconseillés sauf raison professionnelle impérative</td><td colspan="2">Voyages déconseillés formellement dans tous les cas</td></tr>
</table>

Das deutsche Außenministerium stellt seit mehreren Jahren Informationen für Reisende bereit. Die Lageeinschätzung der Länder nimmt das Auswärtige Amt unter Rückgriff auf eine Vielzahl von verfügbaren und vertrauenswürdigen Quellen vor. Dazu gehören die eigenen diplomatischen Informationen der weltweit mehr als 200 Auslandsvertretungen und andere staatliche Quellen, aber auch Informationen der Tourismusindustrie.

Reisehinweise des Auswärtigen Amtes informieren sowohl über straf- und zollrechtliche sowie über medizinische Besonderheiten, wichtige Einreisebestimmungen und andere beachtenswerte Umstände der verschiedenen Reiseländer. Reisehinweise werden ergänzt durch Sicherheitshinweise und Reisewarnungen.

Sicherheitshinweise gehen in individueller Form auf berichtenswerte Risiken in den betreffenden Ländern ein. Sie werden nur dann erstellt, wenn es erforderlich ist und liegen deshalb nicht für alle Länder vor. Sicherheitshinweise werden regelmäßig überprüft und gegebenenfalls mehrmals am Tag aktualisiert. Sie können die Empfehlung enthalten, auf Reisen zu verzichten oder sie einzuschränken. Eine Sonderform der Sicherheitshinweise ist der „Weltweite Hinweis", mit dem das Auswärtige Amt seit den Anschlägen vom 11. September 2001 auf das globale Sicherheitsrisiko des Terrorismus hinweist. Das zielt zum einen auf das Herausstellen des globalen Phänomens Terrorismus hin, soll aber auch Wiederholungen der Information für jedes Land vermeiden. Dennoch soll die Nennung von konkreten Länderbeispielen in dem weltweiten Hinweis den Nutzern vor Augen führen, welche Regionen besonders stark vom Terrorismus betroffen sind. Vereinzelt wurden auch schon „Regionale Hinweise" verwendet, um auf regionale Risiken wie die Wirbelstürme in der Karibik hinzuweisen.

Reisewarnungen werden selten, aber immer dann ausgesprochen, wenn vor Reisen in das Land generell gewarnt werden muß und im Land ansässigen deutschen Staatsbürgern zur Ausreise geraten wird.

Ausdrücklich weist das Auswärtige Amt jedoch darauf hin, daß die Informationen nur dazu dienen, dem Reisenden bei der Einschätzung der Situation zu helfen. Sie sollen ihm aber nicht die persönliche Entscheidung abnehmen. Insbesondere eine rechtliche Gewährleistung für Reisehinweise wird nicht übernommen.

In den Vereinigten Staaten werden durch das U.S. Department of State's Consular Information Program ebenfalls Informationen mit touristischem Bezug über andere Länder zur Verfügung gestellt. Grundsätzlich stehen für jeden Staat der Welt Basisberichte (Consular Information Sheets) zur Verfügung. Dabei handelt es sich um eine regelmäßige und umfassende Beschreibung aller wesentlichen Bereiche des betreffenden Landes. Dazu zählt die politische Stabilität, Kriminalität und Terrorismus, medizinische Versorgung etc. Auch in diesem Fall wird der Information-

Consular Information Sheets

Consular Information Sheets generally do not include advice, but present information in a factual manner so the traveler can make his or her own decisions concerning travel to a particular country.

Quelle: www.travel.state.gov

scharakter in den Vordergrund gestellt und der Reisende zur Selbstbestimmung aufgefordert.

Homeland Security Advisory System

Wie das Beispiel der Vereinigten Staaten zeigt, müssen Reisehinweise nicht mehr nur ausschließlich auf das Gebiet eines anderen Staates hin ausgerichtet sein. Die in Folge der Anschläge des 11. September eingerichtete Behörde für Homeland Security warnt inzwischen regelmäßig über besondere Sicherheitsrisiken innerhalb des eigenen Staatsgebiets.

Die Basisberichte werden durch Travel Warnings und Public Announcements ergänzt. Beurteilt das State Department auf Grundlage der ihnen zur Verfügung stehenden Informationen Reisen in ein spezifisches Land für Amerikaner als zu risikoreich, werden Travel Warnings veröffentlicht. Diese raten dann von Reisen in dieses Land generell ab.

Public Announcements werden hingegen ereignisbezogen und immer dann ausgesprochen, wenn durch unvorhersehbare Ereignisse signifikante Bedrohungen für amerikanische Reisende ausgelöst werden.

Das Foreign & Commonwealth Office in Großbritannien hat im Jahre 2004 die Verfahren und Grundlagen, die zur Erstellung von Reisehinweisen führen, umfassend überarbeitet.

Reisehinweise enthalten nun unter anderem Informationen zur Sicherheit, lokalen Besonderheiten und Gebräuchen, Einreisebestimmungen, generellen und Gesundheitshinweisen. Im Normalfall geht mit dieser Information keine Einstufung einher. Sie werden mit der Zielsetzung erstellt: „...to help travellers avoid trouble by providing information on threats to their personal safety arising from terrorist activities, political unrest, lawlessness, violence, natural disasters, epidemics, anti-British demonstrations and aircraft/shipping safety" (http://www.fco.gov.uk [16.01.2005])

Die Reisehinweise werden mindestens alle 3 Monate überarbeitet, spätestens jedoch nach jedem bedeutenden Zwischenfall. Bei größeren Ereignissen kommt es dann zu mehrfachen Aktualisierungen pro Tag.

Falls Warnungen ausgesprochen werden, so kennen diese zwei Abstufungen und raten britischen Staatsbürgern entweder von „...all travel..." oder „...all but essential travel..." ab. In beiden Fällen wird die allgemeine Situation beschrieben und die Warnung begründet.

Im Vergleich zu den zuvor erwähnten Informationsdiensten, haben die Informationen der Außenministerien verschiedene Vorteile. An erster Stelle sind sie durch ihren direkten Bezug auf den Tourismus viel stärker auf die Besonderheiten der Reisenden abgestimmt.

Außerdem tragen sie der jeweiligen nationalen Komponente, dem Ursprungsland des Touristen, direkt Rechnung und legen diese bei der Beurteilung des Ziellandes zugrunde. Unter dem zuvor analysierten Aspekt der terroristischen Bedrohungen ist diese Interpretation besonders dann von hohem Wert, wenn sich die terroristischen Aktivitäten gegen den Heimatstaat der Touristen richten und somit eine nationale Komponente beinhalten. Des weiteren verfügen die beschriebenen Länder über ein Netz von konsularischen Vertretungen und damit über aktuelle und länderspezifische Informationen, die kaum eine andere Organisation bereitstellen kann.

Beispiel 23: Die Reisehinweise nach dem Attentat auf Bali

Am 12. Oktober 2002 explodierte eine Bombe an Bali's berühmten Kuta Beach. 183 Personen starben, davon 56 Australier, 17 Briten, 12 Indonesier, sechs Deutsche, sechs US-Amerikaner, fünf Schweden und zwei Franzosen. Hunderte Menschen, überwiegend Ausländer, wurden verletzt. Die nachfolgende Abbildung zeigt, wie die entsprechenden Ministerien der wichtigsten Quellmärkte die Lage nach dem Anschlag einstuften.

Klassifikation von Bali in den Reisehinweisen der verschiedenen Länder am 17. Oktober 2002

<table>
<tr><td>USA</td><td colspan="2">Consular information</td><td colspan="2">Public announcement</td><td>Travel warning</td></tr>
<tr><td>Großbritanien</td><td colspan="2">Unclassified travel advice</td><td colspan="2">Advice against all but essential travel</td><td>Advice against all travel</td></tr>
<tr><td>Deutschland</td><td colspan="2">Reisehinweise</td><td colspan="2">Sicherheitshinweis</td><td>Reisewarnung</td></tr>
<tr><td rowspan="2">Österreich</td><td rowspan="2">Guter Sicherheits-standard</td><td colspan="3">Sicherheitsrisiko</td><td rowspan="2">Reise-warnung</td></tr>
<tr><td>Erhöhtes Sicherheits-risiko</td><td>Hohes Sicherheits-risiko</td><td>Sehr hohes Sicherheits-risiko mit partieller Reisewarnung</td></tr>
<tr><td>Frankreich</td><td colspan="2">Voyages déconseillés sauf raison professionnelle impérative</td><td colspan="3">Voyages déconseillés formellement dans tous les cas</td></tr>
</table>

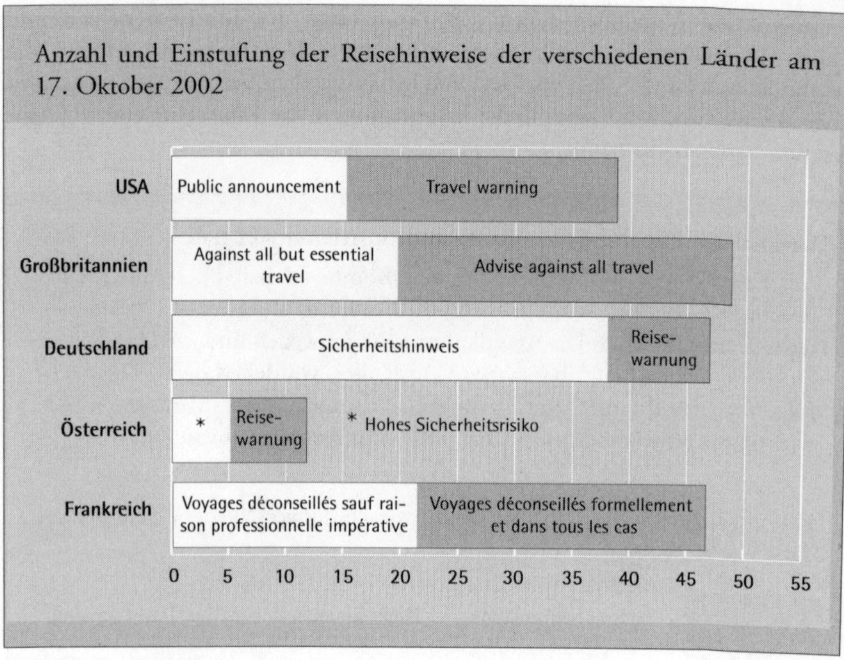

Von Nachteil ist, daß die Beurteilungen trotz der dargestellten Informationsbreite und Aktualität politischen aber auch geographischen Restriktionen unterliegen. Die Beurteilungen unterliegen einer politischen Kontrolle, da die wirtschaftlichen Konsequenzen einer Warnung erheblich sein können. Zu der Vielzahl von Faktoren, die Einfluß haben können, gehören beispielsweise:

- Handelt es sich um ein befreundetes Land?
- Haben Unternehmen aus dem eigenen Land ein starkes Interesse an dem anderen Land?
- Lebt ein signifikanter Bevölkerungsanteil des beurteilten Landes im eignen Land und liegen Wahlen nah?
- Mahnen historische Belastungen in den Beziehungen beider Länder zur Vorsicht?

In Folge kann es zu zwei Arten von Verzerrungen kommen (Sharpley/Sharpley 1995):

1. Das Verhalten eines Landes wird bestraft, indem Touristen durch vergleichsweise überzogene Darstellungen so beeinflußt werden, daß sie von der Destination fernbleiben.

Verzerrungen

Ein Ansatz, diese Verzerrungen bei der Beurteilung zu vermeiden, ist der völlige Verzicht auf Klassifikationen. Gerade im unteren Bereich der Risikoeinstufung würde durch eine rein verbale Darstellung der Umstände die ungünstige Beeinflussung weitestgehend ausgeschaltet, die Reisenden immer noch umfassend informiert und das Problem der „objektiven Zuordnung“ vermieden.

2. Um die guten Beziehungen zu dem beurteilten Land nicht zu gefährden, werden trotz einer ungünstigen Sicherheitslage vergleichsweise positive Einstufungen vorgenommen.

Beide Situationen sind unvorteilhaft und nicht wünschenswert, da sie die objektiven Gegebenheiten nicht korrekt wiedergeben. Dies hat insbesondere dann Bedeutung, wenn aufgrund der vorgenommenen Warnungsstufe eine höhere Signalwirkung ausgeht, die möglicherweise auch noch rechtliche Konsequenzen nach sich zieht. Mit anderen Worten: Die textliche Fassung beschreibt zwar die Umstände, die Klassifizierung der Meldung ist aber zu hoch.

Außerdem ist zu beachten, daß sich eine Vielzahl von Ländern gerade zu dieser objektiven Wiedergabe verpflichtet haben, wie z.B. die Unterzeichner der The Hague Declaration on Tourism, der Manila Declaration on World Tourism und des Globalen Ethikkodex für den Tourismus.

Abbildung 30: Der Globale Ethikkodex für den Tourismus

Die Mitgliedstaaten der Welttourismusorganisation (WTO) verabschiedeten den Globalen Ethikkodex für den Tourismus 1999 auf ihrer Generalversammlung in Santiago, Chile. Der Code wurde später auch auf der UN-Generalversammlung verabschiedet. Die Paragraphen 5 und 6 von Artikel 6 regeln, daß die Regierungen besonders in Krisensituationen die Presseveröffentlichungen der Reisehinweise so objektiv wie möglich halten sollten:

„5. vor allem im Falle einer Krise haben die Regierungen das Recht – und die Pflicht –, ihre Staatsbürger über die schwierigen Umstände oder sogar Gefahren, denen sie bei ihren Auslandsreisen ausgesetzt sein können, zu unterrichten; sie stehen jedoch in der Pflicht, derartige Informationen so weiterzugeben, daß die Tourismusindustrie des Gastlandes und die Interessen ihrer eigenen Veranstalter nicht auf ungerechtfertigte oder übertriebene Weise geschädigt werden; der Inhalt von Reiseempfehlungen sollte daher zuvor mit den Behörden der Gastländer und den betroffenen Fachleuten diskutiert werden; Empfehlungen sollten dem Ernst der jeweiligen Situation strikt angemessen und auf die geographischen Regionen beschränkt sein, in denen die unsichere Lage aufgetreten ist; derartige Empfehlungen sollten relativiert oder aufgehoben werden, sobald die Rückkehr zur Normalität dies gestattet;

6. die Presse, vor allem die Fachpresse für den Reisesektor, und andere Medien einschließlich moderner elektronischer Kommunikationsmittel sollten zuverlässige und ausgewogene Informationen über Ereignisse und

Situationen zur Verfügung stellen, welche die Tourismusströme beeinflussen könnten; ferner sollten sie den Nutzern touristischer Dienstleistungen genaue und verläßliche Informationen vermitteln; die neuen Technologien auf dem Gebiet der Kommunikation und des E-Commerce sollten ebenfalls zu diesem Zweck weiterentwickelt und genutzt werden; wie im Falle der Medien sollten auch sie in keiner Weise den Sextourismus fördern."

Beispiel 24: Die Änderung der Reisehinweise in Großbritannien

Die offiziellen Reisehinweise des Foreign & Commonwealth Office (FCO) werden von britischen Touristen regelmäßig als zuverlässige Informationsquelle für ihre Reiseplanung genutzt. Die entsprechende Webpage wird durchschnittlich 280.000 mal pro Woche besucht; weitere 1600 Personen informieren sich über das Call-Center. Erstellt werden die britischen Reisehinweise in Zusammenarbeit mit den 259 Botschaften und Konsulaten weltweit sowie weiteren 231 Honorarkonsulaten.

Im Jahr 2003 gerieten die Reisehinweise in die Kritik. Der britischen Regierung wurde vorgeworfen, nicht transparent und objektiv zu urteilen. Aus diesem Grund wurde beschlossen, die aktuellen Prozesse, die zur Erstellung der Reisehinweise führen, genauer zu analysieren und gegebenenfalls Verbesserungen zu erarbeiten.

Die ersten Analysen bestätigten die enorme Bedeutung der Reisehinweise für die steigende Zahl britischer Touristen, die ins Ausland reisten. Neben fast 15 Millionen Briten, die im Ausland leben oder arbeiten, kommen mehr als 60 Millionen Briten, die im Jahr ins Ausland reisen.

Zudem haben sich die Rahmenbedingungen im internationalen Tourismus stark verändert: Billigfluglinien, die Erschließung neuer Flugrouten, Reisen in immer mehr exotische Zielgebiete, eine steigende Anzahl von Individualreisenden und risikobehaftete Reisen (bspw. Jugendliche unter 18 Jahren, Backpacker, Abenteuerreisende, Senioren).

Hinzu kommen neue Sicherheitsprobleme durch weltweit agierende Terrornetzwerke und ein allgemein angestiegenes Risiko von Kriminalität auf internationaler Ebene (Drogen- und Menschenhandel, Internetkriminalität etc.).

Es wurde jedoch auch festgestellt, daß die Risiken, denen Touristen im Ausland ausgesetzt sind, weit geringer sind als weithin angenommen wurde. Dies zeigt die folgende Tabelle, welche die Todesursachen von britischen

Staatsbürgern im Ausland im Jahr 2002 aufzeigt:

Ursache	Tote
Natürliche Todesursachen	1,111
Unnatürliche Todesursachen	316
Gesamt	1,427

Die unnatürlichen Todesfälle hatten im Jahr 2002 folgende Ursachen:

Ursache	Tote
Straßenverkehrsunfall	158
Selbstmord	57
Tod durch Ertrinken	21
Flugzeugunglück	14
Mord (kein terroristischer Hintergrund)	10
Mord (terroristischer Hintergrund) (davon 26 Tote durch das Attentat auf Bali)	29
Unfälle im Zusammenhang mit Balkonen	14
Skiunfall	12
Eisenbahnunglück	1

Neben der Berücksichtigung aller zuvor genannten Faktoren, betrachtete das FCO die Verfahren zur Erstellung der Reisehinweise von Australien, Kanada, Frankreich, Deutschland und Neuseeland. Zugleich wurden intensive Beratungen mit allen von den Reisehinweisen betroffenen Interessengruppen durchgeführt. Dazu zählten britische Reiseveranstalter, Vertreter der Versicherungsbranche, Kunden, britische Unternehmen, die im Auslandsgeschäft aktiv sind sowie touristische Zielgebiete außerhalb von Großbritannien.

Die ersten wesentlichen Schlußfolgerungen des FCO nach diesem Konsultationsprozeß waren:

a) Die unterschiedlichen Interessengruppen haben in der Sache unterschiedliche Zielsetzungen. Aus diesem Grunde gibt es keinen Ansatz, der alle Beteiligten gleichermaßen zufriedenstellt.

b) Dennoch gibt es eine große Übereinstimmung zwischen den verschiedenen Interessengruppen, daß Reisehinweise eine Beurteilung darüber abgeben müssen, ob Reisen in ein bestimmtes Zielgebiet sicher sind oder nicht.

Folglich ist die Erstellung der Reisehinweise ein komplexer Prozeß, der von gegensätzlichen Ansprüchen und Interessen beeinflußt wird. Sechs Alternativen zur zukünftigen Erstellung der Reisehinweise wurden vom FCO auf dieser Grundlage erarbeitet:

1) Keine Veröffentlichung von Reisehinweisen
2) Veröffentlichung von allgemeinen, jedoch nicht länderspezifischen Informationen (z.B. Basisinformationen über Themen wie Versicherungen, Gesundheit, etc.)
3) Veröffentlichung von reinen *Informationen* (nur Fakten ohne Bewertungen und Handlungsempfehlungen als Grundlage für die individuelle Meinungsbildung der Reisenden)
4) Warnung vor nicht-terroristischen Gefahren (Putsch, Bürgerkrieg, Naturkatastrophe). Keine Warnung, sondern nur Information zu nachrichtendienstlichen Erkenntnissen des (internationalen) Terrorismus
5) Beibehaltung von Reisewarnungen zu nicht-terroristischen Gefahren (Putsch, Bürgerkrieg, Naturkatastrophe), aber Begrenzung der Warnungen im Fall von nachrichtendienstlichen Erkenntnissen auf extreme und dringliche Gefahrensituationen. Von britischen Staatsbürgern wird erwartet, daß sie aufgrund der bereitgestellten Informationen zu Gefahren und Risiken grundsätzlich ihre eigene Entscheidung treffen
6) Beibehaltung des Status quo

Im Sommer 2004 wurde schließlich die fünfte Alternative als die beste Form der zukünftigen Erstellung der britischen Reisehinweise gewählt. Das FCO stellt demnach grundsätzlich Reisehinweise bereit, um die britische Bevölkerung zu informieren, doch werden Warnungen vor Reisen nur in extremen Situationen ausgesprochen. Dennoch macht das FCO letztendlich jeden Reisenden selbst dafür verantwortlich, ob er seine Reise antritt oder fortsetzt. Das Ministerium übernimmt keine Verantwortung für diese Entscheidung.

Außerdem wurde der seit 2001 vom FCO betriebenen *"Know Before you Go"*-Kampagne mehr Bedeutung zugemessen. Dazu wurden die allgemeinen Länder- und Reiseinformationen aus den Reisehinweisen hinein in diesen neuen Service transferiert und so die Reisehinweise auf das Wesentliche beschränkt. Erstmals werden mit dem *Know Before You Go* Service ferner spezielle Risikogruppen wie minderjährige Reisende, Rucksackreisende, Individualtouristen mit besonders für sie zugeschnittenen Informationen versorgt. Besonders wichtig ist die enge Zusammenarbeit des FCO mit der Tourismusindustrie, die mit mehr als 200 am Tourismus interessierten Unternehmen an der Erstellung und Verbreitung dieser Information aktiv beteiligt ist.

Dieses Fallbeispiel zeigt nicht nur, wie sehr sich die Erwartungen der Reisenden an die Informationsquellen verändert haben. Es belegt auch die Notwendigkeit zur Transparenz und Kooperation unterschiedlicher Bezugsgruppen der Tourismusindustrie und der touristischen Zielgebiete bei der Erstellung der Reisehinweise. Das Aussprechen von Reisewarnungen unter bestimmten Umständen kann dadurch zwar nicht vermieden werden, dennoch können die emotionalen Auseinandersetzungen weitestgehend ausgeschlossen und die mittel- und langfristigen Konsequenzen für Reisende, die Tourismusbranche, Staaten und andere gering gehalten werden.

Ferner ist zu beachten, daß touristische Destinationen nicht aus den Hauptstädten der jeweiligen Nationen, in denen diplomatische Vertretungen normalerweise ihren Sitz haben, umfassend beurteilt werden können. Dieser geographischen Restriktion kann aber insoweit abgeholfen werden, als daß die Informationen durch das eigene Netzwerk von Reiseleitern und Zielagenturen ergänzt werden.

Sisbo

Zu erwähnen sind darüber hinaus auch solche Informationen, die sich direkt an im Ausland tätige Unternehmen richten und diesen, ähnlich zu den Reisehinweisen, aktuelle Informationen zur Verfügung stellen. Auf britischer Seite stellt das Foreign & Commonwealth Office Sicherheitsinformationen durch den „Security Information Service for Businesses Overseas (Sisbo) zur Verfügung. Es weist aber ausdrücklich daraufhin, daß die Informationen in Ergänzung zu den Reisehinweisen zu sehen sind, die zentrale Informationsquelle bleiben.

OSAC

Umfassender ist das Vorgehen von OSAC (Overseas Security Advisory Council), das sich an amerikanische Unternehmen im Ausland richtet, um deren Investments, Einrichtungen, Mitarbeiter und sonstigen Interessen zu schützen. Gegründet im Jahr 1985 als Konsequenz der Bedrohung amerikanischer Unternehmen im Ausland, zielt es darauf ab, den Unternehmen sicherheitsrelevante Informationen schnellstmöglich zur Verfügung zu stellen. Diese Informationen werden durch tägliche emails (OSAC Daily News) und zusätzlich per Land bei eingetretenen und berichtenswerten Ereignissen (OSAC Consular Affairs Bulletin) versandt. Die Informationen sind aktuell und sehr umfassend. Interessant ist vor allem die starke Beteiligung von am Tourismus interessierten Unternehmen im Exekutivrat der OSAC und die speziellen Berichte für den Hotelsektor.

City Brief

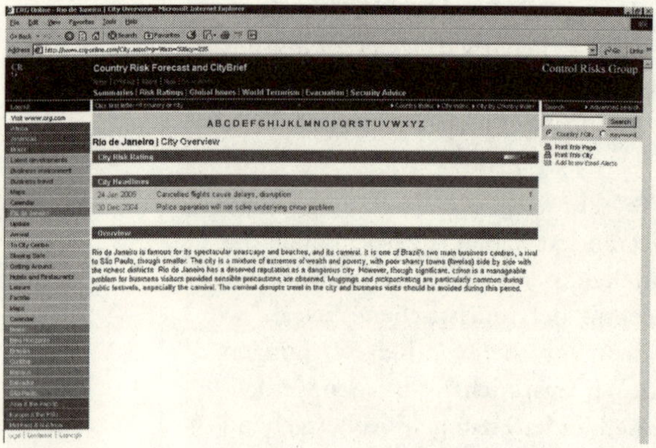

Quelle: Control Risks

Neben den staatlichen und halbstaatlichen Informationsdiensten für Reisehinweise nimmt aber auch die Anzahl privater Anbieter solcher Informationen zu. Im wesentlichen richten diese sich an Reisende mit geschäftlichen Absichten. Ihre Dienstleistungen umfassen regelmäßige Reisewarnungen, die den der Außenministerien gleichen, über weit individuelleren Risikobeurteilungen konkreter Reiseziele bis hin zur individuellen Reisebetreuung.

Control Risks

Auf die Leistungen von Control Risks wurde bereits zuvor eingegangen. Neben der Risk Map wurde der Onlineservice Country Risk Forecasts angesprochen. An dieser Stelle soll nun noch der verbleibende Teil dieser Onlineleistungen, die sogenannten City Briefs, dargestellt werden. Dies sind eingehende Risikobeurteilungen für über 300 Städte weltweit, die unter dem Gesichtspunkt ihrer Bedeutung für Geschäftsreisende ausgewählt wurden. Die Beurteilungen finden in einer Skala von 1 (unbedeutende Kriminalität – es gibt keinen Bereich der Stadt, den ein Besucher nicht aufsuchen könnte) bis 7 (extremstes Risiko durch Terrorismus und/oder Guerrilla. Der Staat hat das Gewaltmonopol verloren) statt. Darüber hinaus werden die zu erwartenden Risiken für Reisende in diese Städte aktuell und kurz beschrieben.

iJet

iJet ist ein weiterer Anbieter von Leistungen, um Reisende zu unterstützen. Zu den angebotenen Kernleistungen für Unternehmen gehören die als „Travel Watch" bezeichneten Reisehinweise. Sie werden aktuell für über 180 Länder und 260 Städte verfügbar gehalten. Sicherheitsrisiken werden über eine Skala von 1 (sehr gering) bis 5 (sehr hoch) mit einem Gesamturteil bewertet. Daneben erhält jede der 6 Unterkategorien: Kriminalität, Sicherheitsdienste, Unruhen, Terrorismus, Entführungen und geopolitische Risiken auf der gleichen Skala eine eigene Beurteilung. Wesentliche Sicherheitsaspekte werden ferner genauso erläutert wie Belange der Gesundheit, Einreisebedingungen und andere relevante Reiseinformationen. Insgesamt umfaßt ein Reisehinweis 10 standardisierte Informationsbereiche. Die Informationen werden nach Angaben des Unternehmens mit Hilfe von mehr als 260 Primärquellen in den Ländern (sogenannte Stringer) und durch offene globale wie auch lokale Nachrichtenquellen gewonnen. Ijet's Reisehinweise finden im Tourismusbereich weite Anwendung. Durch die Global Distribution Systems Worldspan, Amadeus und Abacus/SABRE haben Reisebüromitarbeiter Zugang zu den Reisehinweisen. Außerdem werden sie bei Expedia und Orbitz eingesetzt und bot PATA die Leistungen während der SARS-Krise in Asien für Endkunden als alternative Informationsquelle zu den offiziellen Reisehinweisen an (siehe Beispiel 54).

Vorteilhaft an den Leistungen von Control Risks und Ijet ist ihre Ungebundenheit an staatliche Institutionen. Dadurch ist eine prinzipiell objektivere Beschreibung der Situation möglich, die nicht gleich außenpolitische Konsequenzen nach sich ziehen muß. Auch können diese Informationen viel stärker auf den Kunden des Unternehmens zurecht geschnitten werden. Nachteilig bleibt hingegen die schwierige Beurteilung der verwendeten Quellen.

Generell sind Reisehinweise ein geeigneter Indikator für Länderrisiken. Positiv ist insbesondere die internationale Vergleichbarkeit und die wirtschaftlich günstige und umfassende Erhebung der Informationen. Da zudem die Möglichkeit besteht, die Reisehinweise verschiedener Außenministerien und privater Anbieter zu vergleichen, können die politischen Einflüsse bis zu einem gewissen Grad ausgeglichen werden. Die immer stärkere Beachtung der Reisehinweise in der Öffentlichkeit trägt ferner dazu bei, daß ihre Bewertung auch ein Indikator für die öffentliche Meinung bzw. Kundenreaktion ist.

Auszug aus dem Travel Watch

The U.S. Consulate, Jeddah, Saudi Arabia
Palestine Road, Ruwais
Phone: 966-2-677-0800, ext. 4126, 4148, 4153, 4192
Fax: 966-2-669-3078 or 966-2-669-3098
Web: http://jeddah.usconsulate.gov/
Email: WardensCA@state.gov
P.O. Box 149
Jeddah, Saudi Arabia 21411
(or) Unit 62112, APO AE 09811-2112
Hours of operation: Saturday-Wednesday 0800-1700; U.S. Citizen Services - Saturday-Wednesday 1300-1530.

U.S. Counsulate General, Dhahran, Saudi Arabia
Located between ARAMCO Headquarters and the old Dhahran Airport at the King Fahd University of Petroleum and Minerals Highway exit
Phone: 966-3-330-3200, ext. 3040, 3085, 3120, 3171
Fax: 966-3-330-6816
Web: http://dhahran.usconsulate.gov/
Email: ConsularDhahra@state.gov
P.O. Box 38955
Dhahran, Saudi Arabia
Hours of operation: Saturday 1200-1600; Monday-Wednesday 0830-1200. **NOTE:** Consulate General in Dhahran does not offer visa services.

Personal Security: Saudi Arabia nearly crime-free; be alert for petty theft.

Violent crime is rare in Saudi Arabia due to the immediate and severe punishments. While petty crime is on the rise as poverty rates continue to rise, individuals will encounter an almost crime-free atmosphere. Petty theft in crowded markets and public places is the most common crime, though reports of armed robberies targeting *Baqlas* (grocery stores) are on the rise.

In Jeddah, most incidents of crime occur in the Old City, particularly Al-Zahab Street, and the southeast neighborhood of Al-Jamai. In Riyadh, the Al-Bathaa area and locations south of Al-Madinah Street are prevalent locations for petty crimes.

Immigrant laborers commit most petty crimes. Some criminals disguise themselves as police officers. If possible, avoid travel to areas dominated by foreign workers.

Police: Most police officers in Saudi Arabia speak only Arabic.

There are several types of security services in Saudi Arabia. Foreigners will generally only deal with the regular street police officers and the *Mutawwalin* (religious/moral) police. The religious police are officially known as *Hayat Al-amr Bilmaruf wa Al-Nahi an Al-Munkar*), or the Committee for the Propagation of Virtue and Prevention of Vice. Saudi police do not have a reputation for friendly or helpful service. Communication problems are the main hindrance when trying to work with local police or emergency units as the vast majority of Saudis only speak Arabic. Arabic is the primary language of the police force, and police investigative skills do not always meet Western standards. Any lack of response by local authorities should be reported to the embassy or consulate, as should any and all crimes involving a traveler.

To contact the police, call 999. To report complaints about illegal behavior by police, call 989.

Mutawwalin are constantly on the lookout for violations of Islamic dress, behavior, laws or customs. Most Saudis will not dare challenge the *Mutawwalin*. In all dealings with *Mutawwalin*, be courteous and responsive and be prepared to show identification documents if requested.

Road Travel Security: Roadblocks are increasingly common in Saudi Arabia. Exercise caution when driving.

Saudi security forces have made increased use of roadblocks on major highways throughout the kingdom to arrest terror suspects. These roadblocks may result in significant travel delays, especially in and near large cities, as authorities search vehicles and check identification papers. Several shootouts between police and Islamic militants have taken place at such roadblocks. If stopped at a roadblock, always be patient and cooperate with the police.

During the recent past, terrorists have made several attempts to assassinate Westerners in Saudi Arabia using bombs attached to the underside of a car. Do not leave your car unattended. Always lock your car. Carefully inspect your car, inside and outside - including underneath. If an unfamiliar or foreign object is found, do not touch it and immediately notify authorities. If there are no secure parking areas, select a well-lighted and non-isolated spot close to your residence.

Trips to isolated outlying areas can be dangerous. Drive a vehicle made and equipped for such a trip. Always travel in a convoy of two or more cars. Carry an extra supply of water and fuel and a second set of keys.

Quelle: iJet

4.2.1.4 Indikatoren für den ökologischen Bereich und Gesundheitsrisiken

Ökologische und Gesundheitsrisiken bilden oft die Ursache für Krisen im Tourismus. Trotz der oftmals komplexen Zusammenhänge nehmen die Erkenntnisse über beide Bereiche laufend zu. Dies ermöglicht Kausalitäten zu bestimmen und meßbare Indikatoren festzulegen, welche auf die eintretenden Veränderungen rechtzeitig hinweisen.

Hinzu kommt der technische Fortschritt, der eine kontinuierliche und breite Erfassung von Umweltvariablen ermöglicht. War bisher der Faktor Mensch noch eines der wesentlichen Meßinstrumente und sinnvolle Indikatoren somit auf seine Fähigkeiten der Wahrnehmung und Leistungsfähigkeit beschränkt, so hat sich dies inzwischen geändert. Durch die Automatisierung können Indikatoren jetzt als einsetzbar eingestuft werden, deren Messung vor Jahren aufgrund des enormen Datenvolumens nicht möglich gewesen wäre.

Die dabei zum Einsatz kommenden Sensoren werden nach ihrem Standort in: satelliten-, boden-, meeres- und atmosphärengestützte Sensoren unterschieden. Die praktischen Beispiele ihres Einsatzes sind vielfältig: Allgemein bekannt ist eher der Einsatz von meeres- und landgestützten Sensoren zur Erfassung von klassischen Daten wie z.B. Temperatur, Windgeschwindigkeit, Strömung, Niederschlag.

Weniger bekannt sind spezielle Sensoren zum Messen von Meeresverschmutzungen, Druckwellen (zum Aufspüren von Seebeben) oder atmosphärischer und satellitengestützer Systeme. Letztere haben gerade in der jüngeren Zeit an erheblicher Bedeutung gewonnen. Sie eignen sich in besonderem Maße, größerflächige Gebiete zu beobachten und zu erfassen.

Brände in Portugal 2003

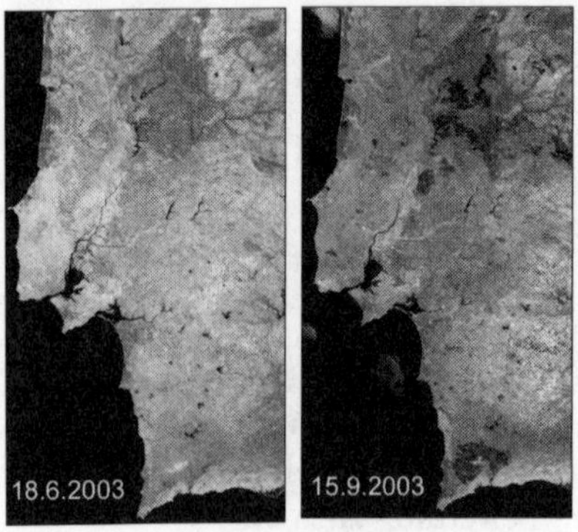

Fotos: ESA. Zu sehen sind Bilder der verheerenden Waldbrände Portugals in 2003. Durch die Aufnahme der Bilder im infrarotnahen Bereich werden die Brandstellen der Algarve und in Nordosten Lissabons in ihrem Ausmaß sichtbar.

Im Rahmen des „Earth Watching"-Projektes der European Space Agency, das Ende 1993 als Folge der Hochwasser in Deutschland ins Leben gerufen wurde, werden verschiedene Satelliten zur Beobachtung von Naturkatastrophen eingesetzt. Für die Feststellung von Hochwasser, Fluten und auch Ölverschmutzungen auf See werden vornehmlich Radarsatelliten eingesetzt, die auch bei schlechten Sichtverhältnissen wie Nebel oder Nacht deutliche Lagebilder zeichnen können. Optische Sensoren wiederum kommen zur Beobachtung von Waldbränden in Frage.

Stärker als „Earth Watching" konzentriert sich beispielsweise das als „Epidemio" bezeichnete Projekt, an dem die ESA zusammen mit der Weltgesundheitsorganisation arbeitet, auf die Früherkennung. Dabei konzentrieren sich die Partner auf die rechtzeitige Feststellung von Ebola und von anderen Seuchen. Weltweit werden Satelliten ferner zur Beobachtung von Vulkanaktivitäten, Hurrikanvorhersagen und beispielsweise zur Warnung vor Hautkrebsgefährdung in Australien eingesetzt.

Unter den Indikatoren für Gesundheitsrisiken sind ferner zwei Systeme erwähnenswert, die Warnmeldungen für Gesundheitsrisiken erstellen. Bei dem Center for Disease Control and Prevention (CDC) handelt es sich um eine staatliche Einrichtung der USA, die Informationen unter Gesundheitsaspekten für Reisende aufbereitet. In Ergänzung zu den schon beschriebenen Reisehinweisen des State Departments werden vom CDC für eine große Anzahl von Destinationen spezifische Warnungen zu aktuellen Gesundheitsrisiken ausgesprochen und darüber hinaus grundsätzliche Verhaltensweisen zur Vorsorge aufgezeigt.

Ähnlich werden auch durch die Weltgesundheitsorganisation (WHO), einer Sonderorganisation der Vereinten Nationen, regelmäßig Gesundheitsrisiken und Vorsorgemaßnahmen für Reisende mitgeteilt. Daneben werden Reisewarnungen, ein bis dato nur von Staaten genutztes Instrument auch von der WHO ausgesprochen. Erstmalig erging solch eine Reisewarnung anläßlich der SARS-Krise. Zukünftig ist mit einem noch aktiveren Verhalten der WHO zu rechnen. Die WHO ist nämlich der Ansicht, daß ansteckende Krankheiten sich heute durch den Tourismus innerhalb weniger Tage weltweit ausbreiten.

Beispiel 25: Laserscanner im Einsatz

St. Anton ist ein kleines Bergdorf in den österreichischen Alpen. Jedes Jahr gesellen sich zu den 2500 ständigen Einwohnern vor allem im Winter ein Mehrfaches an Touristen. Die Gäste tragen mit mehr als 1 Million Übernachtungen wesentlich zum wirtschaftlichen Wohl des Dorfes bei.

Deshalb wurden bereits im Jahre 1969 die ersten Maßnahmen zum Schutz der Bevölkerung und Touristen eingeleitet. Weitere 17 Millionen wurden seit 1988 danach noch in den Lawinenschutz investiert, der zum Zeitpunkt der Alpinenski Championships im Jahre 2001 seinen vorläufigen Höhepunkt erreicht hatte. Doch die verheerenden Lawinenabgänge des Winters 1999 in Österreich schockierten in St. Anton die Bevölkerung derart, daß beschlossen wurde, die Lawinenprävention noch weiter auszubauen.

Ergebnis dieser vorerst letzten Verbesserungen war der erstmalige Einsatz von Laserscannern. Waren bis dahin nur punktuelle Messungen eines der wichtigsten Indikatoren für Lawinenabgänge, der Schneetiefe, möglich, so änderte sich dies nun erheblich. Durch den technischen Fortschritt steht nun ein Beobachtungsinstrumentarium zur Verfügung, daß die Schneetiefe nicht nur punktuell, sondern auch über eine Distanz bis zu 2300 Meter lükkenlos messen kann.

Mehr Schutz vor Lawinen durch Laserscanner

Foto: Dibit Geoscanner System

Weitere Verbesserungen sind geplant. Zur Erweiterung der Einsatzfähigkeit auch unter schlechten Sichtverhältnissen, wie bei Schneefall und Nebel, werden bereits Bodenradargeräte versuchsweise getestet.

Quelle: Sailer (2001)

Bei ökologischen und Gesundheitsrisiken ist es vor allem wichtig, eine rechtzeitige Analyse beachtenswerter Ereignisse und Bereiche durchzuführen. Für den Bereich der ökologischen Risiken ist die Anwendung von Indikatoren besonders dann geeignet, wenn bekannte Ereignisse wie Lawinen, Vulkanausbrüche etc. beachtet werden müssen. Durch die ausgelösten Warnmeldungen können Gegenmaßnahmen oder zumindest solche Vorkehrungen getroffen werden, die eine Gefährdung der Touristen ausschließen. Gesundheitsrisken sind in der Regel nur durch indirekte Indikatoren, wie z.B. Warnungen des CDC oder der WHO zu beobachten. Neben diesen Ereignissen darf aber nicht vernachlässigt werden, daß ein Großteil der „typischen Reiseerkrankungen" Durchfallerkrankungen sind. Diese sind durch Indikatoren im Hotel, dem Ressort, der Destination erkennbar und vor allem durch präventive Maßnahmen zu vermeiden (siehe auch WTO 1992).

Ein Teilbereich der ökologischen Risiken, die auf menschlichem Versagen basieren, wie z.B. Schiffsunglücke, sind hingegen weder durch indikatorengestützte noch durch Systeme der dritten Generation absehbar. Da in diesem Fall die Konsequenzen aber leicht zu beurteilen sind, ist weniger die direkte Beobachtung der Ereignisse wichtig als die Wahrnehmung dieses Bereichs als kritisch und die Einleitung entsprechender Planungsmaßnahmen in Form von Eventualfallplänen (siehe Kapitel 6.2).

4.2.1.5 Informationsaufnahme und -analyse

Für die einmal festgelegten Indikatoren muß die regelmäßige Datenerhebung und -analyse sichergestellt werden.

Es gibt zwei Möglichkeiten der Datenerhebung: Erstens können die Meßwerte fremdbezogen werden. Das bietet sich insbesondere dann an, wenn die Daten bereits für andere Zwecke erhoben werden. Da diese Form des Datenbezugs prinzipiell günstiger ist als die Eigenerhebung, verbleibt im wesentlichen nur die Überprüfung, ob die vorgegebenen Erhebungsintervalle den Bedürfnissen im Rahmen der Frühaufklärung gerecht werden.

Wenn keine Fremdbezugsmöglichkeit besteht oder die Erhebungsintervalle zu weit auseinander liegen, verbleibt nur noch die Eigenerhebung der Daten. Das wird mit größeren Kosten verbunden sein, die sich aus der erstmaligen Einrichtung und Anschaffung der notwendigen Verfahren, der Schulung der Mitarbeiter und der dem späteren Unterhalt dieser Einrichtungen ergeben. Außerdem muß erreicht werden, daß die Datenerheber über die entsprechenden Fähigkeiten verfügen, um die Validität und Reliabilität der erhobenen Werte sicherzustellen.

Unabhängig von der Form des Datenbezugs müssen jedem Indikator noch vor der ersten Datenerhebung Sollwerte und Toleranzschwellen zugeordnet werden. Innerhalb dieser können sich dann die Meßwerte bewegen, ohne daß eine Warnung ausgelöst wird (Hahn 1979; WTO 1996b, WTO 1996c, WTO 2004). Auf den zuvor festgelegten Meldewegen werden die Überschreitungen dann dem zuständigen Management weitergeleitet.

Ratsam ist es, eine Abstufung der Warnmeldungen entsprechend des Überschreitungsgrades vorzunehmen, da das Management so die zugeleiteten Warnmeldungen schneller interpretieren kann. Sowohl die Soll- und Toleranzwerte als auch die Abstufungen der Warnmeldungen müssen zusammen mit der Auswahl der Indikatoren festgelegt werden.

4.2.2 Frühaufklärung schwacher Signale

Wichtige Voraussetzung für den Einsatz indikatorengestützter Systeme ist die Existenz von Kausalbeziehungen zwischen dem beobachteten Indikator und den Ereignissen. Besteht diese Kausallogik nicht, versagen normalerweise die Systeme der zweiten Generation. Das hat zur Folge, daß die Ereignisse als überraschend und nicht vorhersehbar eingestuft werden. Diese Situation ist in einer ständig komplexer und turbulenter werdenden Umwelt immer häufiger anzutreffen und erschwert die Einleitung gegensteuernder Maßnahmen.

Solche Überraschungen sind häufig auf sogenannte Diskontinuitäten zurückzuführen. Sie stehen für Richtungsänderungen bzw. neuartige Erscheinungen, für die bis dahin keine Erfahrungen vorhanden sind. Das erschwert zwar ihre Entdeckung und Abschätzung stark, macht sie jedoch nicht unmöglich. Die Plötzlichkeit von Diskontinuitäten betrifft nämlich weniger ihr Auftreten als vielmehr ihre Wahrnehmung und Beurteilung.

Diskontinuitäten sind prinzipiell in einen längerfristigen Entwicklungsprozeß eingebettet und werden durch menschliche Handlungsweisen und Interessen beeinflußt. Darauf bauen die Frühaufklärungssysteme der dritten Generation auf.

Zentrale Bedeutung kommt hier dem Konzept der schwachen Signale von *Ansoff* (1981) zu. Ziel ist es, zu zeigen, daß schon in einem sehr frühen Stadium für das Management eines Unternehmens die Möglichkeit besteht, aktiv zu handeln. Dazu muß es in einem laufenden Prozeß der Wirklichkeitskonstruktion bemüht sein, Informationen frühzeitig hinsichtlich Eigenart und Wirkung zu interpretieren und zu handhaben. Für die Einleitung erfolgreicher Reaktionsstrategien darf nicht gewartet werden, bis die Informationen wohl definiert und in ihrer Bedeutung zweifelsfrei abschätzbar sind. Dann verbleiben der betroffenen Organisation in aller Regel nur noch beschränkte Möglichkeiten der Reaktion.

Ansoff (1981) verdeutlicht dieses Überraschungsproblem der Organisation, indem er verfügbare und genutzte Informationen unterscheidet, die er in drei Ebenen darstellt:

- Die erste Informationsebene umfaßt die Gesamtheit der verfügbaren Informationen – das „allgemeine Wissen“ – in der Umwelt der Organisation.
- Die zweite Ebene bezieht sich auf die in der Organisation verfügbaren Informationen. Sie kann hinsichtlich der Quantität der Informationen mit

der ersten Ebene identisch sein, unterscheidet sich qualitativ i.d.R. dadurch, daß durch die Organisation ein Teil der Informationen nicht beachtet wird. Der Unterschied dieser Handlungsinformationen zur ersten Ebene besteht in der Abstraktheit, der Unsicherheit und des fehlenden Kontextes der aufgenommenen Informationen, die eine folgerichtige Beurteilung der Informationen nicht zulassen. Die sogenannte „Reaktionslücke" beschreibt also Informationen, die zwar abgearbeitet, aber in ihrer Relevanz für die Organisation nicht richtig eingestuft wurden.

- Die dritte Ebene beschreibt schließlich die von der Unternehmensführung tatsächlich genutzten Informationen. Denn trotz ihres Vorliegens kann die Information noch als zu abstrakt, ohne Zusammenhang mit den gemachten Erfahrungen und ohne Relevanz für die interessierende Aufgabenstellung verworfen werden. Diese „Entscheidungslücke" beschreibt die Differenz zwischen verfügbarer und genutzter Information.

Nach *Ansoff* (1981) muß es ständiges Ziel der Unternehmensführung sein, eine Analyse und Reduktion beider Informationslücken zu betreiben. Speziell konzentriert sich das Konzept der schwachen Signale aber auf die Defizite der ersten zur zweiten Informationsebene, also der Erhöhung der Verfügbarkeit von Informationen aus der Unternehmensumwelt mit Bedeutung für die Organisation.

An dem Konzept wird aber auch grundsätzliche Kritik geübt. Diese orientiert sich vor allem an der praktischen Realisierung der Erkennung von schwachen Signalen. Zum einen werden die Erkenntnisse der Problemlösungspsychologie angeführt, wonach schwache Signale aufgrund der Reduktionsstrategien, die der Mensch wegen seiner begrenzten Informationsverarbeitungskapazität anwendet, nicht erkannt werden können (Konrad 1991). Zum anderen wird mit Bezug auf die Erkenntnisse der Wahrnehmungspsychologie kritisiert, daß der Mensch grundsätzlich nur solche Reize beachtet, deren Inhalt und Relevanz er beurteilen kann.

Beide Kritikpunkte sind im Hinblick auf die normale menschliche Verhaltensweise berechtigt. Gerade aber diese menschlichen Defizite versuchen die im Anschluß betrachteten ausgewählten Methoden der Frühaufklärung zu überwinden. Das heißt, daß ständig und systematisch, auch zum Zeitpunkt der Analyse irrelevant und abweichend erscheinenden Denkweisen bzw. Interpretationen Beachtung geschenkt werden soll.

4.2.2.1 Diskontinuitätenbefragung

Bei der Diskontinuitätenbefragung werden Experten mit Hilfe von Fragebögen zur Eintrittswahrscheinlichkeit und Wirkungsweise vorgegebener Ereignisse befragt. Ziel ist die Beurteilung bzw. Einstufung dieser Vorkommnisse als Gefahren oder Chancen für das Unternehmen. Während die Eintrittswahrscheinlichkeit in Prozent erhoben wird, stuft der Experte die Auswirkung mit einem intervallskalierten Wert von -4 für sehr ungünstig bis +4 für sehr günstig ein. Beide Beurteilungen müssen unabhängig voneinander vorgenommen werden.

Nach dieser Befragung werden die Ergebnisse zweidimensional dargestellt und berechnete, sogenannte 95% Wahrscheinlichkeitsellipsen und -rechtecke den Angaben hinzugefügt. Dadurch können mögliche Meinungsausreißer identifiziert werden. Ihnen gilt im weiteren das hauptsächliche Interesse. Durch anschließende Untersuchungen wird versucht, festzustellen, ob dieses Abweichen von der Gesamtmenge der Einschätzungen auf eine bewußt vorgenommene Neuinterpretation der Umstände – ein mögliches schwaches Signal – oder andere Fehlerquellen wie mangelndes Verständnis, Fachwissen etc. zurückzuführen ist. Dazu müssen die Beweggründe des Außenseiters durch individuelle Tiefenanalysen genauer untersucht werden.

Ein weiteres Ergebnis dieser Analysen ist die Interpretation der Streuungen der abgebildeten Meinungen. Ist diese hoch, liegen die Meinungen weit auseinander und herrscht Unsicherheit über die mögliche Wirkung der Ereignisse. Auch hier müssen anschließend Tiefenanalysen zur weiteren Klärung eingesetzt werden.

Der besondere Wert der Diskontinuitätenbefragung liegt in der Wiedergabe dieser Außenseiterinformationen, die nicht in einem einzigen verdichteten Wert untergehen. Das System weist auch einige Schwachstellen auf. Einmal sind diese in der notwendigen Mindestzahl von 20-30 qualifizierten Experten zu sehen. Sie liegen aber auch in der Eingrenzung der Ereignisse durch Vorabformulierung der Fragestellung begründet, welche die Qualität der Ergebnisse von der geschickten Erstauswahl der Ereignisse abhängig macht. Außerdem bleibt anzumerken, daß die Trennung von Meinungsaußenseitern dann kaum mehr möglich ist, wenn die Streuung der Angaben insgesamt hoch ist.

4.2.2.2 Portfolioanalyse

Die Portfolioanalyse hatte in der Praxis bereits eine hohe Verbreitung, als sie zur Analyse von schwachen Signalen weiterentwickelt wurde. Allen Varianten dieser Analyse lag die systemtheoretische Erkenntnis zugrunde, daß die Organisationsentwicklung von der besonderen Wechselbeziehung verschiedener interner Faktoren mit der Unternehmensumwelt abhängt. Die Weiterentwicklung fand unter der Überzeugung statt, daß nicht neue Teilsysteme eingeführt werden müßten, um schwache Signale zu orten.

Ziel der Portfolioanalyse ist es, die abgegrenzten „Strategischen Geschäftseinheiten" einer Unternehmung in unterschiedlichen Situationen hinsichtlich ihrer Chancen und Gefahren in einer vergleichbaren Art zu beurteilen. Die hierfür von Experten vorgenommenen Beurteilungen werden schließlich in einer Portfoliomatrix abgebildet. Da eine punktgenaue Abbildung bzw. Positionsfestlegung aber einen Konsens der Teilnehmer im Beurteilungsprozeß voraussetzt, gehen normalerweise die Unsicherheiten und abweichenden Meinungen verloren.

Hier setzt nun die Weiterentwicklung an. Anstelle einer punktgenauen Festlegung, werden die Abweichungen in der Beurteilung bewußt hervorgehoben, indem man eine Bereichspositionierung vornimmt, die auch als Unschärfefläche bezeichnet wird. Dem Management bleiben somit die der Beurteilung zugrundeliegenden Diskrepanzen nicht mehr verborgen. Vielmehr kann es diese Information nun gezielt weiterverarbeiten.

Die Größe des jeweiligen Unschärfebereichs läßt Rückschlüsse auf den Grad der bestehenden Unsicherheit bei der Einschätzung zu. Man kann diese Unschärfebereiche als schwache Signale deuten. Zu ihrer genaueren Analyse muß sich jedoch das Management mit den Ursachen der abweichenden Beurteilungen auseinandersetzen. Erst diese Tiefenanalysen können Aufschluß darüber geben, welchen Ursprung die schwachen Signale haben, wie sie zu beurteilen und welche Wirkungen zu erwarten sind.

Abbildung 31: Bereichspositionierung in der Portfolioanalyse

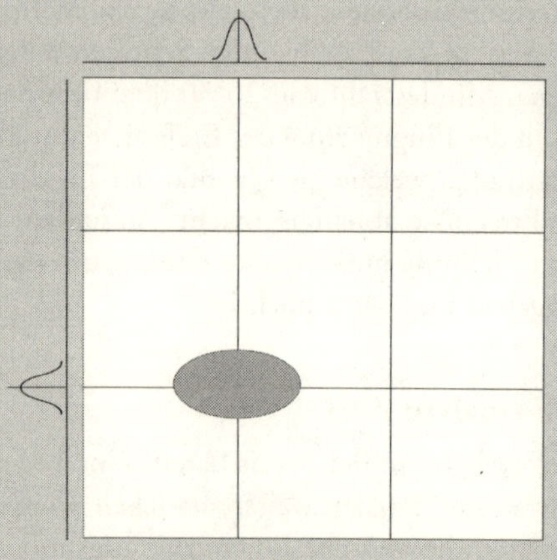

Quelle: Kirsch/Trux (1979)

Die Portfolioanalyse weist gegenüber der Diskontinuitätenbefragung den Vorteil auf, daß sie die sonst notwendige Vorauswahl von Ereignissen vermeidet. Damit wird eine frühzeitige Beschränkung der betrachteten Alternativen verhindert. Zudem erspart sie eine Wahrscheinlichkeitsbeurteilung, mit der insbesondere bei Ereignissen, die der Abhängigkeit von mehreren Wirkungseinflüssen unterliegen, erhebliche Bedenken einhergehen. Vor allem aber ist die hohe Verbreitung der Portfolioanalyse in der Praxis und demnach die vorhandene Kenntnis im Umgang hilfreich.

Nachteilig ist auch, daß dieses System entsprechend qualifizierte Experten zur Durchführung voraussetzt. Dieses Problem mindert sich zumindest für den Fall schon praktizierter Portfolioanalysen. Es bleibt aber nach wie vor für die notwendigen Tiefenanalysen bestehen, die seitens der Interviewer profunde Unternehmenskenntnisse voraussetzen.

4.2.2.3 Strukturelle Trendlinien

Die Entwicklung von strukturellen Trendlinien als Instrument zur Frühaufklärung schwacher Signale greift auf die Erkenntnisse der Diffusionstheorie und des Paradigmenwechsels zurück (Krampe/Müller 1981). Demnach breiten sich neuartige Erkenntnisse und Verhaltensformen in einer Art Ansteckungsprozeß aus, an dessen Anfang der Innovator oder ein Ereignis und an dessen Ende die Breitenwirkung steht. Entscheidend ist die den Überlegungen zugrundeliegende Annahme, daß die Verbreitungsprozesse einem spezifischen Muster folgen, welche als Diffusionsfunktion oder strukturelle Trendlinien bezeichnet werden. In diesen Mustern, die nicht allgemeingültig, sondern vielmehr bereichsspezifisch sind, wird der Ansatzpunkt für die Ausgestaltung der unternehmerischen Frühwarnung gesehen.

Abbildung 32: Strukturelle Trendlinie für auslösende Ereignisse

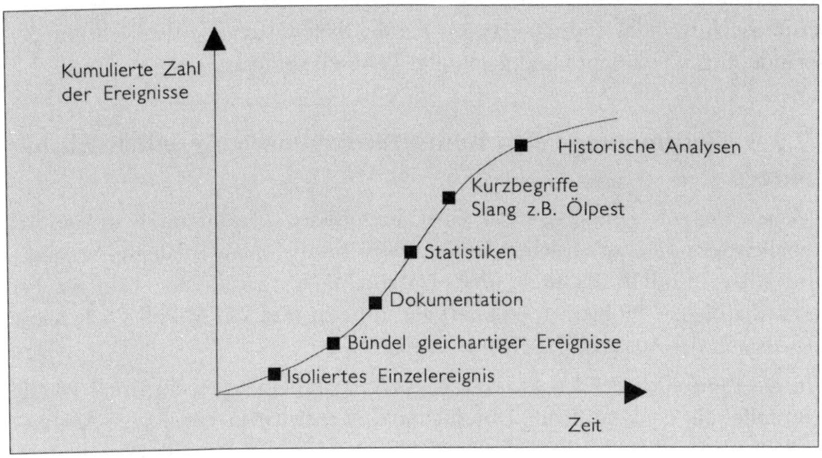

Quelle: Krampe/Müller (1981)

Durch die Beobachtung und Analyse der wichtigen Beobachtungsbereiche des Unternehmens werden repräsentative Verbreitungsfunktionen erarbeitet. Sie können am Anfang, wenn noch kein großer Erfahrungsschatz vorliegt, durchaus improvisiert festgelegt werden. Die nachstehende Abbildung gibt eine solche

Beispiel aus der sozialpolitischen Rechtsprechung

Normalerweise nehmen die skandinavischen Länder eine international führende Rolle bei der Sozialgesetzgebung ein. Somit müßte ihnen, allen voran Schweden, die erste Position in strukturellen Trendlinien zukommen. Werden in diesen Ländern Gesetzesvorhaben eingeleitet, liegen erste Signale für ähnliche Vorgänge zu einem späteren Zeitpunkt im eigenen Land vor. Speziell im Tourismus ist aber zu beachten, daß diese nationale Führungsrolle – insbesondere beim Verbraucherschutz – Deutschland zugeschrieben wird.

visualisierte Trendlinie für die Wirkung von Unglücksfällen, hier von Tankerunfällen, wieder.

Mittels der festgestellten Vorreiter von interessierenden Ereignissen und Entwicklungen kann nun ein Beobachtungssystem installiert werden, das ähnliche Ereignisse bzw. Entwicklungen oder solche aus dem gleichen Ursprungsbereich früher als bisher erkennen läßt. Ziel ist es, die Veränderung in der Phase vom isolierten bis zum gehäuften Auftreten wahrzunehmen. Dies ist aufgrund der rein qualitativen Natur der Informationen in diesem Stadium nicht einfach. Eine spätere Feststellung würde kaum noch erfolgversprechende Maßnahmen gestatten.

Strukturelle Trendlinien helfen eine Vielzahl von Ereignissen in der Umwelt rechtzeitig zu identifizieren. Die Qualität und Zuverlässigkeit hängt jedoch in entscheidendem Maße von der Anpassung der Trendlinien an die organisationsspezifischen Besonderheiten ab. Diese ist wiederum zeitaufwendig und setzt ebenso wie die spätere laufende Beobachtung der Veränderungen erfahrenes und geschultes Personal voraus.

4.2.2.4 Bestimmung der Kontextbedingungen gesellschaftlicher Anliegen

Welches Ereignis eine Krise bei einer betroffenen Organisation auslöst, ist erheblich vom gesellschaftlichen Umfeld des Unternehmens abhängig. Verstärkt wird dieser Einfluß dadurch, daß Unternehmen sich immer häufiger bei gesellschaftlichen Problemen rechtfertigen müssen und somit schließlich selbst Gegenstand der Auseinandersetzung werden.

Um die zugrundeliegenden Prozesse besser verständlich zu machen und Handlungshilfen für die betroffenen Unternehmen zu entwickeln, entstanden Analysemodelle für gesellschaftliche Anliegen. Sie konzentrieren sich weniger auf die Vorhersage des Ereignisses als vielmehr auf die Einstufung, ob diese eine Bedrohung für die Organisation darstellen werden.

Die verschiedenen wissenschaftlichen Ansätze, die sich mit gesellschaftlichen Anliegen beschäftigen, unterstellen allesamt einen Entwicklungsprozeß, der in Phasen aufgeteilt wird. In diesen Phasen wird untersucht, welche Einflußfaktoren der Entwicklung förderlich oder abträglich sind. Die Entwicklung eines gesellschaftlichen Anliegens soll anhand des fünfphasigen Lebenzykluskonzeptes von *Dyllick* (1992) beschrieben werden.

Das gesellschaftliche Anliegen (Handlungsbedarf) begründet sich in der Latenzphase, ausgelöst durch ein Ereignis, welches in Diskrepanz zu den vorherrschenden Erwartungen steht. Allgemein wird unterstellt, daß gesellschaftliche Anliegen entstehen, wenn „... zwischen den Erwartungen über Zustand der Realität und der wahrgenommenen Realität eines gesellschaftlichen Teilbereichs eine Differenz besteht, die als nicht mehr tolerierbar erachtet wird" (Dyllick 1992). In der anschließenden Emergenzphase häufen sich die Ereignisse gleichermaßen, wie die wissenschaftliche Auseinandersetzung zunimmt. Die Diskussion bleibt dabei noch auf Fachkreise beschränkt. Erst in der Aufschwungphase wird das Anliegen durch zu Anspruchsgruppen gewordene Interessengruppen aufgegriffen und in die Öffentlichkeit getragen. Diese Gruppen verfolgen nun das Ziel, öffentliche Aufmerksamkeit für das Anliegen zu erlangen und die öffentliche Meinung zu beeinflussen. In dieser Phase schalten sich Politiker in den Meinungsbildungsprozeß ein, genauso, wie auch die Massenmedien aktiv werden. Die Auseinandersetzung dreht sich neben der genauen Zielbestimmung um die „politisch gültige Fassung des Anliegens". Mit der Reifephase wird die politisch/normative Regelung des Anliegens betrieben, wobei die Expertenmeinung wieder im Vordergrund steht. Zugleich geht das Medieninteresse zurück, während die öffentliche Aufmerksamkeit stagniert. In der Abschwungphase schließlich rückt der Vollzug der Regelungen eindeutig in den Vordergrund, gleichzeitig nimmt das öffentliche Interesse ab.

Das Lebenszyklusmodell ist in dieser Form hauptsächlich ein Denkwerkzeug, um den aktuellen Stand eines gesellschaftlichen Anliegens festzustellen und die Dynamik einzuschätzen. Der Entwicklungsstand, d.h. die Phase, in welcher sich ein Anliegen befindet, läßt sich nur über indirekte Kriterien wie die Art und Größe des Teilnehmerkreises, den sozialen oder politischen Status der engagierten Gruppen oder die Verbreitung und Häufigkeit der Medienberichte, die den Grad der öffentlichen Aufmerksamkeit beeinflussen, bestimmen. Daraus können wiederum Erkenntnisse hinsichtlich der Reaktionsart und -notwendigkeit für die Organisation abgeleitet werden. Es gilt dabei generell, daß ein Anliegen um so bedeutender und dringlicher einzustufen ist, je höher der Grad der erreichten öffentlichen Aufmerksamkeit ist.

Deutlich wird, daß bei dieser Vorgehensweise die Konzentration auf der Analyse der Kontextbedingungen und nicht mehr auf der Vorhersage des Ereignisses liegt. Wesentliche Überzeugung ist, daß ein aktuelles Ereignis nicht isoliert von seinen Umgebungsvariablen betrachtet werden kann, um es in seiner Entwicklungschance abzuschätzen. Vielmehr sind die wesentlichen Kontextbedingungen, die sich aus der Konstellation der gesellschaftlichen Werthaltungen, der öffentlichen Sensibilität und den Agenden der jeweiligen Anspruchsgruppen ergeben, zu berücksichtigen.

Positiver Bezugsrahmen

Am Grubenunglück von Borken 1988 erwies sich diese Vorgehensweise als besonders hilfreich. Der positive Bezugsrahmen des Energieträgers Kohle erklärte, warum das Unglück und die Risiken als unvermeidbar und akzeptierbar eingestuft wurden. Es unterblieben die sonst üblichen Forderungen nach mehr Sicherheit oder gar der Ausstieg aus der Kohleförderung.

Mathes/Gärtner/Czaplicki (1991) sprechen in diesem Zusammenhang vom Bezugsrahmen, in den das Ereignis einzuordnen ist. Konkret schlagen sie zu deren Bestimmung die Analyse der allgemeinen Berichterstattung für alle wichtigen Unternehmensbereiche durch die quantitative Inhaltsanalyse vor. Dabei werden mittels der getrennten Kodierung Nachrichten, Berichte und Kommentare dahingehend bewertet, ob sie allgemein positive oder negative Bewertungen enthalten, ihnen positive oder negative Eigenschaften und Folgen zugeschrieben werden, die Ereignisse menschlich beeinflußbar und die Experten glaubwürdig sind. Aber auch Befragungen, Szenariotechnik oder regelmäßige Kontakte und Beobachtungen von Interessengruppen stellen geeignete Methoden dar, Bezugsrahmen zu erkennen.

Beispiel 26: Bezugsrahmen

Die Bedeutung des Bezugsrahmens führen auch die Ereignisse im Zusammenhang mit der Versenkung der Öl-Verladeplattform Brent Spar im Jahre 1995 vor Augen.

Shell, Eigner dieser Verladeplattform, betrieb zu diesem Zeitpunkt verschiedene Frühaufklärungssysteme. Keines deutete auf eine Auseinandersetzung mit Greenpeace hin, die gegen die Versenkung dieser Plattform protestierten. Selbst die nachträglichen Analysen und Neuinterpretationen brachten keine Hinweise zu Tage, die diese Einschätzung verändert hätten. Insoweit konnten durch die eingesetzten Frühaufklärungssysteme keine Warnungen generiert werden.

Dies erklärt sich in erster Linie dadurch, daß es sich um eine von Menschen als überraschend geplante Aktion handelte, die ähnlich wie terroristische Aktionen nur schwer zu identifizieren, aber in ihrer grundsätzlichen Möglichkeit absehbar sind.

Durch die Einstellung der Ereignisse in ihren Bezugsrahmen aber, wonach die Nordsee als verschmutztes Gebiet schon häufiger Gegenstand umweltpolitischer Diskussionen gewesen ist, hätte nach Eintritt der Aktion eine andere Bewertung erfolgen müssen. Der sogenannte Bezugsrahmen war hier eindeutig erkennbar und als negativ einzustufen. Die spätere Wirkung des Ereignisses war somit absehbar.

Gerade hier liegt für die meisten Organisationen ein besonderes Problem begründet, denn für die direkt involvierten Personen sind solche sich langsam entwickelnden Bezugsrahmen nur schwer zu erkennen und richtig einzuschätzen.

Die Analyse der Kontextbedingungen unterscheidet sich von den vorherigen Ausführungen insoweit, als sie in ihrem Ansatz auf beobachtete Ereignisse abstellt. Die Vorgehensweise ist von hoher praktischer Relevanz, da es bei vielen Krisen weniger um die rechtzeitige Wahrnehmung des Ereignisses als ungünstiger Vorfall, sondern um die richtige Abschätzung der weiteren Wirkungsentwicklung ging.

4.2.2.5 Computergestützte Frühaufklärungssysteme

Die automatisierte Frühaufklärung hat in der jüngeren Vergangenheit erhebliche Fortschritte gemacht. Hinzugekommen sind die enormen Anstrengungen der verschiedensten staatlichen und nicht-staatlichen Institutionen nach den Anschlägen vom 11. September 2001 in den USA. Mit großen finanziellen Ressourcen ausgestattet, wurden alte und neue Ansätze verfolgt und verbessert. Vom Ansatz her gesehen, lassen sich dabei verschiedene Verfahren unterscheiden.

Einige Verfahren versuchen, die bisher beschriebenen Techniken zur Identifikation schwacher Signale zu automatisieren (Siehe *Schulten* 1995, *Kelders* 1996, *Jossé* 2003). Dabei wird vor allem von dem Vorteil Gebrauch gemacht, daß die komplexen Beobachtungen und Auswertungen, welche mit einer ständigen und umfassenden Frühaufklärung einhergehen, auf den Computer übertragen werden. Entweder setzen die Systeme eine menschliche Eingabeschnittstelle voraus oder sie versuchen, direkt auf textbasierte Quellen wie Zeitungen zuzugreifen, die ein Abbild der gesellschaftlichen Umwelt sind. Während die Aufnahme und Erfassung der Informationen weitestgehend gelöst ist, bestehen die Probleme bei diesen Systemen im Bereich des Verstehens der zugrundeliegenden Information.

Simulationsmodelle

Simulationsmodelle zur Modellierung sozialer und ökonomischer Systeme versuchen, basierend auf historischen, aktuellen oder hypothetischen Daten Entwicklungen zu prognostizieren. Zwar liegt bei Simulationsmodellen für soziale Systeme eine detailgenaue Wiedergabe menschlicher Lebensbedingungen nach wie vor außerhalb der Möglichkeiten, doch durch die Beschreibung des kollektiven Verhaltens mit mathematischen Modellen, anstelle des rein individuellen Verhaltens, kommt es bereits zu brauchbaren Ergebnissen. Dafür setzen sie grundsätzlich Kenntnisse über das, was als Ereignis beobachtet werden soll, voraus. Insoweit kommen diese Simulationsmodelle teilweise im Bereich der Vorhersage von Naturkatastrophen, wie Stürmen oder Überschwemmungen, zum Einsatz. Hauptsächlich dienen sie aber der Identifikation eines bestimmten Handlungsbedarfs, wenn sie beispielsweise zur Optimierung von Fluchtwegen verwendet werden oder der Bestimmung wichtiger Bereiche, wenn durch sie die Gefährdung bestimmter Gebiete oder der Standort von Sensoren der indikatorenbasierten Frühwarnung festgelegt wird.

Künstliche Märkte

Zudem haben die künstlichen Märkte zur Vorhersage von Ereignissen an Bedeutung gewonnen. Bereits seit den 80er Jahren existierend, wurde einer der ersten künstlichen Märkte, der Iowa Electronics Market, 1998 in den USA, zur Vorhersage der Präsidentschaftswahlen geschaffen. Künstliche Märkte sind nicht für den Austausch von Waren und Dienstleitungen vorgesehen, sondern einzig und allein dafür, um Informationen zu gewinnen. Sie werden zur Wahlprognose, Wettervorhersage, Absatzprognose oder Prognose der Oskars eingesetzt.

> Im Rahmen der Hollywood Stock Exchange werden regelmäßig gute Vorhersageergebnisse für die Oskar Nominierungen erreicht. Sie sagten im Jahr 2004 29 der 39 Nominierungen voraus. Zuvor waren es:
>
> 33 von 40, 2003
>
> 35 von 40; 2002
>
> 33 von 39, 2001
>
> 31 von 39, 2000
>
> 32 von 38, 1999
>
> Bestätigt werden diese Ergebnisse auch von anderen Märkten. Über den Handel mit Futures auf Orangensaft wird regelmäßig berichtet, daß er bessere Auskünfte über das Wetter in Florida gibt als die Wettervorhersagen von Meteorologen.

Von der amerikanischen „Defense Advanced Research Projects Agency“ (Darpa) wurde im Jahre 2003 ein künstlicher Markt vorgestellt (FutureMAP), der zur Prognose von zukünftigen Ereignissen von Bedeutung für amerikanische Behörden eingesetzt werden sollte. Das Kernproblem der Aufklärung schwacher Signale, ihre Identifikation aus der Menge der vorhandenen Information, sollte durch die marktwirtschaftlichen Mechanismen einer Börse überwunden werden. Da politische Ereignisse, von Menschen geplant und beeinflußt, einen bestimmten Lebenszyklus durchlaufen, wären frühzeitig Informierte und Experten in der Lage, aus den Marktmechanismen Vorteile zu ziehen. Die einsetzenden Marktveränderungen würden in Folge als schwache Signale Auskunft über sich abzeichnende Veränderungen geben. Trotz der von der wissenschaftlichen Seite attestierten Erfolgsaussicht wurde das Projekt aufgrund politischer Bedenken noch vor dem offiziellen Freigabetermin eingestellt.

Große Fortschritte wurden im Bereich der Filterung und der Interpretation von Informationen unter Verwendung von Ereigniswahrscheinlichkeiten (nach *Thomas Bayes*) gemacht. Von der britisch/amerikanischen Firma *Autonomy* wurde eine im Markt überaus erfolgreiche Software, IDOL Server, entwickelt. Ausgehend von der Annahme, daß 80% der vorhandenen Information in der Umwelt und im eigenen Unternehmensbereich nur in unstrukturierter Form zugänglich ist, versucht das System, eine weitestgehende Unabhängigkeit von klassischen und manuellen Verfahren zu erlangen.

Information kann sowohl in Textform, gesprochener als auch in audiovisueller Form vom System aufgenommen werden. Selbst fremdsprachige Beiträge bereiten nur geringen zusätzlichen Aufwand. Da die Wörter der Sprachen durch ihren Kontext und nicht durch die grammatikalischen Strukturen in ihrer Bedeutung interpretiert werden, fällt die Sprachbarriere kaum ins Gewicht.

Die Daten werden dabei inhaltlich von der „Dynamic Reasoning Engine" so analysiert, daß ihre Zuordnung zu Themen möglich wird. Dies geschieht selbst dann, wenn der thematische Begriff gar nicht in der Information erwähnt wird. Möglich macht dies die eingangs erwähnte wahrscheinlichkeitsbasierende Zuordnung. Das Programm analysiert vorhandene „Informationsstücke", die bereits in der Kategorie stehen und ordnet das neue „Informationsstück" der Kategorie dann zu, wenn sich zu den anderen „Informationsstücken" Ähnlichkeiten wie z.B. ähnliche Begriffe ergeben. Da eine Zuordnung nicht ausschließt, daß das gleiche „Informationsstück" auch einer anderen Kategorie zugeordnet wird, kann hiermit eine umfassende Zuordnung erfolgen.

Struktur des IDOL Servers

Quelle: Autonomy (2005)

Mit diesem Ansatz unterscheidet sich die Software im wesentlichsten von anderen Produkten, die nach wie vor für Daten zumindest eine Katalogisierung bzw. Metadaten voraussetzen. Die damit verbundenen Probleme sind im wesentlichen Zuordnungsschwierigkeiten von Kategorien zum Inhalt, womit das Problem der schwachen Signale erhalten bleibt, nämlich Resourcenaufwand und Informationsüberfluß.

Darstellung thematischer Verwandtschaften

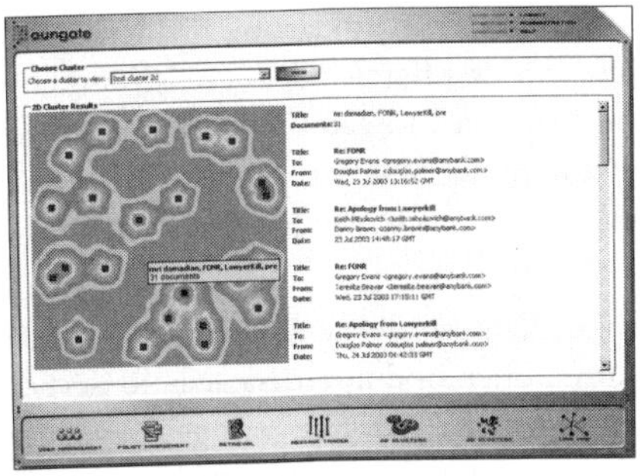

Foto: Autonomy. Zweidimensionale Visualisierung von Informationen, die thematisch verwandt sind.

Die verschiedenen Schnittstellen des Programms erlauben ein weites Einsatzspektrum. Zu den Praxisanwendungen zählen beispielsweise Callcenter. Dort können aufgrund wiederkehrender Geprächsthemen, die bei eigentlich unabhängig arbeitenden Mitarbeitern auflaufen, sich häufende Probleme frühzeitig aufgespürt werden. Solche Informationen wären sonst nur umständlich durch Befragungen zu erheben. Daß die Software zudem auch noch die Stimmlage der Anrufer bewertet, eröffnet bisher nur über die Inhaltsanalyse mögliche Bewertungen der Information.

Die weite Verwendung im staatlichen Bereich zur Frühaufklärung bestätigt, daß hier zur Informationsanalyse ein vielversprechender Weg eingeschlagen wurde. Der Einsatz der Software zur Frühaufklärung von Sicherheitsereignissen im Rahmen der Olympischen Spiele in Athen 2004 war der erste wesentliche Einsatz im Bereich des Tourismus.

Grundsätzlich ist zu erwarten, daß in diesem Bereich noch enorme Fortschritte gemacht werden. Der technische Fortschritt ermöglicht Ansätze, die zuvor undenkbar gewesen sind. Dennoch wird das Überraschungsmoment bleiben. Genauso, wie viele in diesem Bereich erfolgreiche Unternehmen einen plötzlichen und unerwarteten Aufstieg hinter sich haben, werden viele negative Ereignisse erst dann bemerkt, wenn sie eine gewisse Wirkung entfaltet haben.

4.2.3 Grenzen und Möglichkeiten der Frühaufklärung

Voraussetzung für ein erfolgreiches Krisenmanagement ist ein rechtzeitiges Erkennen von negativen Ereignissen. Das setzt wiederum eine systematisch betriebene und gut funktionierende Frühaufklärung voraus.

Die Analyse der verschiedenen Frühaufklärungsmöglichkeiten ergab, daß sowohl eine auf Indikatoren als auch eine auf schwachen Signalen basierende Frühaufklärung angebracht ist. Bereits 1992 wiesen *Krystek/Müller-Stewens* darauf hin, daß viele Umweltereignisse nur deshalb als schwache Signale aufgefaßt werden, weil für diesen Frühaufklärungsbereich noch keine oder ungeeignete Indikatoren festgelegt wurden. Diese Einschätzung ist nach wie vor aktuell.

Der besondere Vorteil indikatorenbasierter Systeme ist ihre einfache Handhabung. Außerdem ermöglichen sie in einem gewissen Grad, Meßwerte maschinell zu ermitteln. Geeignet erscheint diese Form der Frühaufklärung für den Bereich der ökologischen und Gesundheitsrisiken. Für den Bereich der gesellschaftlichen/politischen Umwelt wird die Verwendbarkeit von Indikatoren vom Zeithorizont der Frühaufklärung bestimmt. Ist dieser kurzfristig, was vor allem für Reiseveranstalter ohne Direktinvestitionen im Ausland gilt, bieten Indikatoren eine durchaus brauchbare Frühwarninformation.

Die Beobachtung schwacher Signale ist vor allem für die gesellschaftliche Umwelt von Bedeutung. Dabei müssen sich Destinationen und internationale Reiseveranstalter auf die Quellmärkte der Touristen konzentrieren. Die geringe Anwendung von Systemen der dritten Generation begründet sich im wesentlichen mit dem damit verbundenen hohen Zeitaufwand und der komplexen Handhabung. Zudem weisen die klassischen Verfahren erhebliche Defizite auf, wenn es darum geht, schnelle Veränderungen der gesellschaftlichen Umwelt zu bewerten. Da die meisten Verfahren für die strategische Planung der Unternehmen entwickelt wurden, ist ihre Verwendbarkeit für Prozesse mit kürzeren Entwicklungszyklen erheblich eingeschränkt. Insbesondere die schnellen Veränderungen in der gesellschaftlichen Umwelt, die sich für viele Krisen im Tourismus verantwortlich zeichnen, sind dadurch nur schwer zu erfassen. Dies ist auch der Grund, weshalb in der Praxis solche Frühaufklärungsverfahren nur in geringem Maße Anwendung finden. Nach wie vor überwiegt eindeutig das älteste existierende Frühwarnsystem, die Konsultation eigener Mitarbeiter vor Ort.

Für die Praxis ist in computerbasierenden Verfahren die vorrangige Alternative für die Identifikation von schwachen Signalen zu sehen. Es ist die einzige Möglichkeit, die Menge der Informationen aufzunehmen und zu verarbeiten, ohne sie von vornherein zu limitieren. Zudem werden die typisch menschlichen Nachteile bei der Informationswahrnehmung, die eigentlich der Wahrnehmung schwacher Signale im Weg stehen, nahezu vollständig ausgeschaltet. Künstliche Märkte und Softwareentwicklungen wie die von Autonomy sind zwar relativ junge Produkte, aber sehr gute Beispiele, welche Möglichkeiten heute schon vorhanden sind und – vor allem – welche weiteren Entwicklungen zu erwarten sind.

Nach wie vor ist aber festzuhalten, daß auch in der nächsten Zeit diese Systeme immer noch dem Menschen zuarbeiten müssen, der dann mit seinem Wissen, der Intuition und Erfahrung die abschließende Beurteilung vornimmt.

Fragen

- Wie funktioniert die Szenarioanalyse?
- Für welche Bereiche ist die Verwendung von Indikatoren zur Frühaufklärung empfehlenswert?
- Was ist bei der Auswahl von Indikatoren zu beachten?

  Welche Probleme ergeben sich bei der Formulierung von Reisehinweisen?
- Welche Bedeutung hat der Bezugsrahmen bei gesellschaftlichen Anliegen?
- Welche Möglichkeiten eröffnen sich durch den Imagetransfer?
- Warum sind schwache Signale vom Menschen ohne besondere Techniken so schwer festzustellen?
- Was versteht man unter künstlichen Märkten?
- Welche Techniken sind besonders erfolgversprechend zur Aufklärung schwacher Signale?

Empfehlungen zur vertiefenden Lektüre

Ansoff, Igor: Die Bewältigung von Überraschungen und Diskontinuitäten durch die Unternehmensführung - Strategische Reaktionen auf schwache Signale, in: Steinmann, Horst (Hrsg.): Planung und Kontrolle, (Vahlen) München 1981, S. 233-264

Autonomy: Understanding the Hidden 80%, (Autonomy) Cambridge 2005

Krampe, Gerd; Müller, Günter: Diffusionsfunktionen als theoretisches und praktisches Konzept zur strategischen Frühaufklärung, in: ZfbF, 1981, Heft 5, S. 384-401

Gomez, Peter: Modelle und Methoden des systemorientierten Managements, (Haupt) Bern 1981

Mathes, Rainer; Gärtner, Hans-Dieter; Czaplicki, Andreas: Kommunikation in der Krise, (IMK) Frankfurt am Main 1991

Mayerhofer, Wolfgang: Imagetransfer, (Service Fachverlag) Wien 1995

Pümpin, Cuno: Strategische Führung in der Unternehmenspraxis, (Schweizerische Volksbank) Bern 1980

Sharpley, Richard; Sharpley, Julia: Travel Advice - Security or Politics?, in: Security and Risks in Travel and Tourism, Proceedings of the International Conference at Mid Sweden University, 1995, S. 168-182

Trommsdorff, Volker: Die Messung von Produktimages für das Marketing, (Carl Heymanns) Köln 1975

World Tourism Organization: Globaler Ethikkodex für den Tourismus, (WTO) Madrid 2000

World Tourism Organization: Indicators of Sustainable Development of Tourism Destinations (WTO) Madrid 2004

Nützliche Websites

Reisehinweise

Australien: www.dfat.gov.au
Belgien: www.diplomatie.be
Deutschland: www.auswaertiges-amt.de
Frankreich: www.france.diplomatie.fr
Großbritannien: www.fco.gov.uk
Italien (nur in Italienisch; durch den italienischen Automobilclub veröffentlicht): www.viaggiaresicuri.mae.aci.it
Japan (nur in Japanisch): www.pubanzen.mofa.go.jp
Kanada: www.voyage.gc.ca
Neuseeland: www.mft.govt.nz
Österreich: www.bmaa.gv.at
Spanien: www.mae.es

Südafrika: www.dfa.gov.za
USA: www.travel.state.gov
Center for Disease Control and Prevention: www.cdc.gov/travel/
WHO: www.who.int

Künstliche Märkte

Hollywood Stock Exchange: www.hsx.com
Tradesports: www.tradesports.com
Wahlstreet: www.wahlstreet.de

Weitere

www.autonomy.com
www.beri.com
www.coface.com
www.esa.int
www.ijet.com

5 Strategische Entscheidungen des Krisenmanagements

Ziel dieses Kapitels

- Die Möglichkeiten des präventiven Krisenmanagements sowohl in der strategischen Unternehmensausrichtung als auch durch strategische Handlungen des Unternehmens erkennen
- Die Vor- und Nachteile der strategischen Handlungen verstehen
- Die Notwendigkeiten der frühzeitigen Auseinandersetzung mit Krisenhandhabungsstrategien begreifen

Wesentliche Begriffe und Konzepte

- Strategische Unternehmensausrichtung
- Wettbewerbsvorteile
- Strategische Handlungen
- Krisenhandhabungsstrategien

5.1 Präventives Krisenmanagement im Rahmen der strategischen Unternehmensausrichtung

Um den dauerhaften Erfolg eines Unternehmens oder einer Destination am Markt zu erhalten, muß sich jede Organisation vertiefend mit der eigenen strategischen Ausrichtung beschäftigen. Dazu gehört auch die umfassende und frühzeitige Analyse der möglichen Konsequenzen, die negative Ereignisse auf diese Strategien haben.

Grundsätzlich betrachtet zielen alle Unternehmensstrategien darauf ab, durch den Aufbau von Wettbewerbsvorteilen, die Grundlage für den langfristigen Erfolg einer Organisation am Markt zu legen. Wettbewerbsvorteile, die aus

Kundensicht zu betrachten sind, verkörpern einen bedeutsamen Kundennutzen. Dieser sorgt dafür, daß das Unternehmen bzw. das Produkt sich dauerhaft und eindeutig von den Wettbewerbern abgrenzt (Porter 1992). Damit Wettbewerbsvorteile von strategischer Bedeutung sind, müssen sie drei grundsätzliche Anforderungen erfüllen:

- Sie müssen ein für den Kunden wichtiges Leistungsmerkmal betreffen,
- durch den Kunden tatsächlich wahrgenommen werden und
- dauerhaft, d.h. schlecht durch die Wettbewerber imitierbar sein.

Wettbewerbsvorteile nehmen in ihrer Grundgestaltung zwei Formen an, die als Kostenvorteile und Differenzierungsvorteile bezeichnet werden. Während erstere durch einen im Vergleich zur Konkurrenz niedrigeren Preis für Produkte mit gleichem Nutzen einen Vorteil erlangen, stellen Differenzierungsvorteile darauf ab, daß das Unternehmen einen einzigartigen Nutzen schaffen kann, welcher aus Konsumentensicht einen höheren Preis rechtfertigt.

Aufbauend auf diesen beiden Grundarten der Wettbewerbsvorteile und unter Berücksichtigung der Marktausrichtung, ergeben sich drei Strategietypen, die ein Unternehmen verfolgen kann:

- Strategie der Kostenführerschaft,
- Differenzierungs- und
- Konzentrationsstrategie.

Porter (1992) weist darauf hin, daß ein Unternehmen durchaus die Strategie der Kostenführerschaft und Differenzierung gleichzeitig erfolgreich anwenden kann. Das Unternehmen muß nur in der Lage sein, die Bereiche strikt voneinander zu trennen, wobei über den Erfolg dieser Trennung die Wahrnehmung der Konsumenten entscheidet.

5.1.1 Strategie der Kostenführerschaft

Verfolgt eine Destination oder ein Unternehmen die Strategie der Kostenführerschaft, bietet es ein vergleichbares Standardprodukt preislich günstiger an als die Konkurrenz. Wichtig ist hierbei, daß der Konsument die angebotene Leistung als identisch oder mit der Leistung der Konkurrenz vergleichbar wahrnimmt.

Grundlage dieser Strategie ist die Fähigkeit der anbietenden Organisation, die Leistung kostengünstiger als ihre Konkurrenten zu erstellen. Die Ursachen hierfür sind vielfältig und können unter anderem auf dem Erfahrungskurveneffekt, klimatischen Bedingungen oder firmeneigenen Technologien beruhen. Die Organisation muß sich beim Verfolgen dieser Strategie bewußt sein, daß es aus Sicht der Kunden nur einen Kostenführer in der Branche geben kann, sofern nicht eine Konzentrationsstrategie auf ein bestimmtes Marktsegment verfolgt wird.

Die notwendige Vergleichbarkeit des Produktes, zieht in der Konsequenz eine Austauschbarkeit nach sich. Diese Substitutionsmöglichkeit des Produktes ist wiederum die denkbar ungünstigste Konstellation für eine Situation des negativen Ereignisses. Wird durch das negative Ereignis eine der wesentlichen Produkteigenschaften beeinträchtigt, geht die Basis des Kostenvorteils – die Vergleichbarkeit – verloren. Substitutionsleistungen werden anstelle des betroffenen Produktes gekauft. Der gleiche Effekt tritt aber auch auf, wenn durch das negative Ereignis die persönliche Sicherheit bedroht wird. In diesem Fall steigt die Risikowahrnehmung und wird das fragliche touristische Produkt – nach Überschreiten eines bestimmten Schwellenwerts – nicht mehr als vergleichbar angesehen.

Da in beiden Fällen nicht mehr die notwendige Voraussetzung des vergleichbaren Standardproduktes erfüllt ist, geht die Wirkung des Kostenvorteils verloren. Um bei langfristiger Beibehaltung des Strategietyps das Produkt nach wie vor absetzbar zu machen, verbleibt als einziges einsetzbares Instrument die Preispolitik. Dieses Instrument ist in der Lage, durch Preissenkungen die höhere Sensitivität auszugleichen. Ihr Spielraum ist aber aufgrund der vorgegebenen Kostenstruktur begrenzt. Die Folge der Preissenkung sind kurz- und mittelfristige Ertragseinbrüche. (Es ergeben sich aber auch weitere Konsequenzen, die einen Einsatz des Preisinstrumentariums einschränken. Siehe hierzu die Erörterungen unter Kapitel 7.3).

Die langfristige Problematik liegt in der Aufrechterhaltung der Kostenvorteile, da diese i.d.R. auf hohen relativen Marktanteilen basieren. Eine Veränderung kann Spiraleffekte zur Folge haben: Durch zurückgehende Marktanteile schwinden Kostenvorteile, was wiederum zu einer Einschränkung der Preispolitik führt. Dieser Effekt kann schließlich dazu führen, daß die Wettbewerbsstrategie der Kostenvorteile nicht mehr haltbar ist und gänzlich verändert werden muß.

Die große Anfälligkeit und die geringen Handlungsmöglichkeiten im Rahmen des bewältigenden Krisenmanagements veranschaulichen die hohe Bedeutung, welche in diesem Fall der Krisenvorsorge zukommt. Durch sie muß das Eintreten solcher Ereignisse weitgehend ausgeschlossen bzw. rechtzeitig abgestellt werden.

5.1.2 Differenzierungsstrategie

Durch die Differenzierungsstrategie strebt eine Destination oder ein Unternehmen an, sich gegenüber den Wettbewerbern durch Eigenschaften des Produktes so zu unterscheiden, daß dies beim Kunden eine höhere Zahlungsbereitschaft begründet. Differenzierungsstrategien haben im Tourismus eine hohe Bedeutung, da der Großteil der Produkte untereinander austauschbar ist und die touristischen Kernleistungen kaum Verbesserungsmöglichkeiten aufweisen.

Im Gegensatz zur Strategie der Kostenführerschaft können in der gleichen Branche durchaus mehrere Unternehmen eine Differenzierungsstrategie verfolgen. Die Differenzierung kann sowohl durch materielle als auch durch immaterielle Veränderungen des Produkts erreicht werden. Entscheidend ist, daß die Differenzierung einmalig, von möglichst vielen Kunden der Branche als solche wahrgenommen und als wichtig betrachtet wird. Nur dann ist es möglich, daß die Organisation längerfristig überdurchschnittliche Erträge erzielt, welche die Mehraufwendungen für die Differenzierung übersteigen.

Während der Aspekt der materiellen Differenzierung im Geschäftsreisemarkt eine wichtige Stellung einnimmt, ist die immaterielle Differenzierung wiederum für den Urlaubstourismus von großer Bedeutung. Die immaterielle Differenzierung vollzieht sich durch die Verwendung von Erlebniswertstrategien und soll im weiteren Verlauf genauer betrachtet werden. Unter Erlebniswertstrategien werden Strategiekonzepte verstanden, die auf Basis verhaltenswissenschaftlicher Erkenntnisse ein Produkt mit einem Erlebnisprofil versehen und dadurch dem Kunden einen einzigartigen, unverwechselbaren Zusatznutzen verschaffen. Diese Strategie, die meistens mit einem „Total Quality Management" einhergeht, ist von der aktivierenden Werbung abzugrenzen, die im Gegensatz zur Erlebniswertstrategie keine „unternehmensspezifischen Präferenzen" aufbaut (Konert 1986; Kroeber-Riel 1992).

Erlebniswertstrategien müssen, damit sie relevant sind, die Werte, Lebensstile und Erwartungen der Zielgruppen berücksichtigen. Nach *Kroeber-Riel* (1992) ist zu prüfen, ob die Erlebnisprofile

- über psychologische Relevanz verfügen,
- nicht im Widerspruch zur Unternehmensphilosophie stehen,
- die Zielgruppen langfristig ansprechen und somit deren Lebensstiltrends nachkommen,
- eine wirkungsvolle Positionierung im Vergleich zur Konkurrenz ermöglichen und
- nicht nur durch die Werbung, sondern vollumfänglich eingesetzt werden können.

Erlebnisprofile können erst durch laufende und langfristig angelegte Konditionierung erzeugt und verankert werden. Deshalb müssen die Erlebniswertstrategien hierzu nicht nur langfristig gültig sein, sondern auch zukunftsgerichtet entwickelt werden. Die Entwicklung muß somit von einer ernsthaften Auseinandersetzung mit zukünftigen gesellschaftlichen Strömungen begleitet werden.

Wichtig ist die Forderung nach Konsistenz und Widerspruchsfreiheit der erlebnisorientierten Positionierung auch unter dem Aspekt zukünftiger negativer Ereignisse. Schon bei der Konzeption und Bewertung möglicher Erlebnisprofile müssen Ereignisse, die wahrscheinlicher oder bedrohlicher als andere sind, berücksichtigt werden. Dadurch kann ein erheblicher Beitrag zum präventiven Krisenmanagement geleistet werden.

Beispiel 27: Die Erlebniswertstrategie Liechtensteins

Mit nur 34 000 Einwohnern auf 160 Quadratkilometern verteilt, leidet das Image Liechtensteins seit Jahrzehnten unter seinen beiden großen Nachbarstaaten Schweiz und Österreich. Einzig der Finanzsektor hat Liechtenstein, das noch vor 80 Jahren hauptsächlich von der Landwirtschaft lebte, einen Beitrag zu einer Differenzierung des Images geleistet und es weit über die europäischen Grenzen hinweg bekannt gemacht. Doch diese Bekanntheit war eher von zweifelhafter Qualität, denn sie geht einher mit dem Ruf als Steueroase und Paradies von Briefkastenfirmen. Spätestens im Jahre 2000 kulminierten die Vorwürfe, als Liechtenstein von der OECD offiziell auf die Liste der Länder gesetzt wurde, in denen Geldwäsche betrieben wird. Dies war nicht nur für den Tourismus abträglich, sondern für sämtliche Wirtschaftsaktivitäten und das Selbstverständnis der Einwohner Liechtensteins. Das Faß zum Überlaufen brachte schließlich eine sehr emotionale Auseinandersetzung, in der sich der Landesfürst das Recht erstritt, Gesetze zu widerrufen und Richter zu benennen.

Dies sollte sich ändern. Im Jahr 2001 beschloß die Regierung, sich nicht nur um diese Vorwürfe zu kümmern, sondern auch den Grundstein zu legen, um sowohl mehr Industrieunternehmen als auch Touristen nach Liechtenstein zu bringen. Bereits im März 2002 wurde dafür die „Image Liechtenstein Foundation Group" geschaffen. Geleitet vom Regierungschef, setzte sie sich aus Regierungsmitgliedern, Mitarbeitern der wichtigsten Regierungsinstitutionen und Wirtschaftsverbänden zusammen. Sie beschäftigte sich in Folge mit der Wahrnehmung Liechtensteins im In- und Ausland und legte bereits im Mai 2003 ihre Empfehlungen zur Beseitigung der Schwachstellen vor:

Es wurde angeraten, den Internetauftritt Liechtensteins grundlegend zu überarbeiten, gefolgt von der Empfehlung, die konsularischen Vertretungen von 2 auf 8 auszubauen und neben Bern und Wien auch Brüssel, Berlin, New York City und Washington abzudecken. Am bedeutendsten war aber die

Elemente der neuen Marke Liechtenstein

Quelle: Foundation Image Liechtenstein

Empfehlung, eine neue Positionierung für Liechtenstein zu entwickeln und als Marke bekannt zu machen.

Bereits im November 2003 kam es zu einer internationalen Ausschreibung, welche schließlich die Agentur Wolff Olins gewann. Die Agentur, die bereits die bekannte Kampagne „I love New York" entwarf, entwickelte nun systematisch die Elemente, die Liechtensteins Image in der Zukunft prägen sollten. Unbekannt in seiner Konsequenz entwickelte das Land eine Differenzierungsstrategie und Symbole, die zwar nicht die bisher existierenden staatlichen ersetzen sollten, sie aber von nun an ergänzten.

Am 20. September 2004 wurde die Kampagne in London vom Regierungschef offiziell der Weltöffentlichkeit vorgestellt.

Der Fall von Liechtenstein zeigt in einer sehr deutlichen Form auf, daß Destinationen ihr Image nicht nur pflegen, sondern von Grund auf Positionierungen im Imageraum evaluieren, planen und schließlich systematisch aufbauen.

Zudem muß bei der Konzeption der Erlebnisprofile berücksichtigt werden, daß Destinationen stark von typischen Klischees beeinflußt und in größeren Zusammenhängen gesehen werden. Ausstrahlungseffekte eines Regionenimages sorgen immer wieder dafür, daß auch Destinationen, die nicht durch die Ereignisse betroffen sind, indirekt unter diesen zu leiden haben. Die unabhängige Positionierung geht in der Normalsituation mit erhöhten Aufwendungen einher, doch zahlt sich diese Bemühung langfristig durch eine gewisse Krisenresistenz aus. In der praktischen Durchführung müßten so die Imagedimensionen, die in den Quellmärkten für das gemeinsame Regionenimage verantwortlich sind, erfaßt, analysiert und schließlich so verändert werden, daß eine eigenständige nachhaltige Positionierung erreicht wird.

Beispiel 28: Ägypten und seine Stranddestinationen

Als in Ägypten das neue Produkt Strandurlaub entwickelt wurde, geschah dies nicht unter der bewußten Berücksichtigung einer Strategie des Krisenmanagements. Erst im späteren Verlauf stellte sich heraus, daß diese Entscheidung auch aus der Sicht des strategischen Krisenmanagements positive Konsequenzen hatte.

Mehrere terroristische Anschläge im Zeitraum von 1992/93 trugen dazu bei, daß Ägypten's Image negativ beeinträchtigt wurde. Trotzdem assoziierten die Konsumenten in verschiedenen Quellmärkten die Stranddestinationen „Sinai" und „Rotes Meer" nicht mit dem nun negativ beeinträchtigten Image Ägyptens. Der strategisch nicht geplante Aufbau von zwei Destinationen, die aus Sicht des Images unabhängig voneinander waren, wurde schnell als vorteilhaft erkannt und von der Destination und den Reiseanbietern aktiv genutzt.

Über einen langen Zeitraum wurden die Destinationen Sinai und Rotes Meer ohne Bezug zu Ägypten vermarktet. Textlicher oder bildlicher Bezug, welcher die Stranddestinationen mit Ägypten verbunden hätte, verschwand gleichzeitig aus der Werbung.

Erlebniswertstrategien bzw. Erlebnisprofile sind deshalb von Anfang an so zu konzipieren, daß sie kaum oder nur schwer von potentiellen Ereignissen beeinträchtigt werden können. Auch wenn krisenhafte Zustände als Folge negativer Ereignisse nicht vollkommen ausgeschlossen werden können, besteht doch immerhin die Möglichkeit, bestimmte anfällige Konzepte frühzeitig auszuschließen.

Letztlich ist es vor allem die eigene Langfristigkeit, die eine behutsame und abwägende Planung der Erlebniswertstrategie auch unter dem Aspekt der negativen Ereignisse fordert. Investitionen in den Aufbau von Präferenzen sind erheblich und fließen erst mittel- bis langfristig wieder an das Unternehmen in Form höherer Erträge zurück. Sind Erlebniswertstrategien einmal entwickelt und Erlebnisprofile aufgebaut, sind diese kaum kurzfristig veränderbar, ebenso, wie zerstörte und beeinflußte Erlebnisprofile die Vernichtung hoher Investitionen bedeuten. Für den touristischen Markt, in dem die Zahl der Produkte mit austauschbarem Grundnutzen zunimmt, der somit immer mehr von immateriellen Erlebniswelten abhängig wird, fällt dieser Art der Prävention eine steigende Bedeutung zu.

5.1.3 Konzentrationstrategie

Bei der Konzentrationsstrategie wählt das Unternehmen nur ein Segment oder eine Segmentgruppe des Marktes aus. Dies erfolgt mit dem Ziel der optimalen Ausrichtung auf die Anforderungen der Zielgruppe bzw. des ausgewählten Segments. Zum einen kann die Destination oder das Unternehmen einen Kostenvorteil (Kostenschwerpunkt) anstreben. Das setzt ein unterschiedliches Kostenverhalten der Segmente voraus. Zum anderen kann versucht werden, einen Differenzierungsvorteil (Differenzierungsschwerpunkt) aufzubauen. Hierfür werden spezielle Kundenbedürfnisse vorausgesetzt.

Grundsätzlich gilt, daß bei hinreichend struktureller Attraktivität der Segmente innerhalb einer Branche ähnlich zur Differenzierungsstrategie mehrere Unternehmen eine Konzentrationsstrategie verfolgen können, sofern ihre Zielsegmente unterschiedlich sind.

Aus der Sicht eines Reiseveranstalters ist die Konzentration auf Segmente im Beschaffungsmarkt – Destinationen – oder auf Segmente des Absatzmarktes typisch. Aus dem Blickwinkel einer Destination bezieht sich die Konzentrationsstrategie auf die Auswahl bestimmter Kundensegmente.

Weil im Rahmen der Konzentrationsstrategie schließlich auch auf Kosten- und Differenzierungsvorteile zurückgegriffen wird, gelten weiterhin die zuvor gemachten Anmerkungen. Hinzu kommt in diesem Fall, daß eine Konzentration auf ein bestimmtes Segment erfolgt. Abhängig von der Wahl dieses Segments beschränkt das den Handlungsspielraum stark.

Beispiel 29: Risiken einer Konzentrationsstrategie

Die Risiken einer Konzentrationsstrategie verdeutlicht das Beispiel des Reiseveranstalters OFT Reisen. Der Reiseveranstalter konzentrierte sich auf Studienreisen nach Ägypten und machte sich dadurch stark abhängig von der Entwicklung des Kundensegments und der Destination.

Nach den Anschlägen des Jahres 1997 brachen die Teilnehmerzahlen von bisher über 30.000 auf nunmehr 10.000 Kunden pro Jahr ein. Der Umsatz fiel in der gleichen Zeit von 61,8 auf 20,8 Millionen DM. Abgemildert wurde dieser Effekt durch eine Schwerpunktverschiebung auf andere Kundensegmente. Der normalerweise 80% Anteil Studienreisender im Kundenkreis wurde durch reine Strandurlauber ersetzt, deren Anteil sich von 20% auf 82% steigerte.

Als Folge dieser Entwicklungen mußte der Reiseveranstalter einen Teil seiner Selbständigkeit aufgeben.

Trotz des Risikos, das mit einer Konzentrationsstrategie unter den Aspekten des negativen Ereignisses einhergeht, wird diese Strategie als Antwort auf die Individualisierung des Konsums immer wichtiger. Um Maßnahmen im Rahmen des Krisenmanagements einzuleiten, erscheint es sinnvoll, sich der internationalen Dimension dieser Entwicklung zu bedienen. Da sich diese Fragmentierung der Segmente auch international vollzieht, kommt es zu interkulturellen Zielgruppen, die ähnliche Bedürfnisstrukturen aufweisen und sich gleichartig ansprechen lassen. Wenn berücksichtigt wird, daß negative Ereignisse auch aufgrund nationaler und kultureller Unterschiede verschieden beurteilt werden, bestehen daraus folgernd durchaus Reaktionsmöglichkeiten. Dies setzt aber eine entsprechende internationale Aktionsfähigkeit voraus, die, wenn sie noch nicht gegeben ist, eine Maßnahme des präventiven Krisenmanagements sein kann.

Für die Konzentrationsstrategie gilt letztendlich, daß die Vorsorge in dem Umfang zunehmen muß, in welchem die Spezialisierung auf wenige Segmente betrieben wird. Wird dies in einem so sensitiven Bereich wie dem Tourismus unterlassen, führen nicht absicherbare negative Ereignisse mit großer Wahrscheinlichkeit zur Aufgabe der Geschäftstätigkeit.

5.2 Präventives Krisenmanagement durch strategische Handlungen

Bereits aus dem Risikomanagement ist bekannt, daß es Möglichkeiten gibt, Risiken durch strategische Maßnahmen zu begrenzen.

Angestrebt wird, durch strategische Handlungen der Unternehmenskonfiguration, der vertraglichen Gestaltung der Unternehmensbeziehungen und des eigenen Unternehmensauftritts dazu beizutragen, daß negative Ereignisse in ihrer Wirkung begrenzt bzw. gemildert werden. Außerdem sollen durch diese Maßnahmen die Ursachenbereiche der negativen Ereignisse wirtschaftlich oder rechtlich zumindest mitverantwortlich gemacht werden, um dadurch auch den Ursachen der negativen Ereignisse wirksam entgegenzutreten.

Im Folgenden werden verschiedene Vorgehensweisen auf ihre Anwendbarkeit im Tourismus hin betrachtet. Sie schließen sich nicht aus, verdeutlichen aber die unterschiedlichen Richtungen der möglichen Maßnahmen. Da der tatsächliche Erfolg grundsätzlich stark von der Art der Ereignisse und der spezifischen Situation geprägt ist, können die folgenden Erörterungen zu einer Auswahlentscheidung beitragen, sind aber nicht allgemeingültig. Die Varianten sind:

- Diversifikation
- Transfer
- Kooperation
- Versicherung
- Selbsttragen

5.2.1 Diversifikation

Unter Diversifikation sind die präventiven Maßnahmen zu verstehen, die der Streuung und Verteilung der unternehmerischen Tätigkeiten dienen und welche die Zielsetzung verfolgen, die Konsequenzen negativer Ereignisse gering zu halten. Wenn die Aktivitäten auf verschiedene Ertragsfelder gestreut werden, können sich diese besser gegenseitig ausgleichen. Wie stark der Gegensatz sein muß, ist von der jeweiligen Krisenempfänglichkeit abhängig.

Beispiel 30: Der Fall Gambia

Die in Westafrika gelegene frühere britische Kolonie Gambia zählt 1,2 Millionen Einwohner. 1995 wurde das Land unabhängig. Gambia ist ein verhältnismäßig armes Land und lebt fast ausschließlich vom Anbau und Export von Erdnüssen.

Die Tourismusindustrie Gambias hat ein rapides Wachstum hinter sich und verzeichnete 1994 78.000 internationale Ankünfte. Der Tourismus entwickelte sich damit zu einer der wichtigsten Devisenquellen des Landes. In der ungleichmäßigen Verteilung und Spezialisierung des Tourismus liegen allerdings für das Land Gefahren.

Von Anfang an war Gambia stark abhängig von britischen Touristen. Fast 52.000 der insgesamt 78.000 Ankünfte in 1994, d.h. mehr als 60% aller Reisenden kamen aus Großbritannien.

Diese besondere Abhängigkeit hat sich für die Wirtschaft als extrem ungünstig herausgestellt. Im November 1994 veröffentlichte das British Foreign and Commonwealth Office innerhalb von 6 Monaten drei Reisehinweise zu Gambia. Darin wurde Interessierten aufgrund von attestierten politischen Instabilitäten bedingt durch einen Militärcoup geraten, von Reiseplänen Abstand zu nehmen.

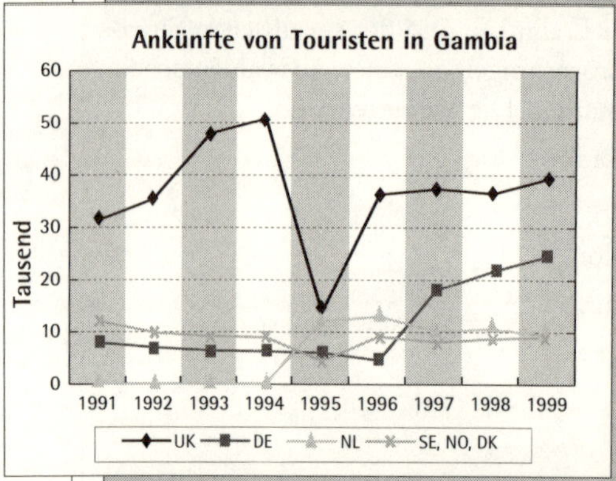

Das hatte zur Konsequenz, daß mit einer Ausnahme alle britischen Reiseveranstalter ihre Winterprogramme stoppten und alle anderen Aktivitäten in Gambia einstellten. Die skandinavischen Reiseveranstalter folgten diesem Beispiel kurze Zeit später. Nur holländische und deutsche Reiseveranstalter ließen ihre Programme wie gewohnt weiterlaufen. Die Ankünfte britischer Touristen fielen auf 14.000 zurück, was einen Rückgang um 73% bedeutete.

Dieser Einbruch wirkte massiv nicht nur auf den touristischen Sektor, sondern auch auf die gesamte Wirtschaft von Gambia. Mehr als 1.000 Arbeitsplätze gingen in der Hotelindustrie verloren und mindestens acht Hotels mußten schließen. Menschen, welche indirekt vom Tourismus abhingen, wie Taxifahrer oder Souvenirverkäufer, verloren ihren Haupterwerb. Die staatlichen Einnahmen aus dem Tourismussektor wie Umsatzsteuer, Flughafensteuer und Einfuhrzölle sanken ebenso dramatisch ab. Da Charterflieger ausblieben, welche auch als Frachttransporter benutzt worden waren, konnten die Erzeugnisse des Landes nicht mehr exportiert werden. Dies führte zu einem Verlust von weiteren 1.000 Arbeitsplätzen in der Gartenanbauindustrie. Zwangsläufig verzeichneten nun auch Bereiche wie die Landwirtschaft und die Brauereien erhebliche wirtschaftliche Schwierigkeiten.

Die weitreichende Wirkung der britischen Reisehinweise war hauptsächlich auf die enge Ausrichtung des Tourismus auf den britischen Quellmarkt und die Abhängigkeit von einigen wenigen Reiseveranstaltern zurückzuführen. Eine solche Strategie kann in Zeiten des Wachstums durchaus erfolgreich sein, verschärft aber die Situation bei eintretenden Krisen unnötig. Dies kann vermieden werden, wenn frühzeitig eine Produkt- und Zielgruppendiversifikation angestrebt wird. Wie aus der obigen Grafik ersichtlich ist, blieben die Ankünfte von Deutschen und Holländern während der Krise stabil. Wegen des geringen Anteils an den Reisenden konnten diese aber nicht die negative Folgen des Ausbleibens der Briten kompensieren.

Horizontale Diversifikation

Bei der horizontalen Diversifikation, d.h. der Veränderung des Absatzprogramms auf der gleichen Wirtschaftsstufe durch Produkte, die in einem sachlichen Zusammenhang zu dem bisherigen Angebot stehen, muß für diese Ausgleichsbeurteilung der Blickwinkel der Touristen berücksichtigt werden. Es wurde gezeigt, daß das, was als Ausgleich unter risikopolitischen Gesichtspunkten zu betrachten ist, durch das Ereignis bzw. seine Wahrnehmung bestimmt wird. Hat es einen regionalen Bezug, wird eine andere Destination den Ausgleich schaffen. Hat es einen funktionalen Bezug, wird dies durch eine Produktart erreicht. Weist das negative Ereignis einen unternehmenstypischen Bezug auf, liegt das Ausweichen auf ein anderes Unternehmen nahe. Die Diversifikation bedeutet unter diesem extremen Aspekt den Zukauf oder die Neugründung eines Unternehmens.

Beispiel 31: Diversifikation im Hotelportfolio

Das klassische Hotelgeschäft ist einem starken Wettbewerbsdruck ausgesetzt. Dies spürt auch die Kempinski Hotelgruppe, deren Wurzeln bis in das Jahr 1896 zurückreichen und die sich inzwischen auf das Management von Hotels spezialisiert hat.

Traditionell war das Unternehmen stark vom deutschen Markt abhängig. Dieser trug noch bis vor kurzem mit 90% zum Unternehmensgewinn bei. Um dieser Abhängigkeit zu entgehen und die Krisenanfälligkeit zu minimieren, traf das Unternehmen die strategische Entscheidung, sich systematisch zu diversifizieren.

An erster Stelle steht seitdem eine geographische Streuung der Aktivitäten. Diese führt interessanterweise nicht immer in die klassischen Destinationen, sondern durchaus in Gebiete, die als risikoreicher eingestuft werden. Verfolgt wird eine gute Mischung aus Risiken und Erträgen. Während Hotels in klassischen Destinationen wie London, Madrid, Paris unter einem ständigen Margendruck zu leiden haben, weisen Hotels in Mali und im Tschad höchste Belegungsraten und Durchschnittserträge auf. Nach wie vor sollen 4 von 5 Hotels risikolos geographisch gestreut werden, jedoch darf zukünftig jedes fünfte Hotel ein finanzielles Risiko darstellen, wenn es sonst überdurchschnittliche Erträge erwirtschaftet.

Diversifikation unter den Gesichtspunkten zukünftiger Krisen wird aber auch über die Hotelart betrieben. Stadthotels haben sich als krisenresistenter bewährt als Ferienhotels. Deshalb soll hier eine Mischung von 60 % Stadthotels zu 30 % Ferienresorts und 10% Flughafen- und Tagungshotels erreicht werden.

Vertikale Diversifikation

Die vertikale Diversifikation, welche die Einbeziehung vor- oder nachgelagerter Wirtschaftsstufen betrifft, bietet sich immer dann an, wenn sich Abhängigkeiten von externen Leistungsanbietern herausstellen, die in der Krise von existentieller Bedeutung sind. Durch die vertikale Diversifikation wird eine Autarkie erlangt, die Krisen vermeiden hilft. Die dabei vorgenommene Bindung muß nicht in einer vollständigen Übernahme des anderen Unternehmens münden. Sie kann auch in Form von strategischen Allianzen vollzogen werden. Durch diese Verflechtungen würden wirtschaftliche Abhängigkeiten erlangt, die dem gleichen Zweck dienen.

An einer Diversifikationsstrategie ist unter Risikogesichtspunkten nachteilig, daß sie die Unternehmensresourcen in der Normalsituation nicht effizient ausnutzt. Außerdem besteht die Gefahr, daß ein durch Spezialisierung erlangtes profilscharfes Image verwässert wird. Vor allem ist aber zu beachten, daß die Diversifikation, besonders wenn sie als horizontale Diversifikation einen Ausgleich schaffen soll, ein dynamischer, niemals abgeschlossener Prozeß ist. Dieser ist in enger Abstimmung mit der Frühaufklärung zu vollziehen.

5.2.2 Transfer

Mit einem Transfer werden schon vor Eintritt des negativen Ereignisses die möglichen Konsequenzen auf ein anderes Wirtschaftssubjekt übertragen. Das setzt grundsätzlich voraus, daß ein Objekt als Ziel für das vollständige oder teilweise Überwälzen des Risikos ausgemacht werden kann. Dieses Objekt kann einerseits Teil des eigenen Unternehmensverbundes sein, wodurch das Risiko ausgegründet wird, andererseits können die Konsequenzen auch externalisiert werden, indem sie auf ein wirtschaftlich und rechtlich unabhängiges Objekt abgewälzt werden.

5.2.2.1 Ausgründung

Mit der Abwälzung des Risikos auf eine Tochtergesellschaft werden identifizierte Risikobereiche aus der eigenen Unternehmung ausgegründet. Wurde diese Tätigkeit bereits im Unternehmen ausgeübt, geschieht dies in Form der rechtlichen Verselbständigung. Wird die Tätigkeit neu aufgenommen, findet eine Neugründung statt. Die Ausgründung kommt gerade dann in Frage, wenn die Aktivitäten als besonders risikoreich, aber dennoch wichtig für den eigenen Unternehmensverbund angesehen werden.

Indem die Eigentümerfunktion beibehalten wird, kann das ausgründende Unternehmen auch zukünftig die wesentlichen unternehmerischen Steuerungsmöglichkeiten ausüben. Zugleich wird aber das wirtschaftliche Verlustrisiko in Folge eines negativen Ereignisses primär auf die Aktiva des ausgegründeten Unternehmens beschränkt.

Zusätzlich ist es vorteilhaft, daß durch die Verlagerung der Konsequenzen zugleich auch eine höhere Eigenverantwortung dieses Bereichs erreicht wird. Das ist dann gerechtfertigt, wenn die Wirkungen durch die Reaktion dieses Bereichs mitbestimmt werden. Insofern bietet die Ausgründung die Möglichkeit für ein flexibleres, auf den Bereich abgestimmtes Krisenmanagement, von dem der gesamte Unternehmensverbund profitieren kann.

Abzuraten ist von der Anwendung dieser Strategie, um sich leicht lösbarer, allgemein bekannter Problemfelder zu entledigen. In einem solchen Falle kann die Maßnahme als ein vorsätzliches Täuschungsmanöver identifiziert und verurteilt werden und schließlich Gegenstand gesellschaftlicher Anliegen werden. Damit bleibt zwar die finanzielle und rechtliche Konsequenz auf die Tochtergesellschaft beschränkt, der Schaden am Image der Muttergesellschaft wird aber nicht auszuschließen sein.

5.2.2.2 Externalisierung

Bei der Externalisierung werden die Konsequenzen eines negativen Ereignisses auf einen Bereich übertragen, der nicht zum Organisationsverbund bzw. Einflußbereich des Unternehmens gehört.

Hierbei wird das Risiko geteilt oder das vertragliche Risiko begrenzt. Die Risikoteilung umfaßt die Alternativen der Risikoumlage und des Risikobündnisses. In beiden Fällen teilen sich mehrere Unternehmen die finanziellen Konsequenzen. Während diese Teilung bei der Risikoumlage sich nur auf die negativen Zielabweichungen bezieht, kommt es beim Risikobündnis auch zur Teilung des finanziellen Erfolgs.

Um das vertragliche Risiko zu begrenzen, werden die Konsequenzen eines negativen Ereignisses stillschweigend durch zusätzliche Vertragsbedingungen oder spezielle Verträge auf die Geschäftspartner verlagert. Während bei der stillschweigenden Übertragung des Risikos keine expliziten vertraglichen Erwähnungen erfolgen, gehen die anderen beiden Formen detailliert auf die Risiken ein.

Die verschiedenen Aspekte der Wirkungen negativer Ereignisse sind hinsichtlich der grundsätzlichen vertraglichen Regelung der Risikoübernahme im Tourismus zu berücksichtigen. Vor allem ist zu beachten, daß, wenn es sich um eine im Grundnutzen substituierbare Leistung handelt, negative Ereignisse ein relativ schnell einsetzendes Substitutionsverhalten beim Konsumenten auslösen. Demnach ist der Einsatz von unverbindlichen Vereinbarungen bzw. kurzfristig kündbaren Verträgen mit den jeweiligen Leistungsträgern anzustreben. Die damit möglicherweise einhergehenden ungünstigeren Vertragskonditionen sind dem späteren möglichen Totalausfall der Einnahmen vorzuziehen. Letzterer ist zu vermuten, weil die Austauschbarkeit des Produktes zu einer „aufgehoben – nicht aufgeschoben" Entscheidung hinsichtlich der konkreten Produktwahl führt.

aufgehoben – nicht aufgeschoben

Anders ist die Konsequenz bei Produkten, die ihren Wettbewerbsvorteil über den Grundnutzen des Produktes bilden und in diesem nicht substituierbar sind. Hier können sowohl höhere Risikoakzeptanzwerte vermutet werden als auch das Vorhandensein eines „aufgeschoben – aber nicht aufgehoben" Verhaltensmusters. Letzteres würde dafür sorgen, daß der Reisewunsch zu einem günstigeren Zeitpunkt nachgeholt wird, was eine prinzipiell schnellere „Erholungsmöglichkeit" begründet. Die höhere Risikoschwelle würde in diesem Fall zu einer geringeren Anfangskonsequenz führen. In diesem Fall wären auch längerfristige Verträge denkbar, die sich vor allem dann auszahlen, wenn günstigere Konditionen über die Gesamtlaufzeit erreicht werden können.

aufgeschoben – aber nicht aufgehoben

Ob es gelingt, Risiken auf Marktpartner abzuwälzen, bestimmen neben den allgemeinen Wettbewerbsbedingungen vor allem die Marktmacht und Verhandlungsstärke des an der Externalisierung interessierten Unternehmens. Neben der Vorteilhaftigkeit des Abwälzens des wirtschaftlichen Risikos gilt auch in diesem Fall, daß die vollkommene oder teilweise Übernahme des Risikos durch den Marktpartner dessen Interesse und Bemühungen verstärkt, die Eintrittswahrscheinlichkeit und Konsequenz negativer Ereignisse gering zu halten. Insofern ist dieses Vorgehen besonders dann gerechtfertigt und sinnvoll, wenn der Vertragspartner Einfluß auf die Entwicklungen hat.

5.2.3 Kooperation

Kooperationen können mit dem ausschließlichen Ziel gegründet werden, Risiken gemeinsam als Mitglieder zu schultern. Im großen Stil betrieben, handelt es sich dann um Versicherungsvereine auf Gegenseitigkeit. Kooperationen dieser reinen Form existieren bisher im Tourismus nicht. Vielmehr entscheiden sich in der heutigen Zeit viele touristische Unternehmen für Kooperationen, um den Wettbewerbsdruck standzuhalten, gemeinsam Skaleneffekte, beispielsweise im Einkauf, zu vollziehen oder effizientere Werbung zu betreiben.

bestehende Kooperationen

Solche Kooperationen sind unter den Gesichtspunkten des Krisenmanagements auch von Nutzen. Viele präventive Maßnahmen zeichnen sich durch nicht unternehmensspezifische Ausrichtung aus. Insoweit können bestehende Kooperationen Maßnahmen des Krisenmanagements für ihre Kooperationspartner anbieten, ohne deren Wettbewerbsposition zu schwächen. Ein Beispiel dafür ist die International Air Transport Association, ein Verband, dem der Großteil der weltweit aktiven Fluggesellschaften angehören. Den Mitgliedern, die traditionell einem großen Risiko ausgesetzt sind, wird ein umfangreiches Paket von Trainingsmaßnahmen zur Sicherheitsvorsorge und Krisenkommunikation angeboten. Ein weiteres Beispiel liefert die Caribbean Hotel Association, die zusammen mit der Caribbean Tourism Organization das Hurricane Procedures Manual herausgegeben hat. Da Hurrikans in der Karibik eine normale Erscheinung vor allem in der sogenannten Hurrikane-Saison von Juli bis September sind, beschloß der Verband in Folge des Hurrikans Hugo (1990) ein umfassendes Manual für die Mitgliedsunternehmen zu erarbeiten. In diesem Masterplan werden alle wesentlichen Phasen und Maßnahmen zur Prävention und Bewältigung dargestellt, die inzwischen von den verschiedenen Hotels in individuell angepaßte Pläne umgesetzt worden sind.

Zu den rein unter Aspekten des Krisenmanagements gegründeten Kooperationen zählen Einrichtungen wie die noch zu betrachtenden Callcenter. Da sie erhebliche finanzielle Resourcen im Aufbau und Unterhalt erfordern und die punktuellen Belastungen die Leistungsfähigkeit des einzelnen sehr schnell übersteigen, sind Kooperationen eine logische Folge. Eine Einrichtung dieser Art ist das Callcenter GAST/EPIC am Flughafen München (siehe Beispiel 38). Bis vor kurzem waren die Träger dieses Centers hauptsächlich Fluggesellschaften. Mit TUI und FTI haben sich inzwischen zwei deutsche Reiseveranstalter zu dieser Gruppe hinzugesellt.

5.2.4 Versicherung

Die Versicherung der möglichen Konsequenzen eines negativen Ereignisses ist eine Sonderform der Verlagerung von Risiken. Grundüberlegung einer Versicherung ist die Zusammenfassung von Risiken, durch die Einzelpersonen oder Unternehmen bedroht sind. Dies geschieht in einer vertraglichen Solidargemeinschaft, in der sie zum Ausgleich gebracht werden.

Bei Abschluß einer Versicherung verpflichtet sich der Versicherungsgeber zur Übernahme der finanziellen Konsequenzen eines bestimmten Risikos. Der Versicherungsnehmer leistet hierfür eine regelmäßige Prämienzahlung. Aus Sicht des Versicherungsnehmers bedeutet dies, daß ein sonst nur unzureichend zu kalkulierendes und abzufangendes Risiko in feste kalkulatorische Kosten übertragen werden kann. Eine Sonderform der Versicherung stellt der Eingriff des Staates dar. Destinationen oder große Unternehmen werden fast immer damit rechnen können, daß große Schäden oder außergewöhnliche Ereignisse in einer wie auch immer gearteten Form vom Staat abgefangen werden. Diese für die Organisation wie eine Versicherung funktionierende Absicherung ist schwer nachzuvollziehen, da sie auf politischen Überlegungen, dem Zusammengehörigkeitsgefühl und auch Steuerinteressen beruht. Auch wenn diese Form der Absicherung im voraus nicht vereinbart und somit kalkuliert werden kann, so ist jedoch festzustellen, daß sie durch die Exponiertheit der Organisation bzw. Destination, Art des Ereignisses und politisch-wirtschaftliche Situation determiniert wird.

Damit die Wirkung eines negativen Ereignisses in einer Gefahrengemeinschaft getragen werden kann, muß das damit verbundene Risiko verschiedene Voraussetzungen erfüllen, wie zum Beispiel: Zufälligkeit des Schadenseintritts und -ausmaßes, Meßbarkeit des Schadensausmaßes, hinreichende Anzahl und Unabhängigkeit der Schadensereignisse – zur Sicherstellung des Risikoausgleichs innerhalb der Gefahrengemeinschaft – und Eindeutigkeit der zu erbringenden Schadensleistung.

Neben den klassischen Versicherungen für Sachschäden findet die Betriebsunterbrechungsversicherung Anwendung. Sie wird von Betrieben angewendet, um sich gegen die finanziellen Folgen einer Betriebsunterbrechung durch ein negatives Ereignis abzusichern. Normalerweise greift diese Art der Versicherung immer dann, wenn es zu direkten Schäden an den Einrichtungen des Betriebs gekommen ist.

Abbildung 33: Checkliste für den Versicherungsschutz

1.	Wurden alle Einrichtungen aufgeführt, die versichert werden sollen (Software, Hardware, Tennisplätze, Schwimmbäder etc.)?
2.	Sind alle Einrichtungen des Betriebs richtig aufgeführt? (Anzahl der Zimmer, Anzahl der Stockwerke, Grundstücksgrenzen etc.)
3.	Sind die angegebenen Werte korrekt und aktuell? (Sonst werden Schäden nur anteilsmäßig ersetzt!)
4.	Ist die Entsorgung der beschädigten Einrichtungen auch versichert?
5.	Ist die Betriebsunterbrechung versichert?
6.	Ist ein lokaler Rechtsschutz oder internationaler Rechtsschutz notwendig?
7.	Ist die Versicherungsnummer, die Telefon- und Faxnummer der Versicherung leicht verfügbar?
8.	Sind die Versicherungsunterlagen sicher aufbewahrt und überstehen die Einwirkung des negativen Ereignisses?
9.	Sind strittige Fragen und Unklarheiten zum Versicherungsvertrag schriftlich abgefaßt worden?
10.	Sind Fotografien und am besten auch Videofilme von der Einrichtung vor und nach dem Schadensereignis verfügbar?
11.	Binden sie zur Schadenregulierung ihren Versicherungsagenten und die regulierende Versicherung eng ein!
12.	Stellen sie sicher, bei einer namhaften Versicherung versichert zu sein. Nicht der Preis, sondern das Preis/Leistungsverhältnis zählt!

Quelle: In Anlehnung an Informationen der CHA/CTO

Zu den problematischen Versicherungsleistungen im Tourismus gehören seit den Anschlägen des 11. Septembers 2001 die Versicherung gegen das Risiko des Terrorismus. Vielfach wurde für neu zu verhandelnde Verträge der Versicherungsschutz gar nicht mehr angeboten, in der Mehrzahl der Fälle waren die neu festgesetzten Versicherungsgrenzen nicht mehr ausreichend. Obwohl sich die Situation auch durch staatliche Intervention inzwischen wieder ein wenig entspannt hat, sind die Versicherungsprämien derart angestiegen, daß einige Tourismusunternehmen das zuvor versicherte Risiko wieder selbst übernehmen.

Zu den neueren Versicherungsinstrumenten im weiteren Sinn gehören die Wetterderivate. Die Idee, sich gegen Einflüsse des Wetters zu versichern, ist im Tourismus schon seit längerer Zeit bekannt. Bereits vor etlichen Jahrzehnten begannen Versicherungsunternehmen Verträge an Reisende zu verkaufen, die diese für jeden verregneten Urlaubstag mit einem Geldbetrag entschädigten. Wetterderivate gehen über diesen Ansatz inzwischen weit hinaus. Sie finden bis heute noch überwiegend im Bereich der Energieversorger oder Landwirtschaft Anwendung. Dabei schützt das Wetterderivat primär gegen den Eintritt des Ereignisses. Anders als bei einer klassischen Versicherung wird kein materieller Schaden beim Deriva-

> **Wetterderivate**
>
> An der Chicago Mercantile Exchange (CME) werden Wetterderivate bereits seit 1999 gehandelt.
>
> Die gehandelten Terminkontrakte sichern den Käufer gegen Über- oder Unterschreitungen einer Basistemperatur von 18 Grad ab.

tebesitzer vorausgesetzt. Mit Eintritt des versicherten Ereignisses erhält dieser den vertraglich vereinbarten Betrag. Die versicherbaren Ereignisse sind weit gefächert. Sie können auf eine bestimmte Windstärke, Regenmenge, Temperatur, Schneehöhe oder Grad eines Erdbebens auf der Richterskala abgestellt werden.

Wetterderivate sind auch für den Tourismus ein interessantes Instrument, um sich gegen extreme Wetterschwankungen und die folgenden Ertragseinbrüche sinnvoll abzusichern. Sie erscheinen grundsätzlich für Destinationen wie Wintersportorte, aber auch für Unternehmen interessant, die eine länder- oder segmentspezifische Konzentrationsstrategie verfolgen. Dabei sollte aber immer bedacht werden, daß eine Versicherung über die Extremsituationen hinaus stark zu Lasten der Ertragsfähigkeit geht.

> **Beispiel 32: Versicherungsschutz für politische Risiken**
>
> In vielen Fällen ist Versicherungsschutz nur schwer zu erlangen. Dies gilt insbesonders für politische Risiken (Länderrisiken), die normalerweise nur durch staatliche Ausfuhrversicherungen der Exportländer versichert werden.
>
> Um Investitionen in ihren Ländern abzusichern, gründeten verschiedene afrikanische Staaten mit Hilfe der Weltbank die African Trade Insurance Agency (ATIA). Durch diese Versicherungsbehörde können sich Investoren gegen politische Risiken in den beteiligten afrikanischen Staaten absichern.
>
> Dafür müssen die Mitgliedsstaaten der ATIA Gelder in den Fonds einzahlen, der von London aus verwaltet wird. Zusammen mit Lloyds London entscheidet der Chef der ATIA über die Berechtigung von Schadensersatzforderungen. Die betroffenen Regierungen bleiben bei diesen Entscheidungen außen vor. Kommt ein Mitgliedsstaat einer berechtigten Forderung nicht nach, erhält der Geschädigte sein Geld aus den Mitteln, die dem Fonds zugeflossen sind. Eine Weigerung einer Regierung hat außerdem die Sperrung aller Weltbankkredite zur Folge.
>
> Da die Prämien und Laufzeiten der Versicherungsverträge überaus interessant sind, steht mit dieser als Investitionsanreiz verstandenen Maßnahme interessierten Investoren ein sehr interessantes Instrument zur Risikoabsicherung für ihre wirtschaftlichen Tätigkeiten zur Verfügung.

Grundsätzlich ist zu beachten, daß sogenannte spekulative Risiken, zu denen das Unternehmerrisiko gezählt wird, nicht Gegenstand eines Versicherungsvertrages sein können. Die Einbuße einer möglichen zukünftigen Marktposition ist demnach nicht versicherbar. Aber auch der Aspekt, daß einige negative Ereignisse aufgrund gesetzlicher Bestimmungen oder der engen Streuung des Risikos nicht versicherbar sind, muß berücksichtigt werden.

Außerdem ist zu beachten, daß auch durch die Versicherung weder die Eintrittswahrscheinlichkeit noch das Schadensausmaß eines negativen Ereignisses reduziert wird. Wichtig ist auch, daß die generelle Versicherung aller möglichen Risiken im Widerspruch zum Rentabilitätsziel eines Unternehmens steht. Folglich sollten, wenn möglich, vor allem Risiken mit geringer Eintrittswahrscheinlichkeit und schwerwiegenden Konsequenzen, durch Versicherungen abgesichert werden.

5.2.5 Selbsttragen

Obwohl die beste Vorsorge getroffen ist, verbleibt ein Bereich an Restrisiken. Diese sind – nicht zuletzt auch aufgrund der Neuartigkeit der Ereignisse – nur durch das Unternehmen selbst zu tragen. Zur Absicherung dieser Restrisiken kann das Unternehmen grundsätzlich liquide Reserven bilden. Diese Maßnahme ist jedoch rein passiv und zudem kostenintensiv.

liquide Reserven

Darüber hinaus ist das Selbsttragen immer dann interessant, wenn die entsprechende Flexibilität verfügbar ist. Von hoher Bedeutung ist in diesem Sinne für den internationalen Tourismus der Lufttransport. Aus Sicht der Destination eröffnen staatliche oder nationale Fluggesellschaften die Möglichkeit, schnell auf Probleme in Quellmärkten zu reagieren und andere Destinationen anzufliegen. Aus Sicht des Reiseveranstalters sichern eigene Flugkapazitäten den Zugang zu anderen Destinationen, falls es zu Problemen in bestimmten Zielgebieten kommt. Daneben trifft die Flexibilisierung auch auf den Hotelsektor zu, der bisher eher ortsgebunden begriffen wurde. Der häufigere Einsatz von Kreuzfahrtschiffen als Hotels bei Großveranstaltungen – wie bei den Olympischen Spielen in Athen –, ist nicht nur aus dem Gesichtspunkt der Nachhaltigkeit interessant, sondern auch aus dem des Krisenmanagements. Mit einer Flexibilisierung des Angebots in dieser Form kann beispielsweise Tourismus auch in Regionen stattfinden, die sonst aufgrund der Länderrisiken keine Investoren für die Hotelanlagen finden würden, da deren Return of Investment (ROI) erst mit 10-15 Jahren erreicht würde. Das ist zu lange für eine sichere Investition.

Flexibilität

Außerdem kann die Destination bzw. das betroffene Unternehmen einen (pro-) aktiven Weg einschlagen. Ziel dieser aus dem Anspruchsgruppenmanagement stammenden und als Akzeptanzstrategie bezeichneten Vorgehensweise ist es, sich antizipierend mit möglichen Ereignissen und der Stellung der Organisation im gesellschaftlichen Umfeld auseinanderzusetzen. Dazu wird die Umwelt der Orga-

Akzeptanzstrategie

nisation auf potentielle Ereignisse und Themen von Belang für die Unternehmung, d.h. mögliche gesellschaftliche Anliegen, untersucht. Noch bevor diese Belange Gegenstand einer Auseinandersetzung sind, wird der Kontakt zu den wesentlichen gesellschaftlichen Gruppen angestrebt. Dabei wird in Form eines „echten Dialogs“, bei dem auch abweichende Standpunkte der Anspruchsgruppen als rechtmäßig erachtet werden, die Bedeutung, Einordnung und Lösungsmöglichkeiten für dieses Ereignis diskutiert. Durch diese Form der Auseinandersetzung mit möglichen negativen Ereignissen kann das Verständnis und damit die Akzeptanz in der Gesellschaft gesteigert werden. Zugleich kann aufgezeigt werden, daß für bestimmte Ereignisse nur beschränkte Lösungsmöglichkeiten bekannt oder vorhanden sind, aber dennoch seitens des Unternehmens ein hohes Interesse daran besteht, diese in Zusammenarbeit mit den daran interessierten Gruppen der Gesellschaft zu lösen.

Es ist zu beachten, daß dieses Konzept kein rein kommunikatives Konzept ist. Vielmehr ist die Akzeptanzstrategie als eine vollumfängliche Managementaufgabe zu begreifen, die weit über die Mitteilung von Standpunkten hinaus geht. Der Ansatz zielt weniger auf den Abbau von Informationsdefiziten als vielmehr auf den eines Glaubwürdigkeitsdefizits ab. Das macht schließlich auch deutlich, daß diese zentrale Unternehmenstätigkeit nicht an Public Relations-Abteilungen delegiert werden kann. Einerseits ist es also Aufgabe des Unternehmens, diese Ereignisse in den entsprechenden Zusammenhängen darzustellen. Zum anderen muß aber auch seitens des Unternehmens die Bereitschaft bestehen, aktiv eigene Ressourcen einzusetzen, um sinnvolle Lösungsmöglichkeiten zu erarbeiten. Diese Vorgehensweise ist aber nicht ungefährlich, da einmal initiierte Kommunikationsprozesse in ihrem fortgeschrittenen Stadium nicht mehr durch das Unternehmen kontrollierbar sind. Trotzdem trägt die Initiativfunktion mit der Beisteuerung sachlicher Lösungsansätze erheblich dazu bei, daß eine spätere Emotionalisierung der Auseinandersetzung unterbleibt und das Unternehmen weiterhin die Initiative behält. Damit kann ein erheblicher Beitrag zur Verminderung der Wirkung negativer Ereignisse geleistet werden, der sowohl für das Unternehmen als auch für die Gesellschaft von Vorteil ist.

5.3 Ausprägungen der Krisenhandhabungsstrategie

Ziel der Krisenhandhabungsstrategie ist die Beeinflussung des Wirkungsverlaufs negativer Ereignisse, um schließlich eine Neutralisierung der Wirkung zu erreichen. Begleitend bzw. sich anschließend soll die schrittweise Beseitigung der krisenverursachenden Probleme vollzogen werden. Der Zielbereich der Strategie bezieht sämtliche Wirkungsbereiche ein.

Handhabungsstrategien kennen verschiedene Ausprägungen. Wesentliches Unterscheidungsmerkmal ist die Form des Bewältigungsverhaltens, welches

Einfluß auf die Instrumentenauswahl, die Problemlösungsorientierung und den Zeitpunkt der einsetzenden Handlungsaktivitäten hat. Die Ausrichtung der Krisenhandhabungsstrategie kann zwischen den beiden Extrempunkten offensiv, problemlösungsorientiert und defensiv, widerstandsorientiert liegen.

Grundsätzlich muß berücksichtigt werden, daß durch die Krisenhandhabungsstrategie die moralisch ethische Grundhaltung der Organisation verkörpert wird. Da diese in der Krisensituation einer besonderen Aufmerksamkeit unterliegt, sollte ihrer Ausgestaltung die entsprechende Beachtung zukommen. Unabhängig davon, welche Position schließlich eingenommen wird, ist die Strategiefestlegung als derart wesentlich anzusehen, daß sie in Ruhe und unter Abwägung aller möglichen Konsequenzen zu erfolgen hat.

Außerdem muß bei der Krisenhandhabungsstrategie als eine nur vorübergehende Strategievariante eine Überprüfung hinsichtlich ihrer Kompatibilität zur langfristigen Strategieausrichtung angestrebt werden. Trotz der Notwendigkeit, im Rahmen der Krisenhandhabung auch kurzfristige Vorteile zu realisieren, muß die Abweichung so gering wie möglich gehalten werden. Eine eindeutige Grenze ist letztendlich dort zu sehen, wo die wegweisende Funktion der gewählten Wettbewerbsstrategie angegriffen wird.

5.3.1 Offensive Handhabungsstrategie

Hauptmerkmal einer offensiven Handhabungsstrategie ist die frühzeitige Einleitung von Maßnahmen, um die Ursachen und damit verbundenen Wirkungen eines identifizierten Problembereichs zu beseitigen und einzudämmen. Zum einen setzt dies eine funktionierende Frühaufklärung voraus. Sie hilft, bereits bei vagen und noch unpräzisen Informationszuständen Reaktionsmaßnahmen einzuleiten. Zum anderen muß seitens der Organisation die Bereitschaft vorhanden sein, freiwillig und selbständig gegenüber allen Wirkungsbereichen, insbesondere den Kunden, Anspruchsgruppen sowie dem Staat einzugestehen, daß etwas nicht wie vorgesehen verläuft.

Abgrenzung

Klar abzugrenzen ist eine offensive Krisenhandhabung von einer Strategie des „mea culpa". Sie ist zwar das Eingeständnis, daß etwas nicht wie geplant verlaufen ist. Das heißt aber nicht gleichzeitig, daß dies ausschließlich oder teilweise dem Verschulden des bekanntgebenden Unternehmens zuzuschreiben ist.

Häufige erste und nachteilige Konsequenz einer offensiven Handhabungsstrategie ist eine unmittelbare Steigerung des öffentlichen Interesses und der Medienberichterstattung. Da in deren Mittelpunkt das betroffene Unternehmen steht, kommt es für dieses zunächst einmal zu einer ungünstigen Krisenintensivierung. Begleitet wird diese Krisenverschärfung durch einen Imageverlust, den das Unternehmen zu diesem Zeitpunkt hinnehmen muß.

Mit der offensiven Strategie verbinden sich aber auch verschiedene Vorteile:

Erstens muß ein Imageverlust nicht notwendigerweise mit einem Glaubwürdigkeitsverlust einhergehen. Vielmehr müssen beide Bereiche getrennt betrachtet werden.

Glaubwürdigkeit

Die Glaubwürdigkeit ist immer dann wichtig, wenn die Sachverhalte unübersichtlich und komplex werden. Der Informationsempfänger kann dann wegen der vorhandenen Glaubwürdigkeit auf die Vollständigkeit der Information verzichten bzw. Unsicherheit bewältigen. Weil die Glaubwürdigkeit als Vorstufe des Vertrauens bezeichnet wird (glaubwürdig steht für die inhaltlich unverfälschte Wiedergabe, Vertrauen für die inhaltliche Zustimmung), kommt der kontinuierlich glaubwürdigen Unternehmenskommunikation erhebliche Bedeutung zu, um auch in krisenhaften Situationen Vertrauen zu erhalten.

Gerade dadurch, daß eine offensiv agierende Organisation handelt, steigert sie in wesentlichen Teilen der Öffentlichkeit, unter ihren Kunden und bei den Medien die Glaubwürdigkeit oder behält sie zumindest bei. Dies ist die Basis für den späteren Einsatz des Marketinginstrumentariums, dessen Wirksamkeit von der Glaubwürdigkeit wesentlich beeinflußt wird (siehe Kapitel 7.5.2).

kommunikative Kontrolle

Zweitens ist zu berücksichtigen, daß trotz der kurzfristigen Verschärfung der Krisensituation nach wie vor eine starke kommunikative Kontrolle durch das Unternehmen ausgeübt wird. In einem relativ großen Umfang wird auf die von ihm bereitgestellten Fakten zurückgegriffen und somit Spekulationen weitgehend vermieden.

Krise verkürzen

Drittens trägt diese Strategievariante wesentlich dazu bei, eine Krise zu verkürzen, da keine schubweise Veröffentlichung von „neuen Erkenntnissen" das öffentliche Interesse stimuliert.

Damit die offensive Handlungsstrategie rechtzeitig eingeleitet wird, muß vor allem die Trennung von Image- und Glaubwürdigkeitsverlust, aber auch der zukünftige Wert der Glaubwürdigkeit erkannt werden. Nur dann können Widerstände innerhalb der Organisation überwunden werden, die auf folgender Überlegung beruhen: *„Warum soll eine Krisenverschärfung und ein Imageverlust selbst und bewußt herbeigeführt werden, wenn doch die Möglichkeit besteht, daß dieser Vorfall nicht bemerkt wird?"*

Beispiel 33: Air Berlin

Am 18. November 2003 wurde ein Flugzeug der Air-Berlin wegen einer angeblichen Entführung in Italien zur Notlandung auf dem militärischen Teil des Flughafens Rom-Ciampino gezwungen. Anschließend stürmten bewaffnete Einsatzkräfte das Flugzeug. Es wurden keine Entführer gefunden und es gab auch sonst keine Anzeichen für eine Entführung. Anstelle abzuwarten, trat das Unternehmen sofort an die Öffentlichkeit und informierte über das Geschehene.

Es tat dies zum einen, um jedweder Spekulation vorzubeugen, aber auch aus der tiefen Überzeugung, nichts Falsches getan zu haben. Damit wurde zwar sofort die Aufmerksamkeit auf das Unternehmen gerichtet und die Situation verschärft. Der Ausgang aber bestätigte, daß die spektakuläre „Befreiungsaktion", die von italienischen Behördenvertretern auf „Mißverständnissen in der Kommunikation" der Piloten mit den Fluglotsen zurückgeführt wurde, nicht richtig gewesen ist.

Air Berlin ließ auf eigene Initiative und Rechnung den Voice-Rekorder der Maschine sicherstellen und durch die Bundesstelle für Flugunfalluntersuchung (BFU) in Braunschweig auswerten. Diese wäre sonst nur aktiv geworden, wenn es zu einem Flugunfall gekommen wäre. Die Auswertung der Gesprächsaufzeichnungen bestätigte die anfängliche Aussage Air Berlins vollumfänglich. Es gab keine Mißverständnisse, auch keine Andeutungen einer Entführung.

Mit seinem proaktiven Verhalten hat Air-Berlin selbst und frühzeitig zur Verbreitung des Vorgefallenen beigetragen. Auch wenn es dadurch zu einer Intensivierung der Krise kam, hat das Unternehmen seine Glaubwürdigkeit beibehalten, wenn nicht sogar ausgebaut.

Freiwilligkeit der Entscheidung

Eine offensive Krisenhandhabungsstrategie kann nur bis zu einem bestimmten Zeitpunkt eingeleitet werden. Der Zeitpunkt ist in der Regel dann zu sehen, wenn die Entscheidung, an die Öffentlichkeit zu treten, noch als freiwillig angesehen wird. Diese „Freiwilligkeit der Entscheidung" liegt spätestens dann nicht mehr vor, wenn staatliche Institutionen in diesem Zusammenhang an die Öffentlichkeit treten.

Das Bemühen um die Beseitigung der Problemursachen stellt einen wesentlichen Teil der offensiven Handhabungsstrategie dar. Trotz größter Anstrengungen werden dennoch einige Problembereiche verbleiben, in denen dies nicht möglich ist. Hier kann eine langfristig ausgerichtete offensive Strategie dazu übergehen, zu dem jeweiligen Ereignis zu stehen und es zu kapitalisieren. Ziel wird es dabei sein, das Negative zum Positiven zu wandeln.

Beispiel 34: Aus negativen Ereignissen positive machen – Waldbrände im Yellowstone und Glacier National Park

1988 brach im Yellowstone Park der größte Waldbrand der Geschichte aus. Im Park selbst gab es insgesamt 50 Brandherde und weitere 198 im Großraum des Parks. Mehr als 25.000 Feuerwehrleute bekämpften die Feuersbrunst. Dennoch wurden 485.640 Hektar Wald und somit 36% der Parkfläche vernichtet. Tausende Tiere starben, Parkanlagen und Infrastruktur wie Straßen, Campingplätze und Hütten wurden zerstört.

Da die Waldbrände in der Regel in der Hochsaison der Besucherströme auftreten, sind diese häufig von starken Einschränkungen wie geschlossenen Straßen oder gesperrten Campingplätzen betroffen. Die Einschränkungen sowie die intensive Medienberichterstattung über die Brände führten generell zu einer Verkürzung der Hochsaison und zu einem Ausbleiben von Touristen.

Mittlerweile haben es die Verwaltungen der betroffenen Nationalparks geschafft, die Waldbrände in Wert zu setzen und dadurch Wettbewerbsvorteile gegenüber konkurrierenden Parks aufzubauen. Dies gelang unter anderem durch die intensive Aufklärungsarbeit und Maßnahmen, die zur Erklärung des Phänomens dienten. Während der Mensch generell im Feuer nur die zerstörende Kraft sieht, die Pflanzen, Menschen und Tiere vernichtet, die schwarze Landstriche, Symbole von Tod und Zerstörung hinterläßt, hat das Feuer auch positive Folgen.

Waldbrände sind in der nördlichen Rocky Mountain Region eine Erscheinung, die in regelmäßigen Intervallen seit der letzten Eiszeit auftreten. Feuer haben einen wichtigen Beitrag bei der Schaffung der schönen Landschaft, Vegetations- und Tiervielfalt geleistet. Feuer sind notwendig für ein funktionierendes und ausgewogenes Ökosystem und haben einen wichtigen Einfluß auf die Entwicklung der verschiedenen Pflanzen und des Waldes. Viele Pflanzen und Tiere haben sich inzwischen so angepaßt, daß sie ohne die regelmäßigen Feuer nicht überleben können. Feuer verwandeln organische Materialien in Nährstoffe und führen sie dem Boden wieder zu. Solche Böden bilden die ideale Grundlage für das Wachstum neuer Pflanzen, die bei mehr Licht nun auch schneller wachsen können.

Die Darstellung des Feuers in diesem neuen Zusammenhang steht seitdem im Mittelpunkt der Wissensvermittlung der Parkverwaltung. Den Verantwortlichen gelang es dadurch, das negative Image von abgebrannten zerstörten Landschaften und der Angst vor Feuern in eine neue Attraktion für ihre Besucher zu verwandeln.

Der Glacier Nationalpark erstellte zum Beispiel ein vorbildliches Lehrprogramm für seine Besucher. Es beinhaltet detaillierte Ausstellungen über die Rolle des Feuers im Ökosystem, Besuche kürzlich von Bränden heimgesuchten Bereichen, abendliche Diashows und Gesprächsrunden im Amphitheater. Förster diskutieren die Bedeutung von Bränden auf den Wanderungen und bieten spezielle Touren an, damit Touristen die Auswirkungen der Brände selbst erleben. Neue Ausbrüche von Bränden werden durch spezielle Informationsveranstaltungen begleitet. Ständig werden Broschüren verfügbar gehalten, welche die positiven und negativen Aspekte von Bränden im Detail erläutern. Durch Fernseh- und Radiospots werden darüber hinaus Personen, die momentan nicht den Park besuchen, über die Bedeutung der Brände aufgeklärt.

Alle genannten Maßnahmen und Angebote verändern nicht nur das Bewußtsein, sondern erhöhen auch die Akzeptanz von Einschränkungen im Falle von Bränden. Bereits im Jahr 2000, als erneut starke Brände ausbrachen, belegten die unveränderten Besuchszahlen, daß die Besucher die von der Parkverwaltung erlassenen Einschränkungen besser verstanden und akzeptierten. Während einige Touristen ihren Parkbesuch wegen der Brände absagten, besuchten andere die betroffenen Bereiche, um mehr über die Brände zu erfahren.

Umfassende Untersuchungen, welche den wirtschaftlichen Nutzen der Parks vor und nach den Bränden von 1988 vergleichen, bringen klare Aussagen. Die Gesamtzahl von 2,7 Millionen Besuchern des Yellowstone Park und 1,6 Millionen des Glacier Nationalpark sind eine wichtige Einkommensquelle für die Gemeinde, ihre Wirtschaft und die Angestellten. Aus diesem Grund arbeiten die Parks nicht mehr nur daran, neues Bewußtsein für Brände zu formen, sondern auch langfristige Beziehungen zu ihren Besuchern aufzubauen. Eindrucksvoll zeigt dies der folgende Slogan des Glaciar Nationalparks:

„Come along! There are many discoveries to be made in a post-fire area. And, come back again – next year, in five years, ten, in a different season – and witness the transitions, the increasing diversity."

Die Entwicklung und heutige Bedeutung von Destinationen, wie Pompei, Waterloo oder Verdun, die heute Gegenstände der Zeitgeschichte sind, zeigen, daß diese Kapitalisierung eines anfänglichen Imageproblems nicht so abwegig ist. Das negative Ereignis wurde zu einem im Grundnutzen nicht austauschbaren Wettbewerbsvorteil.

Es ist vor allem eine Frage der Zeitperspektive, die den Übergang von Voyeurismus zur Zeitgeschichte, von Schrecklichkeit und Betroffenheit zu Interesse und Kultur bestimmt. Die Titanic-Reisen oder Reisen zu den Schlachtfeldern von Korea und Vietnam zeigen, daß diese Zeitabstände immer kürzer werden.

Beispiel 35: Der Southampton Titanic Rundgang

Der Untergang des Luxuspassagierschiffes R.M.S Titanic im Jahr 1912 kann ohne Zweifel als einer der ersten und bekanntesten Unfälle im Tourismus bezeichnet werden. Drei Tage, nachdem das Schiff den Hafen von Southampton verlassen hatte, kollidierte es auf seiner Jungfernfahrt mit einem Eisberg und versank in den eisigen Fluten des Atlantiks. Das Unglück kostete über 1.500 Menschen das Leben.

Bis heute ist nichts von der Mystik und Faszination dieser Tragödie verloren gegangen. Eine Unzahl von Romanen, Geschichten und Filmen entstand aus dem Unglück. Der Erfolg des Films Titanic unter der Starbesetzung von Leonardo di Caprio und Kate Winslet, welcher 1997 produziert wurde, zeigt das weltweit existente Interesse an diesem Unfall. Der Film wurde allein im Jahr 1998 mit mehr als 17 Millionen Zuschauern in Großbritannien, 18 Millionen in Deutschland und über 104 Millionen in den USA der erfolgreichste Film der gesamten Filmgeschichte.

Southampton, eine Stadt mit mehr als 210.000 Einwohnern im Süden Englands, war der Abfahrtshafen der Titanic. Der Stadt ging und geht noch immer der Verlust von mehr als 500 Einwohnern, die meisten Crewmitglieder der Titanic, sehr nah. Unzählige Gedenkstätten für die Verunglückten wurden in der gesamten Stadt kurz nach dem Ereignis enthüllt. Weder Touristen noch Tourismusplaner dachten damals daran, aus diesem Ereignis einmal eine Tourismusattraktion zu machen. Die Trauer und der Schock durch die zeitliche Nähe zum Unglück verhinderten solche Absichten.

Heute, nachdem sich Urlaubsgewohnheiten der Touristen geändert haben, hat Southampton das Potential der vergangenen Tragödie entdeckt und nutzt erfolgreich die Vorteile des Weltruhmes der Titanic, um mehr Touristen in die Stadt zu ziehen. Die Besucher werden dazu ermutigt, den Originalschauplatz zu besichtigen und den Beginn der berühmten Geschichte erneut zu erleben. Die Gemeinde von Southampton erschuf den Titanic-Rundgang, der die Besucher zu allen wichtigen Gedenkstätten und Wahrzeichen führt, die mit der Geschichte des verhängnisvollen Kreuzfahrtschiffes verbunden sind. Mehr als eine Stunde dauert dieser Rundgang, bei dem die Touristen an mehr als zehn interessanten Stellen vorbeikommen. Darunter befindet sich ein Luxushotel, indem einige Passagiere ihre letzte Nacht verbracht haben oder ein Pub, indem einige Passagiere ihr letztes Bier getrunken hatten, bevor sie an Bord des Schiffes gingen.

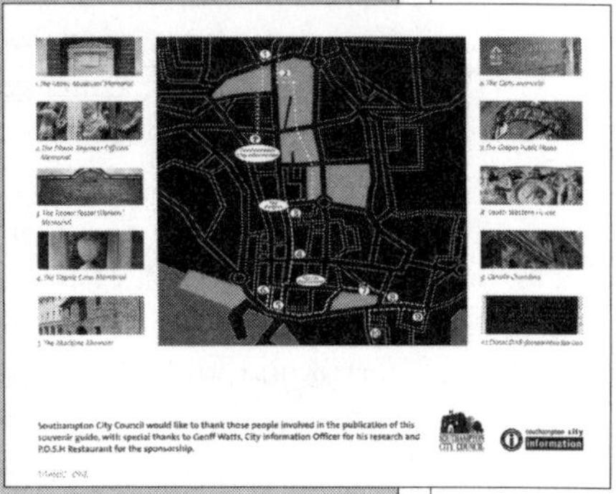

5.3.2 Defensive Handhabungsstrategie

Krise ausweichen

Durch eine defensive Handhabungsstrategie wird versucht, trotz der Kenntnisse der Umstände, nicht auf diese einzugehen. Vielmehr wird angestrebt, der Krise möglichst auszuweichen und die Situation nicht durch eigene Aktionen zu verschärfen.

Die aktiven Handlungen der betroffenen Organisation werden auf den nachaktiven Zeitpunkt der Krise verlagert. Sie können zum Beispiel Produktveränderungen umfassen, welche die Probleme nachträglich beseitigen oder das betroffene Produkt als solches nicht mehr erkennbar erscheinen lassen. Wichtig sind in diesem Zusammenhang aber auch Lobbyingtätigkeiten, welche vor allem im politischen Bereich die Konsequenzen vermindern helfen. Im Extremfall wird die Situation durch Marktaufgabe bzw. -austritt vollkommen und umfassend gelöst. Die Marktaufgabe ist insbesondere dort anzuraten, wo die Geschäftsentwicklung unbefriedigend war, zukünftig mit keiner Verbesserung zu rechnen ist oder die Marktposition zu schwach ist.

Zeitpunkte

Der nachaktive Zeitpunkt ist dort zu sehen, wo das eigentliche Ereignis nicht mehr Gegenstand des allgemeinen, öffentlichen Interesses ist.

Siehe auch Kapitel 7.1.1

Der Vorteil einer defensiven Handhabungsstrategie ist die Vermeidung der Krisenintensivierung durch Aktivitäten des Unternehmens. Nachteilig ist hingegen, daß sich neben dem Imageverlust bei einer defen-

Glaubwürdigkeitsverlust

siven Handhabungsstrategie – im Gegensatz zu einer offensiven Strategie – auch ein Glaubwürdigkeitsverlust einstellt. Dieser ist darauf zurückzuführen, daß die zurückhaltende und nur erzwungene Reaktion der Organisation es nicht glaubhaft erscheinen läßt, daß ein tatsächliches Interesse an der Problemlösung existiert. Wie hoch schließlich der Verlust an Glaubwürdigkeit und Image ausfallen wird, bestimmt neben der Besonderheit des Ereignisses vor allem das Verhalten der Anspruchsgruppen. Weisen diese dem Unternehmen nach – die mehr oder weniger schlüssige Unterstellung reicht dabei schon aus –, daß trotz Kenntnis der Umstände und Möglichkeit, diese abzustellen, Untätigkeit vorherrschte, wird der Schaden erheblich sein.

Außerdem ist zu beachten, daß die defensive Handhabungsstrategie auch die natürliche Rolle des Unternehmens als führender Bereitsteller von Informationen aufgibt (siehe 7.5.2). Damit verzichtet das Unternehmen auf einen wesentlichen Vorteil und fördert die Bedeutung anderer Informationsquellen. Ferner ist nicht zu vernachlässigen, daß die Krisendauer auch dadurch tendenziell verlängert wird, wenn nämlich das sukzessive Bekanntwerden neuer Aspekte die Aufmerksamkeit wieder aufflammen läßt.

Die defensive Strategie ist in der Praxis häufig zu beobachten. Dazu trägt sicherlich bei, daß die offensive Handhabung und Informationsbereitstellung in der Anfangszeit auch mit einer ungewohnten Aufmerksamkeit einhergeht. Insofern entspricht das Verhalten einer natürlichen Reflexreaktion, die den anfänglichen Imageverlust höher bewertet als den möglicherweise noch nicht einmal bewußten langfristigen Glaubwürdigkeitsverlust. Die Häufigkeit ihrer Verwendung korrespondiert aber nicht mit ihrem Erfolg. Deshalb ist die Anwendung nur in wenigen Fällen zu empfehlen. Zu diesen zählen beispielsweise Situationen, in denen zwar stichhaltige Beweise für das Ereignis vorliegen, welche aber nicht zu erklären und ebensowenig zu beseitigen sind und man zudem sicher sein kann, daß die Kritik begrenzt ist und deshalb schnell vergeht.

Der größere Handlungs- und Gestaltungsspielraum, aber auch die Sinnhaftigkeit der freiwilligen Übernahme gesellschaftlicher Verantwortung, sprechen mehr für eine offensive Handhabungsstrategie. Sie verspricht nicht nur größere Chancen, sondern macht sich auch langfristig eher bezahlt (WTO 1998b; Berger/Gärtner/Mathes 1989; Hauser 1994; Wiedemann 1994). Begreift man die Krise unter solchen Vorsätzen, eröffnet sie die Chance, die Organisation fortzuentwickeln. Sie sichert außerdem die Einflußmöglichkeiten in den verschiedenen Wirkungsbereichen.

Fragen

- Erklären sie die besonderen Probleme, die negative Ereignisse bei einer Strategie der Kostenführerschaft auslösen können!
- Was muß bei der Festlegung der Erlebniswertstrategie im Zusammenhang mit negativen Ereignissen schon frühzeitig bedacht werden?
- Welche strategischen Handlungsmöglichkeiten stehen einer Destination bzw. einem Unternehmen zur Verfügung?
- Beschreiben sie die Vorteile einer offensiven Krisenhandhabungsstrategie!
- Zu welchem Zeitpunkt muß eine bewußte Entscheidung für eine defensive Krisenhandhabungsstrategie spätestens getroffen werden?

Empfehlungen zur vertiefenden Lektüre

Berger, Rudolf; Gärtner, Hans-Dieter; Mathes, Rainer: Unternehmenskommunikation, (Gabler) Frankfurt am Main 1989

Kroeber-Riel, Werner: Strategie und Technik der Werbung, 4. Aufl., (Kohlhammer) Stuttgart 1993

Kroeber-Riel, Werner: Bildkommunikation, (Vahlen) München 1993

Konert, Franz-Josef: Vermittlung emotionaler Erlebniswerte, (Physica) Heidelberg - Wien 1986

Porter, Michael E.: Wettbewerbsvorteile, (Campus) Frankfurt 1992

Smith, Valene: War and Tourism, in: Annals of Tourism Research, Vol. 25, 1998, Nr. 1, S. 202-227

Willms, Joachim: Tourismuswandel und marktspezifische Adaptation, in: Glaeßer, Dirk; Pechlaner, Harald (Hrsg.): Risiko und Gefahr im Tourismus, (ESV) Berlin 2004, S.13-27

6 Die Krisenplanung und organisatorische Maßnahmen

Ziel dieses Kapitels

- Die Bereiche der Krisenplanung erlernen
- Phasen des für Krisen wichtigen Planungsprozesses unterscheiden können
- Organisatorische Maßnahmen des Krisenmanagements verstehen
- Entscheidungen zum Einsatz externer Experten herbeiführen können

Wesentliche Begriffe und Konzepte

- Planung
- Generische Planung
- Eventualfallplanung
- Präventivplanung
- Krisenstab, Krisenkomitee
- Experten
- Führungszentren
- Care Teams

Planung

Die Planung umfaßt einen ordnenden Vorgang, durch den vorgeschrieben wird, wie sich ein von den Entscheidungsträgern gewollter zukünftiger Prozeß vollziehen soll. Planen ist somit das Gegenteil von Improvisieren, dem zufallsabhängigen Fällen von ad-hoc Entscheidungen. Ein wesentliches Ziel der allgemeinen Unternehmensplanung ist die Sicherstellung einer möglichst langfristigen Existenz der Unternehmung, die ständig durch die Ungewißheit zukünftiger Ereignisse bedroht wird. Soweit wie möglich und sinnvoll, werden negative Ereignisse bei dieser Planung berücksichtigt. Das Ergebnis ist eine strategische Unternehmensausrichtung, welche die Anfälligkeit gegenüber Krisen reduziert. Während auf diesen Aspekt bereits eingegangen wurde, interessieren an dieser Stelle die weiteren Möglichkeiten des präventiven Krisenmanagements. Für diese bedient man sich eines gesonderten Planungs- und Implementierungsprozesses, der sogenannten Krisenplanung.

Für den Prozeß der Krisenplanung muß eine Beschränkung der betrachteten Möglichkeiten vorgenommen werden, da die Anzahl der denkbaren negativen Ereignisse sehr groß sein kann. Deshalb sollte die Krisenplanung sich auf solche Ereignisse konzentrieren, die besonders zerstörerisch, aber weniger wahrscheinlich sind und solche, die extrem zeitkritisch sind. Ziel der Krisenplanung ist es, den Überraschungsgrad zu reduzieren und durch vorbereitende Maßnahmen prinzipiell einen Zeitvorsprung im Vergleich zum unvorbereiteten Handeln zu erlangen. Einhergehend mit dieser frühzeitigen Beschäftigung mit dem Krisenfall, vollzieht sich eine grundsätzliche Überprüfung und Evaluierung der gewählten Schritte im Hinblick auf die Unternehmensstrategie und der sonstigen möglichen Konsequenzen. (Vor allem die Wechselwirkungen der Führungsgrößen Liquidität, Erfolg, Erfolgspotential dürfen nicht unterschätzt werden. Kurzfristige Liquiditätsmaßnahmen müssen immer die langfristige Konsequenz auf die Erfolgspotentiale berücksichtigen.) Eine solche Überprüfung ist im Krisenfall selten möglich, hat aber aufgrund der langfristigen Einflüsse große Bedeutung. Innerhalb dieses Planungs- und Implementierungsprozesses für den Krisenfall lassen sich drei Arbeitsstufen unterscheiden, die als generische Planung, Eventualfall- und Präventivplanung bezeichnet werden können.

6.1 Generische Planung

Mittels der generischen Planung werden die planerischen Grundlagen für mögliche Situationen geschaffen. Ziel der generischen Planung ist es, die grundsätzlichen Anforderungen und Leistungsmöglichkeiten zu bestimmen. Daneben sollen die sich anschließenden Planungsstufen vereinfacht und beschleunigt werden. In diesem Sinne ist die generische Planung eine grobe Eventualfallplanung, bei welcher die spezifischen Szenarien für die Krisensituation genauso unbestimmt bleiben, wie auch bewußt darauf verzichtet wird, alle Bestimmungsgrößen festzulegen. Die Bestimmungsgrößen sind zudem in vielen Fällen noch gar nicht abschätzbar (WEU 1995). Aufbau- und ablauforganisatorische Fragestellungen sind genauso Gegenstand des Planungsprozesses, wie sie auch im Ergebnis von ihm beeinflußt und bestimmt werden.

6.1.1 Festlegung von Strukturen und Verantwortung

Die rechtzeitige Bestimmung und Festlegung der Zuständigkeiten und Kompetenzen im Krisenmanagement ist ein wesentlicher Punkt der generischen Planung. An erster Stelle werden für die Planungs- und späteren Führungsaufgaben innerhalb der Organisation Subsysteme gebildet. Da diese Subsysteme Prozesse von hoher Bedeutung planen und im Krisenfall mitsteuern, sind sie auf der Ebene des obersten Managements anzusiedeln, beziehungsweise diesem direkt zuzuordnen.

Theorie und Praxis stimmen dahingehend überein, daß die organisatorische Ausgestaltung in Form einer Projektorganisation dem zeitlich begrenzten und nicht regulären Auftreten dieser Vorkommnisse am ehesten gerecht wird. In der Umsetzung sind das dann entweder Stäbe, unter welchen Leitungshilfsstellen zu verstehen sind, allerdings ohne Anweisungsbefugnis oder Komitees, die als Koordinierungseinheiten mehrere Stellen umfassen, selbst aber keine Abteilung bilden.

Stab

Ein Stab, der dem Management zuarbeiten soll, ist insbesondere dort vorteilhaft, wo es um die Ausarbeitung der verschiedenen Maßnahmen der Eventualfallplanung geht. Durch die Zuordnung zur obersten Managementebene und die Loslösung von spezifischen Interessen verschiedener Organisationsteile werden verzerrende Einflußnahmen vermieden. Das setzt aber zugleich voraus, daß die Mitarbeiter des Stabes auch entsprechend qualifiziert sein müssen. Spätestens mit dem Eintritt negativer Ereignisse wird die beschränkte Durchsetzungsfähigkeit eines Stabes zu bemängeln sein. Deshalb wird häufig die Forderung erhoben, daß Stäbe mehr Kompetenzen zur Willensdurchsetzung erhalten müßten. Damit nähert sich der Krisenstab in seiner Ausgestaltung aber einem Krisenkomitee an. Häufig wird auch fälschlicherweise von einem Krisenstab gesprochen, wenn eigentlich ein Krisenkomitee gemeint ist.

Krisenkomitee

Das Krisenkomitee setzt sich neben Mitgliedern der Unternehmensleitung aus weiteren relevanten Entscheidungsträgern der Organisation zusammen wie dem Marketingleiter, dem Justitiar, dem Pressesprecher etc. Die Zusammensetzung ist in Abhängigkeit von der Art des Ereignisses leicht zu variieren. Dadurch werden sowohl die Spezialkenntnisse der Mitglieder genutzt, aber auch sichergestellt, daß die getroffenen Entschlüsse auch durch die in der Normalsituation Zuständigen in deren Bereich umgesetzt werden. Diese Form der funktionalen Nähe der Aufgaben im Krisenfall und in der Normalsituation erweist sich als ein wichtiger Baustein eines erfolgreichen Krisenmanagements (Mileti/Sorensen 1987; Höhn 1974).

Beispiel 36: Krisenmanagement bei der Lufthansa

Man kann die Fluglinien erfahren oder auch gut vorbereitet nennen, da sie sich wie keine andere Branche schon frühzeitig auf negative Ereignisse, wie Flugzeugunglücke vorbereitet haben. Sie entwickelten gut durchdachte Konzepte zum Krisenmanagement und bildeten spezielle Teams aus. Die Gründe haben ihren Ursprung in der hohen emotionalen Komponente des Fliegens, aber auch im Interesse der Unternehmen, höchste Qualität und besten Service zu bieten.

Bei der Lufthansa spielt das Krisenmanagement seit Jahren eine wichtige Rolle. An ihrem Beispiel kann gezeigt werden, wie das System von strategischen und funktionellen Verpflichtungen abläuft.

Lufthansa definiert die Verpflichtungen und Organisationsstruktur in seinem „Emergency Response and Action Plan" (ERAP), der unter der Führung und Verantwortung des Managers für Crisis Management Planning, einer ständig besetzten Position, vorbereitet und aktualisiert wird. Unter seiner Leitung kooperieren die verschiedene Abteilungen, die zur Zeit einer Krise von Bedeutung sind, wie der Medizinische Dienst, die Konzernkommunikation, die Personalabteilung, Behördenkontakte und Sicherheit etc. und leisten ihren spezifischen Beitrag zum ERAP. Im Ernstfall übernimmt der Manager für Crisis Management Planning die verantwortliche Führung des Special Assistance Team Centers (SAT-C).

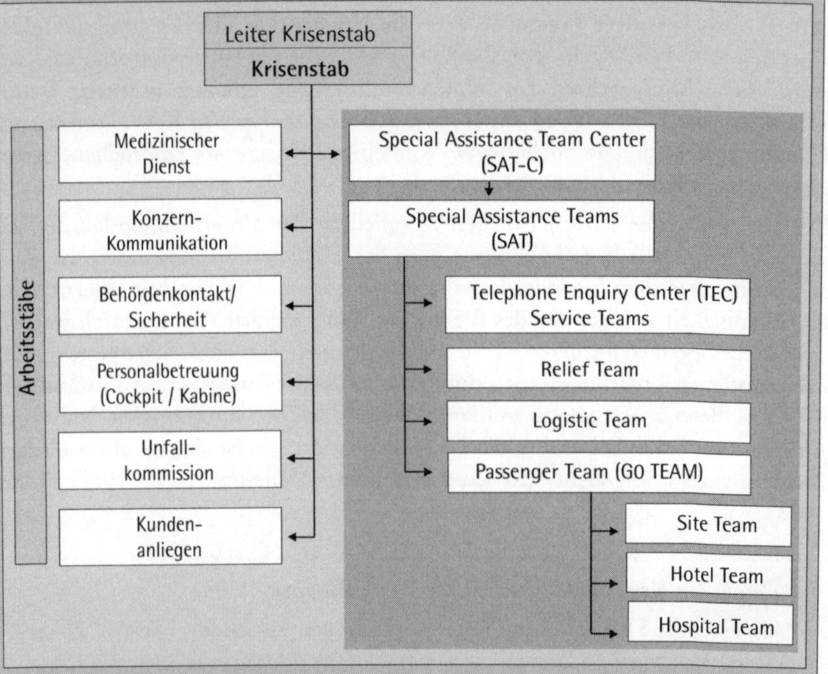

Im Falle einer Krise tritt der Krisenstab (eigentlich ein Krisenkomitee) zusammen. Dieser wird von einem hochrangigen Manager geleitet, der von nun an die Unternehmensleitung repräsentiert und die Gesamtverantwortung für das Krisenmanagement der Airline übernimmt. Er wird unterstützt durch die am ERAP beteiligten Abteilungen, die einen bereits zuvor festgelegten Mitarbeiter in die Räumlichkeiten des Krisenstabs auf dem Frankfurter Rhein-Main Flughafen entsenden. Weitere Mitarbeiter werden je nach Bedarf und Situation dem Krisenstab zugeordnet. Die Hauptaufgabe des Krisenstabs ist das Zusammenführen der Informationen, die Situationsanalyse und das Treffen strategischer Entscheidungen.

Das Special Assistance Team Center (SAT-C) unterstützt den Krisenstab (als Arbeitsstab) und tritt ebenfalls in den Räumen des Frankfurter Rhein-Main Flughafens zusammen. Das Special Assistance Team Center führt und koordiniert die verschiedenen Special Assistance Teams.

Telephone Enquiry Center (TEC) Service Teams	**Wahre und umfangreiche Information nach außen** • Abwicklung der Kommunikation • Telefonservice für Angehörige, Freunde, Bekannte der Unfallopfer
Passenger Team (GO TEAM)	**Betreuung von Fluggästen, Angehörigen, Abholern, Betroffenen** • Zuhören • Informieren • Helfen
Relief Team	**Unterstützung der betroffenen Station** • Übernahme von Routinetätigkeiten • Aufrechterhaltung des Stationsbetriebs • Abwicklung von Aufgaben nach Zuteilung durch den örtlichen Stationsleiter
Logistic Team	**Abwicklung administrativer Aufgaben** • Flugscheine für Angehörige • Hotelbuchungen • Hilfe mit finanziellen Mitteln • Beantwortung sonstiger administrativer Fragestellungen

Die Special Assistance Teams (SAT) sind der operative Arm im Krisenmanagement des Unternehmens und spiegeln die typischen Aufgaben einer Fluglinie wider, die mit einer Krise konfrontiert ist.

Diese SAT´s, die weltweit zur Verfügung stehen, werden nur im Krisenfall mobilisiert und können schnell und einfach an den Ort des Geschehens verlagert werden. Bei den Mitgliedern handelt es sich um Freiwillige aus verschiedensten Abteilungen des Unternehmens, die für die Notfallsituation trainiert wurden und bei Bedarf aktiviert werden. Die Verantwortlichkeiten der Special Assistance Teams (SATs) sind im Handbuch des SAT-Zentrums (SAT-C) festgelegt.

Beispiel 37: Krisenmanagement bei der TUI

Krisenmanagement wird bei den ersten Reiseveranstaltern inzwischen als Teil einer umfassenden Qualitätsstrategie betrachtet. Dazu zählt die Einrichtung hauptverantwortlicher Organisationsbereiche ebenso wie die Bezeichnung dieser mit „Krisenmanagement". Dabei ist die Bewältigung von Extremsituationen für deutsche Reiseveranstalter nichts grundlegend Neues und klassischer Grund dafür, warum sich Urlauber für die Pauschalreise entscheiden. Allein der Reiseveranstalter TUI bewältigt jährlich an die 200 Todesfälle und 1000 schwierige Erkrankungen (z.B. Herzinfarkte) unter seinen Urlaubsgästen.

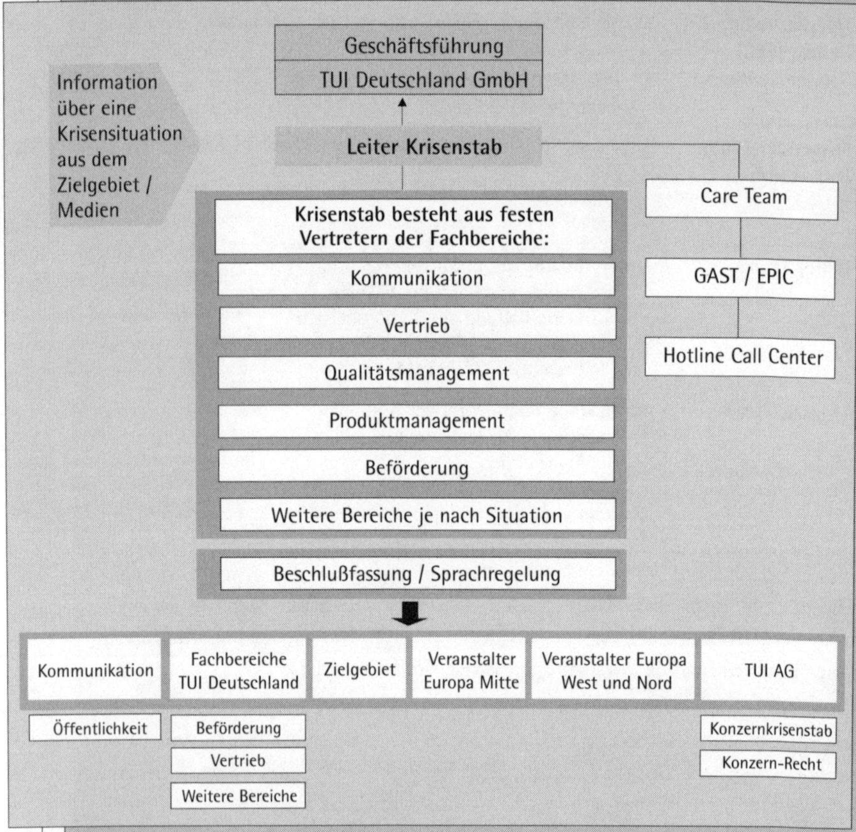

Die TUI selbst unterhält eine Stabsstelle mit einem ständigen Leiter für das Krisen- und Ereignismanagement. Dieser verantwortet die planerischen und operativen Maßnahmen des Notfall- und Krisenmanagements des TUI

Konzerns. Zudem zeichnet er sich dafür verantwortlich, ein breites Netzwerk mit allen relevanten Unternehmensbereichen, staatlichen Einrichtungen und Verbänden aufzubauen.

Der Leiter des Krisenstabs berichtet direkt an die Geschäftsführung der TUI Deutschland GmbH. Der Stab wächst automatisch nach Alarmierung auf. Neben den fest designierten Mitarbeitern aus den Bereichen: Kommunikation, Vertrieb, Qualitätsmanagement, Produktmanagement, Beförderung, werden weitere Mitarbeiter aus anderen Unternehmensbereichen, abhängig von der Lage, hinzugezogen.

Foto: TUI. Der Krisenordner steht in allen Stabsabteilungen und Zielgebieten

Das Krisenmanagement ist zentral organisiert und wird aus Hannover geführt. Maßnahmen werden zwar ständig mit den betroffenen Zielgebieten koordiniert, doch verfügt nur die Leitung des Krisenmanagements über die notwendige Marktübersicht und Kompetenz, um Entscheidungen wie Sonderflüge, Krankentransporte etc. zu treffen.

Das Krisenmanagement der TUI umfaßt verschiedene Kernaktivitäten. An erster Stelle ist dies die Entwicklung von Notfallplänen für typische Lagen. In den Plänen werden sowohl Aufgabenbereiche, Verantwortung und Verhaltensweisen geregelt als auch Informations- und Entscheidungswege fest-

Das Führungszentrum der TUI

Foto: TUI

gelegt. Die Notfallpläne werden ständig fortgeschrieben. Zudem werden typische Datenstrukturen (Personen, Telefon- und Faxnummern) fortlaufend aktualisiert. Ein wesentliches Ergebnis dieser Planungen sind Checklisten für Evakuierungen und Flugzeugunglücke. Diese Checklisten sind standardisiert und gehen nicht auf Details der Destinationen ein.

Zudem werden spezielle Räumlichkeiten vorgehalten. Hierzu gehört die über das gesamte Jahr 24 Stunden besetze Verkehrszentrale, von welcher aus sämtliche Flugbewegungen beobachtet und koordiniert werden. Hinzu kommt ein Krisenraum zur Führung von Krisensituationen. Kundenkontakte können durch die TUI bis zu Lagen in der Größe von Flugzeugabstürzen selbstverantwortlich gehandhabt werden. Darüber hinaus kann die TUI auf die Infrastruktur des GAST (Gemeinsame Auskunftsstelle)/EPIC Zentrum am Münchner Franz-Josef-Strauß Flughafen zurückgreifen, dem die TUI sich als erster Reiseveranstalter anschloß.

Außerdem wurden sogenannte Care Teams aufgebaut. Solche Teams sind aus der Luftfahrt bekannt, wo sie bereits seit Jahren zur Betreuung von Betroffenen und Angehörigen eingesetzt werden. Seit Anfang 2002 verfügt auch die TUI über 230 freiwillige Mitarbeiter, die in Not- und Krisensituationen eingesetzt werden können. Nach Auswahl der Bewerber, bei denen auf Nervenstärke, Einfühlungsvermögen und Organisationstalent geachtet wird, durchlaufen diese eine dreitägige Basisschulung mit Schwerpunkt Krisenpsychologie. Eintägige Auffrischungskurse sorgen im jährlichen Rhythmus für einen aktuellen Bereitschaftsgrad.

Die Care Teams der TUI sind verlegefähig und wurden in der Vergangenheit auch vereinzelt (in der Regel in Ein-Mann-Stärke) in die Zielgebiete entsandt. Idealerweise befinden sich jedoch ausgebildete Mitglieder dieser Teams bereits in den Zielgebieten in einer anderen Hauptfunktion. Es ist erklärtes Ziel bei der Auswahl neuer Freiwilliger, Mitarbeiter in Doppelfunktion in allen Zielgebieten aufzubauen.

Mit der Festlegung der Strukturen des Krisenmanagements werden idealerweise auch die detaillierte Arbeitsbeschreibung der verschiedenen am Krisenmanagement beteiligten Personen erstellt. Dadurch werden die Verantwortungsbereiche eindeutig und frühzeitig geregelt. Besetzungen werden durch klare Anforderungsprofile erheblich erleichtert, ebenso wie die Notwendigkeiten für die weitere Ausbildung klar aufgezeigt werden. Dies ist nicht nur für die erstmalige Besetzung der Positionen von Nutzen, sondern auch, wenn das Nachbesetzen der die Funktionen wegen Ausfall schnell und reibungslos geschehen muß. Eine solche Arbeitsbeschreibung könnte folgende Punkte für den Leiter der Kommunikationsabteilung enthalten:

Abbildung 34: Arbeitsbeschreibung (Leiter Kommunikationsabteilung)

1.	Stellt die Benennung des ersten und einzigen offiziellen Sprechers sicher
2.	Koordiniert Kommunikation mit öffentlichen Stellen, Verbänden etc.
3.	Beobachtet die öffentliche Meinungsbildung
4.	Bereitet Pressekonferenzen vor
5.	Bereitet Pressemitteilung zur Vorlage beim Leiter Krisenstab vor
6.	Organisiert und leitet Telefonkonferenzen ab Bekanntwerden des negativen Ereignisses
7.	Teilnahme an der Frühbesprechung des Krisenstabes (wenn möglich, insbesonders um 07.30 zum Briefing)
8.	Teilnahme an Besprechung der Abteilungsleiter (08.00- 08.30)
9.	Führt Pressekonferenz (zusammen mit Leiter Krisenstab) um 11.00 an jedem Tag durch
10.	Teilnahme an Treffen des Krisenreaktionszentrums (wenn möglich, 13.00)
11.	Nimmt Pressebriefing für Vorstand vor
12.	Nimmt an Versammlungen der Anspruchsgruppen teil oder entsendet Stellvertreter (mindestens einmal wöchentlich)
13.	Ist für interne Kommunikation verantwortlich
14.	Legt Stellvertreter fest

Wie bereits die obige Arbeitsbeschreibung andeutet, sollten auch die verschiedenen grundsätzlichen Meetings mit Zeit und Teilnehmerkreis festgelegt werden. Mit dieser Bestimmung eines grundsätzlichen Arbeitsrhythmus werden die interne und externen Kommunikations- und Koordinationsmechanismen von vornherein festgelegt. Dies erlaubt eine unverzügliche Aufnahme der Tätigkeiten, legt auch in dieser Form die Zuständigkeiten weiter klar und verständlich aus und erlaubt die Umsetzung von „lessons learned" Wissen, insbesondere für neue Funktionsträger.

Abbildung 35: Tägliches Communication Advisory Meeting

Titel:	Tägliches Communication Advisory Meeting
Zweck:	Tägliches Forum, um die Hintergründe und Fakten des Ereignisses zu betrachten. Festlegung wesentlicher Kommunikationsziele und einheitlicher Sprachregelung für interne und externe Kommunikation
Aktivierung:	So schnell wie möglich, nachdem Leiter Krisenstab die Aktivierung des Krisenplans angeordnet hat.
	Leiter der Kommunikationsabteilung informiert Teilnehmer
	Zeit: 08.00 – 08.30 (nach Präsentation für den Krisenstab)
Berichtet an:	Krisenstab
Hauptmitglieder:	Leiter Kommunikation, Leiter betroffenes Länderreferat, Leiter Qualitätsüberwachung, Leiter Call Center, Leiter Bibliothek
Weitere Mitglieder:	Auf Einladung durch Leiter Kommunikation
Erhält Information von:	Tagesreport der Pressestelle, Außergewöhnliche Ereignisreport Callcenter, Anspruchsgruppen-Meetings, Bibliothek
Instrumente:	Morgendliche Press-clippings, Übernachtbericht des Lagezentrums
Ziele:	Weiterleitung der Ergebnisse an Leiter Krisenstab
	Identifizierung und Festlegung wesentlicher Kommunikationsziele und einheitliche Sprachregelung bis zur Pressekonferenz um 11.30
Output:	Einheitliche Sprachregelung für Pressekonferenz (durch Leiter Kommunikation) um 11.30
	Bericht zu wesentlichen Themen an Leiter Krisenstab
Arbeitsstelle:	Zimmer 2005, Kommunikationsabteilung

6.1.2 Einsatz externer Experten

Zusätzlich muß sich die generische Planung mit der grundsätzlichen Bereitschaft beschäftigen, ob, wann und in welchem Umfang im Krisenfall auf externe Experten zurückgegriffen wird. Grundlage dieser Überlegungen ist der Umstand, daß die Krisenhandhabung zum einen eine Ausnahmesituation ist, zum anderen aber für die erfolgreiche Bewältigung Erfahrung und spezifisches Wissen benötigt wird. Obwohl letzteres bereits heute zu großen Teilen verfügbar ist, gestaltet sich der Zugriff auf diese Informationen nach wie vor sehr schwierig. In der Regel wird deshalb der Zugriff auf personalisiertes Wissen in Form von Experten vorgezogen. Diese können entweder ständiger Bestandteil der Organisation sein oder extern herangezogen werden.

Die Anzahl, der Unternehmen, die Leistungen für das Krisenmanagement anbieten, hat in den letzten Jahren stetig zugenommen. Der überwiegende Teil dieser Firmen beschäftigt sich mit der Betreuung von Geschäftsreisenden in Krisensituationen oder mit der Krisenkommunikation für Destinationen oder Reiseveranstalter.

Der Rückgriff auf externe Experten hat dabei den Vorteil, daß diese nur in der Ausnahmesituation in Anspruch genommen werden. Damit entstehen der Organisation nur für den Zeitraum einer möglichen Leistungsanforderung Kosten. Außerdem hat der Rückgriff auf externe Experten den Vorteil, daß diese aufgrund ihrer ständigen persönlichen Erfahrungen im Umgang mit solchen Situationen Fähigkeiten der Komplexitätsreduzierung aufgebaut haben, die sie zu einer schnelleren und sicheren Entscheidung befähigen. Sie handeln rationaler, da sie nicht direkt von den Ereignissen betroffen sind.

Abbildung 36: Checkliste für den Einsatz externer Experten

1.	Analysieren Sie, in welchen Bereichen Handlungsbedarf besteht, der nicht durch interne Experten abgedeckt wird!
2.	Welche Handlungsstrategie soll eingeschlagen werden?
3.	Ist ein Generalist oder ein Spezialist gewünscht?
4.	Überprüfen Sie, inwieweit dieses Expertenwissen nicht schon durch bestehende Partnerschaften wie Versicherungen, Banken, (Reise-) Verbände, staatliche oder internationale Institutionen verfügbar wäre!
5.	a) Überprüfen Sie mögliche externe Experten anhand ihrer Eignung für die Punkte 1, 2 und 3! b) Ziehen Sie insbesondere bisherige Referenzen für diese Tätigkeiten in Betracht. Bei unbekannten Experten besteht die Gefahr, daß sie sich zu Lasten des Betroffenen versuchen, einen Namen zu machen.
6.	Fordern Sie den Experten auf Sie zu überzeugen, weshalb er der Richtige für den Job ist! Wird er es nicht an dieser Stelle schaffen, fällt es ihm später um so schwerer.
7.	Stellen Sie sicher, daß die Unternehmenskultur des Experten nicht zu unterschiedlich zu der ihres Unternehmens bzw. ihrer Destination ist!

Wenn externe Experten eingesetzt werden, kann dies auch Nachteile mit sich bringen. Vor allem gilt dies für solche negativen Ereignisse, die Erfolgsfaktoren oder wichtige Bereiche des Unternehmens treffen. Um hier wirkungsvoll tätig zu werden und langfristige Schäden an der gewählten Wettbewerbsstrategie zu vermeiden, müssen die dahinter stehenden Wirkungszusammenhänge und Fakten bekannt sein. Diese Kenntnisse fehlen den externen Kräften prinzipiell genauso, wie ihnen die Spezifika der jeweiligen Unternehmenskultur teilweise oder überhaupt nicht bekannt sind. Zudem darf nicht außer Acht gelassen werden, daß

Vergessener Experte

Obwohl diese Funktion in vielen Unternehmen und auch auf Destinationsebene existiert, wird der Leiter der Bibliothek häufig nicht berücksichtigt, wenn es um das Krisenmanagement geht.

Bibliothekare, die immer häufiger auch als Informationsmanager bezeichnet werden, sind aber bestens dazu geeignet, Fakten, Berichte und andere Informationen zu recherchieren. Sie kennen die Quellen dieser Informationen und die Wege, diese schnellstmöglich verfügbar zu machen.

externe Experten nicht unmittelbar verfügbar sind. Das stellt insbesondere bei sich schnell entwickelnden Krisen ein erhebliches Risiko dar.

Der Einsatz von externen Experten ist eine gute Möglichkeit, um vor allem in Spezialbereichen auf Wissen und krisenspezifische Erfahrungen zurückzugreifen. Andererseits ist ein alleiniges Abstellen auf diese jedoch risikoreich und nicht sinnvoll, wenn ein erfolgversprechendes Krisenmanagement sichergestellt werden soll. Aus diesem Grund sind rechtzeitig Festlegungen zu treffen, welche Bereiche gegebenenfalls durch externe Experten verstärkt werden sollen. Das schließt die Verfügbarkeitsanalysen, Kontaktaufnahmen sowie erste Verhandlungen über Vergütungen und Leistungen ein.

6.1.3 Maßnahmen der Infrastruktur

Das Krisenmanagement trägt eine hohe infrastrukturelle Komponente in sich. Dies bezieht sich besonderes auf räumliche Anforderungen, die mit der Krisensituation einhergehen, schließt aber auch veränderte informationstechnische Bedürfnisse ein.

Sitzungsaal des Krisenreaktionszentrums des Auswärtigen Amtes

Quelle: Auswärtiges Amt. Bundeskanzler, Außenminister und andere Vertreter von Behörden und der Tourismuswirtschaft während der Tsunami-Krise 2004/5.

An erster Stelle sind hier seitens der betroffenen oder verantwortlichen Organisation die räumlichen Anforderungen zu betrachten, die zwei unterschiedliche Bedürfnisse befriedigen müssen. Die jeweiligen Entscheidungsträger müssen sich in einer geeigneten Umgebung – einem Führungszentrum – zusammenfinden können, von wo aus sie zentral die Krisenaktivitäten führen. Diese Räumlichkeiten enthalten alle notwendigen Kommunikations- und Führungsmittel. Hinzu kommen Sitzungsräume, in denen der Krisenstab bzw. das Krisenkomitee regelmäßig Beratungen durchführen und Entscheidungen treffen können. Zum Normalfall

Führungszentrum

unterscheiden sich die Anforderungen an diese Räumlichkeiten durch die Vorbereitung auf einen erforderlichen 24-Stunden Betrieb und zusätzliche Sicherheitsvorkehrungen.

Informationszentrale

Daneben besteht die Notwendigkeit einer Informationszentrale, welche die Vielzahl der sich einstellenden Außenkontakte zu Betroffenen und Nichtbetroffenen beziehungsweise zu Konsumenten oder Medien zu bewältigen hat. Auch der Umfang dieser Einheit nimmt für die Organisation ungewohnte Ausmaße an und wird häufig unterschätzt. Ähnlich wie das Führungszentrum wird die Informationszentrale auf einen 24-Stunden-Betrieb vorbereitet sein müssen. Das sollte sich auch hier in den notwendigen räumlichen Gegebenheiten widerspiegeln, führt aber zugleich auch die Anzahl des benötigten Personals vor Augen. Die in der Praxis angewendeten Konzepte stellen dabei auf eine Art Reservistenkonzept ab, in dem Mitarbeiter und weiteres Spezialpersonal wie Psychologen, Polizisten, Seelsorger etc. geschult und auf ihre Funktion vorbereitet und erst zum fraglichen Zeitpunkt aktiviert werden.

Während der Tsunami Krise im AA

Quelle: Auswärtiges Amt. Das Lagezentrum im Auswärtigen Amt.

Ein Beispiel dafür, daß beide Infrastrukturmaßnahmen auch auf überbetrieblicher Ebene vorgehalten werden können, zeigt das GAST/EPIC Zentrum.

Beispiel 38: Das GAST/EPIC Zentrum – Beispiel eines Informations- und Managementzentrums

Das EPIC (Emergency Procedures Information Centre) in London Heathrow und die GAST (Gemeinsame Auskunftstelle) am Münchner Flughafen stellen die zwei am besten ausgestatteten und erfahrensten Zentren für Unfall- und Krisenkommunikation in Europa dar.

Das EPIC wurde 1970 gegründet und arbeitet als gemeinsames Krisenzentrum für mehr als siebzig Fluggesellschaften. Seine Hauptaufgabe besteht im Management der direkten Kommunikation mit Betroffenen und der Öffentlichkeit. Seine Feuertaufe erfuhr das Zentrum nach dem Lockerbie-Absturz am 21. Dezember 1988, bei dem in 72 Stunden etwa 100.000 Telefonanrufe zu bewältigen waren.

Die GAST wurde 1995 auf Initiative von Verantwortlichen des Münchner Flughafens, der Münchner Flughafenpolizei und British Airways gegründet. Es handelt sich dabei um einen Verein, der von den Mitgliedern (deutschen Flughäfen, verschiedenen Fluglinien und zwei Reiseveranstaltern) finanziert wird. Die Hauptaufgabe der GAST ist, vergleichbar mit dem EPIC, die schnelle Bereitstellung von vorhandenen Informationen für die Öffentlichkeit. Sie arbeitet als zentrale Informationsstelle in einem Netzwerk, bei dem Passagierdaten von den beteiligten Institutionen (z.B. Fluglinien) und Untersuchungsergebnisse von Polizei, Rettungsmannschaften, Krankenhäusern etc. gesammelt und ausgewertet werden.

Krisenraum des GAST/EPIC

Foto: GAST/EPIC

GAST wird erst im Fall eines negativen Ereignisses tätig. Dabei muß es sich jedoch nicht zwingend um einen zivilen Luftverkehrsunfall oder um ein Ereignis innerhalb der deutschen Grenzen handeln. Im Notfall ist GAST in der Lage, in nur 10-15 Minuten operativ zu sein. Es aktiviert dazu seine Mitarbeiter aus den mehr als 500 trainierten Freiwilligen der Polizei und des Personals der Fluggesellschaften. Mit ihrer Hilfe werden die bereits mit aller notwendigen Technologie ausgerüsteten Räumlichkeiten bezogen. Solange, wie die Krise es erforderlich macht, leistet die GAST einen Rund-um-die-Uhr-Service in mehr als 20 Sprachen. Mit TUI und FTI sind zwei deutsche Reiseveranstalter Mitglieder des GAST.

Der Telefonpool für eingehende Anrufe

Foto: GAST/EPIC

Zu den bekanntesten Ereignissen, bei denen GAST aktiv wurde, gehören:

- Das Zugunglück in Eschede am 03.06.1998 (1.000 Anrufe)
- Der Concorde-Absturz in Paris am 25.07.2000 (800 Anrufe)
- Das Zugunglück der Gletscherbahn in Kaprun am 11.11.2000 (2.700 Anrufe)
- Der Flugzeugabsturz bei Überlingen am 01.07.2002 (350 Anrufe)

Management- und Informationszentren müssen nicht notwendigerweise ortsgebunden sein. Abhängig von der Art des Ereignisses oder der Entwicklung ist eine Präsenz vor Ort ratsam, die sich durch modulare Büro- und Unterkunftselemente ermöglichen lassen. Die Fluggesellschaft BRITISH AIRWAYS hält so beispielsweise ein „Relief Aircraft“ bereit. Mit diesem transportiert sie nicht nur das erforderliche Personal, sondern auch alle möglichen Arten von Infrastruktur- und Kommunikationsmitteln.

Die informationstechnischen Bedürfnisse müssen besondere Berücksichtigung finden. Diese unterscheiden sich zur Normalsituation in den Richtungen der Informationsbeschaffung und -verbreitung.

Informationsbeschaffung

Mittels der Informationsbeschaffung muß schnell ein zuverlässiges und umfassendes Lagebild gezeichnet und den Entscheidungsträgern präsentiert werden. Die Informationskanäle sollten daher eine möglichst direkte Verbindung zwischen dem Ort des Geschehens und den Entscheidungsträgern herstellen. Idealerweise erlauben sie auch die visuelle Kommunikation, wodurch das Führungspersonal sich weitaus schneller und umfassend ein Bild der Lage verschaffen kann als mit herkömmlichen Mitteln. Herkömmlichen Telefonlinien kommt immer noch eine wichtige Funktion zu. Ihre Nummern sollten bereits eingerichtet und bekannt sein, jedoch nur für den „Einsatzfall“ verwendet werden. Da viele auf diesem Weg nun offen ausgetauschten Informationen von hoher Sensitivität sind, muß auch dem Aspekt der Sicherheit Rechnung getragen werden. Größere Organisationen halten aus diesem Grund Kryptogeräte verfügbar.

Informationsverbreitung

Die Informationsverbreitung, und zwar nicht nur außerhalb, sondern auch innerhalb des Unternehmens, fordert weitere infrastrukturelle Maßnahmen. Eine mangelhafte und uniformierte gesellschaftliche Umwelt sind Anlaß von Fehlinformationen oder Vertrauensverlusten und ist nach wie vor größter Stein des Anstoßes öffentlicher Kritik. Als wichtigstes Instrument hat sich neben den Notfallrufnummern inzwischen das Internet herausgestellt (siehe hierzu mehr Information in Kapitel 7.5.6.1.1und Beispiel 52)

Die Führungs- und Informationszentren müssen ständig mit einer umfangreichen Informationstechnik ausgestattet sein. Speziell für die Informationszentren ist der hohe Anteil der direkten Kommunikation zu beachten. Im Konkreten heißt dies, daß Kommunikationseinrichtungen im notwendigen Umfang vorhanden und, daß zusätzliche Kommunikationsleitungen entsprechend schnell verfügbar sind. Die hohe Bedeutung des Internets zur Verbreitung von Informationen macht zudem die Notwendigkeit deutlich, in diesem Bereich direkte Zugänge zum Internet vorzuhalten, um eine möglichst verzugslose Informationsbereitstellung zu ermöglichen.

Abbildung 37: Checkliste für das IT Equipment

1.	Sind Festnetztelefone und Durchwahlnummern in ausreichender Zahl vorhanden? a) Rufnummern dürfen nicht schon im Normalbetrieb vergeben sein! b) Ausreichender Nummernvorrat für überlastete Nummern. Das stellt insbesonders auf Schlüsselpersonal im Laufe einer längeren Krise ab.
2.	Sind Vorkehrungen für Konferenzschaltungen bekannt und getroffen?
3.	a) Sind stabile Internetverbindungen in ausreichender Anzahl vorhanden? b) Sind Zugangsinformationen zum eigenen Server vorhanden und besteht Schreibberechtigung? c) Spezielle Emailadressen eingerichtet?
4.	Sind Faxgeräte vorhanden (weitere Fragen siehe Punkt 1a und 1b)
5.	a) Ist eine ausreichende Anzahl von Computern vorhanden? b) Sind diese vernetzt? c) Sind Software und Hardware in aktuellem Zustand? d) Sind Laptops für Vor-Ort Kräfte vorhanden?
6.	a) Sind Mobilfunktelefone in ausreichender Anzahl vorhanden? b) Ersatznummern für Schlüsselpersonal sicherstellen (siehe Punkt 1b) c) Sind Batterien aufgeladen und Ersatzbatterien in ausreichender Anzahl vorhanden? d) Bei Planung beachten, daß Mobilfunknetze häufig in Krisensituationen wegen Überlastung nicht verfügbar sind. Deshalb, wenn möglich, Präferenzzugang sicherstellen oder Ausweichkommunikation, wie tragbare Funksprechgeräte, einbeziehen. e) Gegebenenfalls Satellitentelefone für Schlüsselpersonal verwenden.
7.	a) Sind Digitalkameras verfügbar? (für interne Kommunikation bzw. Website) b) Sind Webkameras verfügbar? (für Videokonferenzen) c) Sind Videokameras verfügbar? (zur Übersendung von Lageberichten vor Ort an das Führungszentrum und zur Dokumentation)
8.	a) Stromversorgung sicherstellen. b) Batterien vorhalten. c) Ausfallsicherung (Generator) vorsehen.

9.	a) Sind Handbücher auf dem aktuellen Stand und in ausreichender Anzahl vorhanden? b) Sind die Telefonlisten auf dem aktuellen Stand? i. Sind alle internen Nummern enthalten? ii. Sind alle nun aktivierten Notfallnummern (Fest- und Mobilfunknetz) enthalten? iii. Sind die wichtigen und notwendigen externen Nummern (Behörden, Verbände...) vorhanden? iv. Sind diese leicht während des Einsatzes zu aktualisieren und fortzuschreiben? (idealerweise im Intranet vorhanden) c) Alarmierungslisten – am besten per SMS zu versenden – vorbereitet und aktuell? d) Sind Emaillisten vorbereitet und aktuell? (am besten schon frühzeitig verschiedene Gruppen festlegen)
10.	Kryptomaßnahmen für Telefon, Fax und Mobilfunk, wenn nötig und sinnvoll, berücksichtigen!
11.	Ist der Zugang zum Rechnungs-/Finanzwesen sichergestellt? (Dieser Punkt ist insbesondere bei längeren Krisen von Bedeutung)

6.2 Eventualfallplanung

Die Eventualfallplanung ist die antizipierende Auseinandersetzung mit bestimmten Krisenszenarien. Sie folgt auf die generische Planung. Ziel ist, verschiedene Optionen zu erarbeiten und zu bewerten, um sie anschließend als Handlungsanleitungen verfügbar zu halten. Diese Form der Planung wird auch als Alternativplanung, Notfallplanung oder Contingency-Planning bezeichnet. Grundsätzlich ermöglicht die Eventualfallplanung für die antizipierten Ereignisse die Gewinnung eines erheblichen Zeitvorsprungs, der in komplexen Situationen und unter Zeitdruck wesentlich zur Entscheidungssicherheit beiträgt. Der planerischen Detaillierung sind dabei finanzielle, menschliche und Grenzen der Vorstellbarkeit gesetzt.

Aus diesem Grund ist es zum einen empfehlenswert, die grundsätzlichen Anstrengungen auf mehrere Schultern zu verteilen und erst anschließend eine Feinabstimmung der Pläne vorzunehmen. Dieser Ansatz läßt sich beispielsweise über Verbände vollziehen und wurde durch die schon erwähnte Caribbean Hotel Association gewählt, die zusammen mit der Caribbean Tourism Organization das Hurricane Procedures Manual für ihre Mitgliedsunternehmen erarbeitet hat.

kurze Reaktionszeit und Standardsituationen

Zum anderen ist zu beachten, daß dem Detaillierungsgrad vorrangig dort eine hohe Aufmerksamkeit zukommt, wo es sich um Situationen handelt, in denen nur eine kurze Reaktionszeit zur Verfügung steht. Außerdem sollte für Standardsituationen eine hohe Detaillierung angestrebt werden. Damit ist weniger das Ereignis als vielmehr die Verhaltenssituation innerhalb des Ereignisses zu sehen.

Einhaltung bestimmter Vorgaben

Außerdem müssen solche Situationen ausführlich behandelt werden, in denen die Einhaltung bestimmter Vorgaben unerläßlich ist, um Schaden von der Organisation abzuwenden. Für die letzten beiden Fälle ergeben sich ausgearbeitete Planungsmodule, die in der Krisensituation eingesetzt werden können und bei denen man sich nur noch auf die Abstimmung konzentrieren muß.

Die Planung muß immer wieder als situationsgebundene Vorbereitung aufgefaßt werden, die im Zeitverlauf Anpassungserfordernisse hat, sofern nicht die Module von Standardsituationen betrachtet werden. Dennoch darf eine fortlaufende Planungsaktualisierung nicht in einen dauerhaften Planungsprozeß münden, der schnell die verfügbaren Ressourcen übersteigt und den Blick für das Wesentliche verbauen kann. Es empfiehlt sich viel eher, eine Betrachtung in bestimmten, regelmäßigen Zeitabständen vorzunehmen. Den jeweiligen Rhythmus gibt dabei die Einschätzung der Gefährdungslage vor, die aus dem realen Umfeld resultiert.

Abbildung 38: Checkliste für die Vorbereitung auf tropische Stürme

Bei Naturkatastrophen wie tropischen Stürmen verbleibt nur wenig oder keine Vorbereitungszeit. Deshalb ist die Vorbereitung von Checklisten äußerst wichtig und sollte von keinem betroffenen Ressort vernachlässigt werden. Das nachfolgende Beispiel zeigt auf, wie solche Checklisten aussehen können.

I. Aktivierung des Managements	
Ernennen Sie für jeden der acht Bereiche eine verantwortliche Person:	• Gebäude • Koordinierung und Bereitstellung von Schutzräumen/Notunterkünften • Kommunikation • Koordinierung der Mitarbeiter • Aktualisierung des Gäste- und Angestelltenverzeichnisses • Koordinierung der Evakuierung • Unterstützung der Reisevorbereitungen und Koordination des Transports • Koordinierung der Sicherheit
II. Vorbereitung des Ressorts	
(a) Überprüfen des Status von:	• Material zur Notfallkommunikation, inklusive Funkgeräte und Mobiltelefone • Feuerbekämpfungssysteme • Blitzableiter • Überwachungssystem zur Wasserstandsanzeige • Abschaltautomaten • Notstromaggregate • Treibstoffvorrat (voll, wenn möglich) • Lagerung von Gefahrgut

(b) Definieren der Abschaltbedingungen	• Festlegung, wer das Abschalten der wesentlichen Versorgungsanlagen des Ressorts bestimmt (inklusive der Evakuierung) • Bestimmung, wie sich die teilweise Abschaltung auf andere Anlagen auswirken würde • Überprüfung der notwendigen Zeitspanne, die zwischen Abschaltung und Neustart verstreichen muß • Festlegung der Bedingungen, welche ein Abschalten notwendig machen. Weitergabe dieser Information an den Operateur zusammen mit den Informationen, welche Anlagenteile betroffen wären und wie lange für die Abschaltung und den Neustart gebraucht würde. • Verantwortlichkeit für das Abschalten festlegen
(c) Aufbewahrung wichtiger Unterlagen	• Sicherung wichtiger Unterlagen, die nicht während des Notfalls gebraucht werden. Lagerung von Datenträgern in isolierten und wasserdichten Behältern • Überprüfung der Versicherungsunterlagen • Erstellung einer Sicherheitskopie vom Computersystem
(d) Sicherung der außenliegenden Anlagen	• Verbringen der Geräte in sichere Bereiche • Verbringen der Möbel nach innen • Beseitigen von Werbetafeln, Flaggen, Topfpflanzen sowie Kunstwerken • Abtransport von Vieh und Verbringen von Haustieren in Innenbereiche • Sichern der Rolläden oder der Fenster mit 2-cm Sperrholz
(e) Vorbereitung der Schutzräume (wenn zutreffend)	Vorbereiten von großen Innenräumen für: • Belegung durch Gäste und Angestellte • Essen-, Treibstoff- und Gepäckaufbewahrung • Essenverteilung • Sanitäre Bedürfnisse (inklusive Wickelraum und Stillraum) • Kommunikation Bereitstellung für Notfallheizung, -licht und -küche
III. Koordinierung und Belieferung der Notunterkünfte	
Entscheidung, für wen die Schutzunterkünfte bestimmt sind (z.B. Gäste, Angestellte, Organisations-personal). Nach dieser Entscheidung nebenstehende Punkte befolgen:	• Wenn Ressort KEINE SCHUTZRÄUME verfügbar hat, offizielle Schutzräume ausfindig machen und Wegbeschreibungen dorthin anfertigen • Wenn Ressort SCHUTZRÄUME verfügbar hat, Überprüfung von Erreichbarkeit, Treibstoff, Trinkwasser, Decken, Kissen und Erste-Hilfe-Mittel in den Bereichen der Anlagen. Überprüfung der Telephon- und Notfallverbindungen zu zivilen Behörden und Katastrophendienst.

IV. Kommunikation

- Verbringen der Kommunikationsgeräte zu den Schutzunterkünften und Funktionstest. Dies sollte Funkgeräte einschließen sowie Telephone und Fernseher.
- Verteilen von tragbaren Funkgeräten für Führungskräfte, Koordinatoren, kritischen Anlagen und Sicherheitspersonal
- Festlegung von Back-up Kommunikationswegen, welche Melder (Läufer) einschließen
- Aktivierung von automatischen Rufweiterleitungen an spezialisierte Callcenter im Falle des Zusammenbruchs des Telefonnetzes. (Wichtig für die Kommunikation mit Angehörigen!)
- Einrichtung einer Nachrichtentafel zur Veröffentlichung des Status von Stürmen, Warnungen, Evakuierungshinweisen, Reisehinweisen und hilfreichen Telefonnummern
- Kopieren und Verteilen der Checklisten und Ratschläge an die Gäste

V. Koordinierung der Mitarbeiter

- Schlüsselpersonal feststellen und benachrichtigen, was für die Vorbereitung oder Instandhaltung der Anlagen während des Sturms gebraucht wird
- Checklisten und Hinweise an Mitarbeiter und ihre Familien verteilen
- Über Notwendigkeit der Schutzunterkünfte für Mitarbeiter entscheiden

VI. Gäste- und Angestelltenverzeichnis

- Bereitstellen eines Logbuches zum Ein- und Austragen der Gäste
- Vorbereiten und aktualisieren eines Gäste- und Angestelltenverzeichnisses
- Erstellen eines Verzeichnisses der aktuellen Gästedaten, wie Heimatadresse, familiäre Notfallkontakte und Reisepläne
- Bei Evakuierung Listen mit Informationen über Abfahrten und begonnene Reiseziele aktualisieren

VII. Koordinierung der Evakuierung

- Über die Voraussetzungen der Evakuierung für die verschiedenen Kategorien: Touristen, Gäste, normale Angestellte und Schlüsselpersonal entscheiden
- Festlegen der Entscheidungsbefugnis für die Evakuierung der Unterkunft
- Evakuierungswege und -ziele festlegen
- Benachrichtigungswege für die Evakuierung festlegen
- Nach der Entscheidung zu evakuieren, zivile Behörden kontaktieren und über weitere Absichten informieren

VIII. Unterstützung der Reisevorbereitungen und Koordinierung des Transports

- Überprüfen bzw. Feststellen der Ansprechpartner bei Reiseveranstaltern, Flug-, Bahn- und Buslinien
- Bekanntgabe der Verfügbarkeit von zusätzlicher Reisehilfe
- Benachrichtigen der Reiseleiter. Feststellung des Transportbedarfs und Verfügbarkeit von freien Plätzen, wenn diese über eigene Transportmöglichkeiten verfügen. Mitteilung der freien Plätze an Gäste

IX. Koordinierung der Sicherheit

- Bestimmung der Sicherheitsanforderungen für die Phasen: Vorbereitung, Sturmbeginn und nach dem Sturm
- Festlegen, wann Sicherheitskräfte eingesetzt werden sollen und wann der Einsatz beendet ist
- Einrichten eines Koordinationszentrums für die Sicherheitskräfte und Ausstattung mit den notwendigen Kommunikationsmitteln

Quelle: In Anlehnung an WTO (1998b)

Nach der Erstellung ist das Schlüsselpersonal spätestens in die Eventualfallpläne einzuarbeiten. Bei Ereignissen mit einer hohen Eintrittswahrscheinlichkeit ist im Interesse der Gäste, ein aktiver Ansatz der Risikokommunikation zu wählen (siehe auch Kapitel 7.5.1.1). Das heißt, daß zum Beispiel im Falle der erwähnten tropischen Stürme die Gäste schon mit Ankunft auf dieses Phänomen hingewiesen und ihnen grundsätzliche Informationen zu den Vorkehrungen gegeben werden. Darüber hinaus sind die Details von Eventualfallplänen vertraulich zu behandeln.

Das Ergebnis der Alternativplanung sind Handlungsanweisungen, die nach einem bestimmten Schema einheitlich für die verschiedenen Situationen erstellt werden. Sie enthalten alle für die Situation benötigten Informationen, Checklisten, Stammdaten sowie Kontaktdaten der internen und externen Entscheidungsträger.

Beispiel 39: Das Service-Handbuch der TUI

Das „Service-Handbuch" des Reiseveranstalters TUI umfaßt ca. 200 Seiten. Es ergänzt die in Beispiel 37 dargestellten Notfallpläne und gehört zur Standardausrüstung aller 1500 Reiseleiter weltweit.

In diesem Handbuch werden u.a. große und für den Reiseveranstalter relevante negative Ereignisse aufgelistet und für den Reiseleiter bindende Handlungsanweisungen für kritische Situationen formuliert. Hierbei handelt es sich um detaillierte Instruktionen, welche Maßnahmen im Notfall getroffen werden müssen, welche Aktionen zu priorisieren sind, was es zu beachten gilt und mit wem Kontakt aufzunehmen ist. Die Konzeption dieses Handbuchs liegt in der Verantwortung der Abteilung „Zielgebietsunterstützende Abwicklung" (ZUA). Das Handbuch wird regelmäßig aktualisiert.

6.3 Training

Einmal ausgearbeitete Krisenpläne bleiben in der Praxis immer wieder unbeachtet oder werden bewußt übergangen, wenn der Krisenfall eintritt. Zurückzuführen ist dies auf das Bedürfnis zur Komplexitätsreduktion bei den Entscheidungsträgern, die persönliche Erfahrungen anderen Erkenntnissen vorziehen. Das unterstreicht zum einen die Notwendigkeit, schon bei der Krisenplanung die später verantwortlichen Entscheidungsebenen mit einzubeziehen. Ein sich erst zum Zeitpunkt der Krise mit den Krisenplänen beschäftigendes Management ist generell eher geneigt, dieses zu verwerfen.

Zum anderen ist schon frühzeitig eine Identifikation und Verinnerlichung der Krisenpläne durch das übungsmäßige Auseinandersetzen zu fördern. Dadurch wird erstens vermieden, daß der Glaube an die Unverwundbarkeit bestehen bleibt, der sich im Fall der Krise immer wieder als extrem schädlich erweist. Zweitens entwickelt sich schrittweise ein Gefühl für Krisensituationen und verhilft dem verantwortlichen Personenkreis, aufgrund der gesammelten Erfahrungen im Krisenfall, erfolgreicher zu agieren.

Grundsätzlich gilt, daß die Bereitschaft zum Training seitens der betroffenen Mitarbeiter mit der persönlichen Einschätzung der Wahrscheinlichkeit der Wiederholung des Ereignisses wächst. Deshalb muß das Interesse für das Training vor allem durch Szenarien geweckt werden, die auf die spezifische Organisation zugeschnitten sind. Durch diese gedankliche Auseinandersetzung mit möglichen negativen Ereignissen und ihren Entwicklungsfolgen für die eigene Organisation wird die Verwundbarkeit besonders anschaulich und nachvollziehbar. Durch das konkrete Herausarbeiten der möglichen Kosten bzw. Ertragsausfälle wird den Mitarbeitern, insbesondere aber deren Management, klar vor Augen geführt, was geschehen kann, wenn sie sich nicht vorbereiten.

Innerhalb des Trainings sind zwei wesentliche Gruppen von Mitarbeitern zu unterscheiden. Zum einen gibt es eine große Gruppe von Personal, welches sich auf Tätigkeiten vorbereiten muß, die eher in Ausnahmefunktion durchgeführt werden. Diese Fähigkeiten sind zu erlernen und regelmäßig zu üben. Ziel des Trainings ist die Einarbeitung in die „ungewohnte Situation" in solch einer Weise, daß die erworbenen Fähigkeiten sofort und sicher verfügbar sind. Diese Form des Trainings ist bei Betreuungspersonal, Operateuren, Telefonisten etc. sinnvoll. Das Management wird von solchen Formen des Trainings bis auf die Ausnahme des Medientraining, das heißt das Erlernen der Fähigkeit zum richtigen Umgang mit den Pressevertretern in Krisenzeiten, weitestgehend ausgenommen sein.

Fähigkeiten in Krisen

Zu den Fähigkeiten, die für Krisen in besonderem Maße trainiert werden müssen, gehört das Priorisieren. Die meisten Vorfälle übersteigen vergleichbare Normalsituationen erheblich. Die vorhandenen Ressourcen reichen nicht aus, um sich auf alle Betroffenen bzw. Konsequenzen gleichzeitig zu konzentrieren. Im Rahmen der Notfallmedizin wird diese Vorgehensweise mit „Triage" beschrieben. Ursprünglich beschrieb dieser französische Ausdruck bei Baumwollhändlern das Trennen verschiedener Qualitäten. Es wurde von Napoleons Truppenarzt Larrey dann aber auf die Behandlungsprioritäten von Verletzten angewendet.

Beispiel 40: Care Teams

Insbesondere Care Teams, d.h. die Mitarbeiter, die sich in der Krisensituation um die Betroffenen und Angehörigen kümmern, haben regelmäßig zu trainieren. Häufig wird das Personal der Care Teams aus Mitarbeitern in der eigenen Organisation zusammengesetzt, die diese Tätigkeit in Zweitfunktion ausüben.

Nach einer sorgfältigen Auswahl auf Fähigkeiten wie Nervenstärke, Einfühlungsvermögen, Entschlußkraft und Organisationstalent, durchlaufen die späteren Mitarbeiter der Care Teams eine die ersten Grundlagen schaffende Ausbildung. Dabei geht es um rechtliche, finanzielle, medizinische, praktische Belange ebenso wie krisenpsychologische Techniken. Durch regelmäßige Trainingseinheiten müssen diese dann ständig aktualisiert und trainiert werden, um die Einsatzbereitschaft zu erhalten.

Care Teams gehören zu den wichtigsten Funktionen einer Organisation im Rahmen des bewältigenden Krisenmanagements. Sie sind die Schnittstelle zum Kunden und den Angehörigen und damit eine der Schlüsselfunktionen, die über ein erfolgreiches Krisenmanagement entscheidet.

Zu der anderen Gruppe von Mitarbeitern gehört das Führungspersonal. Durch Übungen des Führungspersonals bietet sich die Chance, daß sich dieses in die Eventualfallpläne vertieft einarbeitet, sich mit ihnen identifiziert oder die Überarbeitung anregt. Hauptziel ihres Trainings ist aber das Heranführen an die Besonderheiten von Krisensituationen. Dazu gehören der Umgang mit komplexen Entscheidungssituationen, mit sonst unwichtigen Einflußfaktoren, Zeitdruck und starkem Streß. Durch Lagen, die nur auf Managementebene durchgespielt werden, lassen sich diese Entscheidungsprozesse sehr gut simulieren. Die Praxis zeigt, daß gerade diese Situationen nützlich sind, Handlungsabläufe, Informationswege und die Zusammenarbeit zu trainieren. Sie helfen auch schon frühzeitig, Kompetenz- und Zuständigkeitsschwierigkeiten zu identifizieren und in der Folge abzustellen. Letztere bilden in der Krisenbewältigung nach wie vor ein wesentliches Problem.

6.4 Präventivplanung

Mit Präventivplanung wird die Vorbereitung auf ein sich abzeichnendes negatives Ereignis bezeichnet. Entsprechend der Dringlichkeit, mit welcher die Aufgaben durchgeführt werden müssen, das heißt abhängig von der Entwicklungsgeschwindigkeit des Krisenprozesses, kann dies durch die Ausarbeitung verschiedener Optionspläne geschehen. Diese beachten – im Gegensatz zur Eventualfallplanung – das unmittelbare und wahrscheinliche negative Ereignis. Ziel der im Rahmen der Präventivplanung erstellten Optionspläne ist die Ausarbeitung und Bereitstellung von konkreten Lösungsmöglichkeiten zur Überwindung der sich entwickelnden Krisensituation. Angestrebt werden sollte dabei ein möglichst hoher Detaillisierungsgrad, durch den die Vor- und Nachteile der verschiedenen Optionen sichtbar werden.

Außerdem wird im Rahmen der Präventivplanung eine Überprüfung der den bisherigen Planungen zugrundegelegten Daten auf ihre unveränderte Gültigkeit vorgenommen. Dadurch wird die Planungssicherheit und der Erfolg der späteren Maßnahmen erhöht. Dies geschieht auch mit den aktuellen Planungen, die auf Basis der nun ständig beobachteten Bedrohungssituation ständig zu aktualisieren sind. Für alle Planungsmaßnahmen der Präventivplanung wird auf die Erkenntnisse und Ergebnisse der vorgeschalteten Planungen, vor allem der Eventualfallplanung, zurückgegriffen. Auch wenn es dabei selten zur uneingeschränkten Anwendung eines ausgearbeiteten Eventualfallplanes kommt, verkürzt die wahrscheinliche Teilanwendbarkeit der Eventualfallpläne doch den Prozeß der Präventivplanung erheblich.

Fragen

- Was versteht man unter generischer Planung?
- Was sind Eventualfallpläne?
- Welche Aufgaben haben Care Teams?
- Weshalb ist das Training im Krisenmanagement wichtig?
- Was spricht für und was gegen den Einsatz externer Experten?

Empfehlungen zur vertiefenden Lektüre

Born, Karl: Mit dem Krisendruck umgehen, in: Glaeßer, Dirk; Pechlaner, Harald (Hrsg.): Risiko und Gefahr im Tourismus, (ESV) Berlin 2004, S. 91-99

Hinterhuber, Hans; Ortner, Stefan: Risikomanagement als nicht-delegierbare Führungsaufgabe, in: Glaeßer, Dirk; Pechlaner, Harald (Hrsg.): Risiko und Gefahr im Tourismus, (ESV) Berlin 2004, S. 191-207

Müller, Ueli; Zimmermann, Willi et. al.: Katastrophen als Herausforderung für Verwaltung und Politik, (vdf) Zürich 1997

Sexton, J. Bryan (Hrsg.): The Better the Team, the Safer the World: Golden Rules of Group Interaction in High Risk Environments: Evidence based suggestions for improving performance, (Gottlieb Daimler und Karl Benz Foundation, Swiss Re Centre for Global Dialogue) Ladenburg – Rüschlikon 2004

World Tourism Organization: Handbook on Natural Disaster Reduction in Tourist Areas, (WTO) Madrid 1998

World Tourism Organization: Guide for Local Authorities on Developing Sustainable Tourism, (WTO) Madrid 1998

Nützliche Website

GAST/EPIC: www.gast-epic.de

7 Instrumente des Krisenmanagements

Das Marketinginstrumentarium, im Krisenmanagement eingesetzt, bedarf an sich keiner Veränderung oder Innovation. Es bleiben nach wie vor die gleichen Aktionsinstrumente und Grundsatzentscheidungen, die aber im Blickwinkel der veränderten Rahmendaten des negativen Ereignisses eingesetzt werden müssen.

Zur Verfügung stehen die Instrumente der Produkt-, Preis-, Distributions- und Kommunikationspolitik. Diese Instrumente werden nicht isoliert, sondern stets verbunden eingesetzt, wobei der Wechselwirkung besondere Aufmerksamkeit zukommt.

Die Wirkung der Instrumente wird grundsätzlich durch die gewählte Wettbewerbsstrategie bestimmt, was andererseits ihre Auswahl auch im Krisenfall beeinflußt. Bevor eine genaue Betrachtung der jeweiligen Instrumente erfolgt, ergeben sich einige wichtige Fragestellungen, die im Vorlauf zur Instrumentenwahl, des Marketing-Mixes und zum Instrumenteneinsatz zu klären sind. Schon für die Normalsituation muß die Frage der Marktbearbeitungsform beantwortet werden, die sich nun in der Krisensituation erneut stellt. Erneut deshalb, weil sich der Bereich der „interessierenden" Personen und der Wirkungsbereiche verändert. Außerdem fällt dem Timingaspekt, also dem zeitlichen Einsatz der Instrumente, nicht nur in seiner Reihenfolge und Dauer, sondern auch im Bezug auf das Ereignis eine neue Dimension zu.

7.1 Grundentscheidungen

Ziel dieses Kapitels

- Die verschiedenen Zeitpunkte des Instrumenteneinsatz unterscheiden können
- Die Unterschiede der Budgetbestimmung in Krisenzeiten erkennen
- Vor- und Nachteile zur Abwägung der standardisierten und differenzierten Marktbearbeitung verstehen

Wesentliche Begriffe und Konzepte

- Zeitpunkte des marketingpolitischen Instrumentariums
- Marketingbudget
- Marktbearbeitungsstrategien

7.1.1 Verschiedene Zeitpunkte

Im Zusammenhang mit dem marketingpolitischen Instrumentarium fällt der zeitlichen Dimension des Instrumenteneinsatzes eine wesentliche Funktion zu, da schon in der Normalsituation die Marketinginstrumente abhängig vom Zeitfaktor unterschiedlich wirken.

Die Wahl der verschiedenen Zeitpunkte des Instrumenteneinsatzes wird durch den Eintritt eines negativen Ereignisses dominiert. Damit unterscheidet sich der Einsatz des Instrumentariums von der Normalsituation, in welcher die Wahl der geeigneten Zeitpunkte erheblich weniger Restriktionen unterliegt.

Zuerst geht es darum, die Krisensituation als solche wahrzunehmen. Dabei ergeben sich die bereits dargestellten Probleme der Wahrnehmung und Beurteilung. Ab dem Zeitpunkt, zu dem der Eintritt eines negativen Ereignisses festgestellt wurde, ist jeder Instrumenteneinsatz, auch wenn es nur eine Fortführung der bisherigen Marketingentscheidungen ist, unter veränderten Gesichtspunkten zu sehen. Von nun an werden nämlich sämtliche Organisationstätigkeiten als das Ergebnis einer bewußten Willensbildung interpretiert und verstanden. Zugleich wird aber auch erkennbar, daß der Zeitpunkt des Instrumenteneinsatzes im Krisenmanagement mindestens zweigeteilt ist.

präaktiver Zeitpunkt

Ein erster präaktiver Zeitpunkt ist dort zu sehen, wo Entscheidungen über die Einstellung diverser Marketingmaßnahmen getroffen werden, die in der Normalsituation eingeleitet oder festgelegt wurden. In erster Linie handelt es sich um die Beurteilung, ob die bestehende Verwendung der Instrumente noch stimmig ist. Dazu ist das negative Ereignis den wesentlichen Maßnahmen der Kommunikationspolitik (wie Werbung, Form der Messebeteiligung), aber auch der Produktpolitik (wie der Einführung neuer Produkte) gegenüberzustellen und auf Widersprüche zu überprüfen.

aktiver Zeitpunkt

Ein zweiter aktiver Zeitpunkt liegt dort, wo das Instrumentarium als Folge des negativen Ereignisses ausgewählt und bewußt eingesetzt wird. Die Bestimmung dieses Zeitpunkts wird wesentlich durch die gewählte Reaktionsstrategie beeinflußt. In dieser aktiven Phase des Instrumenteneinsatzes ändern sich die Markt- oder auch Umweltbedingungen ständig und in weitaus schnellerem Maße als normalerweise üblich. Aus diesem Grund sind in der Krise Kontrollinstrumente einzusetzen, die laufend Hinweise auf grundsätzliche Strategieänderungen und -korrekturen geben sollen (siehe Kapitel 7.5.6.1.4).

nachaktiver Zeitpunkt

Der nachaktive Zeitpunkt beginnt mit dem Moment, zu dem das eigentliche Ereignis nicht mehr Gegenstand des allgemeinen, öffentlichen Interesses ist. Trotzdem ist das negative Ereignis noch insoweit präsent, als es erinnert wird. Der Instrumenteneinsatz kann in dieser Phase unerwünschte Erinnerungen auslösen und somit ebenso verstärkende negative Effekte wie Widersprüche bewirken. Auch in diesem Fall bestimmt die gewählte Reaktionsstrategie, wie nachhaltig man auf die Probleme eingeht oder eher auf das Vergessen der Ereignisse setzt.

saisonaler Aspekt

Der saisonale Aspekt des betroffenen Produktes hat den größten Einfluß auf den relativen Abstand der Zeitpunkte zum negativen Ereignis. Abhängig davon, wo die klassischen Höhepunkte der Produktnachfrage liegen, kann der verfügbare Gesamtzeitrahmen für den Instrumenteneinsatz bestimmt werden. Innerhalb dieser Zeitspanne müssen die einzelnen Zeitpunkte bestimmt werden. Dabei ist es durchaus möglich, daß der nachaktive Zeitpunkt in eine Phase gelegt werden muß, in welcher Irritationen nicht zu vermeiden sind, das heißt die Produktdarstellung in einem gewissen Widerspruch zum negativen Ereignis steht. Diese Unstimmigkeit muß der Instrumenteneinsatz berücksichtigen und minimieren.

Mikroebene des Zeitpunkts

Außerdem existiert eine Mikroebene des Zeitpunkts als eine weitere Besonderheit des Marketings zu Zeiten negativer Ereignisse. Diese beschreibt die Bestimmung des Instrumenteneinsatzes im Tagesablauf. Wechselnde Aufmerksamkeiten und produktionstechnische Besonderheiten der Massenmedien tragen beispielsweise dazu bei, daß stärker als in der Normalsituation, den Zeitpunkten auch innerhalb des Tagesverlaufs eine besondere Bedeutung beizumessen ist.

Abbildung 39: Zeitpunkte des Instrumenteneinsatzes

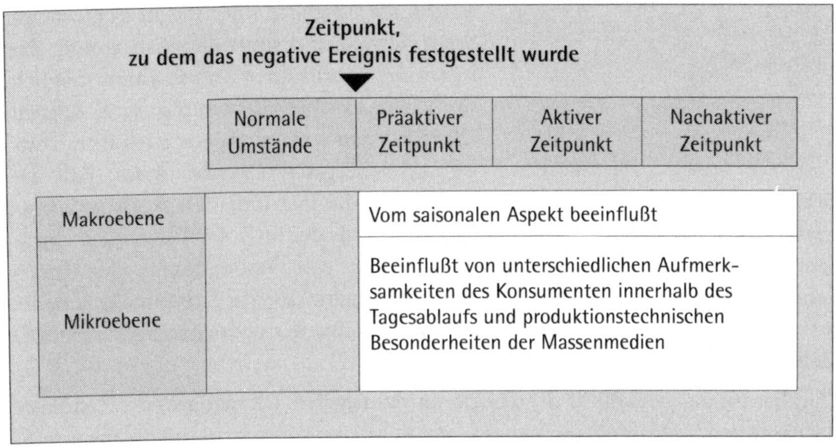

7.1.2 Einsatzdauer und Budgetbestimmung

Die Einsatzdauer ist neben der Festlegung des Zeitpunktes einer bestimmten Marketingaktivität ein weiterer wichtiger Einflußfaktor für das Marketing-Mix. Während die Zeitdauer einer normalen Marketingaktivität von der Verbesserung der momentanen Situation auf ein höheres, nicht zuvor erreichtes Zielniveau geprägt ist, steht in der Krise als Ziel die Wiedererlangung der ursprünglichen Ausgangswerte im Vordergrund. Da der Großteil der Marketingtätigkeiten mit Kosten verbunden ist, stellen die verfügbaren Budgetmittel den wichtigsten Einflußfaktor bei der Bestimmung der Dauer des Instrumenteneinsatzes dar.

Budgetmittel

Aufgrund der Krisensituation muß die Bestimmung des Marketingbudgets Kosten und Erträge der geplanten Aktivitäten unter einem veränderten Gesichtspunkt betrachten. Im jetzigen Fall wird durch die Investition eines bestimmten Betrages kein zusätzlicher Ertrag erwirtschaftet, sondern ein Ertragsrückgang vermieden. Das bedeutet, daß die Abschätzung des zukünftigen Ertragsausfalls wesentliches Kriterium für die Bestimmung der Budgetmittel ist. Diese Berechnung muß als zu erwartenden Ertragsausfall den Wert beschreiben, der ohne den gegensteuernden Einsatz des Instrumentariums sonst zu erwarten ist.

Abschätzung des zukünftigen Ertragsausfalls

Die Abschätzung des Ertragsausfalls, Budgetbestimmung und tatsächliche Mittelbereitstellung stellt eine der größten Herausforderungen in der Praxis dar. Zum einen, weil Budgetmittel generell mittel- und langfristig bestimmt werden und diese Mittel selbst bei Umschichtungen des aktuellen Marketingbudgets nur für kurze Zeit reichen. Zum anderen setzt sie umfassende Kenntnisse über das Krisenmanagement voraus, ohne welche die Abschätzungen des Ertragsausfalls, Strategiewahl und sinnvolle Bestimmung der Instrumente und ihrer Kosten kaum möglich sind. Die Budgetbestimmung muß schnell abgeschlossen werden, da erst nach ihrer Festlegung sichergestellt werden kann, daß die gewählte Strategie sinnvoll durchzuführen ist, die Instrumente konsistent eingesetzt werden können und spätere Maßnahmen aus den sich stabilisierenden Erträgen finanziert werden können. Die Praxis zeigt, daß Destinationen oder Unternehmen, die bereits Erfahrungen mit Maßnahmen des Krisenmanagements gesammelt haben, diese Bestimmung weitaus schneller vollziehen als Erstbetroffene.

Bestimmung des Ertragsausfalls

$$ER = (VtA^* \; DS \; ^* \; DTA) - SA$$

ER =	Ertragsrückgang für die Destination
VtA =	Erwartete Veränderung der touristischen Ankünfte
DS =	durchschnittliche Stehzeit
DTA =	durchschnittliche Tagesausgaben
SA =	Sachaufwendungen

Darüber hinaus beeinflußt der Zeitpunkt des negativen Ereignisses die Zeitdauer des gesamten Instrumenteneinsatzes. Die Zeitdauer kann dabei um so länger sein, je weiter der Eintritt des Ereignisses von der üblichen Buchungszeit entfernt liegt. Das hat vor allem Wirkungsüberlegungen. Dadurch, daß mehr Zeit zur Verfügung steht, kann der Schwerpunkt des Instrumenteneinsatzes in die nachaktive Phase gelegt werden, wodurch mögliche Stimmigkeitsprobleme vermieden werden. Umgekehrt wird die Zeitdauer des Instrumenteneinsatzes abnehmen, wenn das Auftreten des negativen Ereignisses in zeitlicher Nähe zu den konkreten Reiseentscheidungen liegt. Dies erfordert eine schnelle Reaktion.

7.1.3 Standardisierungs- und Differenzierungsaspekte

Die Festlegung auf eine standardisierte oder differenzierte Form der Marktbearbeitung wird von Unternehmen und Destinationen in der Normalsituation im Hinblick auf die Märkte mit ihren aktuellen und potentiellen Kunden getroffen. Während bei einem standardisierten Vorgehen sämtliche Wirkungsbereiche gleichartig bearbeitet werden, zielt eine differenzierte Bearbeitung auf die Unterschiede der Segmente ab.

Mit Eintritt der Krisensituation muß diese Fragestellung erneut beantwortet werden. Dies hat seine Ursache in der unterschiedlichen Reaktion auf das Ereignis, wie auch in den nun weiter zu fassenden Zielbereichen des Marketings. Die geringeren Kosten sprechen auch in der Krisensituation für das Standardisieren. Dadurch, daß eine Maßnahme unverändert auf alle Wirkungsbereiche angewendet werden kann, entfallen zusätzliche Planungs- und Anpassungskosten, ebenso wie Mengenvorteile erreicht werden können. Hinzu kommt, daß durch die standardisierte Anwendung des Instrumentariums Zeitvorteile erlangt werden. Ferner ist der Einsatz des Instrumentariums unkomplizierter, da die Segmente nicht unterschiedlich angesprochen werden müssen. Nachteilig ist aber die nicht optimale Befriedigung der Bedürfnisse der unterschiedlichen Wirkungsbereiche. Dadurch wird eine wesentliche Chance des Krisenmanagements vertan. Diese leitet sich aus den unterschiedlichen Bedürfnissen und Reaktionen auf das negative Ereignis her.

Als erstes ergibt sich im Bereich der operativen Tätigkeiten die Notwendigkeit einer Differenzierung. Dabei geht es vor allem darum, daß die Belange der Schutzwürdigkeit sichergestellt werden. Im Konkreten bedeutet das, daß Kontakte zwischen den direkt Betroffenen des Ereignisses und ihren Angehörigen zu den Außenstehenden, sofern sich nicht gewünscht werden, nicht erzwungen bzw. ermöglicht werden. Aus diesem Grund wird regelmäßig mindestens zwischen: Betroffenen (nicht verletzt), Verletzten, Abholern und Medienvertretern unterschieden. Diesem operativen Aspekt der Differenzierung schließt sich ein strategischer an. Hinsichtlich der Segmente des Absatzmarktes erscheint eine Revision der Differenzierungskriterien angebracht. Abhängig von der Art des Ereignisses sind die in der Normalsituation verwendeten Segmentierungsmerkmale, um risikorelevante Verhaltensmerkmale zu ergänzen. Hierzu wurden bereits verschiedene individuelle Faktoren bestimmt, die Einfluß auf eine unterschiedliche Reaktion haben.

Der Faktor der Kulturkreiszugehörigkeit war besonders auffallend. Durch ihn können die verschiedenen Reaktionen auf ein und das gleiche Ereignis teilweise erklärt werden. Er legt nahe, daß auch in Folge eine unterschiedliche Bearbeitung der Segmente abhängig von ihrer Risikowahrnehmung anzustreben ist. Das bedeutet, daß in der Anfangsphase eine Konzentration auf die Märkte erfolgen muß, die weniger sensitiv reagieren und eine stabilere Imagevorstellung von der Leistung haben. In den anderen Segmenten muß der Einsatz der Instrumente mit mittel- bis langfristiger Perspektive geplant und vollzogen werden. Daneben können aber auch die weiteren, bereits besprochenen Einflußfaktoren wie die Betroffenheit nationaler Gruppen etc., als Merkmale der Differenzierung im Absatzbereich zur Anwendung kommen. Außerdem wurden die Phasen der Reiseentscheidung als wichtiges Kriterium identifiziert. Innerhalb dieser Zeiträume durchläuft der Tourist unterschiedliche Involvementstadien mit differierenden Informationsbedürfnissen. Prinzipiell erscheint somit auch über die Reisephasen ein differenzierender Einsatz des Instrumentariums sinnvoll. Dabei liegt eine besondere Herausforderung im getrennten Einsatz des Instrumentariums, weil sichergestellt werden muß, daß keine Widersprüche entstehen.

Es ist über diesen Aspekt der Differenzierung der Segmente innerhalb des Wirkungsbereichs der Konsumenten hinausgehend zu beurteilen, ob die verbleibenden Wirkungsbereiche differenziert behandelt werden. Dazu ist zunächst festzustellen, welcher Stellenwert den weiteren Wirkungsbereichen einzuräumen ist und was die spezifischen Bedürfnisse sind. Die sich folglich ergebende Differenzierung wird sich überwiegend auf den Umfang der zur Verfügung gestellten Informationen beziehen und weniger auf die Differenzierung der Instrumente an sich.

Grundsätzlich gilt analog zur Normalsituation auch für das Krisenmanagement, daß nur soviel Differenzierung wie nötig, aber soviel Standardisierung wie möglich, betrieben werden soll. Dies begründet sich nicht nur aus den höheren Kosten, die Folgen einer Differenzierung wären, sondern auch durch die Gefahr der Wechselwirkungen verschiedener Marktbearbeitungsstrategien. Letzteres wird dazu führen, daß eine Differenzierung im Krisenmanagement weitaus überlegter vollzogen werden muß. In der Umsetzung muß viel mehr als sonst im Marketing üblich auf persönliche Instrumente zurückgegriffen werden, die gewisse Ausschlußmöglichkeiten bieten und damit eine zieladäquate Differenzierung ermöglichen. Nicht zu vernachlässigen ist ferner, daß die Differenzierung auch höhere Zeitaufwendungen mit sich bringt, eine für das Krisenmanagement wesentliche Einflußgröße. Deshalb empfiehlt sich vor allem für die Anfangssituation ein eher standardisiertes Vorgehen.

Beispiel 41: Ägyptens Marketingplan

1991 betrug das Marketingbudget von Ägypten 586.000 USD, was in etwa 0,28 USD pro internationalem Besucher entsprach. Schon vor dem ersten negativen Ereignis, forderte der ägyptische Tourismusminister das, für internationale Vergleiche niedrige Marketingbudget, auf mindestens 1-3 Prozent der Tourismuseinnahmen zu erhöhen. Das schrittweise schließlich auf 815.000 USD angehobene Budget wurde unter dem Eindruck der verschiedenen Anschläge auf Touristen 1992/1993 durch ein Sonderbudget von jeweils 21 Millionen USD für die Jahre 1994 und 1995 ergänzt. Dieses Budget sollte im wesentlichen auf die folgenden Quellmärkte verteilt eingesetzt werden: USA, Großbritannien, Deutschland, Frankreich, Italien und Japan.

Damit wurde keine grundsätzliche Veränderung bei der Selektion der zu bewerbenden Quellmärkte vorgenommen, da diese Märkte bereits 1991, vor den ersten negativen Ereignissen, in die Auswahl eingingen. Veränderungen wurden hingegen bei der Auswahl der zu bewerbenden Bereiche des Produktes Ägypten vorgenommen. Die Aktivitäten konzentrierten sich in den Jahren von 1994 und 1995 auf die Badedestinationen Sinai und Rotes Meer, da diese im Ausland kaum mit den negativen Ereignissen in Verbindung gebracht worden waren. Letztere allein erhielten aus dem 42 Mio. USD Budget für Werbemaßnahmen 25 Mio. USD zugewiesen.

Die Budgetmittel wurden folgendermaßen verteilt:

Allgemeine Werbekampagnen und spezielle Presse in sechs Kernmärkten	7 Mio. USD
TV-Spots in sechs Kernmärkten	22.4 Mio. USD
Konventionelle Werbung in anderen Quellmärkten	2,6 Mio. USD
Verkaufsshows, Konferenzen, Ägyptische Nächte und Empfänge	3 Mio. USD
Road shows	1,2 Mio. USD

Diese Verstärkung der Budgets wurde ebenso wie die Konzentration auf elektronische Medien (TV Spots) beibehalten. Eine direkte Endkundenwerbung führte den bereits beschrittenen Weg der Bewerbung der neuen Baderessorts am Roten Meer fort. Zusätzlich sollten aber auch der zurückgegangene Kulturtourismus und die Nilkreuzfahrten wieder gefördert werden. Durch die Reiseveranstalter wurde diese Endverbraucherwerbung begrüßt.

Neben dem Anstieg des Werbebudgets, verringerte sich mit jedem negativen Ereignis auch die Zeit zur Bereitstellung finanzieller Mittel und verkürzte damit den Beginn neuer Marketingoffensiven. Nach den Anschlägen von Luxor 1997 wurden in wenigen Wochen die zu erwarteten Opportunitätskosten kalkuliert. Das IWF schätzte diese auf maximal 500-700 Millionen USD. Dieser Richtwert wurde im Nachhinein als außerordentlich präzise bewertet.

Es ist zu vermuten, daß diese Schätzwerte die Entscheidung für einen frühen nachaktiven Zeitpunkt des Marketingeinsatzes, der nur knapp 3 ½ Monate nach dem Ereignis lag, gefördert hat. Zweifelsohne wurde diese Entscheidung auch durch die traditionellen Buchungszeiträume von März bis Mai für Ägyptenreisen in den wichtigsten Quellmärkten beeinflußt.

Mit der seit 1994 stärkeren Endverbraucherausrichtung der Marketingaktivitäten, in deren Vernachlässigung man nach eigener Einschätzung den größten Fehler der Vergangenheit sah, wurde eine möglichst standardisierte Marktbearbeitung angestrebt. Eine Differenzierung erfolgte nur zwischen einem europäischen bzw. amerikanischen Markt auf der einen und einem arabischen Markt auf der anderen Seite.

Fragen

- Welche Überlegungen bestimmen die Budgetfestlegung zu Krisenzeiten?
- Was versteht man unter einem präaktiven Zeitpunkt?
- Was spricht für eine Standardisierung des Instrumenteneinsatzes?
- Was muß bei der Differenzierung des Instrumenteneinsatzes beachtet werden?

Empfehlungen zur vertiefenden Lektüre

World Tourism Organization: Budgets of National Tourism Administrations, (WTO) Madrid 1994

World Tourism Organization: Marketing Plans & Strategies of National Tourism Administrations, (WTO) Madrid 1994

World Tourism Organization: Evaluating NTO Marketing Activities, (WTO) Madrid 2003

7.2 Produktpolitik

Ziel dieses Kapitels

- Die kurz-, mittel- und langfristigen Gestaltungsmöglichkeiten der Produktpolitik im Rahmen des Krisenmanagements erkennen
- Die Bedeutung des Produktzugangs nachvollziehen
- Stellenwert des Personals wahrnehmen
- Wirksamkeit von Garantien abschätzen

Wesentliche Begriffe und Konzepte

- Produktgestaltung
- Produktpositionierung
- Produktvariation
- Produktzugang
- Linien- und Charterflug
- Verbundeffekte
- Garantieleistungen
- Personal

Als Instrument des Krisenmanagements hat die Produktpolitik das Leistungsangebot entsprechend der gewählten Reaktionsstrategie zu gestalten oder anzupassen, um die Konsequenzen des negativen Ereignisses zu mildern. Dabei sind alle Wirkungsbereiche des negativen Ereignisses zu betrachten. Innerhalb dieser wird aber dem Wirkungsbereich der Konsumenten aufgrund seiner geschäftstragenden und die Existenz der Organisation sichernden Funktion die wesentliche Aufmerksamkeit gelten.

7.2.1 Produktgestaltung

Die Beseitigung der negativen Auswirkungen des Ereignisses auf die angebotene Leistung ist die erste Aufgabe der Produktgestaltung. Die Maßnahmen der Produktgestaltung zielen vor diesem Hintergrund darauf ab, den ursprünglichen Zustand, also den angebotenen Nutzen, wiederherzustellen. Für ein negatives Ereignis, welches die persönliche Sicherheit der Touristen gefährdet, sind beispielsweise Schritte einzuleiten, die diese Bedrohung unterbinden bzw. eindämmen. Im Falle einer Strandverschmutzung ist die Reinigung des Strandes oder die sofortige Bereitstellung von Ausweichmöglichkeiten, wie zum Beispiel Schwimmbäder, eine Aktion der Produktgestaltung. Diese ursachen- bzw. ereignisgerichtete Vorgehensweise muß sofort eingeleitet werden, da sie von den Konsumenten in allen unterschiedlichen Reisephasen mit erhöhtem Interesse verfolgt wird. Die in der Urlaubsphase befindlichen Touristen haben ein unmittelbares Interesse an der Schnelligkeit, mit der die Maßnahmen eingeleitet werden.

Produktpositionierung beibehalten

In der aktiven Phase, aber hauptsächlich in der Phase des nachaktiven Instrumenteneinsatzes muß die Frage beantwortet werden, ob trotz des negativen Ereignisses die Produktpositionierung beibehalten werden kann. Wird dies langfristig bejaht, können verschiedene kurzfristige produktgestalterische Maßnahmen ergriffen werden, um die Konsequenzen zu verringern:

Verbundeffekte

Die vorübergehende oder dauerhafte Nutzung von Verbundeffekten ist eine erste Möglichkeit. Durch die Verknüpfung des beeinträchtigten Produkts mit einer anderen wichtigen Leistung kann dieses nach wie vor verkauft werden. Denkbar ist beispielsweise, daß eine Destination nun Austragungsort von Musikveranstaltungen oder anderen Events wird. Diese lenken die Aufmerksamkeit vom betroffenen Produkt ab, das somit nicht mehr Hauptgegenstand des Käuferinteresses ist. Folglich übernimmt die Veranstaltung die Funktion des eigentlichen Reiseauslösers. Darüber hinausgehend eignen sich Veranstaltungen, eine entsprechende Auswahl vorausgesetzt, zur Vermittlung bestimmter Kommunikationsinhalte. Da die Durchführungen vieler Veranstaltungen von Medienberichten begleitet werden, wird auf diese Weise eine Brücke zwischen dem Thema der Veranstaltung und dem Austragungsort gezogen (siehe Kapitel 7.5.6.4).

Produktvariationen sind eine weitere Möglichkeit. Mit dem Vorstellen neuer Produkte – das können beispielsweise Destinationen innerhalb eines Landes sein – wird die vorübergehende Aufmerksamkeit der Medien sinnvoll genutzt. Außerdem wird dieses Produkt als Neuigkeit einer weiten Öffentlichkeit dargestellt. Diese Vorgehensweise bietet sich besonders dann an, wenn es sich um touristische Produkte handelt, die vollkommen unterschiedliche Charakteristika zu dem vom negativen Ereignis betroffenen Produkt haben.

Produktvariationen

Produktvariationen von beschränkter Dauer empfahl beispielsweise die *WTO* (1991a) den vom Golfkrieg betroffenen Ländern. Ziel war es, durch die temporären Änderungen des Produktes die Segmente des intraregionalen bzw. Binnentourismus zu erreichen, die weniger sensitiv auf die Ereignisse reagierten. Der Erfolg einer kurzfristigen Produktvariation hängt vor allem davon ab, ob die angesprochenen Segmente eine vergleichbare Zahlungsbereitschaft haben. Ist dies nicht der Fall, schmälert es den Ertrag. Zudem kommt auch der Kulisseneffekt mit seinen langfristigen Konsequenzen zum Tragen (siehe Kapitel 7.3.1).

Produktvariationen, die eine Verbesserung der angebotenen Leistung zur Folge haben, sind in der Praxis häufiger zu beobachten. In diesem Fall wird die Zeit der geringeren Nutzung bzw. Auslastung des Produktes dazu verwendet, geplante Modernisierungs- und Ausbildungsmaßnahmen vorzuziehen. Diesen Weg beschritten beispielsweise viele Hotels in Indonesien nach den Anschlägen in Bali. Unter Umständen werden diese Maßnahmen aber auch erst nach den negativen Ereignissen und wegen des ausbleibenden Recovery bestimmt und eingeleitet.

Dies war beispielsweise in Tunesien nach dem Djerba-Anschlag der Fall. In jeder Hinsicht ist zu bedenken, daß diese Produktverbesserung eine ausreichende finanzielle Absicherung benötigt.

Beispiel 42: H.I.S. – ein japanischer Reiseveranstalter beweist das Undenkbare

Japanische Touristen sind bekannt und beliebt wegen ihrer hohen Reiseausgaben. Bei negativen Ereignissen werden japanische Touristen jedoch als eine der sensibelsten Nationen eingestuft. In der Vergangenheit brach der japanische Markt nach negativen Ereignissen besonders schnell ein. Betroffene Destinationen benötigten überdurchschnittlich viel Zeit und Mühe, um den japanischen Touristen klarzumachen, daß ihre Orte wiederhergestellt, sicher und intakt waren. Gewöhnlich kommen japanische Touristen erst dann zurück, wenn Touristen anderer Herkunftsländer längst wieder vor Ort gewesen sind.

Aber nicht alles, was immer so gewesen ist, muß auch so bleiben. Der japanische Reiseveranstalter H.I.S. mit seinem Hauptsitz in Tokio und 171 nationalen Büros nahm die Herausforderung nach den Anschlägen vom 11. September in einer bisher unbekannten Art und Weise in Angriff. Anstatt alle seine Aktivitäten in den USA auszusetzen, brachte H.I.S. kurz nach den Anschlägen ein Produkt unter dem Slogan „Wir lieben New York" heraus, das am besten als „Solidaritätsreisen" beschrieben werden kann. Ziel war es, New York durch den Tourismus zu unterstützen, anstatt der Stadt fernzubleiben. Gleichzeitig zeigte H.I.S. Solidarität mit den Familien der Betroffenen und kündigte an, fünf Prozent der Einnahmen der „Solidaritätsreisen" dem vom ehemaligen Oberbürgermeister Giuliani gegründeten, „Twin Towers Fond" zu spenden. Mit diesem innovativen Ansatz ermutigte H.I.S. die japanischen Touristen, in Zeiten von Furcht und Unsicherheit zu reisen, wie dies noch kein Veranstalter zuvor geschafft hatte.

Während der Aktionszeit zwischen dem 2. Oktober und dem 19. Dezember gingen 1.600 Buchungen ein. Diese Zahl belegt nicht nur den unternehmerischen Erfolg, sondern zeigt auch, wie eng der Tourismus an Emotionen geknüpft ist und daß diese Emotionen nicht immer, wie angenommen, auf einem erfreulichen Anlaß beruhen müssen.

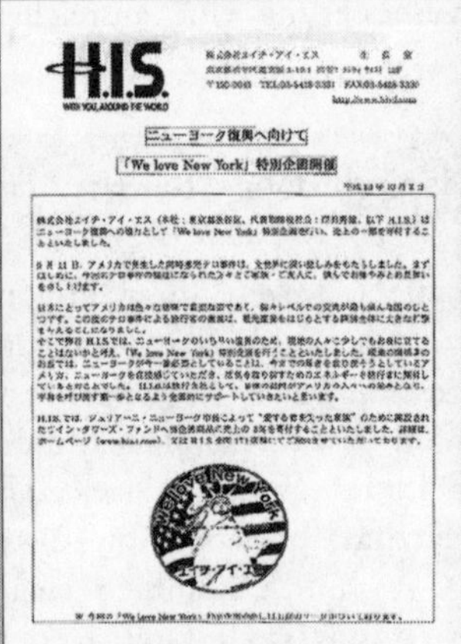
H.I.S.
WITH YOU, AROUND THE WORLD
ニューヨーク復興へ向けて
「We love New York」特別企画開催

Die Pressemitteilung der H.I.S.

Übersetzung der Pressemitteilung:
Der Wiederaufbau von New York
Spezialprojekt: „Wir lieben New York"

Die Firma H.I.S. (Zentrale in Tokio, Shibuya-ku, Executive Manager: Herr Hideo Sawada) wird eine Sonderreise „Wir lieben New York" zur Unterstützung des Wiederaufbaus von New York City organisieren. Ein Teil der damit verbundenen Einnahmen wird gespendet.

Die terroristischen Anschläge vom 11. September stürzten die ganze Welt in Trauer. Als erstes wollen wir unser Beileid den Familien und Freunden der Opfer dieses terroristischen Akts übermitteln.

Die USA bedeuten viel für Japan, und es ist eines der Länder, welches die engsten Verbindungen mit unserem Land entwickelt hat. Der Einbruch des Tourismus nach den terroristischen Anschlägen schadet der Wirtschaft, allem voran dem Tourismussektor. Um New York schnell wiederaufzubauen, hat H.I.S. konsequenterweise ein Spezialprojekt unter dem Namen „Wir lieben New York" ins Leben gerufen. Es ist wichtig, daß die Menschen wahrnehmen, daß New York und die USA versuchen, ihren Glanz wiederherzustellen und daß der Tourismus diese Dynamik und Energie vermittelt. Dieser Reiseveranstalter möchte, daß die Touristenbesuche die US-Bürger ermutigen weiterzumachen. Er möchte mit seiner vollen Unterstützung einen Schritt zum Frieden beizutragen.

H.I.S. spendet fünf Prozent seiner gesamten Einkünfte aus diesem Projekt der Stiftung „Twin Towers Fund", die vom ehemaligen Oberbürgermeister Giuliani für „die Familien, die ihre Lieben verloren haben" gegründet wurde. Details hierzu gibt es auf unserer Webseite www.his-j.com und in unseren 171 nationalen Büros.

Die mit diesem Projekt „Wir lieben New York" verbundenen Produkte sind an dem folgenden Logo zu erkennen.

Reiseveranstalter können durch eine Veränderung der kontraktierten Mengen die vorübergehende Schwankung ausgleichen und die Last des Ereignisses verlagern. Diese Möglichkeit wird durch die vertraglichen Gestaltungen bzw. wirtschaftlichen Beziehungen begrenzt. Die zunehmende vertikale Integration vormals kontraktierter Leistungen, wie Flug- oder Beherbergungsleistungen durch Reiseveranstalter, wirkt sich unter diesem Aspekt beschränkend auf die Handlungsmöglichkeiten aus. Das macht zugleich die besondere Bedeutung präventiver Maßnahmen klar, die zur Absicherung dieser Investitionen eingeleitet werden müssen. Neben der rein vertraglichen Perspektive darf der Aspekt der zukünftigen Zusammenarbeit nicht vernachlässigt werden, da trotz kurzfristiger Notwendigkeiten der langfristige Erfolg entscheidend ist.

Mengen

Kommt man jedoch im Rahmen der Analyse zum Ergebnis, daß die Produktpositionierung nicht mehr beibehalten werden kann, müssen andere Schritte eingeleitet werden. Aus Sicht eines Reiseveranstalters muß in diesem Fall eine Sortimentsbereinigung vorgenommen werden, bei der das betroffene Produkt aus dem Angebotsprogramm genommen wird. Schwieriger wird es für den betroffenen Anbieter der touristischen Kernleistung. Hier kann bereits mit der einfachen Umbenennung des Produktes ein erster Erfolg erzielt werden. Dies bietet sich insbesondere für solche negativen Ereignisse an, die keine direkte Ursache im eigenen Unternehmensbereich hatten. Üblich ist diese Vorgehensweise bei Kreuzfahrtschiffen, teilweise ist sie aber auch auf Hotels anwendbar. Zusammen mit diesem Wechsel des Markennamens steht dann die Umsetzung einer Positionierungsstrategie bzw. im Falle einer Destination die Einleitung einer schwierigen Neupositionierung an.

Änderung der Produktpositionierung

7.2.2 Produktzugang

Der Zugang zum Produkt ist im wesentlichen ein im Tourismus existierendes Problem und findet sich hier vor allem im Bereich der Mittelstrecken- und Fernreisen. Diese erfolgen in überwiegendem Maße durch Flüge (siehe auch Abbildung 16). Werden diese Zugänge nicht sichergestellt, können die touristischen Leistungen der Destination nicht erreicht und damit folglich auch nicht in Anspruch genommen werden. Dieses Problem stellt sich regelmäßig in Folge von negativen Ereignissen.

Urlaubsdestinationen weisen traditionell eine hohe Abhängigkeit von Charterfluggesellschaften auf. Umgekehrt hängen auch Charterfluggesellschaften stark von Urlaubsgästen ab. Anders als bei regulären Fluglinien wird deshalb bei der Disposition auf die „erwartete Kundennachfrage" von Urlaubsgästen gesetzt und es besteht kaum eine Kompensationsmöglichkeit durch Geschäftsreisende. Aus diesem Grund werden Charterflüge häufig nach negativen Ereignissen in Destinationen gestrichen bzw. Kapazitäten für andere Destinationen umdisponiert.

Charterfluggesellschaften

Damit wird schon frühzeitig die Entscheidung über die kurzfristigen Erholungsmöglichkeiten für die Destination getroffen.

Aus Sicht der Destination kann dieses Problem durch eigene staatliche Fluggesellschaften gelöst werden, die nach wie vor die Erreichbarkeit der Destination sicherstellen oder zumindest andere Quellmärkte anfliegen. Diese Variante ist sehr kostspielig und im liberalisierten Flugverkehr nur noch selten durchführbar. Auch kann durch strategische Handlungen versucht werden, schon langfristig eine Bindung mit den Anbietern der vorgelagerten Leistungsstufen zu erreichen. Zum anderen kann aber auch der Weg von Anreizen eingeschlagen werden, wie das folgende Beispiel genauer erläutert:

Beispiel 43: Ägyptens Charter Flights Support Programme

Charterflüge sind das klassische Element einer Pauschalreise. Durch sie sind Reiseveranstalter in der Lage, effizient und mit der notwendigen Flexibilität Touristen einen Urlaub in Destinationen anzubieten, welche nur selten durch Linienflüge abgedeckt sind. Für touristische Destinationen sind diese Flugverbindungen wichtig und Umdispositionen von Charterflügen haben erhebliche Konsequenzen zur Folge. Solche Umdispositionen finden häufig nach einem negativen Ereignis statt, wenn die zukünftige Nachfrage für die Destination ungewiß eingeschätzt wird.

Nach den Anschlägen auf die USA am 11. September 2001 spürte insbesondere Ägypten umgehend die negativen Effekte der Anschläge auf den Tourismus. Wie befürchtet, setzte eine Welle von Stornierungen aus europäischen Ländern ein. Zusammen mit dem Ägyptischen Tourismusverband entwarf daraufhin das ägyptische Tourismusministerium einen 10-Stufen-Plan, der unter anderem ein sehr innovatives Instrument enthielt: das „Charter Flights Support Programme“. Dieses Programm kristallisierte sich im Laufe der Zeit als ein wichtiges Element für die schnelle Erholung Ägyptens heraus.

Das „Charter Flights Support Programme“ trat am 15. November 2001 in Kraft. Ziel war es, die Charterfluggesellschaften dergestalt zu unterstützen, daß diese ihre Flugverbindungen auch weiterhin nach Ägypten anbieten konnten. Angelegt als Garantie, wurde den Fluggesellschaften eine finanzielle Kompensation für nicht verkaufte Sitzkapazitäten angeboten, wenn zumindest 50% (65% für bestimmte Märkte) Auslastung erreicht wurde. Die Ausgleichszahlungen wurden nach Flugzeit gestaffelt.

Flugzeit	unter 2 Stunden	2-4 Stunden	über 4 Stunden
Betrag pro leerem Sitzplatz	80 €	150 €	200 €

Die zulässigen Auslastungen der Flüge waren:

	Alle ägyptischen Flughäfen (außer Kairo & Taba)	Taba Flughafen
Für Abflüge von allen Punkten bis auf UK und Skandinavien	min. 50%-max. 79%	35%-79%
Für Abflüge von UK und Skandinavien	min. 65%-max. 94%	50%-94%

Die gewünschten Effekte des Programms stellten sich schnell ein. Die Ankünfte aus wichtigen Quellmärkten wie Großbritannien (9,5%), Deutschland (2,1%) und Spanien (28%) stabilisierten und erholten sich unmittelbar. Bereits nach 12 Monaten lagen die Touristenankünfte wieder auf dem Niveau vor den Anschlägen. Auch während aller folgenden Ereignisse war Ägypten weiterhin in der Lage, den wichtigen Zugang zum touristischen Produkt sicherzustellen. Dabei mußte weitaus weniger Geld für die Kompensation von unverkauften Sitzplätzen aufgewendet werden als ursprünglich angenommen. Dies zeigte, daß die Befürchtungen der Touristen zu diesem frühen Zeitpunkt falsch eingeschätzt bzw. überschätzt wurden. Wäre die Flugkapazität nicht auf diese Weise garantiert worden, hätten Touristen keinen Zugang zu dem Produkt gefunden.

Das „Charter Flights Support Programme" zeigt, wie ein innovativer Ansatz in der Produktpolitik verbunden mit entsprechendem Ideenreichtum von großem Wert für Krisenzeiten sein kann.

Linienfluggesellschaften

Für Destinationen, die hauptsächlich auf Linienfluggesellschaften angewiesen waren, ergab sich in der Vergangenheit dieses Problem des Zugangs nicht. Zwar herrschte hier ein sogenanntes Reputationsproblem, d.h. es war für die Destination von Bedeutung, daß nicht nur der eigene Nationalcarrier, sondern auch eine namhafte Fluggesellschaft des Quellmarktes dieses Ziel anfliegt. Damit konnte gegenüber den Touristen des Quellmarktes die bekannte Marke der Fluggesellschaft eingesetzt werden. Sie bedeutete nicht nur hinsichtlich der erbrachten Flugleistung Qualität, sondern bewies auch, daß diese Destination wertvoll genug ist, um angeflogen zu werden.

Dies änderte sich spätestens durch die SARS-Epidemie in Asien. Australien, mußte feststellen, daß es auf Flüge mit Zwischenstops in asiatischen Metropolen wie Singapur, Hongkong oder Bangkok angewiesen war und diese nun von Touristen weitestgehend gemieden wurden. Australiens Regierung nahm sich deshalb dieses Problems systematisch an, identifizierte und bewertete schließlich alternative Zwischenstops und Direktflüge aus den wichtigen Quellmärkten direkt nach Australien für den Fall eines erneuten Ausbruchs der Epidemie.

7.2.3 Personal

Für die betroffenen Organisationen ist das Personal nicht nur deren Aushängeschild in der Normalsituation, sondern kann nach dem Eintritt des negativen Ereignisses einen wesentlichen Beitrag zum Erfolg leisten. Dies gilt in zweierlei Hinsicht: Zum einen gegenüber den eigenen Kunden, da das Dienstleistungsprodukt Reise in einem starken Maße von menschlichen Schnittstellen zwischen Erstellern und Konsumenten der Leistungen geprägt ist. Zum anderen gegenüber der weiteren gesellschaftlichen Umwelt, für die das Personal eine wichtige Kontaktmöglichkeit ist.

Die Äußerungen und das Verhalten des Personals werden von beiden Bereichen nach Eintritt des negativen Ereignisses mit besonderer Aufmerksamkeit verfolgt. Inkonsistenten zu offiziellen Verlautbarungen werden unmittelbarer wahrgenommen. Da es sich außerdem um Mitarbeiter handelt, werden deren Verhaltensweisen und Aussagen als wahrheitsgemäßer eingestuft. Es ist aus diesem Grund wichtig, Richtlinien für den Umgang mit diesen außergewöhnlichen Situationen zu schaffen und diese zu vermitteln. Hierdurch werden nicht mit den Unternehmenszielen konforme Handlungen, wenn auch nicht vermieden, zumindest doch weniger wahrscheinlich. Förderlich ist auch eine entsprechend ausgeprägte Unternehmenskultur, die sich als Richtlinie für das Verhalten in unvorhergesehenen Situationen erweist. Sie stellt sicher, daß grundsätzliche Prinzipien und Handlungsweisen der Organisation verinnerlicht sind. Damit fördert eine ausgeprägte Unternehmenskultur die Übereinstimmung der individuellen Reaktion der Mitarbeiter mit der generellen Verhaltensweise der Organisation.

Unternehmenskultur

Beispiel 44: Es hätte überall passieren können, doch ich bin froh, daß es in Hawaii geschah

Die Folgen und Eindrücke, die ein negatives Ereignis in einer Tourismusdestination bei einem Touristen hinterläßt, können erheblich durch die zuteil gewordene Unterstützung und Hilfsmaßnahmen beeinflußt werden.

Roy Stanton aus Sydney (Australien) wurde im September 2003 während seines Urlaubs in Hawaii überfallen. Die drei Angreifer verletzten ihn so stark am Kopf, daß er das Bewußtsein verlor. Er wurde mit einer Platzwunde auf der Stirn, gebrochener Nase und drei ausgeschlagenen Zähnen gefunden. Weder an die Täter noch an die Details des Überfalls konnte er sich erinnern.

Kurz nach seiner Einlieferung ins Krankenhaus erhielt Stanton sowohl vom Gouverneur als auch vom obersten Staatsanwalt Schreiben der Anteilnahme übermittelt, in denen beide sich im Namen des Staates von Hawaii für das Vorgefallene entschuldigten. Noch wichtiger für Stanton, wie für jedes andere Opfer in einer vergleichbaren Situation, war die sofortige Unterstützung der Visitor Aloha Society of Hawai'i (VASH). Ohne Verzögerung entsandte die VASH zwei Freiwillige, die dem Überfallenen von nun an bei allen Angelegenheiten zur Seite standen und den notwendig gewordenen „Verlängerungsaufenthalt" für ihn so unkompliziert wie möglich gestalteten. Sie unterstützen ihn bei der Bewältigung der administrativen Tätigkeiten, kümmerten sich um Unterkunft, Verpflegung und den Transport und sorgten sogar für die nötige Ablenkung in der schwierigen Zeit. Stanton fühlte sich so von Anfang an mit seinen Problemen in einem fremden Land nicht allein gelassen.

VISITOR ALOHA SOCIETY OF HAWAI'I
"O KE ALOHA KE KULEANA O KAHI MALIHINI"
(Love is the Host in Strange Lands)

Nach seiner Rückkehr nach Australien entwickelte sich der Australier trotz des schlimmen Überfalls zu einem überzeugten Botschafter der hawaiianischen Gastfreundschaft und erklärte: *„Es hätte überall passieren können, doch ich bin froh, daß es in Hawaii geschah!"*. Unvergessen war für ihn der selbstlose Einsatz der VASH und die sofortige Reaktion der offiziellen Stellen.

Die VASH hat seit ihrer Gründung im Jahre 1997 über 6000 Opfern von Kriminalität oder Unfällen über die erste Betreuung hinaus geholfen. Dazu arbeitet sie eng mit der Polizei, den Krankenhäusern und anderen Institutionen und Behörden zusammen. Die Helfer der VASH sind ehrenamtlich tätig. Ihre Ausbildung und Einsätze werden aus öffentlichen Zuwendungen sowie Geld- und Sachspenden, die Unternehmen, fördernde Organisationen und Privatpersonen aufbringen, ermöglicht.

Die Informationsversorgung der eigenen Mitarbeiter ist ebenfalls von Wichtigkeit. Es muß sichergestellt werden, daß Mitarbeiter ständig während der aktiven aber auch in der nachaktiven Phase über die wesentlichen Gegebenheiten informiert sind. Dieser Aspekt wird häufig vernachlässigt, während die Informationsversorgung überwiegend außengerichtet betrieben wird. Damit mindert das Unternehmen selbst wesentlich seine Chancen. Die Erfahrung bestätigt, daß die eigenen Mitarbeiter gerade in Krisensituationen ein hohes, normalerweise positives Bezugsverhältnis zum Unternehmen entwickeln. Das prädestiniert sie für eine glaubwürdige Multiplikatorenfunktion.

Nicht zu vernachlässigen sind aber auch solche Funktionsträger wie die Mitarbeiter einer Telefonzentrale oder von Wachmannschaften, die aufgrund ihrer exponierten Stellung eine erhöhte Aufmerksamkeit genießen und wesentlich den ersten Eindruck prägen. Außerdem sollte beachtet werden, daß es gerade in Krisensituationen wichtig ist, die Bedeutung des eigenen Handelns zu verstehen und die Wirkungen auf das Gesamtsystem abzuschätzen zu können. Dieser Aspekt des unternehmensweiten Denkens und Handelns wird um so wichtiger, je größer die zu überbrückenden räumlichen Distanzen sind, die den Informationsaustausch und eine Abstimmung erschweren können. Unternehmen wie McKinsey, die einen großen Wert auf dieses Verständnis legen und über eine Vielzahl von Dependancen verfügen, nutzen zum Beispiel regelmäßige überregionale Sportveranstaltungen, um die Mitarbeiter zusammenzuführen. Das ist im Tourismus besonders häufig der Fall. Zur Abhilfe bieten sich deshalb besondere Schulungen an, die diese unternehmensweite Perspektive vermitteln, aber auch regelmäßige Versetzungen der Mitarbeiter. Neben diesen Maßnahmen, die als Teile der normalen Unternehmensführung nicht ausschließlich als Aufgaben des Krisenmanagements zu verstehen sind, treten die übungsmäßigen Vorbereitungen auf Krisensituationen hinzu (siehe auch Kapitel 6.3).

Gruppeninteraktion unter Streß

Das teamübergreifende Handeln und die Mitteilung von Absichtserklärungen sind wichtige Entscheidungsfaktoren für erfolgreiches Handeln in Streßsituationen. Dies bestätigte das GIHRE-Projekt, welches als Konsequenz des Absturzes der Birgenair-Maschine in der dominikanischen Republik ins Leben gerufen wurde.

Quelle: Sexton (2004)

Grundsätzlich zählt das Personal zu den wichtigsten Instrumenten des Krisenmanagements. Mit ihm können, wie mit kaum einem anderen Instrument, die Wirkungsbereiche differenziert, glaubwürdig und dialogorientiert bearbeitet werden. Da sie zudem wesentlich zum Erfolg des Krisenmanagements beitragen, sollten die Schulungs- und Übungsmaßnahmen dementsprechend umfassend sein.

7.2.4 Garantieleistungen

Kritisch an der Krisensituation ist, daß die Fähigkeit des Konsumenten, die angebotene touristische Leistung zu beurteilen, gemindert wird. Dies wiegt um so schwerer, als das touristische Produkt, wie bereits verschiedentlich ausgeführt, ein Glaubens- und Vertrauensgut ist. Neben der grundsätzlichen Problematik, die angebotene Leistung zu beurteilen, tritt die Schwierigkeit, die tatsächliche Konsequenz des negativen Ereignisses auf das Produkt abzuschätzen. Von dieser Einschränkung der Beurteilungsfähigkeit sind alle Konsumenten, unabhängig von ihrer Produkterfahrung, betroffen. Aus diesem Grund müssen Maßnahmen veranlaßt werden, die das Risiko von Fehlentscheidungen für den Touristen mindern. Dazu gehört die Selbstbindung der betroffenen Organisation beispielsweise in Form von Garantieleistungen. Darunter sind im allgemeinen Zusagen und Regelungen zu verstehen, die der Anbieter einer Leistung zur Verfügung stellt und durch welche er die einwandfreie Beschaffenheit seines angebotenen Gutes zusichert. Dem Konsumenten werden dadurch zwei Botschaften übermittelt:

1. Dem Kunden wird versichert, daß ein möglicher Schaden teilweise ersetzt wird.
2. Es wird dokumentiert, daß der Garantiegeber nach wie vor von seiner angebotenen Leistung überzeugt ist.

Deshalb ist die Anwendung der Garantieleistung vor allem für die Konsumenten in der Phase der Orientierung und Reiseentscheidung geeignet. Dabei sollte die Garantie bei Produkten, deren Wettbewerbsvorteil nicht im Grundnutzen liegt, schneller angewendet werden. Aufgrund der größeren Anzahl von Wahlmöglichkeiten ist von einer schnelleren Ausweichreaktion der Konsumenten auszugehen. Die Garantieleistung muß nicht einklagbar sein bzw. dokumentiert werden, um als solche durch den Konsumenten verstanden zu werden. Sie kann sich auch über die Art der grundsätzlichen Reaktion, in Form der offensiven Handlungsstrategie und der langjährigen Marktpräsenz in schwierigen Märkten äußern. Der letztendlich zu empfehlende Zuschnitt und die Stärke der Verpflichtung werden sich aus der Art des Ereignisses sowie den Begleitumständen ergeben.

Im Vergleich zu den meisten Instrumenten hat die Garantie den Vorteil, daß mit ihr schnell ein Instrument zur Verfügung steht, mit dem eigentlich sofort nach Eintritt des negativen Ereignisses gehandelt werden kann. Trotzdem sollte das nicht dazu verführen, das Instrument voreilig einzusetzen. Vor seinem Einsatz muß sich das Unternehmen eingehend von der Qualität der garantierten Leistung überzeugt haben. Eine nicht erfüllbare Zusicherung wird nicht nur rechtliche und wirtschaftliche Folgen im Sinne der Einlösung des versprochenen Schadensersatzes auslösen, sondern darüber hinaus zu einem ungleich schwerwiegenderen Verlust an Reputation führen.

Beispiele von Garantien

- Die Sandals Hotels in der Karibik bieten den Kunden die „Blue Chip Hurricane Guarantee“ an. Falls der Urlaub von einem Hurrikane unterbrochen wird, wird dem Gast als Entschädigung ein weiterer kostenloser Urlaub in einem der Hotels der Gruppe angeboten.
- Air China bot seinen Fluggästen in 2003 die Zahlung einer Entschädigung an, falls sich diese während des Fluges mit SARS infizierten. Diese Leistung hatte das Unternehmen rückversichert.
- Die Regierung Thailands garantierte jedem Touristen eine Summe bis zu 100.000 USD, wenn sich dieser innerhalb des Jahres 2003 bei seinem Aufenthalt im Land mit SARS infizierte. Auch diese Leistung war rückversichert.

Beispiel 45: Die TUI-Garantie-Erklärung – Kundenvertrauen in Charterfluglinien

Deutsche Reiseveranstalter waren es gewohnt, mit einer Auswahl von verschiedenen Charterfluglinien zusammenzuarbeiten. Sie garantierten für gewöhnlich nicht die Durchführung eines Flugs mit einer bestimmten Charterfluggesellschaft. Diese Möglichkeit bildete einen regulären Bestandteil des Vertrags zwischen Reiseveranstaltern und deren Kunden und wurde in den Reisekatalogen veröffentlicht. Das Recht der Reiseveranstalter, die Fluglinie ohne Zustimmung oder Wissen des Kunden zu wechseln, gibt diesen mehr Flexibilität. Insbesondere, wenn kurzfristig die ursprünglich vorgesehene Airline ausfällt, kann dieser Flug von einer anderen Gesellschaft durchgeführt und dadurch Stornierungen vermieden werden. Bei Langstreckenflügen war diese Methode die einzige praktikable Lösung, um einen wichtigen Kundenwunsch zu erfüllen, nämlich pünktlich die Urlaubsdestination zu erreichen.

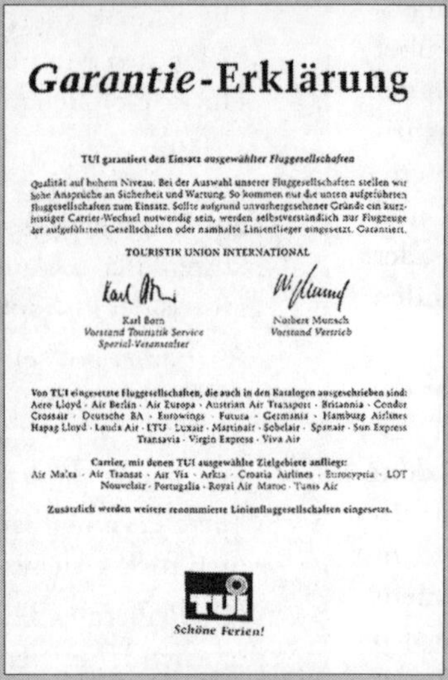
Garantie-Erklärung

TUI garantiert den Einsatz *ausgewählter Fluggesellschaften*

Qualität auf hohem Niveau. Bei der Auswahl unserer Fluggesellschaften stellen wir hohe Ansprüche an Sicherheit und Wartung. So kommen nur die unten aufgeführten Fluggesellschaften zum Einsatz. Sollte aufgrund unvorhergesehener Gründe ein kurzfristiger Carrier-Wechsel notwendig sein, werden selbstverständlich nur Flugzeuge der aufgeführten Gesellschaften oder namhafte Linienflieger eingesetzt. Garantiert.

TOURISTIK UNION INTERNATIONAL

Karl Born
Vorstand Touristik Service
Spezial-Veranstalter

Norbert Munsch
Vorstand Vertrieb

Von TUI eingesetzte Fluggesellschaften, die auch in den Katalogen ausgeschrieben sind:
Aero Lloyd · Air Berlin · Air Europa · Austrian Air Transport · Britannia · Condor
Crossair · Deutsche BA · Eurowings · Futura · Germania · Hamburg Airlines
Hapag Lloyd · Lauda Air · LTU · Luxair · Martinair · Sobelair · Spanair · Sun Express
Transavia · Virgin Express · Viva Air

Carrier, mit denen TUI ausgewählte Zielgebiete anfliegt:
Air Malta · Air Transat · Air Via · Arkia · Croatia Airlines · Eurocypria · LOT
Nouvelair · Portugalia · Royal Air Maroc · Tunis Air

Zusätzlich werden weitere renommierte Linienfluggesellschaften eingesetzt.

TUI
Schöne Ferien!

Doch dieses Subchartersystem geriet deutlich in die Kritik, als 1996 eine Chartermaschine vor der Dominikanischen Küste abstürzte und 189 Menschen, die meisten davon Deutsche, in den Tod riß. Die für diesen Flug vorgesehene Boeing 767 der Alas Nacionales stand kurzfristig nicht zur Verfügung und wurde durch eine Boeing 757 der Birgenair ersetzt. Diese Maschine stürzte kurz nach dem Start ab. Der Unfall leitete eine sehr emotionale Diskussion ein. Deutsche Touristen fühlten sich plötzlich durch Charterfluglinien mit einem eher unbekannten Namen verunsichert und versuchten, diese nach Möglichkeit zu meiden.

Der Reiseveranstalter TUI erkannte dieses Problem sofort und stellte nur zwei Tage nach dem Birgenair-Unglück eine Garantie-Erklärung aus. Diese wurde an alle Reisebüros verschickt. In der Erklärung listete TUI alle kooperierenden Charterfluglinien auf und garantierte, nur auf die aufgeführten Gesellschaften zurückzugreifen; auch im Fall von kurzfristigen Änderungen. Diese Garantie und die sofortige Reaktion trugen dazu bei, das Vertrauen der Kunden in die angebotenen Pauschal-reisen schnell wieder zurückzugewinnen.

Fragen

- Für welche Destinationen haben die Überlegungen zum Produktzugang vor allem Bedeutung?
- Warum und wie helfen Garantien?
- Welche Bedeutung hat das Personal im Rahmen des Krisenmanagements?
- Was ist die erste Aufgabe der Produktgestaltung?
- Welche Möglichkeiten schaffen Verbundeffekte?

Empfehlungen zur vertiefenden Lektüre

Pikkemaat, Birgit; Peters, Mike: Alpine Katastrophen als Impuls für Innovationen im Tourismus, in: Glaeßer, Dirk; Pechlaner, Harald (Hrsg.): Risiko und Gefahr im Tourismus, (ESV) Berlin 2004, S. 323-336

World Tourism Organization: Tourist Safety and Security, 2. Aufl., (WTO) Madrid 1997

7.3 Preispolitik

Ziel dieses Kapitels

- Besonderheiten des preispolitischen Instrumentariums verstehen
- Strategische Bedeutung der Preisstrukturpolitik erkennen
- Die verschiedenen Möglichkeiten der Preisablaufpolitik auf Vorteilhaftigkeit und Wirksamkeit hin zu bewerten lernen
- Formen der finanziellen Anreize für den Vertrieb bewerten

Wesentliche Begriffe und Konzepte

- Preisstrukturpolitik
- Preisablaufpolitik
- Kulisseneffekt
- Prestigegüter
- Preisdifferenzierung
- Sonderangebote, Last-Minute-Angebote
- Rabatte
- Provisionen
- Storno und Umbuchung

Die Festlegung der Verkaufspreise ist Gegenstand der Preispolitik. Dies umfaßt sowohl Entscheidungen der Preispolitik im engeren Sinne als auch Maßnahmen der Konditionenpolitik. Dabei wird zwischen einer Preisstruktur- und Preisablaufpolitik getrennt.

7.3.1 Preisstrukturpolitik

Die Festlegung von Preisgefügen für Produkt- und Unternehmensbereiche ist Aufgabe der Preisstrukturpolitik. Diese Festlegung hat strategische Funktion und trägt dem Umstand Rechnung, daß der Preis die Positionierung des Produktes im Wahrnehmungsraum des Kunden wesentlich beeinflußt. Entscheidungen der Preisstrukturpolitik werden deshalb langfristig getroffen. Insoweit sind im Rahmen des Krisenmanagements diese Festlegungen zunächst als gegeben anzunehmen. In den Normalzeiten des Marketings müssen sich sämtliche operative preispolitische Maßnahmen in der durch die Preisstrukturpolitik vorgegebenen Bandbreite bewegen. Nur so kann vermieden werden, daß Rückwirkungen auf die Positionierung bzw. Irritationen beim Konsumenten eintreten.

Grundsätzlich kann festgestellt werden, daß der Preis ein geeignetes Instrument ist, um ein gestiegenes Risikobewußtsein in seinen Konsequenzen zu reduzieren. Er bietet prinzipiell eine Möglichkeit, die Nachfrage zu stimulieren bzw. konstant zu halten. Sofern sich die operativen Preisentscheidungen innerhalb der vorgegebenen Bandbreiten der Preisstrukturpolitik bewegen, entstehen keine Probleme. Fraglich bleibt jedoch, ob ein temporäres Verlassen dieses Korridors unter den Umständen des negativen Ereignisses vom Konsumenten verstanden wird und keine langfristig negative Beeinflussung der Positionierung des Produktes bewirkt.

Die Erfahrungen zeigen, daß ein temporäres sowie beschränktes Ausscheren aus dem durch die Preisstrukturpolitik vorgegebenen Rahmen durchaus möglich ist. Beispielsweise zieht der Verkauf von hochpreisigen Prestigegütern, die durch Havarien beschädigt wurden – wobei es sich lediglich um Beschädigungen an der Verpackung etc., nicht aber am Kernprodukt handelt – keine bemerkenswerten Störungen der Produktpositionierung nach sich. Dazu trägt zum einen der spezielle Vertriebsweg bei, der die Käufer von Havariegütern von Käufern der regulären Prestigegüter beim Kaufakt trennt. Zum anderen fallen möglicherweise nicht stimmige Zielgruppen kaum auf, da auch der eigentliche Konsum in der Mehrzahl der Fälle nicht öffentlich und dazu getrennt stattfindet. Anders ist das aber im Tourismus. Während auch hier die Trennung der Kunden beim Kaufakt möglich erscheint, ergeben sich spätestens beim Konsumakt Probleme. Da der Tourist üblicherweise mit anderen Touristen während der Reise in Kontakt steht oder sie zumindest wahrnimmt, beurteilt er deren gleichzeitige Anwesenheit auf Stimmigkeit zu seinen Vorstellungen und Erwartungen. Dieser Effekt der Wechselwirkungen der Gäste wird als Kulisseneffekt bezeichnet. Entspricht die Kulisse nicht den Erwartungen, ist das Wohlbefinden der Gäste gestört. Das wird um so stärker der Fall sein, je höherwertiger die Positionierung des Produktes, d.h. dessen sozialer Wert, ist.

Die eigentliche Konsequenz tritt aber nicht durch das gestörte Wohlbefinden als vielmehr durch die einsetzende negative Mundpropaganda ein. Im Extremfall können dies sogar Medienberichte sein, die dann von einem Verfall der Destination sprechen. Deshalb ist im Tourismus – im Gegensatz zu dem vorher geschilderten Fall des Havarieschadens – generell zu einer vorsichtigeren Handhabung des Preisinstrumentariums zu raten. Unter strategischen Gesichtspunkten ist daher zu empfehlen, einen kurzfristigen Ertragsausfall einer absehbaren langfristigen Störung bzw. Zerstörung der Erlebniswertstrategie vorzuziehen. Dies wiegt um so schwerer, als der Tourismus immer stärker vom Erlebniswert seiner Produkte lebt, und ein sich einstellendes Billigimage, selbst unter größten Anstrengungen, nachträglich nur schwer zu korrigieren ist. Wenn also eine operative Preispolitik betrieben wird, die über die vorgegebenen Bandbreiten geht, muß zumindest sichergestellt werden, daß zielgruppenkonforme Segmente erreicht und unstimmige ausgeschlossen werden.

7.3.2 Preisablaufpolitik

Die Preisablaufpolitik umfaßt operative Preisentscheidungen, die sich unter normalen Umständen im durch die Preisstrukturpolitik vorgegebenen Rahmen bewegen sollen. Praktische Aufgabe der operativen Preisfestsetzung im Krisenmanagement ist die Minimierung der Konsequenzen des negativen Ereignisses auf die Nachfrage. Der jeweilige Spielraum ist nach unten durch Kostendeckungsaspekte zumindest mittelfristig vorgegeben. Für eine Strategie der Kostenführerschaft wird er geringer sein als für eine Strategie der Leistungsführerschaft. Auf der anderen Seite setzt die Notwendigkeit der Strategiestimmigkeit dem Kostenführer weitaus geringere Grenzen als dem Leistungsführer. Unabhängig von der jeweils verfolgten Wettbewerbsstrategie wird die betroffene Organisation bestrebt sein, die finanziellen Konsequenzen möglichst gering zu halten. In einem ersten Schritt sollte deshalb versucht werden, besonders solche Elemente des Gesamtpreises zu variieren, die bei den Konsumenten eine höhere Beachtung finden. Im touristischen Bereich sind Taxen, Flughafengebühren, Sicherheitsgebühren etc. die weniger beachteten Elemente aus dem Gesamtpreis, wohingegen Flugtarife, Hotelübernachtungen generell höhere Aufmerksamkeit genießen.

Zu beachten ist, daß alle Preisänderungen nicht nur von den Kunden, sondern von sämtlichen Wirkungsbereichen als Signal seitens der betroffenen Organisation aufgefaßt werden. Damit kann die Preisänderung, abhängig vom Ereignis und den weiteren Umständen, möglicherweise als ein mehr oder weniger umfangreiches Schuldanerkenntnis eingestuft werden. Diese ungünstige Nebenwirkung ist zu berücksichtigen und muß in Zweifelsfällen durch den Einsatz anderer Instrumente reduziert werden.

7.3.2.1 Preisdifferenzierung

Mittels der Preisdifferenzierung, einer Maßnahme der Preisablaufpolitik, werden für völlig gleiche Güter unterschiedliche Preise verlangt. Die festgesetzten Preisunterschiede sind dabei größer als die Kostenunterschiede, sofern solche überhaupt vorhanden sind.

Ansatzmöglichkeiten für Preisdifferenzierungen leiten sich aus unterschiedlichen Absatzbedingungen her, die räumlicher, zeitlicher und abnehmerorientierter Art sein können. Die Möglichkeiten der Preisdifferenzierung werden grundsätzlich dadurch begrenzt, daß die beim Verkauf der Leistung differenziert bedienten Touristen bei der Inanspruchnahme der Urlaubsreise wieder aufeinandertreffen können. Gewöhnlich werden dann Preis- und Leistungsvergleiche betrieben. Sofern hierbei unterschiedliche Preise für die gleiche Leistung offensichtlich werden, führen diese zu einem Vertrauensverlust gegenüber dem Leistungsanbieter beziehungsweise Reisevermittler und haben Unzufriedenheit zur Folge. Trotz dieser Beschränkung besteht dennoch eine Einsatzmöglichkeit für die Preisdifferenzie-

Zeitliche Preisdifferenzierung

In der Praxis gibt es in diesem Bereich der Preispolitik noch wenige innovative Ansätze. Ein nennenswertes Beispiel war der von Neckermann Reisen in 2004 gewählte Weg der zweiten Preislisten. Der Preis von Reiseprodukten wurde in einer zuerst veröffentlichten Preisliste bis zum 31. März festgeschrieben. Zugleich wurde eine Garantie ausgesprochen, daß es zur Rückerstattung kommt, falls die Preise in der anschließend veröffentlichten zweiten Preisliste diese unterschreiten würden. Der frühbuchende Kunde sollte auf jeden Fall den besten Preis erhalten.

Im Falle größerer Unsicherheiten hinsichtlich des touristischen Produkts muß aber auch dieser Ansatz mit anderen Instrumenten ergänzt werden, um wirkungsvoll zu sein.

rung, da Reisen aufgrund einer Vielzahl von Gestaltungsvariablen nicht vollkommen miteinander vergleichbar sind.

Die Preisdifferenzierung läßt sich unter zeitlichen Gesichtspunkten zweigeteilt betrachten. So können unterschiedliche Preise abhängig vom Zeitpunkt des Reisezeitraums gefordert werden. Diese Form der Preisdifferenzierung ist weitgehend unproblematisch, da sie sich durch die unterschiedliche Nachfrage begründen läßt und ein Aufeinandertreffen der differenziert behandelten Touristen am Urlaubsort ausgeschlossen ist. Auch besteht die Möglichkeit zur zeitlichen Preisdifferenzierung aufgrund des Buchungszeitpunkts. Hierbei werden Anreize für eine frühzeitige Buchung geboten. Damit kann dem in der Krise häufig zu beobachtenden Spätbucherverhalten entgegengesteuert werden. Dennoch ist dieses Vorgehen problematisch, weil der Einsatz des Preisinstrumentariums zeitlich vorverlegt wird. Außerdem geht der Großteil der Kunden von einer generell schwächeren Nachfrage aus und erwartet weitere Preisaktionen, insbesondere Last-Minute-Angebote. Auch bleibt die Unsicherheit hinsichtlich der Wirkungsabschätzung des negativen Ereignisses weiterhin bestehen. Zum Vierten besteht die Gefahr des Kulisseneffekts, da es zur gleichzeitigen Inanspruchnahme der preislich differenziert angebotenen Leistung kommt.

Reisezeitraum

Buchungszeitpunkt

Aus diesen Gründen ist zumindest ein verbundener Einsatz mit weiteren Marketinginstrumenten anzuraten. Vor allem muß versucht werden, die Unsicherheit zu vermindern und die Folgen des Kulisseneffekts auszuschließen.

Bei der räumlichen Preisdifferenzierung werden die Produkte auf geographisch verschiedenen Absatzmärkten zu unterschiedlichen Preisen angeboten. Diese Variante bietet sich dann an, wenn das Ereignis auf verschiedenen Märkten unterschiedlich wahrgenommen wird. Die sprachliche Barriere wirkt bei Urlaubsreisen einem direkten Preis- und Leistungs-

Sprachbarrieren

Sprachliche Barrieren zwischen den mitteleuropäischen und spanischen Gästen waren ein wichtiger Grund für RIU Hotels, die räumliche Preisdifferenzierung in seinen Häusern in 2003 – einem Jahr, in dem die touristischen Nachfrage vom weltweiten Terror und dem Irakkrieg beeinflußt war – zu rechtfertigen.

vergleich entgegen. Aber auch die häufig räumliche Trennung dieser Kundengruppen in der Destination lassen diese Form der Preisdifferenzierung erfolgreich erscheinen, solange die Verhaltensweisen zwischen den Gruppen nicht als zu widersprüchlich wahrgenommen werden und die Kulisse folglich als nicht mehr stimmig eingestuft werden muß.

Eine abnehmerorientierte Preisdifferenzierung stellt auf die unterschiedliche Funktion bzw. persönlichen Merkmale der Konsumenten ab. Ihre Anwendung ist hinsichtlich der Wichtigkeit der Wirkungsbereiche empfehlenswert. Unter diesem Blickwinkel sind beispielsweise Expedientenreisen zu sehen, die Reisebüromitarbeitern Preisvorteile einräumen. Gegenüber den Multiplikatoren wird durch solche Angebote zum Ausdruck gebracht, daß ein Interesse an der Überprüfung der Produktleistung besteht. Außerdem sind diese Preisdifferenzen für davon nicht betroffene Konsumenten nachvollziehbar, da ein Zusammenhang zwischen dem Grund der Preisdifferenzierung und dem angesprochenen Personenkreis erkennbar ist. Darüber hinaus ist die abnehmerorientierte Preisdifferenzierung immer dann empfehlenswert, wenn sie an Vorleistungen oder das Erfüllen von Bedingungen geknüpft ist, insbesondere wenn diese den Kulisseneffekt zu vermeiden helfen. Dies kann ein Abstellen auf den Zeitaufwand für die Beschaffung der Leistung sein (durch bewußten Verzicht auf Beratungsleistung und eigenverantwortliches Zusammenstellen der Leistung können Personenkreise mit größerem Zeitbudget angesprochen werden), der Status als Student oder Rentner oder auch nur die Mitgliedschaft in einem Verein wie z.B. eines Automobilklubs. Auch in diesem Fall ist für andere Konsumenten die Preisdifferenzierung nachvollziehbar.

7.3.2.2 Sonderangebote

Wird der Verkaufspreis nur kurzzeitig abgesenkt, handelt es sich um Sonderangebote. Diese Aktionen beziehen sich auf bestimmte Artikel, für den die Nachfrage gesteigert werden soll. Sonderangebote sind im Tourismus sehr beliebt. Sie werden insbesondere dann eingesetzt, wenn das Produkt nicht mehr absetzbar erscheint und zu verfallen droht. Die besondere Ursache des Sonderangebotes ist im Krisenmanagement das negative Ereignis. Insoweit beziehen sich die preislichen Eingeständnisse auf die Schwierigkeiten, die sich beim Verkauf der Leistungen ergeben. Ziel ist auch unter diesen Umständen, die verfügbaren Leistungen vor ihrem Verfall zu verkaufen. Ein Anhaltspunkt für die Höhe des Preisnachlasses ergibt sich aus den Opportunitätskosten der Handlung. Vor allem aber bestimmt den Preisnachlaß die Einschätzung der Elastizität der Nachfrage sowie die verbleibende Restzeit bis zum Verfall der Leistung.

Eine häufige Verwendung von Sonderangeboten, deren Bezug für Konsumenten nicht verständlich sind, hat negative Konsequenzen zur Folge. Diese Gewöhnungseffekte sind schon bei unregelmäßigen Anwendungen zu beobachten.

Durch das negative Ereignis wird dieser Effekt jedoch weitestgehend vermieden, da das Sonderangebot durch den Vorfall begründet wird. Damit kann die Wahrscheinlichkeit, daß hierdurch zukünftig Erwartungen auf weitere „regelmäßige" Sonderangebote gefördert werden, als gering beurteilt werden.

Die Sonderangebote werden in den letzten Tagen vor dem Produktverfall häufig als Last-Minute-Angebote bezeichnet. Vorteilhaft an diesem Last-Minute-Verkauf ist die Verfügbarkeit einer gesonderten Vertriebsschiene, die sich in den vergangenen Jahren etabliert hat. Durch die Nutzung von Flughafenverkaufsstellen, spezialisierten Reisebüros oder des Internets wird eine preissensitive Kundengruppe angesprochen. Bei dieser steht der Wunsch zum Verreisen und der Preis im Vordergrund, das konkrete Leistungsangebot interessiert dabei weniger. Ein weiterer Vorteil ergibt sich aus der Genauigkeit, mit der die Zielgruppe durch diesen Vertriebsweg angesprochen werden kann. Das vermeidet kostenwirksame Streuverluste, aber auch Irritationen bei anderen Kundensegmenten. Nicht auszuschließen ist jedoch der eintretende Kulisseneffekt bei der Inanspruchnahme der Leistung. Sonderangebote sind daher auch im Krisenmanagement ein wirkungsvolles Instrument zur Steigerung des Absatzes. Sie sind vor allem geeignet, Leistungen kurz vor ihrem Verfall zu verkaufen. Die durch das negative Ereignis vorliegende Begründung für das Sonderangebot vermeidet Gewöhnungseffekte. Grenzen der Sonderangebotspolitik sind dort zu sehen, wo diese einen negativen Einfluß auf die Produktpositionierung ausüben würden.

Beispiel 46: „Danke schön" – Kampagnen

„Danke schön"– Kampagnen sind ein gutes Beispiel für innovative und gelungene Marketingkampagnen, die Preis- und Kommunikationsmaßnahmen kombinieren. Sie sind für den Kunden nachvollziehbar und sprechen ihn auf einer emotionalen Ebene an.

Beispielsweise verwendete die indonesische Fluggesellschaft Garuda eine „Danke schön" – Kampagne, um sich von den Folgen der SARS-Krise und den Anschlägen auf Bali zu erholen. Reisende waren nach wie vor verunsichert und mieden Flugzeuge. Die Fluggesellschaft präsentierte zum 15. Jubiläum ihrer Präsenz in Neuseeland diese Kampagne mit einer starken preispolitischen Komponente. Garuda verband damit den Dank an die Neuseeländer für ihre Unterstützung und ihr fortwährendes Vertrauen in die Fluggesellschaft, insbesondere nach den letzten Ereignissen. Die Fluggesellschaft bot ihren Kunden einen 15% Nachlaß für alle Flüge, die von Auckland nach Bali, Jakarta, Singapore, China etc. gingen. Die Kampagne sollte zudem helfen, aus Bali ein Drehkreuz für Reisen nach Asien zu machen. Die Kombination dieses „Danke schön" mit einer preispolitischen Maßnahme erfreute nicht nur die Kunden, sondern sie vermied auch die negativen Konsequenzen eines Sonderangebots und den Kulisseneffekt.

Madrid (Spanien) lancierte eine „Danke schön" – Kampagne nach den Anschlägen auf Pendlerzüge in Madrid am 11. März 2004. Damit bedankte sich die Stadt für die große Anteilnahme und Solidarität, die aus dem In- und Ausland kam. Für diese „Danke schön" – Kampagne wurden Anzeigen in großen europäischen und amerikanischen Tageszeitungen geschaltet. Die Motive sprachen die verschiedenen wichtigen Quellmärkte Deutschland, Großbritannien, Portugal, Frankreich, Italien und die USA direkt an. Die Nachricht war einfach und treffend "Danke schön". Darunter erschien die kleinere Botschaft: „Madrid wird niemals die Anteilnahme, Unterstützung und Solidarität von allen (...) vergessen, die uns nach den Angriffen des 11. März zuteil wurde". Obwohl diese „Danke schön" – Kampagne rein kommunikative Elemente enthielt, nutzte sie die emotionale Komponente und sprach die Gefühle der Menschen in den wichtigsten touristischen Quellmärkten an.

Wie die Beispiele zeigen, sind „Danke schön" – Kampagnen nützliche Instrumente, um mit Kunden und Menschen, die ihre Unterstützung gezeigt haben auch in schwierigen Zeiten zu arbeiten. Es ist zu erwarten, daß die Anzahl solcher Kampagnen in der Zukunft immer mehr zunehmen wird, da sie auf eines der wichtigsten menschlichen Gefühle aufbauen: Dankbarkeit.

7.3.3 Konditionenpolitik

Das systematische Verhalten eines Anbieters gegenüber seinen Abnehmern in sämtlichen Bereichen – ausgenommen des zuvor behandelten Preises –, die

Gegenstand der vertraglichen Vereinbarungen des Leistungsentgelts sein können, wird durch die Konditionenpolitik beschrieben. Im Konkreten handelt es sich um die Gestaltung von Rabatten, Provisionen und Zahlungsbedingungen, die sowohl gegenüber den Endverbrauchern als auch gegenüber den Leistungsmittlern eingesetzt werden können.

7.3.3.1 Rabatte und Provisionen

Im allgemeinen Sinn wird unter Rabatt der Abschlag auf den Listenpreis verstanden, der nach verschiedenen Kriterien, wie Mengen, Zeitpunkten und Funktionen auf die Wiederverkäuferebene und nach Treuegesichtspunkten auf die Verbraucherebene ausgerichtet sein kann. Provisionen sind das Entgelt für die Geschäftsbesorgungen und Dienstleitungen, die ein Mittler erbringt. Ähnlich wie Rabatte werden Provisionen als Prozentsatz am Wert der vermittelten Leistung bemessen und nach vergleichbaren Kriterien gestaffelt. Provisionen kommen immer dann zur Anwendung, wenn im Vertrieb die Stufe des Handels kein Eigentum an der Ware erlangt.

Der betroffene Leistungsersteller hat gegenüber der Gruppe der Reisemittler durch das zeitweise Anheben der Provision die Möglichkeit, einen zusätzlichen Anreiz für die Verkaufsanstrengungen zu geben. Dies ist unter zwei Aspekten vorteilhaft: Zum einen kann durch die Provisionsgestaltung konkret auf die Hindernisse eingegangen werden, die Folge des negativen Ereignisses sind. Durch die Zahlung von Provisionen, die den zusätzlichen Aufwand kompensieren, der auf den Reisemittler als Folge des negativen Ereignisses zukommt, kann ein Anreiz zur Beibehaltung der Verkaufsbemühungen gegeben werden. Zum anderen hält diese preispolitische Vorgehensweise den Verkaufspreis gegenüber den Endverbrauchern stabil. Damit vermeidet man den zuvor beschriebenen Kulisseneffekt. Es ist anzunehmen, daß diese Maßnahme sich besonders für die nachaktive Phase als geeignet erweist. Sie stellt sicher, daß in einer sanften Weise die Aufmerksamkeit wieder auf das Produkt gelenkt wird, vermeidet aber zugleich das „Verramschen" des Produkts.

Der Treuerabatt sticht als Form einer Rabattmöglichkeit gegenüber dem Endverbraucher besonders hervor. Darunter sind Preisnachlässe eines Anbieters zu verstehen, die für den bevorzugten Kauf seiner Leistungen gewährt werden. Treuerabatte werden schon zu Normalzeiten häufig eingesetzt und finden Ausdruck in den Bonussystemen der Fluggesellschaften. Der besondere Stellenwert, den diese Systeme genießen, liegt darin, daß die Erlangung von Bonuspunkten nicht mehr ausschließlich an Flüge gebunden ist. Inzwischen können durch die Inanspruchnahme einer Vielzahl von touristischen und nicht-touristischen Leistungen Bonuspunkte erlangt werden. Vorteilhaft an dem Einsatz von Bonusmeilen ist die Entkopplung der Meilengutschrift vom Preis, wodurch einerseits für eine gleich beurteilte Leistung trotz ihres höheren Preises durch eine höhere Meilengutschrift eine Präferenz gegenüber dem Konkurrenzprodukt geschaffen werden kann. Andererseits kann aber auch eine schlechter beurteilte Leistung bei gleichem Preis durch eine ebenfalls höhere Meilengutschrift absetzbar werden. Dieser Effekt wird zudem noch dadurch verstärkt, daß die Kosten in der Mehrzahl der Fälle nicht vom Meilenempfänger zu tragen sind. In diesem – bei Geschäftsreisen vorherrschenden – Fall, ist die Meilengutschriftsveränderung einer Preisveränderung vorzuziehen. Zugleich muß aber sichergestellt werden, daß der geschaffene Anreiz im Sinne der besonderen Bonifikation auch wirksam bis zum die Entscheidung treffenden Konsumenten kommuniziert wird.

Meilenkonten

Die Lufthansa setzte nach den Anschlägen vom 11. September 2001 auf diese zusätzlichen Anreize von Flugmeilen. Sie vergünstigte Prämienflüge um bis zu 33%, hielt aber die Ticketpreise zur gleichen Zeit stabil. Damit war sie in nicht nur in der Lage, zusätzliche Anreize zu schaffen, sondern nutzte auch eine Phase der geringeren Auslastung zum Abbau der Meilenkonten ihrer Vielflieger.

7.3.3.2 Storno und Umbuchung

Die Möglichkeiten, eine Urlaubsreise oder touristische Leistung umzubuchen oder zu stornieren, ist keine Besonderheit des Krisenmanagements. Dennoch ist nicht von der Hand zu weisen, daß gerade dieses Instrument im Krisenmanagement insbesondere für die Kunden von hoher Bedeutung ist. Während die rechtlichen Möglichkeiten für den Reisenden bereits ausführlich betrachtet wurden, interessiert an dieser Stelle der Aspekt des Instrumentariums, der nicht auf eine rechtliche Verpflichtung zurückzuführen ist.

Die aktive Verwendung des Umbuchungs- und Stornoinstrumentariums ist in der Praxis zunehmend zu beobachten. Der Grund dafür liegt in dem Interesse des Reiseveranstalters oder Leistungsanbieters, den geschlossenen Reisevertrag aufrechtzuerhalten. Es kommen aber auch Überlegungen zum Tragen, deren langfristige Zielsetzung es ist, auch künftig als bevorzugter Leistungsanbieter nachgefragt zu werden.

Umtausch

Der Umtausch wird in unserer heutigen Servicegesellschaft als ein wichtiges Instrument der Kundenbindung angesehen und soll den Verkauf erleichtern. Dies ist auch regelmäßig der Fall, da mit der Möglichkeit, das Risiko eines Fehlkaufs zu verringern, die Absatzwahrscheinlichkeit steigt.

Problematisch ist der Umtausch, d.h. das Umbuchen und Stornieren im Tourismus. Ungleich stärker als bei den sonst vorherrschenden Warenverkäufen verfällt das touristische Produkt im Zeitverlauf. Dieser Wertverfall einer bereits abgesetzten Reise muß, wenn nicht vom Kunden, von einer anderen Partei getragen werden.

Mit Umbuchungen beabsichtigt der Leistungsanbieter, den Kunden die Leistung im gleichen Zeitraum aber in eine andere Destination anzubieten. Mit dem Storno wird auf die Inanspruchnahme der Leistung verzichtet. Die Umbuchung und das Storno werden in der Regel auf Zeiträume und auf betroffene Regionen beschränkt. Die angebotenen Möglichkeiten reichen von Umbuchungen innerhalb bestimmter Destinationen oder Baukastenelementen der Veranstalter bis hin zur kostenlosen Stornierung der kompletten Reise.

Zwei Punkte sind hinsichtlich des freiwilligen und kostenlosen Einsatzes des Umbuchungs- und Stornoinstrumentariums von Interesse: Das isolierte Vorgehen eines Veranstalters hat erhebliche Signalwirkung auf die Haltung der Konsumenten gegenüber den Wettbewerbern. Wenn nämlich ein Unternehmen Umbuchungs- und Stornomöglichkeiten anzubieten beginnt, entsteht bei den Konkurrenten erheblicher Handlungsdruck. Dieser Druck leitet sich vor allem daraus ab, daß durch das Einräumen dieser Korrektur zu einer implizierten Anerkennung der Beeinflussung des angebotenen Produktes durch das negative Ereignis kommt. Dann sind zweitens diese Maßnahmen sehr kostenintensiv und führen schnell zu einer Veränderung des Anspruchsdenkens der Konsumenten. Insgesamt sollte daher jede Verwendung des Umbuchungs- und Stornoinstrumentariums wohl überlegt sein, weshalb von einer zu aktiven Verwendung abzuraten ist.

Abbildung 40: Stornokosten ausgewählter Veranstalter

TUI		Thomas Cook[1]		FTI		Studiosus[2]		Alltours	
Tage	%	Tage	%	Tage	%	Tage	%	Tage	%
bis 31	20	bis 30	20	bis 35	25	bis 46	5	bis 30	20
30-23	25	29-22	25	34-15	30	45-22	10	29-22	25
22-16	35	21-15	30			21-15	25	21-15	40
15-9	50	14-7	50	14-8	45	14-8	40	14-7	50
8-3	65	6-1	65	7-1	55	7-0	50	6-1	65
danach	80	danach	75	danach	(100)[3]			danach	99,9

Stand: Februar 2005. Tage vor Reiseantritt. 1) Variieren abhängig von Reiseart, ausgewählt wurde Flugreise; 2) Variieren abhängig von Reiseart, ausgewählt wurde Reise mit Charterflug und Busreisen; 3) Voller Reisepreis abzüglich ersparter Aufwendungen.

7.3.3.3 Zahlungsbedingungen

Zahlungsbedingungen regeln im wesentlichen die Zahlungspflichten des Konsumenten oder Reisemittlers. Für den Konsumenten handelt es sich somit um die Anzahlungen, für den Reiseveranstalter um die Zahlungsverpflichtungen gegenüber seinen Leistungserbringern. Diese können sowohl in ihrer Höhe als auch in ihrem Zeitpunkt variieren. Eine Veränderung der Zahlungsbedingungen erscheint unter dem Aspekt des Krisenmanagements nur bedingt geeignet. Verändert sich der Anzahlungszeitpunkt bzw. die Anzahlungshöhe für die gebuchte Reiseleistung, kompensiert dies das Risikoempfinden des Konsumenten nur in geringem Maße. Der Aufwand der Veränderung, den diese in den AGB festgelegten Bedingungen mit sich bringen, rechtfertigt den Einsatz nicht, zumal durch andere Instrumente bessere Wirkungen erzielt werden können. Als ähnlich gering ist der Effekt bei Reisemittlern einzustufen, wo eine Veränderung der Zahlungsbedingungen kaum den besonderen Verkaufsbemühungen gerecht wird. Auch hier können durch andere Instrumente, wie zum Beispiel Provisionen, weitaus bessere Ergebnisse erzielt werden. Aus diesen Gründen kommt dem Instrument der Zahlungsbedingungen nur eine geringe Bedeutung für das Krisenmanagement zu.

Fragen

- Welche Aufgabe erfüllt die Preisstrukturpolitik?
- Welche Gefahren bergen wiederholte Sonderangebote?
- Warum ist der Einsatz von Anreizen mit Bonusmeilen empfehlenswert?
- Was sollte die Provisionsgestaltung in Krisenzeiten gegenüber den Reisemittlern beachten?
- Nennen sie mögliche Formen der Preisdifferenzierung!

Empfehlungen zur vertiefenden Lektüre

Bastian, Harald; Becker, Markus: Preisdarstellung in Reisekatalogen, in: Bastian, Harald, Born, Karl; Dreyer, Axel (Hrsg.): Kundenorientierung im Touristikmanagement, (Oldenbourg) München –Wien 1999

Ritchie, Brent; Crouch, Geoffrey: Quality, Price and the Tourism Experience, in: AIEST (Hrsg.): Quality Management in Tourism, Vol. 39, 1997, S. 117-139

Simon, Hermann: Preismanagement: Analyse, Strategie, Umsetzung, (Gabler) Wiesbaden 1992

7.4 Distributionspolitik

Ziel dieses Kapitels

- Die Besonderheiten der Vertriebswege des Tourismus in Krisenzeiten beurteilen können
- Unterstützungsmaßnahmen und Anreize ausgestalten lernen
- Möglichkeiten des branchenfremden Vertriebs erkennen

Wesentliche Begriffe und Konzepte

- Vertriebswege
- Reisebüros, Reisemittler
- Push- und Pull-Strategie
- Klubreisen

Die Distributionspolitik umfaßt die vielfältigen Festlegungen und Regelungen, die im Zusammenhang mit dem Weg eines Produktes zum Endabnehmer stehen. Wesentliche Besonderheit des touristischen Vertriebs ist, daß es sich nicht um den Verkauf eines faßbaren Produktes, sondern vielmehr um den Absatz eines Leistungsversprechens handelt. Zu dessen Einlösung muß sich der Kunde selbst zum Ort der Leistungserstellung hinbewegen. Allgemein gesehen, sind die Aufgaben der Distributionspolitik eher strategischer Natur, vergleichbar zu den Festlegungen der Preisstrukturpolitik. Somit müssen auch diese Entscheidungen als grundsätzlich feststehend angenommen werden. Von daher interessiert an dieser Stelle vorrangig, welche Wirkungen die Festlegungen haben und welchen Aktionsspielraum sie für distributionspolitische Maßnahmen des Krisenmanagements lassen.

Zu den grundsätzlichen distributionspolitischen Entscheidungen zählt die Regelung, ob das touristische Produkt auf direktem und indirektem Weg vertrieben wird. Während der direkte Vertrieb ohne Zwischenschaltung von weiteren Handelsstufen unmittelbar zwischen Leistungsersteller und Konsument erfolgt, wählt der indirekte Vertrieb die Zwischenstufen von Absatzmittlern und -helfern. Welche der beiden Ausprägungen schließlich präferiert wird, bestimmen die Besonderheiten der Kunden und des Produktes. In Abbildung 41 werden sie zueinander ins Verhältnis gesetzt.

Abbildung 41: Einflüsse auf den Distributionsweg

Entscheidungsniveau	Komplexität	Informations-, Beratungs-, Bestätigungspotential	
hohes Involvement reiseunerfahren viel Zeit sparsam	Individualreise viele Bestandteile weite Entfernung teuer	persönliche Beratung und Verkauf, moderiert, einfühlend hoch kompetent	**hoch**
	standardisierte Pauschalreise, im wesentlichen Transport und Unterkunft, mittlere Entfernung		
niedriges Involvement reiseerfahren wenig Zeit	nur Transport oder nur Unterkunft, relativ billig	keine Beratung unpersönlich unmoderiert begrenzt kompetent	**niedrig**
Kunde	Produkt	Distributionsweg	

Quelle: Regele/Schmücker (1998)

Die Festlegung des Vertriebs ist aber nicht nur die Entscheidung zwischen dem direkten oder indirekten Vertrieb. Sie muß auch klären, ob eigene oder fremde beziehungsweise branchenspezifische oder branchenfremde Distributionsorgane die Absatzaufgaben übernehmen sollen. Einen Überblick über die damit für die distributionspolitischen Entscheidungen zur Verfügung stehenden Absatzformen gibt Abbildung 42.

7.4.1 Direkter Vertrieb

Besonders stark ausgeprägt ist der direkte Vertrieb in Bereichen des Binnentourismus, in welchen die überwiegende Anzahl der Buchungen direkt zwischen Konsumenten und Leistungserstellern zustande kommt. Darüber hinaus ist tendenziell ein vermehrtes Interesse der Leistungsersteller zum Direktvertrieb festzustellen. Der Direktvertrieb wird möglich, weil die Reiseerfahrungen der Touristen zunehmend steigen. Viele touristische Dienstleistungen werden nämlich als Standardleistung betrachtet und bringen nur noch ein geringes objektspezifisches Involvement mit sich. Hinzu kommen aber auch Kostenüberlegungen. Durch das Ausschalten der Reisemittler entfällt die Provisionszahlung. Immer wichtiger wird zudem der direkte Kundenkontakt für viele Leistungsersteller. Nur dadurch sind sie in der Lage, relevante Verhaltens- und Kundendaten zu generieren, die in wettbewerbsstarken Märkten immer entscheidender werden.

Abbildung 42: Vertriebswege im Tourismus

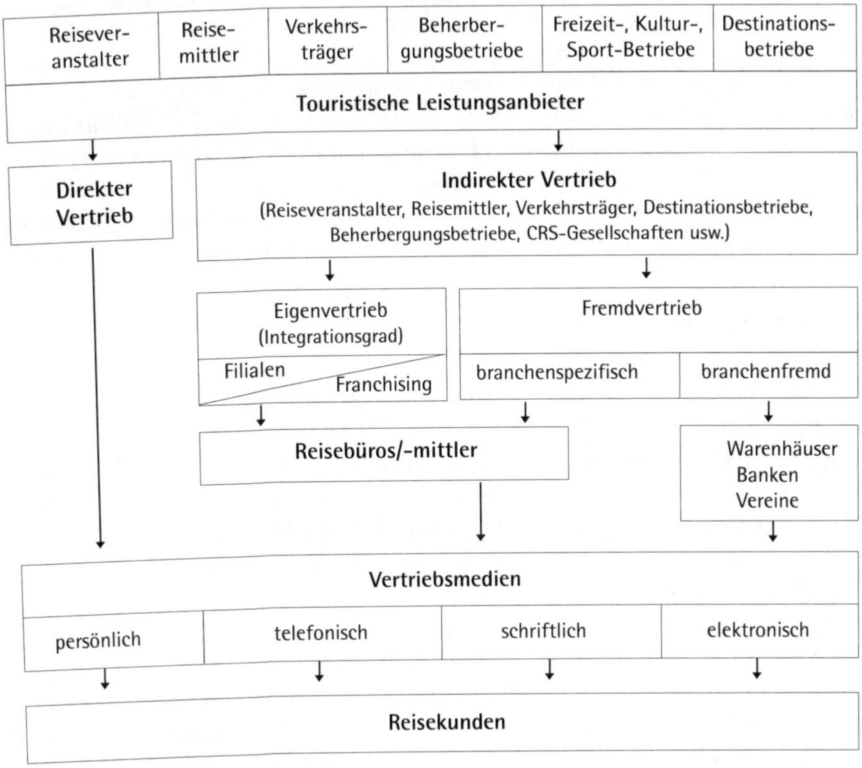

Quelle: Leicht verändert nach Freyer (1997)

Eine der wesentlichen Feststellungen im Zusammenhang mit negativen Ereignissen war, daß Konsumenten ein schlagartig ansteigendes Informationsbedürfnis haben. Dies wird wie bereits aufgezeigt, am besten durch eine differenzierte Ansprache erfüllt. Der direkte Vertriebsweg muß beiden Anforderungen standhalten. Für den Bereich des Binnentourismus gilt, daß der direkte Vertrieb von Anfang an mit einer persönlichen Betreuung verbunden ist. Damit wird über die Fähigkeit verfügt, Kunden auch in der jetzigen Krisenphase unmittelbar und umfassend mit Informationen zu versorgen. Da dies direkt und ohne Zwischenschaltung Dritter erfolgt, können Fragen kompetent, differenziert und problemorientiert beantwortet werden. Es besteht somit gegenüber dem Kunden die Möglichkeit, ein relativ genaues Bild von den Umständen und seinen Produktkonsequenzen zu zeichnen. Ob dies schließlich gelingt, ist wiederum von einer

Vielzahl weiterer Faktoren abhängig, zu denen in besonderem Maße die Reputation gehört (siehe Kapitel 7.5.2).

Anders sieht es bei dem zunehmenden direkten Vertrieb von touristischen Standardprodukten aus. Das prinzipiell geringere Informationsbedürfnis der Touristen sorgt ebenso wie der Kostendruck dafür, daß überwiegend elektronische Vertriebsmedien zur Anwendung kommen. Diese sind auf eine halb- oder vollautomatische Abwicklung des Vertriebs ausgelegt. Daraus leitet sich ab, daß im Rahmen des präventiven Krisenmanagements nun stärker als im Fall des weniger automatisierten Verkaufs im Binnentourismus organisatorische Vorkehrungen getroffen werden müssen. Ziel der Handlungen muß die Schaffung von Flexibilitätspotentialen sein, die durch Rationalisierung der Absatzschritte normalerweise verlorengegangen sind, nun aber notwendig werden. Sie dienen dazu, den individueller werdenden Informationsbedarf handhaben zu können.

7.4.2 Indirekter Vertrieb

Die Einschaltung von Einzel- oder Großhändlern zum Absatz der Leistungen wird als indirekter Vertrieb bezeichnet. Sind diese zwischengeschalteten Unternehmen rechtlich und wirtschaftlich unabhängig, wird von Fremdvertrieb gesprochen. Handelt es sich hingegen um eigene Filialen, so spricht man von Eigenvertrieb. Zwischen diesen beiden Polen existieren eine Vielzahl weiterer Stufen von Integrationsmöglichkeiten, die unter anderem Kooperationen und das Franchising umfassen.

Prinzipieller Vorteil des indirekten gegenüber dem direkten Vertrieb ist bereits in der Normalsituation die bessere Verkaufsmöglichkeit von erklärungsbedürftigen Produkten. Mitarbeiter der Reisebüros können unmittelbar auf die Fragen und Bedürfnisse der Kunden eingehen. Diese umfassende Informations- und Beratungsmöglichkeit ist auch in der Krisensituation von Bedeutung. Die konkrete Funktion des Reisebüros ändert sich dabei abhängig von der Reisephase, in der sich der Tourist befindet. Kunden, die bereits eine konkrete Reiseentscheidung getroffen haben, erfragen nun gezielt Informationen über den Produktzustand. Hier muß das Reisebüro kompetent und vertrauenswürdig informieren und handeln können. Dafür benötigt es entsprechende Informationen und Handlungsunterstützungen durch den Leistungsersteller. Die Praxis zeigt, daß es sich hierbei um eine kritische Phase handelt: Der Beratungsaufwand der Reisebüros steigt erheblich an. Der mit dem ursprünglichen Verkauf erwirtschaftete Provisionsertrag wird durch diese zusätzlichen Beratungs- und Verkaufsaktivitäten geschmälert. Das deutet den entsprechenden Handlungs- und Gestaltungsbedarf beim Provisonsinstrumentarium an. Ein um die Erhaltung der Buchung bemühter Leistungsersteller kann somit eine Sonderprovision für nicht stornierte Buchungen einführen und schafft dadurch einen zusätzlichen Anreiz. Zum anderen sind viele Reisebüros darum bemüht, auch ihrerseits den Kunden an sich zu binden und rechtliche Konsequenzen zu vermeiden, welche wiederum durch die Beratung entstehen könnten. Damit schwindet in dieser Situation die Loyalität gegenüber dem Leistungsanbieter. Außerdem wird vorschnell der Unsicherheit des Kunden nachgegeben, anstelle ihr entgegenzuwirken.

Damit ein Reisebüro erfolgreich handeln kann, muß demnach Folgendes vorausgesetzt werden:

Interesse: Dieses besteht in persönlicher und wirtschaftlicher Sicht. Je stärker dabei der Vertrieb beim Leistungsanbieter integriert ist, desto geringer ist die Notwendigkeit, gesonderte wirtschaftliche Anreize zu schaffen.

Fähigkeit: Der Vertrieb muß durch den Leistungsanbieter mit entsprechenden Informationen versorgt werden, um eine vertrauenswürdige Unterrichtung des Konsumenten zu erreichen.

Befindet sich der Kunde noch in der Orientierungsphase, entsteht ein zusätzliches Problem. So wurde bereits festgestellt, daß die Vorstellungen der Konsumenten von Destinationen bereits vor dem Besuch des Reisebüros derart beeinflußt sein können, daß es zu keiner aktiven Nennung des Produktes mehr kommt. Aus Sicht des betroffenen Leistungsanbieters muß infolgedessen die Möglichkeit des direkten Kundengesprächs dazu genutzt werden, daß die verdrängte Alternative doch wieder in Betracht gezogen wird. Dies setzt in Ergänzung zu den oben genannten Punkten folgendes voraus:

Qualität: Seitens des Produktes gibt es keine tatsächlichen Beeinträchtigungen.

Möglichkeit: Das latente Bedürfnis kann beim Kunden nach wie vor festgestellt werden.

Wenn nur ein geringer Integrationsgrad des Vertriebes vorliegt, wird es besonders schwierig sein, das Interesse der Reisebüros sicherzustellen. Speziell in diesem Fall ist es wichtig, daß der Leistungsersteller selbst den Kontakt zu den Kunden sucht und auf diese Weise Einfluß auf die Reisebüros nimmt. Ziel dieser auch als Pull-Strategie bezeichneten Vorgehensweise kann die Aktivierung der Konsumenten sein. Diese werden zur weiteren Informationssuche aufgefordert. Außerdem kann versucht werden, den Kunden direkt die notwendigen Informationen zu vermitteln, um die Präferenz für das Produkt zu erhalten oder hierfür wieder herzustellen. Welches der beiden Ziele im Krisenfall anzustreben ist, hängt vom Ereignis, der Produktbeeinflussung und der Zusammenarbeit mit dem Reisebüro ab. Wichtig ist vor allem im ersten Fall, daß die Reisebüros über die entsprechenden Informationen verfügen.

Pull-Strategie

Dieses Ziel unterstützt man am besten durch die Push-Strategie. In diesem Fall ist das Reisebüro Ziel des Marketingeinsatzes, weshalb an dieser Stelle auch von Trade-Marketing gesprochen wird. Unter Einsatz des gesamten Marketinginstrumentariums, insbesondere aber der Verkaufsförderung und der Konditionenpolitik, versucht der Leistungsanbieter, das Reisebüro zu höheren Verkaufsanstrengungen zu veranlassen.

Der indirekte Vertrieb bietet letztendlich auch zu Zeiten des negativen Ereignisses die Chance, den Kunden umfassend zu beraten. Wichtig ist jedoch die Lösung des Informationsproblems der Reisebüros, ebenso wie das beim Fremdvertrieb wichtige Anreizproblem. Sinnvollerweise sollte deshalb eine Mischung aus Push- und Pull-Strategie zum Einsatz kommen und vor allem in der nachaktiven Phase die Chancen des Trade-Marketing genutzt werden.

Push-Strategie

7.4.3 Branchenfremder Vertrieb

Branchenfremde Absatzwege gewinnen neben den zuvor erörterten klassischen Formen des Vertriebs zunehmend an Bedeutung. Dies erscheint auch für das Krisenmanagement unter zweierlei Gesichtspunkten von Interesse.

Die Einmaligkeit dieses Produktes im Angebot des Vertreibenden ist ein häufiges Kennzeichen der über diesen Vertriebsweg angebotenen Reisen. Kirchengruppen, Banken, Sport- oder Automobilclubs nehmen diese Reise temporär in ihr Angebot auf. In den meisten Fällen wird keine Wiederholung des Angebots angestrebt. Auch ist die Angebotspalette möglicherweise nur auf dieses Produkt beschränkt. Durch das Nutzen dieses Vertriebsweges kommt der Leistungsanbieter mit einem reisebereiten Kundensegment in Berührung, das häufig eine Präferenz für diesen Absatzkanal hat. Diese Präferenz ist teilweise auf die mitreisenden Personen zurückzuführen. Wird das Angebot zu diesem Zeitpunkt nicht wahrgenommen, besteht nur eine geringe Chance, diese Reise nochmals mit dem gleichen Personenkreis zu unternehmen.

Die Präferenz für diesen Vertriebsweg kann aber auch Ergebnis des hohen Vertrauens in den branchenfremden Vertreiber sein. Insoweit kann man beim Beschreiten dieses Vertriebsweges einen Reputationstransfer nutzen. Gelingt es dem Leistungsanbieter, den branchenfremden Vertreiber vom Zustand des Produktes zu überzeugen, wirkt dieser gegenüber seinem Klientel wie ein Garant. Insoweit kann der Aufwand gering gehalten werden und es gelingt, preispolitische Zugeständnisse zu kompensieren. Damit liegt der besondere Wert dieses Absatzweges für das Krisenmanagement in der Erreichbarkeit von sonst kaum als potentielle Kunden erreichbaren Konsumenten und besonders auch in dem Vertrauen, das der branchenfremde Anbieter bei den Konsumenten genießt.

Fragen

- Nennen sie die Vorteile des direkten Vertriebs?
- Was ist unter einer Push-Strategie zu verstehen?
- Welche Voraussetzungen müssen seitens des Reisebüros für ein erfolgreiches Handeln in Krisenzeiten erfüllt werden?
- Welche Vorteile ergeben sich im branchenfremden Vertrieb?

Empfehlungen zur vertiefenden Lektüre

Regele, Ulrike; Schmücker, Dirk: Vertriebspolitik im Tourismus, in: Haedrich, Günther; u.a. (Hrsg.): Tourismus - Management, 3. Aufl., (de Gruyter) Berlin - New York 1998, S. 405-445

7.5 Kommunikationspolitik

Ziel dieses Kapitels

- Risiko- von Krisenkommunikation unterscheiden lernen
- Besonderheiten und Anforderungen an die Krisenkommunikation verstehen
- Chancen und Risiken der ungewohnten Aufmerksamkeit erkennen
- Besonderheiten der Krisenkommunikation mit den verschiedenen Zielgruppen beachten
- Stellenwert von Bildinformation erkennen
- Einsatzfähigkeit und Nutzen der verschiedenen kommunikationspolitischen Maßnahmen beurteilen lernen

Wesentliche Begriffe und Konzepte

- Risikokommunikation
- Krisenkommunikation
- Glaubwürdigkeit
- Image
- Bildkommunikation
- Werbung
- Medienkommunikation
- Verkaufsförderung
- Familiarization trips
- Messeteilnahme
- Sponsoring

Die Vermittlung von Informationen und Bedeutungsinhalten mit dem Ziel, die Verhaltensweisen, Ansichten und Erwartungen der Rezipienten zu beeinflussen und zu steuern, ist Aufgabe der Kommunikationspolitik. Nach traditioneller Sicht ist ihr Zielbereich die sich im Absatzmarkt befindlichen Konsumenten. Dabei ist aber auch unter normalen Umständen schon von einem größeren Wirkungsbereich der Kommunikation auszugehen, der zumindest Teile der weiteren gesellschaftlichen Umwelt und der Mitarbeiter der Organisation umfaßt. Während die Berücksichtigung der weiteren Umwelt in der Kommunikationspolitik unter normalen Umständen noch eine Wahlentscheidung ist – wobei schon auf die Vorteile einer integrierten Kommunikation hingewiesen wurde –, ist spätestens mit dem Eintritt eines negativen Ereignisses die Einbeziehung der weiteren Umwelt als Wirkungsbereich der Kommunikation unumgänglich.

7.5.1 Risiko- versus Krisenkommunkation

Zwei grundlegende Arten von Kommunikation lassen sich im Zusammenhang mit negativen Ereignissen unterscheiden: die Risiko- und die Krisenkommunikation.

Mit der Risikokommunikation wird ein langfristiger Ansatz verfolgt, der den Aufbau von Vertrauen und Verständnis im Zusammenhang mit Risiken zum Ziel hat. Daneben kann aber auch das Erreichen von Aufmerksamkeit bei sonst nicht beachteten Risiken Ziel der Risikokommunikation sein. Die Krisenkommunikation setzt hingegen überraschend ein. Sie beschreibt den Versuch, nach dem Ausbruch eines negativen Ereignisses dessen Konsequenzen mit kommunikativen Mitteln zu minimieren und dergestalt zu steuern, daß die Glaubwürdigkeit für die kommenden Aktivitäten des Produktrelaunch erhalten bleibt.

Wenn man den Aktivitätenzeitraum der beiden Kommunikationsformen betrachtet, so liegt die Risikokommunikation in der Vorereignisphase, während die Krisenkommunikation erst nach dem Eintritt des Ereignisses, vor allem ab dem aktiven Zeitpunkt einsetzt.

Abbildung 43: Risiko- vs. Krisenkommunikation

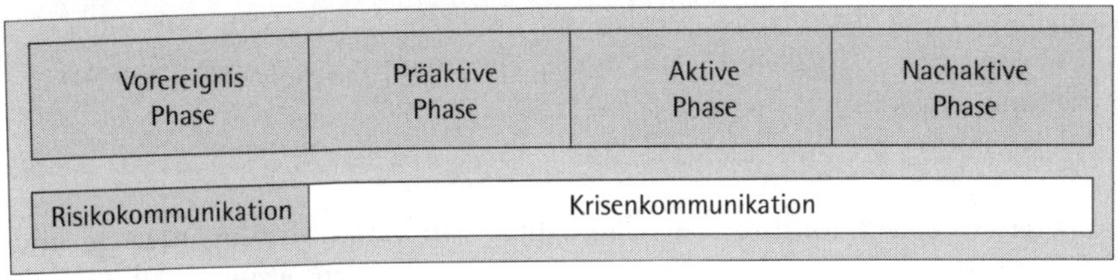

7.5.1.1 Risikokommunikation

Die Risikokommunikation hat durch ihren in der Vorphase des Ereignisses liegenden Zeitpunkt präventiven Charakter. Sie ist Teil der bereits angeführten Maßnahmen der strategischen Handhabung negativer Ereignisse. Ihr Einsatz erfolgt im Hinblick auf das Vermeiden dieser Ereignisse, beziehungsweise der Reduktion ihrer Konsequenzen. Eine Risikokommunikation mit dem Ziel des Vermeidens negativer Ereignisse findet im Tourismus vor allem dort Anwendung, wo der Tourist selbst Auslöser von negativen Ereignissen ist. So sollen durch die Aufklärung über Risiken und Gefahren leichtsinnige Touristen vom Eingehen von Risiken abgehalten werden. Dadurch wird auch vermieden, daß andere potentielle Touristen, die das negative Ereignis nicht als Resultat leichtsinnigen Handelns verstehen, zukünftig auf die Reise oder das Produkt verzichten.

Beispiel 47: Risk and Fun

Snowboarder bevorzugen in besonderem Maße das Fahren auf unpräparierten Pisten. Gerade junge Fahrer sehnen sich nach dem Gefühl von Freiheit und Abenteuer, kaum, daß sie das Brett einigermaßen beherrschen. Dabei setzen sich diese Sportler den enormen Gefahren des alpinen Geländes aus, für deren sachkundige Einschätzung jahrelange Erfahrungen notwendig sind.

Da diese Personen in ihrer Gesamtheit nicht erreicht werden können, um sie zu einer besseren Ausbildung zu veranlassen, hat das österreichische Sozialministerium zusammen mit dem Fonds „Gesundes Österreich" und dem Alpenverein das Projekt „Risk und Fun" ins Leben gerufen. Mit der bewußten Konzentration auf die Leitfiguren in der Szene werden die sogenannten „Peers" ausgebildet. Ziel ist es, ihnen das notwendige Wissen zur sachkundigen Gelände- und Wettereinschätzung zu vermitteln. Außerdem soll dadurch ihr eigenes Risikoverhalten und schließlich auch durch sie das Risikoverhalten der anderen Snowboarder beeinflußt werden.

Das Training umfaßt einen fünftägigen Kursus mit erfahrenen Bergführern und „Risk und Fun" Trainern, die selbst begeisterte Snowboarder sind und jahrelange Erfahrung als Freerider und durch Tiefschneeabfahrten gemacht haben. Zum Saisonende werden alle ausgebildeten Peers mit einem sogenannten „Chill out" nochmals im freundschaftlichen Rahmen zusammengeführt.

Andererseits sollen Touristen zur Übernahme von Verantwortung angeregt und gewonnen werden, wenn es sich um allgemeine Risiken, wie beispielsweise kriminelle Übergriffe, handelt. Ziel der Risikokommunikation ist in diesem Fall, den Touristen zur Vornahme vorsorgender Maßnahmen anzuleiten. Da die Kenntnisse über die allgemeinen Risiken in der Destination bei den meisten Touristen nur gering sind, wird allgemein auf die Verantwortung der Behörden der Destination und der Leistungsträger hingewiesen, eine solche Form von Risikokommunikation zu betreiben (WTO 2002, WTO 1994c; WTO 1989).

Tafel mit Warnung vor Taschendiebstahl am Flughafen Lausanne (Schweiz).

Beispiel 48: Präventive Maßnahmen – Das Bahia Tourist Protection Booklet

Der brasilianische Bundesstaat Bahia formierte 1991 eine eigene Polizeieinheit zum Schutz von Touristen (DELTUR), die erste dieser Art in Brasilien. Ziel war es, die Kriminalität gegenüber Touristen zu stoppen. Neben den normalen Aufgaben als Schutztruppe, wirkt DELTUR maßgeblich bei der Aufklärung und Warnung von Touristen mit. So wurde auch eine Broschüre produziert, die an alle Touristen in dem Bundesstaat verteilt wird. Auf acht Seiten erhält der Tourist Hinweise und Tips wie er sich selbst schützen kann, Empfehlungen, wie in bestimmten Situation zu reagieren ist sowie Telefonnummern und Adressen von relevanten Hilfs- und Schutzeinrichtungen.

Quelle: DELTUR

Auf die Veränderung der Akzeptanz von Risiken zielt eine weitere Art der Risikokommunikation ab. Dazu wird die Aufnahme eines Risikodialogs zwischen der Organisation und der Öffentlichkeit empfohlen. Ziel dieses Kommunikationsprozesses ist eine Steigerung der Risikoakzeptanz und ein Abbau von Konfliktpotentialen. Dieser Ansatz ist kritisch zu beurteilen. So weist auch *Luhmann* (1991) darauf hin, daß die rückläufige Akzeptanz von Risiken auf Vertrauensverluste zurückzuführen ist. Diese können aber nicht durch Kommunikation, sondern nur durch Autorität ausgeglichen werden. Diese Autorität, die als Fähigkeit zur weiteren Erläuterung verstanden werden muß, hat gerade im Zeitalter der Informationsüberlastung zum Ziel, zusätzliche Kommunikation zu vermeiden. Folglich kann sie nicht durch diese ersetzt werden.

7.5.1.2 Krisenkommunikation

Eine schlagartig einsetzende Kommunikationsform ist die Krisenkommunikation, die vom Eintreten des negativen Ereignisses abhängig ist. Ob sie unmittelbar nach dem Ereignis oder erst verzögert einsetzt, also wann der genaue Beginn einer aktiven Krisenkommunikationspolitik ist, bestimmt sich durch die gewählte Krisenhandhabungsstrategie, auf deren defensive oder offensive Richtung bereits eingegangen wurde. Die Krisenkommunikation ist hingegen grundsätzlich durch verteidigende Züge charakterisiert. Der Anlaß für diese Kommunikation geht nicht vom betroffenen Unternehmen oder der Organisation aus, sondern wurde durch das Ereignis begründet. Dieser defensive Aspekt wird sich unabhängig davon einstellen, ob die Organisation auf die Krise vorbereitet war oder nicht.

Ferner kennzeichnen die Krisenkommunikation die erhöhten quantitativen und qualitativen Ansprüche im Vergleich zur normalen Kommunikation. Die quantitativen Anforderungen steigen, weil es einerseits zu einem erhöhten Informationsbedürfnis der ständig an der Organisation Interessierten kommt, andererseits aber auch der Kreis der Informationsnachfrager zunimmt. Insofern ist Krisenkommunikation auch Massenkommunikation, die weit mehr als nur eine Medienkommunikation ist. Die höheren qualitativen Anforderungen an die Kommunikation sind das Ergebnis der besonderen Aufmerksamkeit, die der Organisation zuteil wird. Diese macht eine schlüssige, präzise und widerspruchsfreie Kommunikation – zumindest über den Zeitraum der Krise hinweg – notwendig.

Obwohl der Krisenkommunikation durch Vorbereitungen nicht ihr defensiver Charakter genommen werden kann, so beeinflußt der sichere Umgang mit den besonderen quantitativen und qualitativen Anforderungen doch, ob die Kommunikation schließlich als Panik- oder geplante Kommunikation eingestuft wird. Das kommunikationspolitische Instrumentarium unter den besonderen Anforderungen der Krisenkommunikation ist nun Gegenstand der weiteren Erörterungen.

7.5.2 Zeitliche und inhaltliche Aspekte

Die Krisenkommunikation muß besonderen Anforderungen gerecht werden, die aus der Situation resultieren und sich von der normalen Kommunikationsaufgabe unterscheiden. Vor allem bei ungewohnten Ereignissen beurteilt der Rezipient die Informationen als komplex. Deshalb liegt eine erste inhaltliche Aufgabe der Kommunikationspolitik in der Schaffung von Verständlichkeit und Transparenz. Diese Verdeutlichung der Zusammenhänge trägt wesentlich zur Glaubhaftigkeit der Organisation bei. Gelingt es nicht, hier die entscheidenden Informationen zu vermitteln, entfernen sich die Aufmerksamkeiten von sachlichen Zusammenhängen und der Rationalität und es lassen zugleich die Einflußmöglichkeiten der Organisation auf den Informationsprozeß nach.

Zeitlich

Zeitlich gesehen, ergibt sich typischerweise nachstehende Abfolge für die ersten 24 Stunden:

Zeit seit Ereignis	Situation	Maßnahme der Organisation
0-1 Stunde	• Jedes Pressemedium bemüht sich als erstes über den Vorfall zu berichten • Widersprüchliche Mitteilungen über das Vorgefallene • Befürchtungen zum Ausmaß werden geäußert	• Mitglieder des Krisenstabes, -komitees alarmieren • Behörden informieren • Externes Schnittstellenpersonal Telefonisten, Portiers, (Sicherheitspersonal) informieren • Nur wenn nötig Mitteilung an die Presse: „Wir beurteilen die Situation"
1-3 Stunden	• Die Situation wird deutlicher • Erste Augenzeugen berichten vom Vorgefallenen • Erste Vergleiche zu ähnlichen Vorfällen • Erste Spekulationen über Schadenshöhe und Opfer	• Kurzinformation an die Mitarbeiter, später Intranet nutzen • Herausgabe der ersten Pressemitteilung und Aktivierung der Notfallwebseiten (siehe Beispiel 52) und -rufnummern (siehe Kapitel 7.5.6.1.1)
3-6 Stunden	• Fragen nach dem Warum werden gestellt? • Experten werden zur Beantwortung des Warums eingeschaltet	• Einberufung der ersten Pressekonferenz (siehe Kapitel 7.5.6.1.4)
6-24 Stunden	• Intensive Hintergrundberichte werden erstellt • Diskussionsforen werden eingerichtet • Statements von Verbänden • Regierungsvertreter machen Statements • Printmedien berichten umfassend über den Vorfall	• Erste Video- und Telefonkonferenzen mit wichtigen Geschäftspartnern wie Reiseveranstaltern, -mittlern und Verbänden einberufen • Erste direkte Kontaktaufnahme mit den Auswärtigen Ämtern der wichtigen Quellmärkte

Inhaltlich

Inhaltlich gesehen ergeben sich bei der Wahl einer aktiven Handlungsstrategie typischerweise folgende Schwerpunkte:

1. An erster Stelle steht die Darstellung des Ereignisses, wobei jede Spekulation unbedingt vermieden werden muß. Es folgt die Erklärung der Zuständigkeit und Betroffenheit der Organisation. Dabei sollte betont

werden, daß der Vorfall so ernst genommen wird, daß er durch die oberste Unternehmensleitung verantwortet und geleitet wird.

2. In einem nächsten Schritt müssen die eingeleiteten Maßnahmen zur Bewältigung der Krise dargestellt werden. Damit wird die eigene Kompetenz unterstrichen und dazu beigetragen, daß das Unternehmen auch weiterhin als der wichtigste Gesprächspartner betrachtet wird. Es empfiehlt sich bereits frühzeitig, die Fakten und Maßnamen auch visuell darzustellen (siehe auch Kapitel 7.5.5). Dazu gehört bei Ereignissen von internationaler Bedeutung die Verwendung von Landkarten zur Verdeutlichung von Distanzen.

3. Letztendlich gilt es, die weiteren Maßnahmen aufzuzeigen, die Ergebnis der aktuellen Erfahrungen sind und der Vermeidung zukünftiger Wiederholungen dienen. Da das Ereignis nicht notwendigerweise dem eigenen Verantwortungsbereich zuzuordnen ist, gehört dazu auch die Thematisierung der generellen Problematik, vor deren Hintergrund der Vorfall zu sehen ist. So wird beispielsweise die Bewertung eines Schiffsunglücks anders ausfallen, wenn sie im Zusammenhang mit der Überlastung der Schiffahrtswege gesehen wird. Ebenso bietet sich unter Umständen an, die getätigten Investitionen in dem betroffenen Bereich zur Risikovorsorge aufzuzeigen. Wird zugleich noch verdeutlicht, welche unabhängigen Nutzenbeurteilungen für diese Investitionen im Vergleich zu anderen Bereichen vorliegen, wird bereits frühzeitig zu einer objektiven Risikobeurteilung beigetragen.

Risikovergleiche

Risikovergleiche sind gefährlich und häufig kontraproduktiv. Dies gilt vor allem für Vergleiche von Wahrscheinlichkeiten, mit denen das gleiche Ereignis an einem anderen Ort hätte geschehen können.

Die Darlegung der Gründe hingegen, warum eine Destination in diese Risikovorsorge und nicht in eine andere investiert hat, sind aber unter Umständen geeignet, die Verantwortlichkeit im Umgang mit Risiken zu verdeutlichen. Dies gilt insbesondere dann, wenn sie mit anerkannten und unabhängigen Nutzenabschätzungen unterlegt werden, wie die z.B. vom Harvard Center for Risk Analysis.

4. Für die spätere nachaktive Phase ist es dann wieder entscheidend, über die Umsetzung der Recoverymaßnahmen, die ersten und späteren Erfolge zu berichten. Diese Informationen fallen normalerweise in den Bereich der vollkommen normalen Produktmitteilungen und finden kaum Eingang in die Publikumsmedien. Da sie von den Medien aber gerne zur Abrundung der Geschichte im Sinne einer „Erinnern sie sich noch ?" Berichterstattung genutzt werden, eignen sie sich, den potentiellen Kunden zu signalisieren, daß die Produkte wieder verfügbar sind.

Darüber hinaus ist bei der Krisenkommunikation immer zu beachten, daß sie schlüssig, präzise und widerspruchsfrei ist (siehe auch die vertiefenden Erörterungen in Kapitel 7.5.3). Da diese qualitative Anforderung gerade wegen der gleichzeitigen zunehmenden Quantität nicht einfach zu bewältigen ist, müssen alle Mitteilungen und Stellungnahmen unbedingt aufbewahrt werden. Nur damit besteht die Möglichkeit auch über einen längeren Zeitraum hinweg diese Konsistenz sicherzustellen.

Informationspflichten

Der Inhalt und der Zeitpunkt der Bereitstellung von Informationen wird aber auch durch Informationspflichten bestimmt, denen ein Unternehmen nachkommen muß. Im Tourismus dominieren dabei die Informationsbeziehungen zu den eigenen Kunden. Eine besondere Verantwortung für ihre Kunden tragen in Deutschland die Reiseveranstalter. Sie haben eine allgemeine Informationspflicht gegenüber ihren Kunden und müssen alle für die Durchführung der Reise bedeutsamen Informationen bereitstellen. Eine Grenze ist bei dem Bereich zu ziehen, der dem allgemeinen Lebensrisiko zu zurechnen ist. Besondere Bedeutung kommt der Phase zwischen Abschluß des Reisevertrages bis zum Reiseantritt zu. In dieser Zeit ist der Tourist ohne Einschränkungen über alle besonderen Vorkommnisse am Urlaubsort aufzuklären, die den vertragsgemäßen Ablauf der Urlaubsreise beeinflussen könnten. Dies sind beispielsweise die Veränderungen der Strandqualität, Ölpest oder Naturkatastrophen (Strangfeld 1993).

rechtliche Folgen

Letztendlich ist auch zu berücksichtigen, daß der Kommunikationsinhalt rechtliche Folgen haben kann. Vor allem bei Kommunikationsmaßnahmen, die Fehler eingestehen oder Entschuldigungen beinhalten, ist zu prüfen, ob sie zu Regreßansprüchen führen können (Avenarius 1995. Berger/Gärtner/Mathes 1989 raten aus diesem Grund davon ab). Deshalb sollte vor allem in der zeitkritischen Anfangsphase von der Verwendung solcher Kommunikationsinhalte abgesehen werden. Aber auch mittel- und langfristig sind Entschuldigungen nur unter sorgfältiger Abwägung einzusetzen. Zum einen ist vollkommen ungewiß, ob sie bei den Informationsempfängern auch positiv aufgenommen werden. Zum anderen besteht die Gefahr, daß eine verkürzte kontextlose Wiedergabe das absolute Gegenteil der bezweckten Handlung bewirkt, wenn sie im Beisein von Medienvertretern erfolgen.

7.5.3 Der Aspekt der Reputation

Der Reputation kommt schon zu Normalzeiten für die Destination oder Unternehmung eine wichtige Funktion zu. Abhängig von der jeweiligen Reputation der Organisation, werden die Marketingaktivitäten, insbesondere die Aktionen der Kommunikationspolitik, anders bewertet. Die Reputation ist dabei nicht etwas Feststehendes, sondern entwickelt sich sukzessiv. Sie ist das Ergebnis der vergangenen Aktionen und Handlungen der Organisation. Waren diese Aktionen in der

Vergangenheit ähnlich und in ihrer Beschaffenheit glaubwürdig, kann von einer positiven Reputation ausgegangen werden. Diese Glaubwürdigkeit ist eine wichtige Aktiva. Dennoch kommt ihr besonderer Wert erst in kritischen oder krisenhaften Situationen richtig zum Tragen. Dabei hilft sie, wie kein anderes Instrumentarium, Unsicherheit abzubauen und die kommunikativen Aktionen durch Vertrauen zu begleiten. Genauer betrachtet, ist die Glaubwürdigkeit für die Krisenkommunikation in zweifacher Hinsicht von Bedeutung: Erstens übt sie Einfluß auf die Auswahl und Bewertung der Informationsquellen aus, zweitens beeinflußt sie die Beurteilung der Informationen durch den Rezipienten.

konsultierte Informationsquellen

Nach Eintritt des negativen Ereignisses werden die Medien zu einem bestimmten Zeitpunkt beginnen, sich verstärkt mit dem Thema auseinandersetzen und Informationen nachfragen. Zu Beginn dieses Informationsprozesses wird das betroffene Unternehmen an erster Stelle der konsultierten Informationsquellen rangieren. Erst im weiteren Verlauf der Medienberichterstattung tritt ein natürlicher Verlagerungsprozeß ein, bei dem auf einen weiteren Kreis von Informationsquellen zugegriffen wird. Dieser natürliche Verlagerungsprozeß kann durch das betroffene Unternehmen beschleunigt werden. Unglaubwürdiges Handeln, aber auch unglaubwürdige Stellungnahmen, tragen dazu bei, daß sich Journalisten schneller inoffiziellen Quellen und anderen Informationsbereitstellern zuwenden. Damit wird nicht nur die Chance vertan, als erster die Ereignisse zu kommentieren, sondern auch eine emotionale Berichterstattung gefördert.

Gerade die emotionale Berichterstattung ist für die Organisation sehr nachteilig. Verliert die Organisation gegenüber den Medienvertretern an Glaubwürdigkeit, konzentrieren sich die Medienberichte mehr auf die Inkonsistenzen der Stellungnahmen als auf die eigentlichen Kommunikationsinhalte. Um die Unglaubwürdigkeit auch den Medienkonsumenten zu verdeutlichen, werden die Widersprüche polemisierend und überspitzt dargestellt, möglicherweise auch konstruiert. Da dies eine regelmäßige Konsequenz der Unglaubwürdigkeit oder der Inkonsistenz der Informationspolitik ist, muß ihr höchste Beachtung zukommen. Die Glaubwürdigkeit ist zudem für die direkte Beziehung der betroffenen Organisation zu den verschiedenen Wirkungsbereichen von Bedeutung. Unter diesem Gesichtspunkt hat sie eine längere und breitere Perspektive. Länger, weil sie sowohl auf die vergangenen Erfahrungen als auch auf die zukünftige Wirkung bei den jeweiligen Informationsempfänger abstellt. Breiter, weil sie Ergebnis des gesamten Spektrums der Informationen ist, die hinzugezogen werden, um sich ein Bild von den Umständen zu machen.

Dies bietet Chancen, da nicht jeder ungünstige Medienbericht Konsequenzen nach sich ziehen muß. Zugleich macht es die Notwendigkeit deutlich, seitens der betroffenen Organisation auch unter einer zukünftigen Perspektive umsichtig zu handeln. Noch lange nach der Phase, zu der das negative Ereignis Gegenstand der Medienberichterstattung war und weitaus unabhängiger von dieser, beeinflußt die Glaubwürdigkeit den Erfolg der dann eingeleiteten Marketingmaßnahmen. Fehlt diese Glaubwürdigkeit bei den verschiedenen Wirkungsbereichen, bleiben selbst konstruktive Vorschläge und Veränderungen ohne Chance auf Erfolg. Die dann verbleibenden Möglichkeiten sind als gering einzuschätzen. Meistens laufen sie auf den Zukauf externer Glaubwürdigkeit hinaus, bei dem vertrauenswürdige Institutionen oder Personen stellvertretend für die Organisation tätig werden müssen. Das ist nicht nur sehr langwierig und kostenaufwendig, sondern auch sehr ungewiß bezüglich des Erfolges (siehe Kapitel 7.5.6.4).

Auf den Punkt gebracht, ist eine positive Reputation eine Art Krisenversicherung. Sie mindert die Konsequenzen und trägt dazu bei, für die eigenen Standpunkte Aufmerksamkeit zu erlangen.

7.5.4 Chancen und Risiken der ungewohnten Aufmerksamkeit

Eine mögliche Konsequenz negativer Ereignisse ist, daß die betroffene Organisation ungewollt zum Mittelpunkt des allgemeinen Interesses wird. Die damit einhergehenden Kommunikationsprozesse sind für sie ungewohnt und können sowohl Chancen als auch Risiken beinhalten. Eine Chance ist zweifellos die hohe Aufmerksamkeit. Ist es zu Normalzeiten so, daß durch die Kommunikationsinstrumente mühsam das Interesse der Konsumenten erlangt werden muß, werden nun – ohne weiteres Zutun der Organisation – Informationen nachgefragt. Anders ausgedrückt, wandelt sich somit der Informationsmarkt von einem gesättigten Markt mit Angebotsüberhang, bei dem man zudem für die Kommunikation zahlen muß, in einen Markt mit Nachfrageüberhang. Wird nun noch berücksichtigt, daß aufgrund der normalen Informationsüberlastung der Konsumenten nur 2% der allgemeinen Medien- und 5% der Werbeinformationen beachtet werden, erhält man eine Vorstellung von der Werthaltigkeit dieser Veränderung (Kroeber-Riel 1993a). Die Chance ist somit die mittel- und langfristige Steigerung des Bekanntheitsgrades, die sonst für die betroffene Organisation mit erheblichen finanziellen Aufwendungen verbunden ist.

Beispiel 49: Die Veränderung des Bekanntheitsgrades

Der Reiseveranstalter Öger Tours erhielt 1996 die ungewohnte Aufmerksamkeit der Medien, als eine Chartermaschine mit 189 Menschen an Bord, der Großteil Kunden des Reiseveranstalters, in der Dominikanischen Republik verunglückte.

Bis zu diesem Zeitpunkt war Öger Tours ein mittelgroßer Reiseveranstalter mit einem eher beschränkten Bekanntheitsgrad im deutschen Markt. Wie Marktuntersuchungen aus der Zeit vor dem Unglück belegen, erreichte die

Unternehmung	Bekanntheitsgrad in Prozent
Neckermann Reisen	82
TUI	70
Jahn Reisen	45
Fischer Reisen	40
Alltours	37
Hetzel Reisen	35
Dertour	31
ITS	31
Ameropa	26
Transair	20
Öger Tours	6,8

Quelle: Süddeutsche (1996)

Bekanntheit von Öger gerade 6,8%. Damit lag Öger weit abgeschlagen hinter bekannten und etablierten Reiseveranstaltern im deutschen Markt.

Das änderte sich nach dem Unglück. Bereits im August 1996 war 64% der deutschen Bevölkerung der Reiseveranstalter Öger Tours ein Begriff. Das diese Erhöhung der Bekanntheit nicht nur von vorübergehender Wirkung war, belegen die im darauf folgenden Jahr gemachten Untersuchungen. Öger Tours Bekanntheitsgrad lag immer noch bei 61 %.

Quellen: Jacobs (1996), Hildebrandt (1997)

Da es sich aber um ein negatives Ereignis handelt, ist mit der Steigerung des Bekanntheitsgrades auch eine Beeinflussung des Images verbunden. Richtung und Stärke dieser Veränderung bestimmen die zuvor unter dem Imagetransfer angesprochenen Beziehungen zwischen Produkt und Ereignis wie auch die aktuellen Handlungen der Organisation.

Es ergeben sich zwei mögliche Fälle:

- Der gestiegene Bekanntheitsgrad wird von einer negativen, also nachteiligen Imageänderung begleitet. In diesem Fall muß versucht werden, die ereignisbezogenen Konnotationen zu identifizieren und abzubauen. Gelingt dies, wird man zumindest langfristig von dem erhöhten Bekanntheitsgrad profitieren. Dies war beispielsweise beim Absturz einer Maschine der Fluggesellschaft Lauda Air in Thailand der Fall. Durch das verantwortungsvolle und umsichtige Handeln in der Krisensituation und danach, konnten negative Auswirkungen auf das Image gering gehalten werden. *Fiedler* (1994) spricht sogar davon, daß die getroffenen Maßnahmen einen Sympathiegewinn mit sich brachten.
- Seltener als der erste Fall, aber ebenso möglich, sind gleichzeitige positive Imageveränderungen durch das Ereignis selbst. Beispielsweise wurden durch den österreichischen Weinskandal nachweislich die Imagedimensionen: Traditionelles Weinland und Sortenvielfalt positiv beeinflußt (Peschke 1986). Diese positiven Veränderungen müssen identifiziert und langfristig

gepflegt werden, um Nutzen aus dem Vorfall ziehen zu können. Unmittelbar sollte jedoch wie im ersten Fall eine Konzentration auf den Abbau der ereignisbezogenen Konnotationen erfolgen, die auch diese positive Imageveränderung begleiten.

Beispiel 50: Risiken von Spendenaufrufen

Zu spenden, um schlechter gestellten oder in Not geratenen Menschen zu helfen, ist eine sehr alte Gewohnheit des Menschen.

Spenden kamen bisher hauptsächlich in Situationen zum Einsatz, die wenig mit dem Tourismus zu tun hatten. Inzwischen haben sie aber auch im Tourismus einen hohen Stellenwert erlangt, was aber auch mit Risiken verbunden ist. *Theuerkorn* (2004) zeigte an der Jahrhundertflut, die im August 2002 große Landstriche in Mitteleuropa verwüstet hatte, wie Spenden zwar der Bevölkerung halfen und auch zum Wiederaufbau der touristischen Infrastruktur beitrugen, sie aber auch negative Effekte mit sich brachten. Die laufenden und insbesondere mitleiderregenden Kernbotschaften der Spendenaufrufe verlängerten die Phase des aktiven Leidens und standen in direktem Widerspruch zu den Bemühungen der an der Wiederbelebung des Tourismus interessierten Betriebe und Tourismusorganisationen.

Ähnliches konnte bei den vom Tsunami im Jahr 2004 betroffenen Ländern in Asien beobachtet werden, die in einem noch stärkeren Maße vom Tourismus abhängig sind. Trotz einer Spendenbereitschaft, die vieles bis dahin Erlebte in den Schatten stellte, waren die in den Ländern ansässigen Tourismusorganisationen eher skeptisch, inwieweit ihnen diese Gelder tatsächlich helfen würden. Die Phuket Tourism Association (Indonesien) ging sogar in einer Pressemitteilung so weit zu sagen:

„It is, of course, very kind of people to provide donations to various organizations. Instead of dropping money in a donation box and staying home, however, it would be more helpful now to bring your money yourself and spend it here as a normal tourist"

In der Form des Kommunikationsprozesses liegen weitere Risiken begründet. An die Stelle der normalen Kommunikationsbeziehungen treten mehrstufige, nicht mehr vom Unternehmen initiierte Kommunikationsprozesse. Diese können, einmal ausgelöst, nicht mehr ausschließlich vom betroffenen Unternehmen kontrolliert werden. Die somit selbständigen Kommunikationsprozesse tragen dazu bei, daß die Wirkung des Marketinginstrumentariums schwerer abzuschätzen ist.

Abbildung 44: 3-Aktoren-Modell

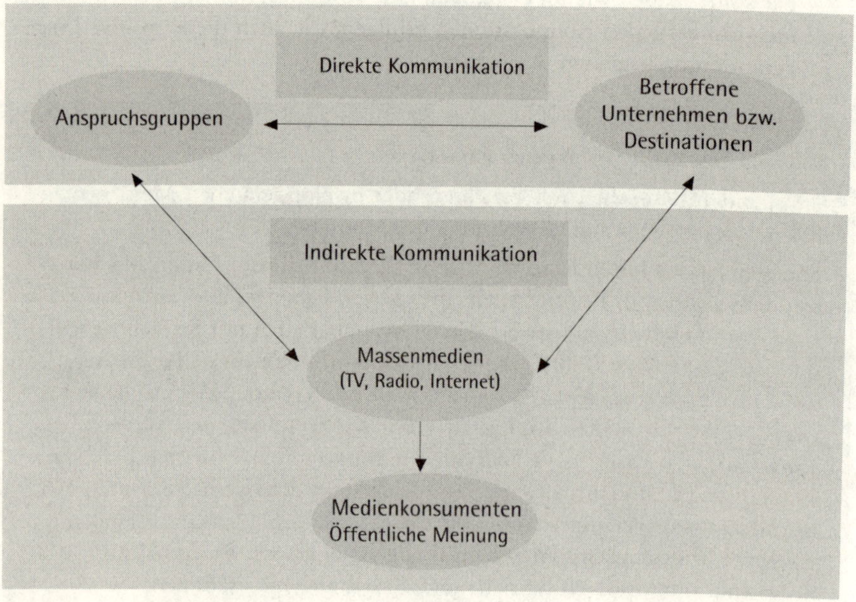

Fast immer dann, wenn sich weitere gesellschaftliche Gruppen an diesem Kommunikationsprozeß beteiligen, kommt das aus der Konfliktforschung bekannte 3-Aktoren-Modell zur Anwendung. Dessen Besonderheit ist, daß sich die Kommunikation auf zwei Ebenen vollzieht, wovon die eine die direkte Kommunikation zwischen den Beteiligten, die andere eine indirekte Kommunikation über die Massenmedien ist. Letztere dient einzig der Beeinflussung der öffentlichen Meinung im Sinne des eigenen Standpunktes und nicht einer sachlichen Auseinandersetzung. Wichtige Voraussetzung für einen erfolgreichen Ausgang einer solchen Auseinandersetzung für die betroffene Organisation sind hohe rhetorische Fähigkeiten.

7.5.5 Bild- versus Textinformation

Die bereits zu Normalzeiten des Marketings wichtige Festlegung der Mischung von Bild- und Textkommunikation gewinnt auch unter den Aspekten der Krisenkommunikation an Bedeutung. Wie bereits angesprochen, werden negative Ereignisse nur durch die Zwischenschaltung von Medien erfahrbar, sofern sie nicht persönlich miterlebt werden. Erlangt ein Vorfall den Charakter eines berichtenswerten Ereignisses, findet er durch die Print-, akustischen oder audiovisuellen Medien Verbreitung. Dabei ist eine Dominanz der audiovisuellen Medien zu beobachten, weshalb das Fernsehen als das eigentliche Sensationsmedium bezeichnet wird. Dieser Umstand läßt sich auf verschiedene Einflüsse zurückführen:

1. Das Fernsehen erleichtert durch seinen hohen Anteil an Bildinformationen die Informationsaufnahme. An die Stelle einer sequentiellen Informationsaufnahme wie bei Textinformationen, tritt eine ganzheitliche Informationsaufnahme durch Bildinformationen, die mit einer geringen kognitiven Anstrengung verbunden ist. Besonders deutlich wird dies durch den Umstand, daß der durchschnittliche Informationsempfänger circa 1,5-2,5 Sekunden zur Aufnahme eines Bildes von mittlerer Komplexität aufwendet, während er in derselben Zeit gerade mal 10 Wörter erfaßt (Kroeber-Riel 1993a).
2. Der Empfänger der Information entwickelt eine andere Beziehung zur Text- als zur Bildinformation. Letzterer vertraut er eher, da er glaubt, alles mit „eigenen Augen" zu sehen, womit Bilder also einer geringeren gedanklich-logischen Kontrolle unterliegen. Dies bestätigen auch empirische Untersuchungen, wonach das Fernsehen für mehr als die Hälfte der Befragten die höhere relative Glaubwürdigkeit hat. Erst mit Abstand folgen die Zeitungen und das Radio, denen nur noch von jedem Sechsten diese relative Glaubwürdigkeit bescheinigt wurde (Berger/Gärtner/Mathes 1989; Berg/Kiefer 1992).
3. Bilder übermitteln neben ihrer informativen Wirkung einen hohen Anteil emotionaler Reize, die durch sprachliche Konstrukte kaum vermittelbar sind. Hierin liegt eine weitere Gefahr durch eine negative Berichterstattung, da die emotionale Wirkung sowohl bei niedrig als auch bei hoch involvierten Empfängern der Nachricht eintritt. Deutlich beobachtet werden konnte dieser Effekt beispielsweise bei der Auseinandersetzung um die Babynahrung der Firma Nestlé, bei der die audiovisuellen Medien eine außergewöhnliche Rolle in der Gefühlsvermittlung einnahmen (Dyllick 1992).
4. Bilder verfügen neben diesen Aspekten der schnelleren Aufnahme, der höheren Glaubwürdigkeit und der stärkeren emotionalen Aktivierung noch über eine prinzipiell bessere Erinnerungswirkung. Das bedeutet im Konkreten, daß ein audiovisuell kommuniziertes negatives Ereignis, vor allem wenn es in Form bewegter anstelle statischer Bilder vermittelt wird, länger erinnert wird.

Wenn diese Erkenntnisse auf den eigenen Instrumenteneinsatz übertragen werden, so spricht vieles dafür, auch in Krisenzeiten verstärkt auf die Mittel der Bildkommunikation zurückzugreifen. Ohne Zweifel sprachen in der Vergangenheit wesentliche Argumente, insbesondere die Verfügbarkeit der Informationskanäle und die Flexibilität der notwendigen Instrumente, gegen diesen Einsatz. Man beschränkte sich in der aktiven Phase auf die verbale Kommunikation, bevorzugt in Form von Pressemeldungen. Die Verwendung des Internets bietet jedoch die

Wunsch nach aktuellem Bildmaterial

Bildeindrücke sind für die Presse wichtig. Bei den Fotostationen auf dem Eröffnungsrundgang der ITB 2005 herrschte bei den vom Tsunami betroffenen Ländern hoher Andrang. Destinationen müssen diese „Augenblicke" der außergewöhnlichen Aufmerksamkeit für eine wirkungsvolle visuelle Produktdarstellung nutzen.

Möglichkeit, diesen Beschränkungen auszuweichen. Hier können frühzeitig und ohne große Vorlaufzeiten Bildinformationen auch in Form von Videosequenzen bereitgestellt werden. Von diesen Möglichkeiten sollte von Anfang an umfassend Gebrauch gemacht werden, da sie eine wichtige Unterstützung einer glaubhaften Kommunikation darstellen.

7.5.6 Maßnahmen der Kommunikationspolitik

7.5.6.1 Kommunikation mit verschiedenen Zielgruppen

Die Krisenkommunikation umfaßt sowohl Elemente der Öffentlichkeitsarbeit als auch der Kundenkommunikation. So übt sie die Funktion der Öffentlichkeitsarbeit aus, mit dem Ziel, eine positive und wohlwollende Atmosphäre für die Organisation, vornehmlich unter den weiteren Wirkungsbereichen, zu schaffen. Auch hat die Krisenkommunikation konkrete absatzgerichtete Zielsetzungen, die normalerweise der Werbung oder Verkaufsförderung vorbehalten sind.

Ziel ist es, sowohl dem ansteigenden Informationsbedürfnis von Touristen in der Orientierungs-, Entscheidungs- und Urlaubsphase als auch der weiteren Wirkungsbereiche möglichst differenziert gerecht zu werden. Die Maßnahmen können unter Einschaltung der Medien über einen direkten oder einen indirekten Weg vollzogen werden.

7.5.6.1.1 Kommunikation mit Kunden

Die direkte Kommunikation zwischen betroffener Organisation und seinen Kunden ist von hoher Bedeutung. Sie ermöglicht, präzise auf die individuellen Bedürfnisse und Fragen einzugehen und schließt die Filterung und Verzerrung der Information durch Dritte aus.

Der Umfang, den diese Form der Kommunikation annehmen kann und die damit verbundenen Vorlaufzeiten waren wesentliche Gründe, weshalb sich in der

Vergangenheit die Krisenkommunikation stark auf die Medienkommunikation konzentrierte. Es empfiehlt sich daher eine intensive und gute Vorbereitung, ähnlich wie bisher für die Medienvertreter, auch für die eigene Kundenkommunikation. Die folgende Tabelle listet wichtige und typische Dokumente auf, die von der Organisation in Vorbereitung für die direkte Kundenkommunikation erstellt werden sollten:

Abbildung 45: Vorzubereitende Dokumente (Kunden)

1.	Homepage für Notfallsituation entwickeln und gegebenenfalls übersetzen
2.	Liste mit den Goldenen Regeln des Kundenumgangs in Streßsituationen (max. 2 Seiten) vorbereiten, damit diese schnell wieder aufgefrischt werden
3.	Fragebogen für Notfalltelefon entwickeln
4.	Praktische Ratschläge für die Bediener der Notfalltelefone (max. 2 Seiten) entwickeln
5.	Typische Fragestellungen mit Antworten und Ratschlägen für Telefonanfragen vorbereiten
6.	Praktische Ratschläge für die Beantwortung der Emailanfragen (max. 2 Seiten) entwickeln
7.	Typische Fragestellungen mit Antworten und Ratschlägen für Emailanfragen entwickeln und als Textbausteine vorhalten
8.	Modell einer Kundeninformation für aktuelle und gebuchte (zukünftige) Gäste entwickeln

Von besonderer Bedeutung sind Notfallrufnummern. Sie werden in der Praxis regelmäßig von betroffenen Unternehmen, immer häufiger auch von Destinationen, eingerichtet. Sie stellen nicht nur sicher, daß eine genügende Anzahl an Ansprechpartnern zur Verfügung steht, sondern trennt auch die betroffenen Kunden, Angehörigen und potentiellen Kunden vom weiteren Geschäftsverkehr. Abhängig von der Art und dem Umfang des Ereignisses, werden sich auch weitere Organisationen oder staatliche Einrichtungen anschließen und selbst Notfallrufnummern zur Verfügung zu stellen.

Diese Form der direkten Kommunikation hilft dem

Schnittstellen erkennen

Viele Organisationen werden durch ungewohnte Wege der Kontaktaufnahme in Krisen überrascht. Häufig treten Auskunftssuchende zu diesem Zeitpunkt zum ersten Mal mit dem Unternehmen in Kontakt. Möglicherweise sind die üblichen Kontaktwege verstopft. Es empfiehlt sich aus diesem Grund, die verschiedenen Schnittstellen des Unternehmens aus der Sicht eines solchen Informationssuchenden systematisch zu überprüfen. Unter Nutzung von Telefonbüchern, Telefonauskünften, Suchmaschinen, Verbänden ... können diese Schnittstellen schon im Vorfeld festgestellt werden und gegebenenfalls korrigiert werden.

Kunden, emotionale Probleme zu bewältigen, die häufig bei den direkt und indirekt Betroffenen des negativen Ereignisses auftreten. Außerdem stellt sie die Erreichbarkeit oder Anwesenheit der verantwortlichen Organisation sicher. Damit dokumentiert diese, daß sie nach wie vor „Herr der Lage“ ist und die Situation kontrolliert. Die Erfüllung dieser beiden Bedürfnisse trägt wesentlich dazu bei, Langfristschäden bei den Betroffenen zu vermeiden (Butollo 1990; WTO 1994d). Von Vorteil ist aber auch die Möglichkeit, durch die Befragung der Anrufenden oder die Analyse ihrer Anliegen, Rückschlüsse auf die weiteren Maßnahmen und Kommunikationsinhalte zu ziehen.

Beispiel 51: Fragebogen für Hotlines

Das folgende Muster zeigt, wie solch ein Telephongespräch strukturiert werden kann. Die Antworten werden, wenn möglich, direkt mit entsprechenden vorbereiteten Computern aufgenommen.

Herzlichen Dank für ihren Anruf. Wie kann ich Ihnen behilflich sein?

1. **Stellen sie den Grund des Anrufs fest?**

   ____

   ____

   ____

2. **Falls nur generelle Information gewünscht wird, informieren Sie.**

   Die aktuelle Lage ist:

   Die (Katastrophe) geschah am ____________________

   Zeit, Ort und betroffene Gebiete ____________________

   Die Schäden umfassen:

   Verletzte ______________________________

   Tote __________________________________

   Schadenshöhe ____________________________

Einrichtungen, die geöffnet sind: (Liste zur Verfügung stellen, in der die geöffneten Ferienressorts und Attraktionen gelistet werden)

Einrichtungen, die derzeit noch nicht geöffnet sind, aber bei denen die Eröffnung innerhalb einer Woche erwartet wird: (Liste zur Verfügung stellen)

Einrichtungen, die für längere Zeit geschlossen bleiben werden: (Liste zur Verfügung stellen)

Dürfen wir Ihnen ein paar Fragen stellen, damit wir Ihnen mehr Informationen über unsere Destination zusenden können, sobald die Arbeiten hier weitestgehend abgeschlossen sind?

Name ______________________________

Adresse ______________________________

Telefon (wenn angebracht) ______________________________

Wie sind Sie auf diese Hotline aufmerksam geworden? ______________

Haben Sie eine Reservierung und wann werden Sie kommen? __________

Ich bedanke mich für Ihren Anruf.

Quelle: WTO (1998b)

Gleichzeitig muß berücksichtigt werden, daß allein schon die ansteigende direkte Kommunikation mit den Kunden hohe Flexibilitätspotentiale der betroffenen Organisation voraussetzt. Das bezieht sich sowohl auf Infrastrukturmaßnahmen als auch auf die Verfügbarkeit von entsprechend geschultem Personal (siehe auch Kapitel 6.1.3). Erschwerend kommt noch hinzu, daß Notfallrufnummern nicht nur durch betroffene Kunden, sondern auch von anderen am Geschehen Interessierten genutzt werden. Insoweit muß auch beachtet werden, daß hier keine vertraulichen Informationen an Außenstehende weitergereicht werden.

Eine intensive und gut vorbereitete Nutzung des Internets hilft, diese Nachteile zu beseitigen. Hier können für jeden Interessierten Informationen in einem sonst nicht darstellbaren Umfang vorgehalten und direkt zugänglich gemacht werden. Das bezieht sich sowohl auf die Hintergrundinformationen, die das Ereignis in einen zeitlichen und sachlichen Bezug setzen können, als auch auf aktuelle Meldungen. Letztere können verzugslos, direkt, fortlaufend und ohne Zwischenschaltung weiterer Medien verfügbar gemacht werden. Zudem können die gesamten Vorteile der Bildkommunikation genutzt werden. Das gilt sowohl für unbewegte als auch bewegte Bilder, die als komplette Videosequenzen verfügbar gemacht werden können. Verbleiben darüber hinaus noch Fragen, können diese durch Emails individuell beantwortet werden.

Die Vorbereitung solcher Websites für verschiedene Grundszenarien schon vor dem Krisenfall ist äußerst sinnvoll, da sie die Reaktionsschnelligkeit erheblich erhöht. Außerdem kann damit schon frühzeitig, möglicherweise mit der ersten Pressemitteilung, die Adresse der vorbereiteten Website einer breiten Öffentlichkeit bekannt gemacht werden.

Beispiel 52: Die Webseite von Luxair nach dem Absturz im November 2002

Am 06. November 2002 stürzte eine Luxair Fokker 50 auf dem Flug von Berlin nach Luxemburg bei starkem Nebel nur wenige Minuten vor der Landung ab. Zwanzig Passagiere starben, nur ein Passagier und der Kapitän überlebten den Absturz. Dies war der erste Unfall der Luxair, die schon seit mehr als vierzig Jahren in Europa aktiv gewesen war. Zudem handelte es sich um den ersten Unfall dieses Flugzeugtyps überhaupt.

Etwa sechzig Minuten nach dem Unglück änderte das Unternehmen seine Webseite. Sie ersetzte die normale mit Bannern und Angeboten gespickte Seite durch eine Spezialseite, welche alle Details und Nachrichten vom Unglück aufführte. Der Aufbau der Webseite war einfach und konzentrierte sich auf Textinformationen. Die Texte dieser neuen Seite wurden vom CEO innerhalb von Minuten genehmigt, der weltweiten Öffentlichkeit zugänglich gemacht und richteten sich sowohl an die Kunden als auch an betroffene Familienangehörige sowie die Presse. Permanent und so schnell wie möglich wurde die Plattform mit neuen Nachrichten und Details aktualisiert. Sie bot außerdem Details und Karten von den Orten, wo Pressekonferenzen geplant waren.

Durch die im Internet verfügbaren Informationen, konnte die Anzahl der betroffenen und nicht-betroffenen Anrufer am Notfalltelefon reduziert und die Ressourcen für andere Maßnahmen der Notfallkommunikation aufgewendet werden.

Am ersten Tag griffen ca. 36.000 Interessierte auf die Webseite zu, mehr als zehnmal so viele wie an normalen Tagen. Grundsätzlich funktionierte die Seite ohne Schwierigkeiten. Da auf überflüssige Bilder verzichtet wurde, erhöhte sich das Datenvolumen gegenüber dem normalen Inhalt auch nur geringfügig. Die Kommunikationsabteilung von Luxair, welche die Gesamtverantwortung für die Webseite trug, stellte einen Mitarbeiter zur permanenten Aktualisierung der Informationen ab. Weitere zehn Mitarbeiter betreuten das Notfalltelefon.

Zwei Tage nach dem Unglück wurde die Notfallseite wieder durch die normale Unternehmenswebseite ersetzt. Jedoch blieb die frühere Notfallseite als Unterseite weiterhin verfügbar. Zudem befand sich auf der Homepage ein gut sichtbarer Verweis.

Die Luxair-Webseite am Tag des Unfalls und die normale Webseite

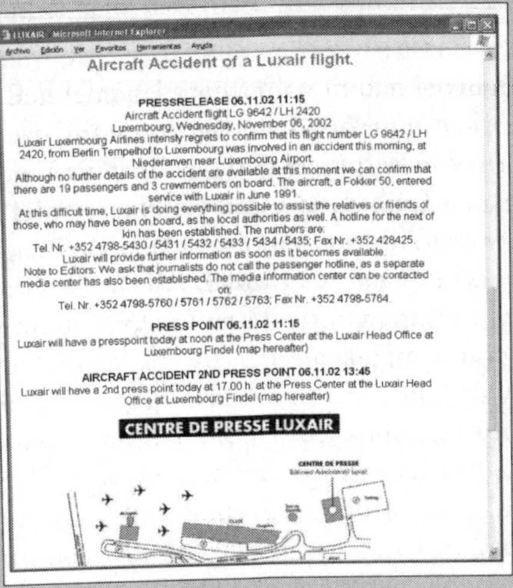

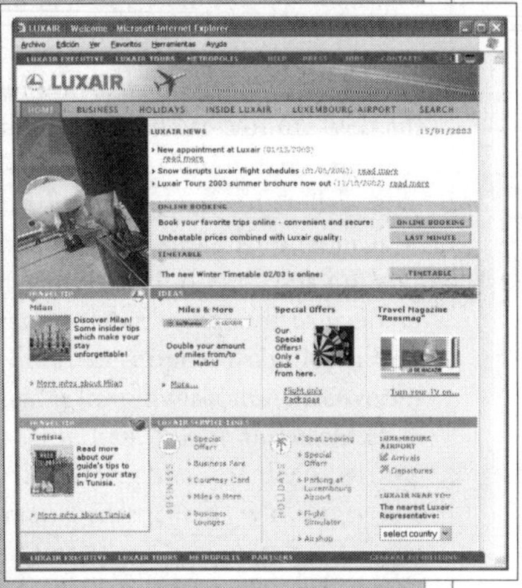

Beispiel 53: Das PTA Tourism Recovery Center

Phuket ist Thailands größte Insel und eine wichtige touristische Destination. Anfänglich überwiegend von Europäern besucht, erfreut sich Phuket auch bei asiatischen Gästen großer Popularität. Am 26. Dezember 2004 wurde die Destination vom verheerenden Tsunami getroffen, der im Indischen Ozean insgesamt über 300.000 Menschen das Leben kostete. Unter den Opfern befanden sich viele ausländische Touristen.

Die Phuket Tourist Association richtete kurz nach dem Tsunami die nebenstehende Webseite des PTA Tourism Recovery Center ein, die zentrales Element in der Kommunikationsstrategie der Destination mit ihren Kunden und Angehörigen der Opfer wurde. Dadurch wurde die Funktion einer zentralen Informations- und Ansprechstelle eingenommen, die einheitlich und umfassend informieren konnte. Zudem wurden die einzelnen Leistungsanbieter in ihren individuellen Kommunikationsanstrengungen entlastet.

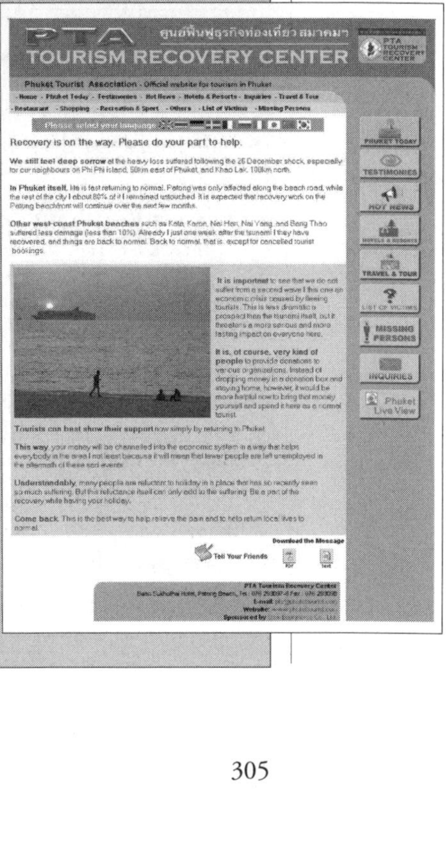

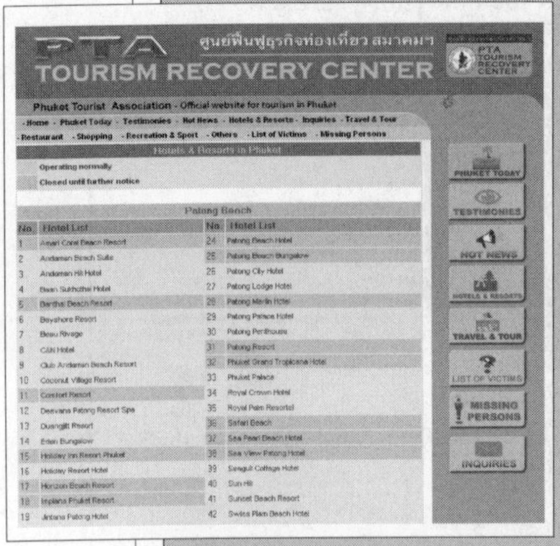

Wie die nebenstehende Abbildung zeigt, zeichnete sich die Webseite durch ihre klare Strukturierung aus. Familienangehörige oder Freunde von Opfern wurden auf Auskunftsseiten über vermißte Personen und Opfer weitergeleitet. Die zentrale Ansprechstelle konnte per Email erreicht werden und garantierte die Rückmeldung innerhalb von 24 Stunden.

Die Webseite gab zudem einen klaren Überblick über die aktuelle Situation der Destination und den Stand der Wiederaufbaubemühungen. Links zu den verschiedenen Hotels und touristischen Leistungsträgern waren immer nur dann aktiv, wenn diese in Betrieb waren. Sonst blieb die Einrichtung nur inaktiv gelistet.

Intensiver Nutzen wurde von Bildern gemacht, durch welche die Information kurz und prägnant vermittelt werden konnte. Fast alle Bilder waren mit dem Aufnahmedatum signiert, um Autentität und Aktualität zu garantierten. Zudem wurden Fotografien und Statements von derzeitigen Urlaubsgästen in der jeweiligen Landessprache zur Darstellung der aktuellen Situation verwendet. Eine später hinzugefügte Webcam verschaffte dem Internetnutzer einen direkten Eindruck vom Geschehen vor Ort.

7.5.6.1.2 Kommunikation mit Mitarbeitern

Die Kommunikation mit den eigenen Mitarbeitern ist von großer Bedeutung. Diese wird aber häufig in Krisensituationen vergessen, wenn statt dessen der Kommunikation mit den externen Wirkungsbereichen die volle Aufmerksamkeit geschenkt wird. Sie sollte eine klare Darstellung der Situation umfassen, die aktuellen Maßnahmen erläutern und eine Absichtserklärung enthalten. Letztere sollte ständig wieder in Erinnerung gerufen und gegebenenfalls aktualisiert werden. Dadurch können alle Mitarbeiter, auch jene, die nicht unmittelbar in der Krisenbewältigung tätig sind, ihr Handeln und Tun auf Stimmigkeit hin überprüfen.

Abhängig von der Größe der betroffenen Organisation, können verschiedene Gruppen getrennt und unterschiedlich angesprochen werden.

Abbildung 46: Maßnahmen der Mitarbeiterkommunikation

Zielgruppe	Maßnahme
Alle Mitarbeiter	• Spezielle Seite im **Intranet** • Passwortgeschützte **Internet**seite • Hotline für Mitarbeiterfragen • Email update • Anschlagtafel mit aktuellen Mitteilungen und Presseberichten
Für Führungskräfte	• Passwortgeschützte **Intranet** • Passwortgeschützte **Internet**seite • Telefon- und Videokonferenzen • Email update • Medienspiegel (Presseklippings)
Für Rentner	• Passwortgeschützte **Internet**seite • Ehemaligenvereinigung • Email updates • Spezielle Rufnummer mit täglich aktualisierten Bandansagen

Insgesamt sollte von Seiten des Managements beachtet werden, daß die Mitarbeiter eines der wichtigsten Aktiva und ein ständiger Botschafter der Organisation sind (siehe auch Kapitel 7.2.3). Den Anliegen und Fragen der Mitarbeiter ist deshalb und aus den normalen Fürsorgegründen besondere Aufmerksamkeit zu schenken. Beachtet werden muß aber auch, daß es gerade in diesen Situationen besonders sensitive Informationen gibt, die – bei Veröffentlichung – schädlich für die Organisation und ihre Glaubwürdigkeit sein können. In diesem Fall muß den Mitarbeitern trotz der berechtigten Fragen klar gesagt werden, daß zu diesen momentan keine Erklärungen abgegeben werden können.

7.5.6.1.3 Kommunikation mit Reiseveranstaltern und -mittlern

Reiseveranstalter und -mittler haben über die Kundeninformation hinausgehende Informationsbedürfnisse. So liegen z.B. rechtlich begründete Informationsverpflichtungen gegenüber ihren Kunden vor. Auch machen vertragliche Verpflichtungen, höhere wirtschaftliche Risiken, Konkurrenzbeobachtung und Kundenbindungsinteressen weitere Entscheidungen notwendig.

Sollen die Kommunikationsmaßnahmen von Nutzen sein, müssen sie rechtzeitig, umfassend und vertrauenswürdig sein. Vor allem müssen sie dem Reiseveranstalter eine möglichst objektive Lageeinschätzung ermöglichen. Dazu gehört auch, daß die Beeinflussung der verschiedenen Produktbereiche ebenso wie die eingeleiteten Maßnahmen dargestellt und erläutert werden. Idealerweise versuchen betroffene Destinationen innerhalb der ersten 6-24 Stunden, mit den wichtigen Partnern in Kontakt zu treten. Am besten geeignet sind hierfür Telefon- bzw. Videokonferenzen. Damit kann gegenüber der individuellen Kontaktaufnahme viel Zeit gespart werden und bereits ein erster Abstimmungsprozeß im Gespräch unter den Beteiligten stattfinden.

Familiarisation Trips

Familiarisation trips wurden als Instrument in den vom Tsunami im Jahre 2004 betroffenen Ländern in großem Umfang und sehr schnell eingesetzt. Da auch in dieser Krise die Wahrnehmung der Zerstörung weit über die tatsächlich betroffenen Gebiete hinausging, dienten diese Reisen der Aufklärung. Angesprochen wurden vor allem High-Level-Journalisten, Reiseveranstalter sowie anschließend Reisebüromitarbeiter. Zu beachten ist, daß diese Teilnehmergruppen nicht gemischt werden – zu unterschiedlich sind die Informationsansprüche und deren Arbeitsweise.

Briefing der 800 Teilnehmer des in Thailand durchgeführten Mega Fam Trips im März 2005. Die Teilnehmer kamen aus den wichtigen Quellmärkten Europas, Südostasiens, China, Australien und Japan.

Für die Information der Endkunden durch die Reiseveranstalter und -mittler bieten sich standardisierte Mitteilungen an, die durch visuelles Material (Karten des Ereignisses, Fotografien...) ergänzt werden. Auch sollten gerade für die Anfangszeit den Geschäftspartnern Verweise auf die eigenen Webseiten angeboten werden, auf denen sie und die Endkunden über das Geschehen auf dem Laufenden gehalten werden. Dadurch stellen betroffene Leistungsanbieter und Destinationen die Schnelligkeit und Einheitlichkeit der Information sicher.

Ferner ist zu beachten, daß Reiseveranstalter und -mittler ein bestimmtes eigenes Interesse daran haben, die Konsequenzen des negativen Ereignisses gering zu halten. Häufig existieren zudem eigene Vorstellungen, wie die Probleme gehandhabt werden können. Um diese Anregungen und Bedürfnisse zu berücksichtigen, sollte der betroffene Leistungsträger bzw. die Destination eine dialogorientierte Kommunikation anstreben. Wenn immer möglich, sollte das oberste Management in diesen Dialog eingebunden werden. Außergewöhnliche Entscheidungen können damit schneller als sonst herbeigeführt werden. Auch wird hierdurch die Glaubwürdigkeit bzw. das Interesse an den eingeleiteten und zukünftigen Maßnahmen wirkungsvoll dokumentiert. Geeigneterweise werden diese Informationsbemühungen durch direkte Produktbegutachtungen – sogenannte familiarisation trips – begleitet. Das gilt sowohl für die aktive Phase, wenn es um die Beurteilung möglicher Schäden geht, als auch für die nachaktive Phase, wenn vollzogene Maßnahmen beurteilt werden sollen (siehe auch Kapitel 7.5.6.3).

7.5.6.1.4 Medienkommunikation

Massenmediale Kommunikationsprozesse sind durch verschiedene Besonderheiten gekennzeichnet, deren Beachtung für die Kommunikationsanstrengungen der betroffenen Organisation von Bedeutung sind. Auf die grundsätzlichen Einflußvariablen der Medienberichterstattung wurde bereits eingegangen (siehe Kapitel 2.2.3). An dieser Stelle konzentrieren sich die Überlegungen auf die Besonderheiten, die Ansätze für eine Steuerung seitens der betroffenen Organisation bieten.

schnelle Verfügbarkeit von Informationen

Da Journalisten grundsätzlich unter Erklärungsdruck stehen, ist die schnelle Verfügbarkeit von Informationen von besonderer Wichtigkeit. Medienvertreter müssen ihren Nachrichtenempfängern das Vorgefallene erklären und die zukünftigen Konsequenzen aufzeigen. Eine Fragestellung, die der Journalist an die Organisation richtet und die durch diese nicht beantwortet wird, kann er deshalb nicht fallenlassen. Vielmehr versucht er, die Frage unter Heranziehung von alternativen Quellen selbständig zu lösen. Gelingt ihm dies, hat die Organisation eine wichtige Chance vertan, ihre eigene Position darzustellen und den Kommunikationsprozeß zu beeinflussen. Da aber nicht alle Fragestellungen an die betroffene Organisation herangetragen werden, muß durch ein Medien-Monitoring rechtzeitig festgestellt werden, welche Informationsbedürfnisse aktuell sind. Am sinnvollsten setzt dieser Monitoringprozeß bei den Nachrichtenagenturen an, auf deren Informationen die Medienvertreter überwiegend zurückgreifen. Eine schnelle Reaktion vorausgesetzt, bietet sich der Organisation noch vor der weiteren Veröffentlichung der Nachricht in den Massenmedien die Möglichkeit zur eigenen Stellungnahme.

Abbildung 47: Vorzubereitende Dokumente (Medien)

1.	Modell einer ersten Standby-Mitteilung: „Wir beurteilen die Situation" entwerfen
2.	Modell einer ersten Mitteilung an die eigenen Mitarbeiter, in welcher der Eintritt des Ereignis bestätigt wird
3.	Modell einer ersten formellen Pressemitteilung zur Bekanntgabe, daß das Ereignis eingetreten ist
4.	Typische Fragestellungen mit Antworten und Ratschlägen für die erste Pressekonferenz vorbereiten
5.	Liste mit den Goldenen Regeln des Umgangs mit Medienvertretern auf max. 2 Seiten vorbereiten, damit diese schnell wieder aufgefrischt werden können
6.	Praktische Ratschläge für das Radio-Interview auf max. 2 Seiten entwickeln
7.	Praktische Ratschläge für das TV-Interview auf max. 2 Seiten entwickeln
8.	Praktische Ratschläge für das Printmedien-0Interview auf max. 2 Seiten entwickeln
9.	Hintergrund und Faktenblatt für die eigene Organisation entwickeln (Standort, Geschäftsfeld, Titel und Name des Topmanagements, Beschäftigte, kurze Firmengeschichte)

Da eine Vielzahl der Fragestellungen von Medien gerade zu Beginn der Krise bekannten Schemen folgt, bietet sich die Vorbereitung von Mitteilungen und Statements an, die nur noch mit den spezifischen Informationen ergänzt werden müssen. Abbildung 47 listet die wichtigsten Unterlagen auf, durch deren Vorbereitung ein erheblicher Konsistenz- und Zeitgewinn erreicht wird:

Glaubwürdigkeit

Nachdem die allgemeinen Aspekte der Glaubwürdigkeit bereits diskutiert wurden, gewinnt für die Medienkommunikation eine weitere Facette der Glaubwürdigkeit an Bedeutung, die in der Person des Kommunikators begründet liegt. Allgemein wird bestätigt, daß diese Funktion zentral und möglichst durch eine Person, die auf der obersten Leitungsebene der Organisation angesiedelt ist, wahrgenommen werden soll. Daneben bestimmen aber auch äußere Aspekte und die Ausdrucksform erheblich, welche Glaubwürdigkeit der Person und dadurch schließlich dem Kommunikationsinhalt zugeschrieben wird. Aus diesem Grund sollte schon frühzeitig festgelegt werden, welche Person stellvertretend für die Organisation in dieser Situation tätig wird.

Häufig wird auf den Vorteil hingewiesen, welches ein im Vorfeld aufgebautes Vertrauensverhältnis zu den zuständigen Medienvertretern hat. Dadurch soll in Krisensituationen einer unbedachten und vorschnellen Berichterstattung vorgebeugt werden. Außerdem soll dadurch erreicht werden, daß die zentralen Kommunikationsziele, die in solchen Situationen kaum mehr durch Pressekonferenzen vermittelt werden können, die Medienvertreter erreichen und in deren Berichterstattung einfließen. Die Aufnahmebereitschaft sinkt nämlich auf rund $^1/_4$ der sonst üblichen Wahrnehmung. In der praktischen Umsetzung ist die Organisation aber mit etlichen Schwierigkeiten konfrontiert, welche die Wirksamkeit dieser Vorgehensweise erheblich in Frage stellen. Zum einen findet abhängig von der Art des Ereignisses ein Wechsel der Redaktionen statt. Die Verantwortung für die Berichterstattung wechselt von der zuvor fachlich zuständigen Redaktion (zum Beispiel der Wirtschaftsredaktion) zur aktuellen Redaktion. Während man zur ersteren noch persönliche Beziehungen aufbauen könnte, ist dies für letztere weniger wahrscheinlich, da seitens der Redakteure zu Normalzeiten kein fachliches Interesse vorhanden ist. Zum anderen nimmt bei den elektronischen Medien die Anzahl der freien Fernseh- oder Radiojournalisten, die ihre Berichterstattung an die Sender verkaufen, ständig zu, ebenso wie die Wechselfrequenz der Teams oder ihrer Mitarbeiter steigt. Wenn also ein Vertrauensverhältnis aufgebaut werden soll, so sollte es eher organisations- als personenbezogen erfolgen.

Über dieses hinausgehend, hat die Organisation auch rechtliche und ökonomische Möglichkeiten der Mediensteuerung. Die rechtlichen Mittel umfassen Gegendarstellungen, Unterlassungsansprüche, Widerrufe und Schadensersatzforderungen, wobei sowohl materielle als auch immaterielle Schäden geltend gemacht werden können. Voraussetzung für die Durchsetzung solcher Ansprüche ist aber, daß es gelingt, den Journalisten schuldhaftes Verhalten nachzuweisen und zugleich den Nachweis zu erbringen, daß ein Kausalzusammenhang zwischen

Berichterstattung und Schaden besteht. Dies wird in aller Regel schwierig sein. Die wirtschaftlichen Mittel als Reaktion hingegen sind vielfältig und umfassen beispielsweise den Anzeigenboykott ebenso wie das Konsultieren von Konkurrenzmedien. Während die wirtschaftlichen Möglichkeiten ohne weiteres Aufsehen angewendet werden können, ist beim Einsatz der rechtlichen Mittel eine Güterabwegung vorzunehmen. Bei dieser muß berücksichtigt werden, ob die unwidersprochene Archivierung nicht der Gefahr der verlängerten negativen Berichterstattung vorzuziehen ist.

Der Umgang mit den Massenmedien erfordert deshalb eine gewisse Übung und sollte gut vorbereitet erfolgen. Eine Auseinandersetzung mit den grundsätzlichen Besonderheiten und Wirkungszusammenhängen der Medienkommunikation empfiehlt sich schon vor dem Krisenfall. Das stellt zumindest sicher, daß umsichtig und zielgerichtet gehandelt wird. Für einen Erfolg ist dies jedoch noch kein Garant. Hier ist ein konsistentes Verhalten in Verbindung mit der im Zeitverlauf gewonnenen Reputation das wirkungsvollste Instrument für eine ausgewogene Berichterstattung.

7.5.6.2 Werbung

Durch Werbung wird versucht, eine Verhaltensbeeinflussung beim Nachrichtenempfänger zu erreichen. Zu Normalzeiten handelt es sich dabei um den bewußten Versuch, den Kunden zum Kauf oder Konsum des Produktes zu bewegen, also um Absatzwerbung. Grundsätzlich kann aber die mit der Werbung bezweckte Informationsvermittlung und Verhaltenssteuerung jedem gesetzten Unternehmensziel, also auch dem Krisenmanagement, dienen.

Bestimmte Werbemaßnahmen wurden meistens bereits vor dem Eintritt des negativen Ereignisses eingeleitet. Insofern ist es eine erste Aufgabe der Unternehmensführung, die Stimmigkeit der eingeleiteten Werbeentscheidungen zu überprüfen. Diese Prüfung hat unter Berücksichtigung der durch das negative Ereignis veränderten kurz- und mittelfristigen Organisationsziele und der Situation an sich zu erfolgen. Der Auffassung, die eine grundsätzliche Einstellung der Werbemaßnahmen fordert, kann nicht gefolgt werden, da hierdurch ein wichtiger Kommunikationskanal aufgeben werden würde und damit eine Chance der Beeinflussung entfällt.

Hong Kong Werbung

Der Werbeslogan „Hong Kong will take your breath away" wurde nach dem Ausbruch der SARS Krise in „There's no place like Hong Kong" geändert.

aktive Phase

Die Werbung hat in der aktiven Phase vor allem das Ziel der Informationsvermittlung. Dies ergibt sich daraus, daß die betroffenen Organisationen in Krisensituationen neben dem negativen Ereignis besonders mit Informationsdefiziten zu kämpfen haben, welche bei den verschiedenen Wirkungsbereichen entstehen, von den Medien nicht behoben, in vielen Fällen sogar eher verschärft werden.

> **Beeinflussungsziele der Werbung**
>
> Man unterscheidet drei Beeinflussungsziele der Werbung: Aktualisierung, Emotion und Information. Die Auslösung von Aufmerksamkeit für das Produkt, also die Aktualisierung, ist ein Ergebnis des negativen Ereignisses und scheidet als Beeinflussungsziel in diesem Sinne aus. Es verbleiben die Auslösung emotionaler Reize für das Produkt oder die Vermittlung von Informationen für das Produkt als Beeinflussungsziele.

Der Werbung kommt in solchen Situationen die Aufgabe zu, Informationen zu transportieren, die sonst keine Chance zur Übermittlung haben und deren Ausbleiben oder verzerrte Darstellung sonst zu Glaubwürdigkeits- oder Imageschäden führen würden.

Für die aktive Phase kommen als Werbemittel aufgrund ihrer Verfügbarkeit, Eignung und Kosten vor allem Anzeigen, Werbebriefe und Handzettel in Frage. Zwar erscheint die Funk- und Fernsehwerbung grundsätzlich auch geeignet, doch muß berücksichtigt werden, daß sie mit hohen Kosten verbunden ist. Ihr wirkungsvoller Einsatz setzt Budgets in sechs- bis siebenstelliger Höhe voraus. Die praktische Anwendung wird daher großen Reiseveranstaltern und großen Destinationen vorbehalten sein oder setzt innovative Vorgehensweisen voraus (siehe Beispiel 54).

- Anzeigen in Zeitungen und Zeitschriften erweisen sich in allen Phasen als geeignete Werbeträger, um Informationen aus der Sicht des Unternehmens zu übermitteln. Zu den Vorteilen zählt die schnelle Verfügbarkeit, die nur durch die inhaltliche und äußere Gestaltung der Anzeige beschränkt wird. Werden die Anzeigen zudem mit Antwortkarten versehen, können Kundenprobleme noch genauer identifiziert und weiterverfolgt werden. Vorteilhaft ist ferner die hohe Reichweite und die günstigen Kosten. Nachteilig

Land in Sicht!

Der Humor trägt zur Entspannung bei und vermittelt dem Kunden Zuversicht. Werbepostkarte der Stadt Pirna und Poster Sachsens, letzteres entworfen von der Dresdner Agentur für Marketing und Desing "Ö Grafik", nach der Jahrhundertflut 2002.

hingegen sind die geringen Möglichkeiten der Differenzierung. Insofern bieten sie sich für Kommunikationsinhalte an, die für alle Leser einer Zeitung oder Zeitschrift gleich sind.

- Werbebriefe eignen sich in hohem Maße, um zum Beispiel sich in der Vorphase des Reiseantritts befindliche Kunden über die tatsächlichen Umstände aufzuklären. Durch sie können dem Kunden produkt- oder preispolitische Maßnahmen direkt mitgeteilt werden. Neben den Auswahlmöglichkeiten der Zielsegmente ermöglichen Direktsendungen auch eine Individualisierung des Kommunikationsinhalts. Das kommt den zuvor erwähnten Differenzierungsnotwendigkeiten der Information, des Produktangebots oder des Preises entgegen. Beschränkt wird die Verwendbarkeit dieses Werbeträgers nur durch die Notwendigkeit, die Adressen der Ansprechpartner vorzuhalten.
- Durch Handzettel oder Broschüren kann eine umfassende und relativ schnelle Information der potentiellen und aktuellen Kunden, aber auch weiterer relevanter Wirkungsbereiche erreicht werden. Eine Differenzierung des Kommunikationsinhalts ist nur insoweit möglich, wenn identisch zu informierende Zielpersonen über gleiche Distributionswege der Information erreicht werden können. Prinzipiell kommen hierfür die Absatzwege des Leistungsversprechens sowie Beilagen in Zeitungen und Zeitschriften in Betracht.

Inwieweit es der betroffenen Organisation gelingt, mittels einer informativen Werbung in einer Krisensituation ihre Beeinflussungsziele zu verwirklichen, hängt vor allem davon ab, ob die angebotenen Informationen für die Zielpersonen in dieser Situation relevant und glaubwürdig sind.

Beispiel 54: Das Projekt Phönix – Die Kommunikationsstrategie der PATA während der SARS-Krise

Die Pacific Asia Tourism Association (PATA) wurde vor über 50 Jahren gegründet. Sie zählt mehr als 1000 Mitglieder aus dem öffentlichen Sektor (fast 100 staatliche, regionale und kommunale Tourismusbehörden des asiatisch-pazifischen Raums) und aus dem Privatsektor (Fluggesellschaften, in Europa ansässige Reiseveranstalter, Hotels). Ziel der PATA ist es, Wachstum, Wertschöpfung und Qualität des Tourismus im asiatisch-pazifischen Raum im Interesse ihrer Mitglieder zu fördern.

Der Ausbruch von SARS im Jahr 2003 stellte eines der bis dahin schlimmsten negativen Ereignisse im asiatisch-pazifischen Raum dar. Die Auswirkungen auf den Tourismus waren unmittelbar und von enormer Tragweite. Zur Überwindung dieser Konsequenzen initiierte die PATA unmittelbar und im Interesse ihrer Mitglieder das „Project Phoenix“. Mit dieser Kampagne sollte das Ansehen der Region verbessert und das öffentliche Vertrauen in die Zielgebiete wieder hergestellt werden.

PATA bemühte sich als erstes, die Finanzierung der Kampagne sicherzustellen. Dies war jedoch keine leichte Aufgabe, da sich nicht alle Mitglieder und Länder direkt von SARS betroffen fühlten. Doch PATAs Botschaft war eindeutig: „SARS und Angst kennen keine Grenzen: es geht uns alle etwas an!“ Schließlich konnten so Finanzmittel i.H.v. US$ 350,000 von 15 nationalen Tourismusinstitutionen und sechs großen Industrieunternehmen eingeworben werden.

Um mit diesem beschränkten Budget die Wahrnehmung globaler Konsumenten wirkungsvoll zu beeinflussen, entwickelte PATA eine kreative Kommunikationsstrategie mit vier Kernelementen:

1. Begonnen wurde mit einer massiven und pro-aktiven Informationskampagne in Form von Pressemitteilungen, Interviews und Hintergrundberichten über SARS und deren Auswirkungen. Durch die Zusammenarbeit mit den Kooperationspartnern CNN, BBC World und CNBC wurde die PATA regelmäßig als Hauptansprechpartner dargestellt.
2. PATA erhielt ferner durch seine Partnerschaften mit CNN, Time und Fortune kostenfreie Anzeigen und Sendezeiten in den Medien. Auch diese Medien waren an einer Erholung des Tourismus interessiert, der Werbeeinnahmen für sie generierte. Betitelt wurde dieser Teil der Kampagne mit „Welcome back“.
3. Zudem wurde eine neue Webseite www.TravelwithPATA.com entwickel und freigeschaltet. Auf dieser Seite wurden aktuelle Nachrichten zum Thema Reisen, Informationen zu asiatisch-pazifischen Zielgebieten, Reiseführer von Lonely Planet und eine spezielle Rubrik mit Reisehinweisen angeboten. Dem Bereich der Reisehinweise kam dabei eine besondere Bedeutung zu. PATA setzte hier bewußt auf die Drittanbieter „Ababu's Travel Smart Asia“ und „iJet“, um Reisewilligen eine „andere Perspektive“ als durch die offiziellen Reisehinweise der Außenministerien der Quellmärkte anzubieten.
4. Schließlich wurde die neue Webseite mit Hilfe von Fernseh-Werbespots bei der BBC World (eine Reihe von 60 Sekunden-Spots, welche auch die im Phoenix-Projekt mitwirkende Destinationen präsentierten) und beim National Geographic Channel (30 Sekunden Spots, die sich auf die Webseite konzentrierten) beworben. Außerdem wurde auf die Webseite im Rahmen der „SMILES campaign“ verwiesen (Fernsehen und Printmedien), die sowohl die Besucher willkommen hieß als auch den Mitwirkenden des Phoenix-Projekts dankte.

Insgesamt erreichte das Phoenix-Projekt der PATA zwischen August und Dezember 2003 beachtliche 216 Millionen Haushalte. Trotz der grundsätzlichen Schwierigkeit, den Erfolg einer solchen Kampagne zu messen, stieg die touristische Nachfrage nach Hotels und Flugplätzen im Zeitraum von November 2003 bis Februar 2004. Auch von SARS betroffene Destinationen empfanden den Aufschwung schneller und stärker als anfänglich erwartet.

Als Asien wenige Monate später erneut mit einer weiteren Krise – der Vogelgrippe – konfrontiert wurde, konnte PATA bereits auf ein gut ausgearbeitetes Konzept zum Krisenmanagement zurückgreifen. Von Anfang an und ähnlich wie während der SARS Krise, konzentrierte man sich stark auf die direkte Kommunikation und hielt Ausschau nach geeigneten Multiplikatoren für Botschaften. Die Informationen wurden an alle PATA-Mitglieder, die Medien, die PATA chapters sowie Tourismus- und PR-Unternehmen weitergeleitet. Der Kern dieser Botschaften waren reine Fakten und Hintergrundinformationen über die Vogelgrippe, Gesundheitswarnungen und Verhaltensmaßnahmen für Reisende. Um eine widersprüchliche Informationspolitik zu vermeiden, arbeitete die PATA in diesem Fall eng mit der IATA und der WHO zusammen. Auch wurden aktuelle Mitteilungen an alle Mitglieder und Partner verschickt, um eine einheitliche Sprachregelung sicherzustellen.

In beiden Fällen machte die PATA durch ihr Vorgehen deutlich, wie wichtig gute Hintergrundinformationen, Koordination, Glaubwürdigkeit und Konsistenz als Elemente einer erfolgreichen Krisenkommunikation sind. Werden diese Punkte beachtet, sind auch Organisationen mit kleinen Budgets in der Lage, wirkungsvoll auf Krisen zu reagieren.

nachaktive Phase

In der nachaktiven Phase treten für die Werbung die strategischen Beeinflussungsziele der Produktpositionierung wieder in den Vordergrund. Dieser Einsatz des Werbeinstrumentariums weist grundsätzlich keine krisenspezifischen Besonderheiten auf. Er greift auf die gleichen Maßnahmen und Instrumente wie in der Normalsituation zurück. Erwähnenswert ist hier vor allem der Aspekt, daß sich die strategischen Beeinflussungsziele als Konsequenz des negativen Ereignisses geändert haben können. Auf der einen Seite können sie sich nun grundsätzlich als ungeeignet erweisen und eine Neu- oder Umpositionierung zur Folge haben. Auf der anderen Seite kann die angestrebte oder ehemals innegehabte Positionierung nach wie vor sinnvoll sein, weshalb die Maßnahmen der Werbung auf die Wiedererlangung dieser Positionierung ausgerichtet sein müssen. Folglich müssen allen Aktivitäten der nachaktiven Phase eine grundsätzliche Ist- und Soll-Überprüfung der Positionierung vorausgehen. Wird dies versäumt, können Werbeaktivitäten nachhaltige Schäden anrichten.

7.5.6.3 Verkaufsförderung

Mit der Schaffung von einmaligen, nicht wiederkehrenden zusätzlichen Anreizen zum Erwerb des Produktes, versucht die Verkaufsförderung, kurzfristig und unmittelbar den Absatz zu fördern. Neben den kommunikativen Maßnahmen beinhaltet die Verkaufsförderung auch andere Elemente des Marketing, die zur Preis-, Produkt- oder Distributionspolitik gehören. Im Tourismus finden die Aktionen der Verkaufsförderung rege Anwendung, insbesondere, um die zu Normalzeiten auftretenden Nachfrageschwankungen auszugleichen. Grundsätzlich eignen sich die Aktionen der Verkaufsförderung auch für die Maßnahmen des Krisenmanagements. Dabei muß aber beachtet werden, daß nicht das Erzeugen von Aktualität für das Produkt Ziel der Verkaufsförderung in der aktiven Phase ist, sondern die Überwindung der weiteren Verkaufsprobleme. Erst in der nachaktiven Phase bietet es sich wieder an, die Aktualisierung als Ziel der Verkaufsförderung zu sehen.

Den Zielgruppen entsprechend, sind folgende Fälle der Verkaufsförderung zu unterscheiden:

Konsumentenorientierte Verkaufsförderung zielt auf den Endkunden ab.

- Der Kunde kann durch Informationsmaterial, welches ihm direkt oder durch die Reisemittler zugestellt wird, informiert werden. Inhaltlich sollte es sich – wie unter Werbung bereits angesprochen – in der aktiven Phase auf die Informationsdefizite konzentrieren. Begleitet werden können diese Maßnahmen durch den Einsatz preispolitischer Instrumente.
- Garantieleistungen sind ein weiteres Mittel der Verkaufsförderung. Gegenüber dem generellen Preisnachlaß liegt mit der Garantieleistung ein weitaus wirkungsvolleres und zugleich wirtschaftlich interessanteres Instrument vor. Voraussetzung ist aber, daß die Leistung tatsächlich nicht in Mitleidenschaft gezogen wurde und die Kriterien zur Rückerstattung klar und eindeutig geregelt sind. Unter diesen Umständen würde dieser aus Sichtweise der Kunden offensive Schritt als glaubhaft verstanden. Zugleich wird das mit jeder Art von Preisreduktion implizierte Eingeständnis der Produktbeeinträchtigung vermieden.
- Die Verwendung von Kuponanzeigen und Preisausschreiben in Zeitschriften und Zeitungen empfiehlt sich für eine differenzierte Vorgehensweise, vor allem in der nachaktiven Phase. Werden Kuponanzeigen zur Vermittlung oder Anforderung von weiterführender Information eingesetzt, bietet sich ihr Einsatz auch schon in der aktiven Phase an.

Ziel der handelsorientierten Verkaufsförderung in der aktiven Phase ist die Beibehaltung der Verkaufsbemühungen der Reisemittler, in der nachaktiven Phase die Wiedererlangung ehemaliger Verkaufszahlen.

- Kommunikativ gesehen, umfaßt dies die Bereitstellung von Informationsmaterial, mit welchem die Reisebüromitarbeiter die Kunden sachgerecht informieren können. Dazu gehören Hintergrundinformationen genauso wie Argumentationshilfen für die Kundengespräche. Wichtig ist, daß sie schnell verfügbar gemacht werden, da der Reisebüromitarbeiter meist die erste Anlaufstelle des Kunden ist. Ferner sollten finanzielle Anreize diese Aktionen begleiten, um die besonderen Anstrengungen der zusätzlichen Informationsarbeit zu unterstützen.
- Expedientenreisen kommen neben Schulungen, durch welche der Verkäufer auf die Handhabung der spezifischen Probleme vorbereitet wird, vor allem im Bereich der nachaktiven Phase zum Einsatz. Erstere bieten wie kein anderes Instrument die Möglichkeit, das Produkt selbst zu beurteilen und sich umfassend zu informieren. Expedientenreisen sollten immer dann zur Anwendung kommen, wenn – wie bei Ereignissen, die aufgrund der wahrgenommenen Sicherheitslage Zurückhaltung in der Nachfrage auslösten – Produktveränderungen nur schwer zu kommunizieren sind.

Auf die eigene Verkaufsorganisation ausgerichtete Verkaufsförderung soll die Fähigkeit und die Motivation des eigenen Personals steigern.

- Die Anreize sind vielfältig und umfassen sowohl Geld- als auch Prestigeleistungen. Sie können in Form eines Wettbewerbs oder durch das Erzielen bestimmter Anforderungen erreicht werden. Schulungsmaßnahmen sind ebenso wie bei der handelsorientierten Verkaufsförderung darauf ausgerichtet, Lösungen für die besonderen Verkaufsprobleme bereitzustellen. Inwieweit solche Maßnahmen bei Reiseveranstaltern oder Destinationen, die hierdurch das Personal ihrer Fremdenverkehrsämter ansprechen, notwendig sind, leitet sich aus der Unternehmenskultur ab. Liegt bereits eine hohe Identifikation mit den Organisationszielen vor, haben Aktionen dieser Form der Verkaufsförderung eher keine zusätzlichen Motivationserfolge.

Verkaufsförderung ist letztendlich ein äußerst gestaltungsfähiges Instrument. Die Besonderheiten zu den anderen Instrumenten der Kommunikationspolitik sind die mit der Verkaufsförderung einhergehenden besonderen Anreize zum Produkterwerb. Dennoch sollte beachtet werden, daß diese Anreize in einem möglichst logischen Verhältnis zu dem Ereignis stehen und das spezifische Verkaufsproblem überwinden helfen. Damit wird für alle Zielbereiche sichergestellt, daß der zusätzliche Anreiz verstanden und der Glaubwürdigkeit der Organisation nicht geschadet wird.

Beispiel 55: Make it Singapore!

Internationale Kongresse sind von hoher Bedeutung für den Wissensaustausch über Ländergrenzen hinweg und bieten vielfältige Möglichkeiten zur Kontaktaufnahme. Sie üben regelmäßig eine große Anziehungswirkung auf die Fachwelt aus, da Meinungsführer und Experten aus dem betreffenden Fachbereich anwesend sind und Themen von aktueller Bedeutung diskutieren. Die Veranstaltungen finden zumeist in touristisch attraktiven Destinationen oder leicht erreichbaren internationalen Knotenpunkten statt. Oftmals haben die Kongreßteilnehmer zuvor nicht daran gedacht, diese Destination zu bereisen. Aus diesem Grund bieten Veranstaltungen dieser Art eine einzigartige Möglichkeit, eine Destination vorzustellen.

Singapur galt für mehr als zwanzig Jahre als die führende Kongreßstadt Asiens und belegte in 5 aufeinanderfolgenden Jahren einen Platz unter den fünf besten Kongreßstädten der Welt. Unzählige Kongresse, Konferenzen und Messen entschieden sich wegen der hohen Qualität und Professionalität der Durchführung für Singapur. Im Jahr 2003 wurde auch Singapur stark von der SARS-Krise getroffen, die sich in ganz Asien ausbreitete. In folge dessen sank innerhalb kürzester Zeit die Anzahl internationaler Kongresse dramatisch ab.

Zur Wiederherstellung der Attraktivität und um erneut internationale Veranstaltungen und Touristen anzuziehen, rief das Singapore Tourism Board zusammen mit dem Singapore Exhibition & Convention Bureau die „Make it Singapore!"- Kampagne ins Leben. Diese Maßnahme der Verkaufsförderung zielte auf Kongreßveranstalter ab. Ein attraktives Paket an Unterstützungen sollte die Entscheidungsträger veranlassen, die Veranstaltungen in Singapur abzuhalten. Die Anreize waren weit gefächert und unterschieden sich nach Art der Veranstaltung.

Kongresse:

- Voraussetzungen: mindestens 400 Übernachtungen, mindestens 2 aufeinanderfolgende Übernachtungen in Singapur, der Kongreß muß vor dem 31. Dezember 2005 offiziell angemeldet und vor dem 31. Dezember 2007 durchgeführt werden;
- Anreize: finanzielle Unterstützung (Übernahme der Ausschreibungskosten für neue Events in Singapur, Übernahme der Kosten bis zu 30% für Redner, Marketing, Organisation und Management), nicht-finanzielle Unterstützung (die gleichen Anreize wie bei Messen, darüber hinaus: 1 kostenlose Hotelübernachtung für 25 fest gebuchte Hotelzimmer, bis zu 5 Zimmer für die Dauer einer Veranstaltung sind möglich, Upgrades der Hotelzimmer für VIPs (bis zu 3 Zimmer), late check-out und

Vereinbarungen mit Fluggesellschaften (Vergünstigungen auf der Grundlage des Nettoertrages, der durch die Organisatoren generiert wurde).

Messen:

- Voraussetzungen: mindestens 1000 ausländische Messebesucher, mindestens 50% ausländische Aussteller, mindestens 1000 m^2 Ausstellungsfläche, zum ersten Mal in Singapur veranstaltet, die Messe muß vor dem 31. Dezember 2005 offiziell angemeldet und vor dem 31. Dezember 2007 durchgeführt werden;
- Anreize: finanzielle Unterstützung (bis zu 30% Kostenübernahme für ausländische Aussteller, Werbemaßnahmen, Redner, Einkäufer und ausländische Journalisten); nicht-finanzielle Unterstützung (Zusicherung von exklusiven Veranstaltungsorten, Erleichterung der Einreiseformalitäten, Werbemaßnahmen etc.); bei der Besichtigung des Ausstellungsgeländes werden 2 kostenlose Hotelzimmer für bis zu 3 Übernachtungen für jeden Entscheidungsträger zur Verfügung gestellt, außerdem werden Preisnachlässe für Eröffnungsveranstaltungen und spezielle Raten für Auf- und Abbau-Tage gewährt.

Ähnliche Anreize wurden auch für andere Veranstaltungsarten wie Jahres-, Unternehmensversammlungen oder Incentive-Reisen angeboten.

Die Kampagne verhalf dem Singapore Tourism Board in sehr effizienter Weise an die Organisatoren großer Events heranzutreten und die Attraktivität der Destination wiederherzustellen. Mit der Konzentration auf internationale Veranstaltungen wurden vor allem die Meinungsführer aus den verschiedenen Branchen auf Singapur aufmerksam gemacht und zum Besuch angeregt. Die nach den Veranstaltungen einsetzende Mund-zu-Mund-Propaganda unterstützte die Bemühungen des Recovery ferner in einer sehr glaubwürdigen Form.

Bis Ende des Jahres 2004 hatten sich bereits mehr als 159 Veranstaltungen unterschiedlichster Art zwischen den Jahren 2005 und 2009 in Singapur angemeldet. Dazu gehören die Jahreshauptversammlungen des Internationalen Währungsfonds und der Weltbank im Jahr 2006, das Treffen des Internationalen Olympischen Komitees im Jahr 2005, die Ministerkonferenz der Welthandelsorganisation sowie die Durchführung der ITMA-Asia im Jahr 2005.

7.5.6.4 Messen

Messen gehören zu den wichtigen Foren, in denen sich Anbieter touristischer Leistungen präsentieren können. Zu den im Tourismus wichtigsten internationalen Messen gehören die Internationale Tourismus Börse (ITB), der World Travel Market (WTM), die Feria Internacional de Turismo (Fitur). Sie werden von Fachbesuchern genauso wie von der interessierten Öffentlichkeit besucht.

Abbildung 48: Wichtige internationale Tourismusmessen

Messe	Zeitraum	Austeller	Fachbesucher	Journalisten	Besucher gesamt
World Travel Market (WTM)	November	5.000	26.000	2.700	46.000
Feria Internacional de Turismo (Fitur)	Ende Januar	11.000	93.000	7.300	202.000
Borsa Internazionale del Turismo (BIT)	Februar	5.000	100.000	6.000	147.000
Internationale Tourismus Börse (ITB)	Anfang März	10.400	84.000	7.300	142.000
Moscow International Travel&Tourism Exhibition (MITT)	Ende März	2.500	70.000[1]	100	98.000

Stand: Daten für 2004/2005. 1) Angabe für 2002 von 111.000 Besuchern gesamt.

Messen sind für die aktive und nachaktive Phase von Krisen eine wichtige Plattform für den Austausch von Neuigkeiten, Produktvorstellungen und Hintergrundgesprächen. Der persönliche Kontakt erlaubt eine verbesserte Kommunikation und die individuelle Klärung von Problemen. Diese Kontaktform ist insbesondere in der aktiven Phase der Krise von Bedeutung. Dabei ist zu beachten, daß den Messeauftritten in dieser Zeit besondere Aufmerksamkeit geschenkt wird. Der Andrang und die Nachfrage nach Informationen ist weitaus höher als zu normalen

Pressevertreter am Stand der Maldiven auf der ITB 2005

Zeiten. Auch ist zu beachten, daß sowohl die Fachbesucher als auch die Endkunden weitaus involvierter, d.h. an sachlichen Informationen interessiert sind.

Von Krisen betroffene Destinationen und Leistungsträger nutzen Messen regelmäßig auch, um mit der Presse in Kontakt zu treten. Dies geschieht am sinnvollsten durch Pressekonferenzen. Diese werden regelmäßig bei großen internationalen Tourismusmessen durchgeführt. Die Termine hierfür sind aber aufgrund der großen Anzahl der Aussteller knapp und die guten Zeiten langfristig, d.h. schon 12 Monate vor ihrer Durchführung mit den Organisatoren der Messe vereinbart worden. Deshalb haben jene Leistungsträger eine bessere Fläche für die Präsentation ihrer Anliegen, die regelmäßig solche Pressekonferenzen organisieren und diese in diesem Fall nur mit anderen Inhalten füllen.

Messen stellen insgesamt betrachtet ein wirkungsvolles und kostengünstiges Instrument dar, um mit den verschiedenen Zielgruppen in Kontakt zu treten. In der Regel steht ausreichend Ausstellungsfläche zur Verfügung, so daß auch noch kurzfristig eine Teilnahme an einer Messe vereinbart werden kann. Dennoch gilt auch in diesem Fall, daß eine regelmäßige Messeteilnahme vorteilhafter ist, da die Planungsmaßnahmen zeitaufwendig sind und der Erfolg einer Messeteilnahme stark von der Erfahrung mit der spezifischen Veranstaltung beeinflußt wird. Kann ein eigener Messeauftritt nicht ermöglicht werden, so ist zumindest die Teilnahme an einer Messe zur Kontaktaufnahme mit den Geschäftspartnern zu erwägen.

7.5.6.5 Sponsoring und Product Placement

Sponsoring basiert auf dem Prinzip des Austauschs von Leistungen zwischen dem Gesponserten und dem Sponsor, der dafür eine vorher definierte Geld- oder Sachleistung zur Verfügung stellt. Sowohl Personen, Gruppen, Organisationen als auch Veranstaltungen können gesponsert werden.

Ein Einsatz des Sponsoring im Krisenmanagement kann verschiedene Formen annehmen. Betrachtet man gesponserte Personen oder Personengruppen, so sollen diese schon in der Normalsituation für eine Personalisierung des Produktes sorgen. Greift man auf die bereits vor dem Eintritt des negativen Ereignisses gesponserten Personen zurück, können diese in der aktiven Phase ihre Überzeugungswirkung und Glaubwürdigkeit dazu verwenden, sich nach wie vor zu dem Produkt zu bekennen. Durch diese Maßnahme wird ein Vetrauenstransfer bewirkt, der geeignet ist, das aus Kundensicht gestiegene Risiko zu reduzieren. Eine Variante, die diese Voraussetzung erfüllt, ist die Verwendung von Persönlichkeiten, die bereits vor der Krise in der Destination Urlaub machten und die sich nun öffentlich für die Destination bekennen bzw. sich für den Recovery einsetzen.

Problematischer ist hingegen das Einschalten von Personen, die erst nach Beginn der Krise ihre Aktivität aufnehmen. Da die Intention des Sponsors offensichtlich ist, bietet sie Ansatzpunkte für Kritik in der Öffentlichkeit. Diese negative

Betrachtung kann auch auf die gesponserte Person übergehen. Deshalb sollte die späte Einschaltung nur in Ausnahmesituationen erfolgen. Hierzu zählt beispielsweise der Fall, wenn aufgrund der nur noch geringen eigenen Glaubwürdigkeit, Personen mit hohem öffentlichen Ansehen für die Belange der Organisation tätig werden.

Beispiel 56: Prominente Gesichter – Hilfe zum Neubeginn

Sponsoring hilft, Produkte zu bewerben. Prominente Gesichter werden bei der Überwindung von negativen Ereignisse oder negativen Images nur sehr selten eingesetzt, weil dies sehr risikoreich ist. Die frühere Präsidentengattin und jetzige Senatorin von New York, Hillary Clinton, besuchte 1999 die sizilianische Stadt Palermo in Italien, die bis dahin unter dem negativen Image der präsenten Mafia litt. Während ihres Besuchs unterstrich Clinton mehrmals, daß sie die Stadt als eine sichere Touristendestination betrachte. Der Erfolg ihres Besuchs wurde von der Presse deutlich wiedergegeben und in diesem Zusammenhang zahlreiche Artikel über die „sichere Destination“ und die „Renaissance Italiens“ veröffentlicht.

Ein weiteres Beispiel stellt die Lufthansa-Werbekampagne mit Prominenten nach den Anschlägen vom 11. September in den USA dar. Da die Fluggesellschaft erkannt hatte, daß die Zurückhaltung beim Fliegen mehr emotionale als rationale Hintergründe hatte, engagierte sie für ihre dreimonatige Werbekampagne besonders vertrauenswürdige Personen mit hohem öffentlichen Ansehen. Diese für das Krisenmanagement bis dahin außergewöhnliche Strategie wurde mit einem überdurchschnittlich hohen Erfolg belohnt.

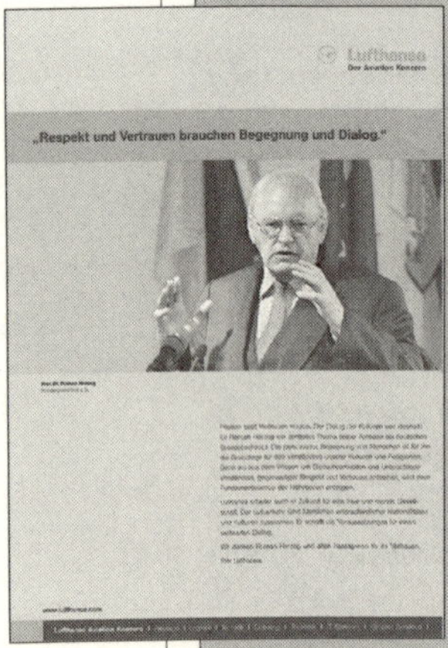

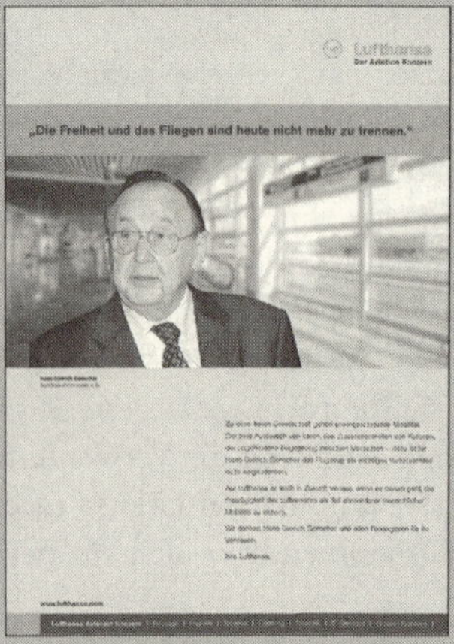

Werbung mit dem früheren deutschen Bundespräsidenten, Prof. Dr. Roman Herzog, dem früheren deutschen Bundesaußenminister, Hans-Dietrich Genscher, und dem CEO von Siemens, Dr. Heinrich von Pierer

Veranstaltungssponsoring ist eine vielversprechende Variante beispielsweise für von negativen Ereignissen betroffene Destinationen. Abhängig von der Größe und Bedeutung der Veranstaltung wird die einhergehende Medienberichterstattung nationales oder internationales Interesse hervorrufen. Damit wird die Destination indirekter Bestandteil der Medienberichterstattung. Durch die thematische Auswahl der gesponserten Veranstaltung kann zudem eine spezielle Zielgruppe angesprochen werden. Viel wichtiger als diese Zielgruppenansprache ist aber die thematische Wahl unter dem Aspekt des Kommunikationsinhalts. Stehen Teilnehmer oder die Veranstaltungsthemen in einem förderlichen Zusammenhang mit den gewünschten Kommunikationszielen, kann damit eine wirkungsvolle indirekte Kommunikation bewirkt werden. Diese unterliegt beim Rezipienten einer geringen gedanklichen Kontrolle, da sie eher am Rande und somit unterbewußt aufgenommen wird. Demnach ist, eine erfolgreiche Veranstaltung vorausgesetzt, eine positive Berichterstattung ziemlich wahrscheinlich.

Wenn die Risiken jedoch nicht kontrollierbar erscheinen, sollte von der Ausrichtung solch exponierter Veranstaltungen abgesehen werden. Dies wurde an der gesponserten Tagung der American Society of Travel Agents (ASTA) in Manila 1980 deutlich, die von 6.000 amerikanischen Reisebüromitarbeitern besucht wurde. Ein gegen den philippinischen Präsidenten Marcos bei dieser Veranstaltung verübter Bombenanschlag hatte entgegen der bezweckten Förderung des Tourismus eine langfristige Schädigung des Images und einen Rückgang der Besucherzahlen zur Folge (Hall 1994).

Maßnahmen des Veranstaltungssponsoring sollten deshalb in der nachaktiven Phase angewendet werden, wenn die möglicherweise notwendig gewordenen Produktveränderungen bereits abgeschlossen wurden. Damit wird eine unerwünschte Auseinandersetzung mit den negativen Ereignissen weitestgehend ausgeschlossen, wenn auch nicht vollkommen vermieden. Die langen Bewerbungszeiten der meisten Veranstaltungen stellen dies in der Regel schon sicher. Grundsätzlich kann nämlich hier festgestellt werden: je exponierter eine Veranstaltung ist, desto langfristiger ist sie festgelegt. Wie aber die jüngsten Entwicklungen auch zeigten, etablierte sich daneben eine zweite Regel: je erschütternder und emotionaler die Reaktion auf die Ereignisse, desto größer ist die Wahrscheinlichkeit der kurzfristigen Verlegung bzw. Durchführung der Veranstaltung. Letzteres bestätigte die Verlegung des „World Economic Forums" nach den Anschlägen des 11. September 2001 von Davos (Schweiz) nach New York (USA) sowie die Durchführung einer außerordentlichen Sitzung des Exekutivrates der Welttourismusorganisation in Phuket/Thailand 2 Monate nach der Tsunami-Katastrophe im Dezember 2004.

Hinsichtlich der Anzahl der auszuwählenden Veranstaltungen sollte ferner berücksichtigt werden, daß eine große Veranstaltung in der Regel ausreichend ist, um über abgeschlossene Produktmaßnahmen zu informieren bzw. die Destination wieder ins Bewußtsein zu rücken. Wurde durch die Krise aber eine Neupositionierung notwendig, sind eher kleinere und mittlere Veranstaltungen über einen längeren Zeitraum hinweg regelmäßig zu sponsern.

Abbildung 49: Zeitvorlauf bei ausgewählten Veranstaltungen mit Breitenwirkung oder für Meinungsführer im Tourismus

Veranstaltung	Frequenz	Entscheidung vor Beginn der Veranstaltung	Weitere Vorlaufzeiten vor Entscheidung[1]
Olympische Spiele	Alle 4 Jahre	7 Jahre	2-4 Jahre
FIFA Fußball-Weltmeisterschaft	Alle 4 Jahre	6 Jahre	2-4 Jahre
UEFA-Europameisterschaft	Alle 4 Jahre	6 Jahre	1 Jahr
Generalversammlung der World Tourism Organization (WTO)	Alle 2 Jahre	2-4 Jahre	6 Monate
Sitzung des Exekutivrats der World Tourism Organization (WTO)	Halbjährlich	2-6 Monate	1-6 Monate
Jahrestagung des Deutschen Reisebüro und Reiseveranstalter Verbandes (DRV)	Jährlich	1-2 Jahre	1-3 Monate
Annual Conference der Pacific Asia Travel Association (PATA)	Jährlich	2 Jahre	3 Monate
Annual Meeting des World Travel & Tourism Councils (WTTC)	Jährlich	1 Jahr	2 Monate
American Society of Travel Agents (ASTA) World Travel Congress	Jährlich	5-8 Jahre	1-4 Jahre
Jahrestagung der Internationalen Vereinigung wissenschaftlicher Tourismusexperten (AIEST)	Jährlich	1 Jahr	1-6 Monate

1) Diese Vorlaufzeiten sind durchschnittliche Minimumzeiten. Sie können aufgrund nationaler Vorbereitungen durchaus mehr Zeit in Anspruch nehmen.

Daneben bietet sich zur Kommunikation das Product Placement, das heißt die Plazierung einer Destination im nicht werblichen Teil der Medien, an.
Dies erscheint grundsätzlich sinnvoll, weil Filme für die Vermittlung und den Aufbau von Erlebniswelten einen hohen Stellenwert haben. Darüber hinaus werden die Stimulierungen in Filmen normalerweise unbemerkt und über glaubwürdige Kommunikatoren vollzogen. Hauptproblem nach negativen Ereignissen sind aber die erheblichen Vorlaufzeiten, die mit den Produktionen verbunden sind. Problematisch wird es aber auch sein, einen Produzenten mit einem geeigneten Drehbuch zu finden, der dieses Product Placement akzeptiert. Denn nur bei entsprechender inhaltlicher Qualität und Zielgruppenadäquanz kann davon ausge-

gangen werden, daß der Hauptgegenstand – ein erfolgreicher Film – auch indirekt der Destination hilft. Wie folgendes Beispiel zeigt, gibt es aber auch Zufälle und andere Möglichkeiten, die Filme im Rahmen der Krisenbewältigung einsetzbar machen.

Beispiel 57: Filme in der Krisenbewältigung

Kino- und Fernsehfilme sind nützliche Instrumente im Rahmen der Recoverystrategie von touristischen Zielgebieten nach Krisen, da sie das Interesse von Touristen für die Destination nachhaltig stimulieren. Da die menschliche Wahrnehmung am stärksten von Bildern beeinflußt wird – mehr als von Textnachrichten – und Menschen von den negativen Fernseh- und Pressebildern nach negativen Ereignissen besonders stark geprägt werden, ist es wichtig, diese Eindrücke zu kompensieren und zu korrigieren. Filme können die nötigen positiven Konnotationen vermitteln und haben den Vorteil, daß im Mittelpunkt eine Handlung steht und die Destination nur indirekt wahrgenommen wird. Auf diese Weise wird die kognitive Kontrolle des Zuschauers sehr wirksam umgangen.

Dennoch gestaltet sich der Einsatz von Filmen im Rahmen des Krisenmanagements schwierig, da die Produktion eine lange Vorlaufzeit erforderlich macht.

Der erste Teil der Trilogie "Herr der Ringe – Die Gefährten" lief im Sommer 2001 in den USA an. Die anderen Teile folgten im Abstand von 12 Monaten. Für Neuseeland waren diese Filme ein äußerst hilfreiches Instrument im Rahmen des Recovery nach der SARS-Krise. Die Filme rückten das Land auf positive Art ins internationale Rampenlicht und beeinflußten den Incomingtourismus nach Neuseeland beachtlich. Andrew Adamson, ein neuseeländischer Regisseur, brachte es auf den Punkt als er sagte, daß „der Herr der Ringe ein phantastischer Werbespot für Neuseeland war".

Allerdings hatten die Vorbereitungen für den Film viele Jahre vorher begonnen, lange, bevor SARS ausbrach und die neuseeländische Tourismusbranche beeinträchtigte. Mitte der 1990er Jahre hatte Regisseur Peter Jackson bereits die Idee, Tolkiens Hobbit Trilogie zu verfilmen. 1998 erwarb New Cinema Line die Filmrechte hierzu und startete noch im gleichen Jahr mit der Suche nach einem geeigneten Drehort. Im August 1999 erfolgten die ersten Dreharbeiten, die nach 18 Monaten im Dezember 2000 abgeschlossen wurden.

Es ist offensichtlich, daß Spielfilme aufgrund ihrer langen Vorlauf- und Produktionszeiten im Rahmen des unmittelbaren Krisenmanagements schlecht einsetzbar sind. Sie sind nicht spontan und flexibel genug. So dauerte beispielsweise allein die Entwicklung der Software für die Spezialeffekte in "Herr der Ringe" mehr als zwei Jahre!

Den zeitlichen Nachteil vermeidend und dennoch die wichtige visuelle Wirkung von Filmen für die Vermarktung der Destination nutzend, bietet sich der Rückgriff auf prominente Schauspieler an. Personen, die aufgrund von Filmen positiv mit einem Zielgebiet assoziiert werden oder als typische Botschafter einer Destination gelten, können ein glaubwürdiges Statement für diese Destination vermitteln. Der Vorteil dieser Vorgehensweise ist, daß hierfür die Schauspieler schnell gewonnen und für die Werbung eingesetzt werden können. Ein gutes Beispiel ist Hong Kongs Kampagne "Live it, love it" mit dem Actionfilm-Star Jackie Chan, der Besucher in unterschiedlichen Sprachen begrüßt und in sein Heimatland einlädt. Das Hong Kong Tourism Board startete im September 2003, zwei Monate, nachdem die Region als SARS-frei deklariert wurde, diese weltweite Marketingkampagne, um das Vertrauen der Besucher zurückzugewinnen und Touristen zur Reise nach Hong Kong zu motivieren. Insgesamt 16 US$ Millionen wurden schließlich in die Kampagne investiert, welche die Printmedien, Fernseh- und Radiowerbung umfaßte.

Fragen

- Beschreiben sie die Chancen und Risiken, die sich durch die ungewohnte Aufmerksamkeit für die betroffenen Destinationen oder Unternehmen ergeben!
- Wie beurteilen Sie die Einsatzfähigkeit von Filmen in der Recovery-Strategie?
- Beschreiben Sie die qualitativen und quantitativen Besonderheiten der Krisenkommunikation!
- Welche Bedeutung hat die Glaubwürdigkeit für die Krisenkommunikation?
- Welches Ziel hat die Werbung in der aktiven Phase?
- Wie ist das Sponsoring von Personen zu beurteilen, die erst nach Beginn der Krise ihre Aktivität aufnehmen?

Empfehlungen zur vertiefenden Lektüre

Beirman, David: Restoring Tourism Destinations in Crisis, (Cabi Publishing) Oxon 2003

Dreyer, Axel; Dreyer, Daniela; Obieglo, Diana: Krisenmanagement im Tourismus: Grundlagen, Vorbeugung und kommunikative Bewältigung, (Oldenbourg) München 2001

Drosdek, Andreas: Credibility Management, (Campus) Frankfurt am Main - New York 1996

Haedrich, Günther: Kommunikationspolitik, in: Haedrich, Günther; u.a. (Hrsg.): Tourismus - Management, 3. Aufl., (de Gruyter) Berlin - New York 1998, S. 379-403

Kroeber-Riel, Werner: Strategie und Technik der Werbung, 4. Aufl., (Kohlhammer) Stuttgart 1993

Kroeber-Riel, Werner: Bildkommunikation, (Vahlen) München 1993

Wiedemann Peter M.; Schütz, Holger: Was sollte ein Risikomanager über die Risikowahrnehmung wissen?, in: Glaeßer, Dirk; Pechlaner, Harald (Hrsg.): Risiko und Gefahr im Tourismus, (ESV) Berlin 2004, S.75-87

World Tourism Organization: Tourist Safety and Security, 2. Aufl., (WTO) Madrid 1997

World Tourism Organization: Handbook on Natural Disaster Reduction in Tourist Areas, (WTO) Madrid 1998

8 Die Zukunft des Krisenmanagements

Krisenmanagement ist für den Tourismusbereich ein wissenschaftliches Thema der jüngeren Geschichte. Das ist teilweise darauf zurückzuführen, daß der Tourismusbereich eine verhältnismäßig kurze Entwicklungsgeschichte hat und die wirtschaftliche Bedeutung, die er eingenommen hat, bisher weitestgehend unbeachtet geblieben ist. In der Rückschau ist der Tourismusbereich über die Jahre seines Wachstums auch von größeren Krisen verschont geblieben und hat sich von kleineren Vorfällen vergleichsweise schnell erholt.

Dennoch hat die Bedeutung des Krisenmanagements in den letzten Jahren für den Tourismusbereich ständig zugenommen. Ständig erinnernd, führte in den letzten Jahren eine nicht abreißende Kette von Ereignissen vor Augen, daß das Krisenmanagement nicht mehr unbeachtet bleiben kann und darf. Dies gilt für Destinationen und am Tourismus partizipierende Unternehmen gleichermaßen.

Wie jede andere Unternehmensaktivität bedarf aber auch das Krisenmanagement einer umsichtigen Planung und eines tiefgehenden Verständnisses der Faktoren und Zusammenhänge, die Krisen verursachen. Fehlt dieses Verständnis, entwickeln sich unnötigerweise Situationen und Krisen, die häufig vermieden oder zumindest hätten begrenzt werden können. Die Konsequenzen daraus haben nicht nur Kunden oder Betriebe zu tragen, sondern sie wirken sich auch auf die gesamte Volkswirtschaft und Gesellschaft aus.

Viele Krisen sind gerade im Tourismus in ihrem Ursprung nicht auf tatsächliche, sondern auf wahrgenommene Probleme in den Destinationen und Unternehmen zurückzuführen. Solche Situationen sind nur durch umfassende strategische und taktische Maßnahmen des Marketing zu vermeiden und zu bewältigen. Aus diesem Grund wurde dem Marketinginstrumentarium umfassende Beachtung geschenkt. Dabei ist zu beachten, daß die Einsatz- und Gestaltungsmöglichkeiten des Marketinginstrumentariums in Krisen- ebenso wie in Normalzeiten vielfältig sind und stark von der Kreativität beeinflußt werden. Keinesfalls werden die Darstellungen der Instrumente deshalb vollständig sein. Sie dienen vielmehr der Illustration der verschiedenen Möglichkeiten, die auf dieser Basis weiter ausgebaut werden sollten.

Der Wert des Krisenmanagements ist vielfältig. Zum einen stellt er die nachhaltige touristische Entwicklung sicher und vermeidet unnötige Härten. Zum anderen erlaubt er auch solchen Destinationen am Tourismus teilzuhaben, die aufgrund von strukturellen, sozialen, politischen und anderen Problemen bisher von dieser Entwicklung ausgeschlossen waren. Das gilt insbesondere für viele Entwicklungsländer, die auf den Tourismus als ein Mittel der Armutsbekämpfung setzen. Das ist prinzipiell ein sehr vielversprechender Ansatz, zumal viele dieser Länder über kulturelle und natürliche Attraktionen verfügen, die für den touristischen Erfolg wichtig sind. Dennoch muß beachtet werden, daß strukturelle Probleme, die ebenso häufig in diesen Ländern und vielfach bereits seit etlichen Jahren existieren, nicht so einfach zu beseitigen sind. Allein schon aus diesem Grund ist in Ländern, die potentiell eher von negativen Ereignissen bedroht sind, ein professionelles und präventives Krisenmanagement notwendig.

Auch aus Sicht touristischer Leistungsanbieter, vor allem der Reiseveranstalter, wird das Krisenmanagement als Instrument einer Qualitätsstrategie bald integraler Bestandteil der Leistungen von Pauschalreisen sein. Waren es anfangs Gründe wie Sprache, Unkenntnis des besuchten Landes, fremde Währungen und Bräuche, die für eine Pauschalreise sprachen, so wurde ihr Niedergang durch die zunehmende Reiseerfahrung eingeleitet. Nimmt man sich aber des grundsätzlichen Gedankens der Pauschalreise wieder an, *unbesorgt reisen zu können*, so gehört das Krisenmanagement zu den sinnvollen Ergänzungen der angebotenen Leistungen des Reiseveranstalters. Ähnlich wie bei Reiseversicherungen wünscht sich kein Kunde, daß er diese Notfalleistungen jemals in Anspruch nehmen muß. Doch ist der Reisende grundsätzlich bereit, für die Vorhaltung dieses Services eine Prämie zu zahlen. Trotz der eigentlich abschreckenden Wirkung des Begriffes Krise im Tourismusbereich beginnt der Reisemarkt heute, das Krisenmanagement und die Anstrengungen der Reiseveranstalter in diesem Bereich zu honorieren. Diese sich verändernde Einstellung unterstreicht die wachsende Bedeutung des Krisenmanagements in der Zukunft.

Literaturverzeichnis

Adams, William C.: Whose lives count?: TV Coverage of Natural Disasters. Journal of Communication, 1986, Heft 36, S. 113-122 (Adams 1986)

Ahmed, Zafar: The Need for the Identification of the Constituents of a Destination's Tourist Image: A Promotional Segmentation Perspective, in: Revue de Tourisme, 1996, Heft 2, S. 44-57 (Ahmed 1996)

Ansoff, Igor: Die Bewältigung von Überraschungen und Diskontinuitäten durch die Unternehmensführung – Strategische Reaktionen auf schwache Signale, in: Steinmann, Horst (Hrsg.): Planung und Kontrolle, (Vahlen) München 1981, S. 233-264 (Ansoff 1981)

Ansoff, Igor; Kirsch, Werner; Roventa Peter: Unschärfenpositionierung in der strategischen Portfolio-Analyse, in: ZfB 1981, S. 963-988 (Ansoff/Kirsch/Roventa 1981)

Apostolopoulos, Yorghos; Leivadi, Stella; Yiannakis, Andrew (Hrsg.): The Sociology of Tourism, (Routledge) London 1996 (Apostolopoulos 1996)

Ashworth, Gregory J.; Goodall, Brian: Marketing Tourism Places, (Routledge) London 1990 (Ashworth/Goodall 1990)

Autonomy: Understanding the Hidden 80%, (Autonomy) Cambridge 2005 (Autonomy 2005)

Avenarius, Horst: Public Relations, (Wissenschaftliche Buchgesellschaft) Darmstadt 1995 (Avenarius 1995)

Aziz, Hebab: Understanding Attacks on Tourists in Egypt, in: Tourism Management, 1995, Heft 2, S. 91-95 (Aziz 1995)

Backhaus, Klaus; Erichson, Bernd; Plinke, Wulff; Weiber, Rolf: Multivariate Analysemethoden (Springer Verlag) Berlin - Heidelberg - New York 1996 (Backhaus u.a. 1996)

Bar-On, Ray: The Effect of International Terrorism on International Tourism, in: Lewis, A.; Kaplan, M. (Hrsg.): Terror in the Skies, (ISAS) Jerusalem 1990, S. 83-104 (Bar-On 1989)

Bastian, Harald; Becker, Markus: Preisdarstellung in Reisekatalogen, in: Bastian, Harald; Born, Karl; Dreyer, Axel (Hrsg.): Kundenorientierung im Touristikmanagement, (Oldenbourg) München -Wien 1999 (Bastian/Becker 1999)

Becheri, Emilio: Rimini and Co – The End of a Legend, in: Tourism Management, 1991, September-Ausgabe, S. 229-235 (Becheri 1991)

Beeton, Sue: Horseback Tourism in Victoria, Australia: Cooperative, Proactive Crisis Management, in: Current Issues In Tourism, Vol. 4 (5), 2001, S. 422-439 (Beeton 2001)

Beirman, David: Restoring Tourism Destinations in Crisis, (Cabi Publishing) Oxon 2003 (Beirman 2003)

Berg, Klaus; Kiefer, Marie-Luise (Hrsg.): Massenkommunikation, (Nomos) Baden-Baden 1992 (Berg/Kiefer 1992)

Berger, Rudolf; Gärtner, Hans-Dieter; Mathes, Rainer: Unternehmenskommunikation, (Gabler) Frankfurt am Main 1989 (Berger/Gärtner/Mathes 1989)

Bieger, Thomas: Management von Destinationen, 5. Aufl., (Oldenbourg) München - Wien 2002 (Bieger 2002)

Bieger, Thomas; Boksberger, Philipp: Krise oder Strukturbruch, in: Glaeßer, Dirk; Pechlaner, Harald (Hrsg.): Risiko und Gefahr im Tourismus, (ESV) Berlin 2004, S. 271-291 (Bieger/Boksberger 2004)

Blake, Adam; Sinclair, M. Thea: Tourism Crisis Management, US Response to September 11, in: Annals of Tourism Research, Vol. 30, (4), 2003, S. 813-832 (Blake/ Sinclair 2003)

Born, Karl: Mit dem Krisendruck umgehen, in: Glaeßer, Dirk; Pechlaner, Harald (Hrsg.): Risiko und Gefahr im Tourismus, (ESV) Berlin 2004, S. 91-99 (Born 2004)

Boush, David; Loken, Barbara: A Process-Tracing Study of Brand Extension Evaluation, in: Journal of Marketing Research, Vol. 28, 1991, Februar-Ausgabe, S. 16-28 (Boush/Loken 1991)

Braun, Ottmar; Lohmann, Martin: Die Reiseentscheidung, (Studienkreis für Tourismus) Starnberg 1989 (Braun/Lohmann 1989)

Bruhn, Manfred; Meffert, Heribert: Dienstleistungsmarketing (Gabler) Wiesbaden 1995 (Bruhn/Meffert 1995)

Brunt, Paul: Market Research in Travel and Tourism, (Butterworth-Heinemann) Oxford u.a. 1997 (Brunt 1997)

Buckley, Peter; Klemm, Mary: The Decline of Tourism in Northern Ireland, in: Tourism Management, 1993, Juni-Ausgabe, S. 184-194 (Buckley/Klemm 1993)

Bundestagsdrucksache, Nr. 8/786 vom 27.07.1977, Entwurf eines Gesetzes über den Reiseveranstaltungsvertrag (Bundestag 1977)

Butollo, Willi: Krisen-Psychologie, Interview, in: Süddeutsche Zeitung, Nr. 213, 15/16.09.90 (Butollo 1990)

Caribbean Hotel Association/Caribbean Tourism Organization: Hurricane Procedures Manual, o.J. (CHA/CTO)

Carmouche, Rita; Kelly, Nancy: Behavioural Studies in Hospitality Management, (Chapman & Hall) London u.a. 1995 (Carmouche/Kelly 1995)

Cassedy, K.: Crisis Management Planning in the Travel and Tourism Industry (PATA) San Francisco 1991 (Cassedy 1991)

Chakravarti, Dipankar; MacInnis, Deborah; Nakamoto, Kent: Product Category Perceptions, Elaborative Processing and Brand Name Extension Strategies, in: Goldberg/Gorn/Pollay (Hrsg.): Advances in Consumer Research, Proceedings, Vol. 17, 1990, S. 910-916 (Chakravarti/MacInnis/Nakamoto 1990)

Clift, Stephen; Grabowski, Peter (Hrsg.): Tourism and Health: Risks, Research and Responses, (Cassell) London - Washington D.C. 1997 (Clift/Grabowski 1997)

Coles, T.: A Local Reading of a Global Disaster: Some Lessons on Tourism Management from an Annus Horibilis in South West England, in: Journal of Travel and Tourism Marketing, Vol. 15(1), 2003, S. 173-216 (Coles 2003)

Control Risks: Risk Map 2005 (Control Risks Group) London 2004 (Control Risks 2004)

Cothran, Dan; Cothran, Cheryl Cole: Promise or political risk for Mexican tourism, in: Annals of Tourism Research, 1998, Heft 2, S. 477–497 (Cothran/Cothran 1998)

Cushnahan, G.: Crisis Management in Small-Scale Tourism, in: Journal of Travel and Tourism Marketing, Vol. 15 (4), 2004, S. 323-338 (Cushnahan 2004)

de Sausmarez, N.: Implications for Tourism and Sectoral Crisis Management, in: Journal of Travel and Tourism Marketing, Vol. 15 (4), 2004, S. 217-232 (de Sausmarez 2004)

Derieth, Anke: Unternehmenskommunikation, (Westdeutscher Verlag) Opladen 1995 (Derieth 1995)

Dolnicar, Sara; Mazanec, Josef: Destination Marketing: Reinventing the Wheel or Conceptual Progress?, in: Keller, Peter (Hrsg.): Destination Marketing, AIEST, Vol. 40, 1998, S. 55-87 (Dolnicar/Mazanec 1998)

Doswell, Roger: Tourism: How Effective Management Makes the Difference, (Butterworth-Heinemann) Oxford 1997 (Doswell 1997)

Doswell, Roger: Tourism, (Butterworth-Heinemann) Oxford 1998 (Doswell 1998)

Downes, John; Paton, Tricia: Travel Agency Law, (Pitman) London 1993 (Downes/Paton 1993)

Drabek, T. E.: Disaster Responses within the Tourism Industry, in: International Journal of Mass Emergencies and Disasters, Heft 13 (1), 1995, S. 7-23 (Drabek 1995)

Dreyer, Axel; Dreyer, Daniela; Obieglo, Diana: Krisenmanagement im Tourismus: Grundlagen, Vorbeugung und kommunikative Bewältigung, (Oldenbourg) München 2001 (Dreyer/Dreyer/Obieglo 2001)

Drosdek, Andreas: Credibility Management, (Campus) Frankfurt am Main - New York 1996 (Drosdek 1996)

Dunwoody, Sharon; Peters, Hans Peter: Massenmedien und Risikowahrnehmung, in: Bayerische Rückversicherung (Hrsg.): Risiko ist ein Konstrukt, (Knesebeck) München 1993, S. 317-341 (Dunwoody/Peters 1993)

Dyllick, Thomas: Management der Umweltbeziehungen, Nachdruck der 1. Aufl., (Gabler) Wiesbaden 1992 (Dyllick 1992)

Eckert, Hans-Werner: Die Risikoverteilung im Pauschalreiserecht, 2. Aufl., (Luchterhand) Neuwied - Kriftel - Berlin 1995 (Eckert 1995)

Fakeye, Paul; Crompton, John: Image Differences Between Prospective, First-Time and Repeat Visitors to the Lower Rio Grande Valley, in: Journal of Travel Research, Vol. 30 (2), 1991, S. 10-16 (Fakeye/Crompton 1991)

Fasse, Friedrich-W.: Risk-Management im strategischen internationalen Marketing, (Steuer- und Wirtschaftsverlag) Hamburg 1995 (Fasse 1995)

Faulkner, Bill: Towards a Framework for Tourism Disaster Management, in: Tourism Management, Heft 22, 2001, S. 135-147 (Faulkner 2001)

Fesenmeier, Daniel; MacKay, Kelly: Deconstructing Destination Image Construction, in: Revue de Tourisme, 1996, Heft 2, S. 37-43 (Fesenmeier/MacKay 1996)

Fiedler, Stefan: Kommunikation zur Krisenvermeidung und -vorsorge, in: Gareis, Roland (Hrsg.): Erfolgsfaktor Krise (Signum-Verlag) Wien 1994, S. 211-235 (Fiedler 1994)

Fink, Steven: Crisis Management, Planning for the Inevitable, (American Management Association) New York 1986 (Fink 1986)

Floyd, M.F.; Gibson, H.; Pennington-Gray, L.; Thapa, B.: The Effect of Risk Perceptions on Intentions to Travel in the Aftermath of September 11, 2001, in: Journal of Travel and Tourism Marketing, Vol. 15 (2/3), S.19-38 (Floyd/Gibson/Pennington-Gray/Thapa 2001)

Forschungsgemeinschaft Urlaub und Reisen: Entwicklung der touristischen Nachfrage vor dem Hintergrund der Terroranschläge und deren Folgen, (FUR) Kiel 2002 (FUR 2002)

Freyer, Walter: Tourismus, 5. Aufl., (Oldenbourg) München 1995 (Freyer 1995)

Freyer, Walter: Tourismus-Ökonomie oder Ökonomie des Tourismus, in: Fischer, Georges; Laesser, Christian (Hrsg.): Theorie und Praxis der Tourismus und Verkehrswirtschaft im Wertewandel, (Paul Haupt) Bern - Stuttgart - Wien 1996, S. 49-68 (Freyer 1996)

Freyer, Walter: Tourismus – Marketing, (Oldenbourg) München 1997 (Freyer 1997)

Freyer, Walter; Groß, Sven (Hrsg.): Sicherheit in Tourismus und Verkehr (FIT) Dresden 2004 (Freyer/Groß 2004)

Freyer, Walter; Schröder, Alexander: Terrorismus und Tourismus – Strukturen und Interaktionen als Grundlage des Krisenmanagements, in: Glaeßer, Dirk; Pechlaner, Harald (Hrsg.): Risiko und Gefahr im Tourismus, (ESV) Berlin 2004, S. 101-113 (Freyer/Schröder 2004)

Frömbling, Simone: Zielgruppenmarketing im Fremdenverkehr von Regionen, (Lang) Frankfurt am Main 1993 (Frömbling 1993)

Fuchs, Manuela: Erlebniswelt Bundesländer, Diplomarbeit an der WuW, Wien 1993, zit. in: Mayerhofer, Wolfgang: Imagetransfer, (Service Fachverlag) Wien 1995 (Mayerhofer 1995)

Fuchs, Matthias; Peters, Mike: Die Bedeutung von Schutz und Sicherheit im Tourismus: Implikationen für alpine Destinationen, in: Glaeßer, Dirk; Pechlaner, Harald (Hrsg.): Risiko und Gefahr im Tourismus, (ESV) Berlin 2004, S. 155-171 (Fuchs/Peters 2004)

Führich, Ernst: Reiserecht, 4. Aufl., (C.F. Müller) Heidelberg 2002 (Führich 2002)

Führich, Ernst: Reiserecht von A bis Z, (Beck) München 1995 (Führich 1995)

Gartner, William; Shen, Jingqing: The Impact of Tiananmen Square on China's Tourism Image, in: Journal of Travel Research, Vol. 30 (4), 1992, S. 47-52 (Gartner/Shen 1992)

Gee, Chuck; Gain, Carolyn: Coping with Crises, in: Travel & Tourism Analyst, 1986, Juni-Ausgabe, S. 3-12 (Gee/Gain 1986)

Glaeßer, Dirk: Krisenmanagement im Tourismus – Was ist angesichts der aktuellen Vorfälle zu tun, in: Terrorismus versus Tourismus (Integron) Berlin 2001 (Glaeßer 2001)

Glaeßer, Dirk: "Crisis Management - What Has This Crisis Taught Us" – Bericht an an das Tourism Recovery Committee der World Tourism Organization Berlin, Deutschland, 2002 (Glaeßer 2002a)

Glaeßer, Dirk: Crisis Management in Air Transport and Tourism, AIEST (Hrsg.): Air Transport and Tourism, Heft 44, 2002, S. 121-142 (Glaeßer 2002b)

Glaeßer, Dirk: Crisis Management in the Tourism Industry (Butterworth-Heinemann) Amsterdam, Boston u.a. 2003 (Glaeßer 2003a)

Glaeßer, Dirk: Internationale Tourismuspolitik in unruhigen Zeiten, in: Freyer, Walter; Groß, Sven (Hrsg.): Sicherheit in Tourismus und Verkehr (FIT) Dresden 2004 (Glaeßer 2004a)

Glaeßer, Dirk: Krisenmanagement zunehmend gefragt, in: Eine-Welt-Presse: Tourismus und Entwicklung, 1/2004, (Deutsche Gesellschaft für Vereinte Nationen) Berlin 2004, S. 10 (Glaeßer 2004b)

Glaeßer, Dirk: Krise oder Strukturbruch?, in: Glaeßer, Dirk; Pechlaner, Harald (Hrsg.): Risiko und Gefahr im Tourismus, (ESV) Berlin 2004, S. 13-27 (Glaeßer 2004c)

Glaeßer, Dirk; Pechlaner, Harald (Hrsg.): Risiko und Gefahr im Tourismus, (ESV) Berlin 2004 (Glaeßer/Pechlaner 2004)

Glaeßer, Jens: Die touristische Bedeutung von Sport-Großveranstaltungen, Frankfurt 2003 (Glaeßer 2003b)

Gold, John R.; Ward, Stephen V. (Hrsg.): Place Promotion: the Use of Publicity and Marketing to Sell Towns and Regions, (Wiley) Chichester 1994 (Gold 1994)

Gomez, Peter: Modelle und Methoden des systemorientierten Managements, (Haupt) Bern 1981 (Gomez 1981)

Gomez, Peter: Frühwarnung in der Unternehmung, (Haupt) Bern 1983 (Gomez 1983)

Goodrich, J. N.: September 11, 2001 Attack on America: A Record of the Immediate Impacts and Reactions in the USA Travel and Tourism Industry, in: Tourism Management, Vol. 23, 2002, S. 573-580 (Goodrich 2002)

Grönvall, Jesper: Managing Crisis in the European Union: The Commission and „Mad Cow Disease" ÖCB, 2000 (Grönvall 2000)

Gu, Zheng; Martin, Thomas: Terrorism, Seasonality and International Air Tourist Arrivals in Central Florida, Journal of Travel & Tourism Marketing, Heft 1, 1992, S. 3–15 (Gu/Martin 1992)

Gutiérrez, Carlos; Bordas, Eulogio: La competitividad de los destinos turísticos en mercados lejanos, AIEST (Hrsg.): Wettbewerbsfähigkeit touristischer Fernziele, Vol. 35, 1993, S. 103-211 (Gutiérrez/Bordas 1993)

Haedrich, Günther: Tourismus-Management und Tourismus-Marketing, in: Haedrich, Günther; u.a. (Hrsg.): Tourismus - Management, 2. Aufl., (de Gruyter) Berlin - New York 1993, S. 33-43 (Haedrich 1993)

Haedrich, Günther: Kommunikationspolitik, in: Haedrich, Günther; u.a. (Hrsg.): Tourismus - Management, 3. Aufl., (de Gruyter) Berlin - New York 1998, S. 379-403 (Haedrich 1998)

Hahn, Dietger: Frühwarnsysteme, Krisenmanagement und Unternehmensplanung, in: Albach, Horst; Hahn, Dietger; Mertens, Peter (Hrsg.): Frühwarnsystem, ZfB-Ergänzungsheft, 1979, Heft 2, S. 25-46 (Hahn 1979)

Hahn, Heinz; Hartmann, Klaus D.: Reiseinformation, Reiseentscheidung, Reisevorbereitung, (Studienkreis für Tourismus) Starnberg 1973 (Hahn/Hartmann 1973)

Hake, Bruno: Der BERI Index, in: Lück, Wolfgang; Trommsdorff, Volker (Hrsg.): Internationalisierung der Unternehmung, (Schmidt) Berlin 1982, S. 463-473 (Hake 1982)

Hall, Colin Michael: Tourism and Politics, (Wiley) Chichester 1994 (Hall 1994)

Hall, Colin M.; Timothy, Dallen J.; Duval, David T.: Safety and Security in Tourism, (Haworth Press) New York 2004 (Hall/Timothy/Duval 2004)

Hartman, Cathy; Price, Linda; Duncan, Calvin: Consumer Evaluation of Franchise Extension Products, in: Goldberg/Gorn/Pollay (Hrsg.): Advances in Consumer Research, Proceedings, Vol. 17, 1990, S. 120-127 (Hartman/Price/Duncan 1990)

Hätty, Holger: Der Markentransfer, (Physica - Verlag) Heidelberg 1989 (Hätty 1989)

Hauser, Thomas: Krisen-PR von Unternehmen, (FGM Verlag) München 1994 (Hauser 1994)

Heath, Ernie; Wall, Geoffrey: Marketing Tourism Destinations: A Strategic Planning Approach, (Wiley) New York 1992 (Heath/Wall 1992)

Hellenthal, Markus: Policy Study of Traveller Safety – Confidential Report for the World Travel & Tourism Council, 1993 (Hellenthal 1993)

Henderson, J.: Managing a Tourism Crisis in Southeast Asia: The Role of National Tourism Organisations, in: International Journal of Hospitality & Tourism Administration, Vol. 3 (1), 2002, S. 85-105 (Henderson 2002)

Hildebrandt, Klaus: Öger Tours geht in die Offensive, in: FVW International, (Verlag Dieter Niedecken) Hamburg 1997, Heft 19, S. 20-21 (Hildebrandt 1997)

Hilton, D.; Slugorski, Ben R.: Knowledge Based Causal Attribution: The abnormal conditions focus model. Psychological Review, 1986, Heft 93 (1), S. 75–88 (Hilton/Slugorski 1986)

Hindley, Geoffrey: Tourists, Travellers and Pilgrims, (Hutchinson) London 1983 (Hindley, 1983)

Hinterhuber, Hans; Ortner, Stefan: Risikomanagement als nicht-delegierbare Führungsaufgabe, in: Glaeßer, Dirk; Pechlaner, Harald (Hrsg.): Risiko und Gefahr im Tourismus, (ESV) Berlin 2004, S. 191-207 (Hinterhuber/Ortner 2004)

Hoffman, Bruce: Inside Terrorism (Victor Gollancz) London 1998 (Hoffman 1998)

Höhn, Reinhard: Das Unternehmen in der Krise, (Verlag für Wiss., Wirtschaft und Technik) Bad Harzburg 1974 (Höhn 1974)

Hollinger, Richard; Schiebler, Susan: Crime and Florida's Tourists, in: Security and Risks in Travel and Tourism, Proceedings of the International Conference at Mid Sweden University, 1995, S. 183-215 (Hollinger/Schiebler 1995)

Holzmüller, Hartmut; Schuh, Arnold: Skandal – Marketing, in: Frank, Hermann; Plaschka, Gerhard; Rößl, Dietmar (Hrsg.): Umweltdynamik (Springer) Wien - New York 1988, S. 17-47 (Holzmüller/Schuh 1988)

Hultkrantz, Lars; Olsson, Christina: Chernobyl Effects on Domestic and Inbound Tourism in Sweden, in: Security and Risks in Travel and Tourism, Proceedings of the International Conference at Mid Sweden University, 1995, S. 37-74 (Hultkrantz/Olsson 1995)

Hurley, John: The Hotels of Rome, in: The Cornell H.R.A. Quarterly, 1988, Mai-Ausgabe, S. 71-79 (Hurley 1988)

Imboden, Carlo: Risikohandhabung, (Haupt) Bern - Stuttgart 1983 (Imboden 1983)

Intergovernmental Panel on Climate Change: Climate Change 2001: The Scientific Basis, (Cambridge University Press) Cambridge 2001 (IPCC 2001)

Jacobs, Holger: Öger Tours, in: FVW International, (Verlag Dieter Niedecken) Hamburg 1996, Heft 18, S. 15 (Jacobs 1996)

Jankrift, Kay Peter: Brände, Stürme Hungersnöte. Katastrophen in der mittelalterlichen Lebenswelt, (Jan Thorbecke) Stuttgart 2003 (Jankrift 2003)

Jeck-Schlottmann, Gabi: Visuelle Informationsverarbeitung bei wenig involvierten Konsumenten, Universität des Saarlandes, Dissertation, Saarbrücken 1987 (Jeck-Schlottmann 1987)

Johannsen, Uwe: Das Marken- und Firmen-Image, (Duncker&Humblot) Berlin 1971 (Johannsen 1971)

Jossé, Germann: Strategische Frühaufklärung in der Touristik, (Dt. Univ.-Verlag) Wiesbaden 2004 (Jossé 2004)

Jungermann, Helmut: Inhalte und Konzepte der Risikokommunikation, in: Jungermann, Helmut; Rohrmann, Bernd; Wiedemann Peter M. (Hrsg.): Risikokontroversen, (Springer) Berlin - Heidelberg - New York 1991, S. 335-354 (Jungermann 1991)

Jungermann, Helmut; Slovic, Paul: Charakteristika individueller Risikowahrnehmung, in: Bayerische Rückversicherung (Hrsg.): Risiko ist ein Konstrukt, (Knesebeck) München 1993, S. 89-107 (Jungermann/Slovic 1993a)

Jungermann, Helmut; Slovic, Paul: Die Psychologie der Kognition und Evaluation von Risiko, in: Bechmann, Gotthard (Hrsg.): Risiko und Gesellschaft, (Westdeutscher Verlag) Opladen 1993, S. 167-207 (Jungermann/Slovic 1993b)

Kaas, Klaus Peter: Marketing als Bewältigung von Informations- und Unsicherheitsproblemen im Markt, in: Die Betriebswirtschaft, 1990, Heft 4, S. 539-548 (Kaas 1990)

Kahn, Herman; Wiener, Anthony: Ihr werdet es erleben, (Molden) Wien - München 1967 (Kahn/Wiener 1967)

Kaspar, Claude: Die Tourismuslehre im Grundriss, 4. Aufl., (Paul Haupt Verlag) Bern - Stuttgart 1991 (Kaspar 1991)

Kaspar, Claude: Das System Tourismus im Überblick, in: Haedrich, Günther; u.a. (Hrsg.): Tourismus – Management, 3. Aufl., (de Gruyter) Berlin - New York 1998, S. 15-32 (Kaspar 1998)

Kelders, Clemens: Unterstützung strategischer Entscheidungsprozesse, (M&P) Stuttgart 1996 (Kelders 1996)

Keller, Peter; Smeral, Egon: Increased International Competition: New Challenges for Tourism Policies in European Countries, in: WTO (Hrsg.): Faced with Worldwide Competition and Structural Changes: What are the Tourism Responsibilities of European Governments?, Madrid 1997, S. 1-24 (Keller/Smeral 1998)

Kemmer, Christina: Resident and Visitor Safety and Security in Waikiki, in: Security and Risks in Travel and Tourism, Proceedings of the International Conference at Mid Sweden University, 1995, S. 75-83 (Kemmer 1995)

Kemp, Ray: Risikowahrnehmung, in: Bayerische Rückversicherung (Hrsg.): Risiko ist ein Konstrukt, (Knesebeck) München 1993, S. 109-127 (Kemp 1993)

Kirsch, Werner; Trux, Walter: Strategische Frühaufklärung und Portfolio-Analyse, in: Albach, Horst u.a. (Hrsg.): Frühwarnsysteme, (Gabler) Wiesbaden 1979, S. 47-69 (Kirsch/Trux 1979)

Kleinert, Horst: Kommunikationspolitik, in: Haedrich, Günther; u.a. (Hrsg.): Tourismus - Management, 2. Aufl., (de Gruyter) Berlin - New York 1993, S. 287-300 (Kleinert 1993)

Köhler, Richard; Böhler, Heymo: Strategische Marketing-Planung, in: Absatzwirtschaft, 27. Jg., 1984, Heft 3, S. 93-103 (Köhler/Böhler 1984)

Konert, Franz-Josef: Vermittlung emotionaler Erlebniswerte, (Physica) Heidelberg - Wien 1986 (Konert 1986)

Konrad, Lothar: Strategische Früherkennung, (Universitätsverlag Brockmeyer) Bochum 1991 (Konrad 1991)

Kotler, Philip: Marketing, (Service Fachverlag) Wien 1988 (Kotler 1988)

Kotler, Philip; Haider, Donald; Rein, Irving: Standort - Marketing, (ECON Verlag) Düsseldorf - Wien - New York - Moskau 1994 (Kotler/Haider/Rein 1994)

Kotler, Philip; Bowen, John; Makens, James: Marketing for Hospitality and Tourism, 2. Aufl., (Prentice Hall) Upper Saddle River 1999 (Kotler/Bowen/Makens 1999)

Krampe, Gerd; Müller, Günter: Diffusionsfunktionen als theoretisches und praktisches Konzept zur strategischen Frühaufklärung, in: ZfbF, 1981, Heft 5, S. 384-401 (Krampe/Müller 1981)

Kreikebaum, Hartmut: Strategische Unternehmensplanung, 5. Aufl., (Kohlhammer) Stuttgart 1993 (Kreikebaum 1993)

Kreilkamp, Edgar: Kundenorientierung und aktive Positionierung, in: Tomczak, Torsten; Beltz, Christian (Hrsg.): Kundennähe realisieren, (Thexis) St. Gallen 1994, S. 81-99 (Kreilkamp 1994)

Kreilkamp, Edgar: Strategische Planung im Tourismus, in: Haedrich, Günther; u.a. (Hrsg.): Tourismus - Management, 3. Aufl., (de Gruyter) Berlin - New York 1998, S. 287-324 (Kreilkamp 1998)

Kreilkamp, Edgar: Strategische Frühaufklärung im Rahmen des Krisenmanagements im Tourismusmarkt, in: Glaeßer, Dirk; Pechlaner, Harald (Hrsg.): Risiko und Gefahr im Tourismus, (ESV) Berlin 2004, S. 13-27 (Kreilkamp 2004)

Krippendorf, Jost: Marketing im Fremdenverkehr, Berner Studien zum Fremdenverkehr, 2. Aufl., (Verlag Peter Lang) Bern - Frankfurt am Main - Las Vegas 1980 (Krippendorf 1980)

Kroeber-Riel, Werner: Erlebnisbetontes Marketing, in: Belz, Christian (Hrsg.): Realisierung des Marketing, Bd. 2, (Auditorium) Savosa - St. Gallen 1986, S. 1137-1151 (Kroeber-Riel 1986)

Kroeber-Riel, Werner: Konsumentenverhalten, 5. Aufl., (Vahlen) München 1992 (Kroeber-Riel 1992)

Kroeber-Riel, Werner: Strategie und Technik der Werbung, 4. Aufl., (Kohlhammer) Stuttgart 1993 (Kroeber-Riel 1993a)

Kroeber-Riel, Werner: Bildkommunikation, (Vahlen) München 1993 (Kroeber-Riel 1993b)

Krystek, Ulrich: Krisenbewältigungs-Management und Unternehmungsplanung, (Gabler) Wiesbaden 1981 (zugleich Diss., Universität Gießen 1979) (Krystek 1981)

Krystek, Ulrich: Unternehmungskrisen, (Gabler) Wiesbaden 1987 (Krystek 1987)

Krystek, Ulrich; Müller-Stewens, Günter: Grundzüge einer Strategischen Frühaufklärung, in: Hahn, Dietger; Taylor, Bernard (Hrsg.): Strategische Unternehmensplanung, Strategische Unternehmensführung, 6. Aufl., (Physica) Heidelberg 1992, S. 337-364 (Krystek/Müller-Stewens 1992)

Kupsch, Peter: Das Risiko im Entscheidungsprozeß, (Gabler) Wiesbaden 1973 (Kupsch 1973)

La Roche, Walther von: Einführung in den praktischen Journalismus, 14. Aufl., (List) München 1995 (La Roche 1995)

Lebrenz, Silke: Länderimages, (Josef Eul) Köln 1996 (Lebrenz 1996)

Leimbacher, Urs: Krisenplanung und Krisenmanagement, (Zentralstelle für Gesamtverteidigung) Bern 1992 (Leimbacher 1992)

Lennon, Gerry: Marketing Belfast as a Tourism Destination, in: Tourism, Vol. 47 (1), 1999, S. 74-77 (Lennon 1999)

Linde, Frank: Krisenmanagement in der Unternehmung, (Verlag für Wissenschaft und Forschung) Berlin 1994 (Linde 1994)

Luhmann, Niklas: Soziologie des Risikos, (de Gruyter) Berlin - New York 1991 (Luhmann 1991)

Mansfeld, Yoel: Wars, Tourism and the "Middle East" Factor, in: Security and Risks in Travel and Tourism, Proceedings of the International Conference at Mid Sweden University, 1995, S. 109-128 (Mansfeld 1995)

Mathes, Rainer; Gärtner, Hans-Dieter; Czaplicki, Andreas: Kommunikation in der Krise, (IMK) Frankfurt am Main 1991 (Mathes/Gärtner/Czaplicki 1991)

Mathes, Rainer; Gärtner, Hans-Dieter; Czaplicki, Andreas: Krisenkommunikation Teil 1, in: PR Magazin, 1993, Heft 11, S. 31-38 (Mathes/Gärtner/Czaplicki 1993)

Maier, Jörg; Kadner, Beate: Der Klimawandel als Krisenfelder und Anpassungsstrategien im bayrischen Alpenraum und speziell im Mittelgebirge, in: Glaeßer, Dirk; Pechlaner, Harald (Hrsg.): Risiko und Gefahr im Tourismus, (ESV) Berlin 2004, S. 143-154 (Maier/Kadner 2004)

Mayer, Anneliese; Mayer, Ralf Ulrich: Imagetransfer, (Spiegel Verlag) Hamburg 1987 (Mayer/Mayer 1987)

Mayerhofer, Wolfgang: Imagetransfer, (Service Fachverlag) Wien 1995 (Mayerhofer 1995)

Meffert, Heribert: Marketing, 7. Aufl. (Gabler) Wiesbaden 1993 (Meffert 1993)

Meffert, Heribert: Marketing-Management, (Gabler) Wiesbaden 1994 (Meffert 1994)

Meffert, Heribert; Heinemann, Gerrit: Operationalisierung des Imagetransfers, in: Marketing ZFP, 1990, Heft 1, S. 5-10 (Meffert/Heinemann 1990)

Mileti, Dennis; Sorensen, John: Determinants of Organizational Effectiveness in Responding to Low Probability Catastrophic Events, in: The Columbia Journal of World Business, Vol. 22 (1), 1987, S. 13-21 (Mileti/Sorensen 1987)

Miller, Graham A.; Ritchie, Brent W.: A Farming Crisis or a Tourism Disaster? An Analysis of the Foot and Mouth Disease in the UK, in: Current Issues In Tourism, Vol. 6 (2), 2003, S. 150-171 (Miller/Ritchie 2003)

Mitroff, Ian; Pearson, Christine: Crisis Management, (Jossey-Bass) San Francisco 1993 (Mitroff/Pearson 1993)

Mitroff, Ian; Pearson, Christine: The Essential Guide to Managing Corporate Crises, (Oxford University) New York 1996 (Mitroff/Pearson 1996)

Mühlbacher, Hans; Botschen, Günther: Benefit-Segmentierung von Dienstleistungsmärkten, in: Marketing ZFP, 1990, Heft 3, S. 159-168 (Mühlbacher/Botschen 1990)

Müller, Hansruedi; Flügel, Martin: Tourismus und Ökologie, (FIF) Bern 1999 (Müller/Flügel 1999)

Müller, Rainer: Krisenmanagement in der Unternehmung, 2. Aufl., (Peter Lang) Frankfurt am Main - Bern - New York 1986 (Müller 1986)

Müller, Ueli; Zimmermann, Willi et. al.: Katastrophen als Herausforderung für Verwaltung und Politik, (vdf) Zürich 1997 (Müller/Zimmermann 1997)

Muthukrishnan, A.; Weitz, Barton: Role of Product Knowledge in Evaluation of Brand Extension, in: Holman/Solomon (Hrsg.): Advances in Consumer Research, Proceedings, Vol. 18, 1991, S. 407-413 (Muthukrishnan/Weitz 1991)

Nelson Jones, John; Stewart, Peter: Practical Guide to Package Holiday Law and Contracts, 3. Aufl., (Tolley Publishing) 1993 (Nelson Jones/Stewart 1993)

Niehuus, Mark: Reiserecht, 2. Aufl., (Dt. Anwaltverlag) Bonn 2001 (Niehuus 2001)

Nies, Irmtraud; Traut, Udo: Reiserecht, (Beck) München 1995 (Nies/Traut 1995)

Nieschlag, Robert; Dichtl, Erwin; Hörschgen, Hans: Marketing, (Duncker & Humblot) Berlin 1997 (Nieschlag/Dichtl/Hörschgen 1997)

Oelsnitz, Dietrich von der: Prophylaktisches Krisenmanagement durch antizipative Unternehmensflexibilisierung, (Josef Eul) Bergisch Gladbach 1993 (Oelsnitz 1993)

Opaschowski, Horst W.: Freizeitökonomie, (Leske und Budrich) Opladen 1995 (Opaschowski 1995)

Park, Whan; Lawson, Robert; Milberg, Sandra: Memory Structure of Brand Names, in: Srull, Thomas (Hrsg.): Advances in Consumer Research, Proceedings, Vol. 16, 1989, S. 726-731 (Park/Lawson/Milberg 1989)

Pacific Asia Travel Association: Crisis – It Won't Happen To Us, (PATA) Bangkok 2003 (PATA 2003)

Perrow, Charles: Normale Katastrophen, 2. Aufl., (Campus) Frankfurt am Main - New York 1992 (Perrow 1992)

Peschke, Günther: Der Skandal, in: Jahrbuch der Werbung (Econ) Düsseldorf - Wien 1986, S. 21-23 (Peschke 1986)

Phuket Tourism Association: Come back to Phuket!, Presseerklärung, 18.01.2005 (Phuket 2005)

Pikkemaat, Birgit; Peters, Mike: Alpine Katastrophen als Impuls für Innovationen im Tourismus, in: Glaeßer, Dirk; Pechlaner, Harald (Hrsg.): Risiko und Gefahr im Tourismus, (ESV) Berlin 2004, S. 323-336 (Pikkemaat/Peters 2004)

Pohl, Herbert: Krisen in Organisationen, Universität Mannheim, Dissertation, Mannheim 1977 (Pohl 1977)

Porter, Michael E.: Wettbewerbsvorteile, (Campus) Frankfurt 1992 (Porter 1992)

Prideaux, B.: The Need to Use Disaster Planning Frameworks to Respond to Major Tourism Disasters: Analysis of Australia's Response to Tourism Disasters in 2001, in: Journal of Travel and Tourism Marketing, Vol. 15 (4), 2004, S. 281-298 (Prideaux 2004)

Priel, Aaron; Peymani, Bijan: Angestrebtes Rekordjahr in weiter Ferne, in: FVW International, (Verlag Dieter Niedecken) Hamburg 1996, Heft 18, S. 50 (Priel/Peymani 1996)

Pümpin, Cuno: Strategische Führung in der Unternehmenspraxis, (Schweizerische Volksbank) Bern 1980 (Pümpin 1980)

Raich, Frieda; Pechlaner, Harald; Dreyer Axel: Risikowahrnehmung in touristischen Destinationen, in: Glaeßer, Dirk; Pechlaner, Harald (Hrsg.): Risiko und Gefahr im Tourismus, (ESV) Berlin 2004, S. 217-228 (Raich/Pechlaner/Dreyer 2004)

Regele, Ulrike; Schmücker, Dirk: Vertriebspolitik im Tourismus, in: Haedrich, Günther; u.a. (Hrsg.): Tourismus - Management, 3. Aufl., (de Gruyter) Berlin - New York 1998, S. 405-445 (Regele/Schmücker 1998)

Reilly, Anne: Are Organizations Ready for Crisis?, in: Columbia Journal of World Business, Vol. 22 (1), 1987, S. 79-88 (Reilly 1987)

Ries, Klaus; Wiedmann, Klaus-Peter: Risikokommunikation als Problemfeld des Strategischen Marketings, Institut für Marketing, Universität Mannheim, Mannheim 1991 (Ries/Wiedmann 1991)

Ritchie, Brent: Chaos, Crises and Disasters: A Strategic Approach to Crisis Management in the Tourism Industry, in: Tourism Management, Vol. 25 (6), 2004, S. 669-683 (Ritchie 2004)

Ritchie, Brent; Crouch, Geoffrey: Quality, Price and the Tourism Experience, in: AIEST (Hrsg.): Quality Management in Tourism, Vol. 39, 1997, S. 117-139 (Ritchie/Crouch 1997)

Romeo, Jean: The Effect of Negative Information on the Evaluations of Brand Extensions and the Family Brand, in: Holman/Solomon (Hrsg.): Advances in Consumer Research, Proceedings, Vol. 18, 1991, S. 399-406 (Romeo 1991)

Ryan, Chris: Crime, Violence, Terrorism and Tourism, in: Tourism Management, 1993, Juni-Ausgabe, S. 173-183 (Ryan 1993)

Sailer, Rudolf: Risk Assessment and Crisis Management for a Winter Tourist Resort (St. Anton a/A, Tyrol, Austria) – A Case Study, in: ESRI User Conference Proceedings. Abstracts and Papers presented at the 21st Annual ESRI User Conference, July 9-13, 2001, San Diego, 2001 (Sailer 2001)

Santana, Guilherme: Crisis Management and the Hospitality Industry, in: Security and Risks in Travel and Tourism, Proceedings of the International Conference at Mid Sweden University, 1995, S. 148-167 (Santana 1995)

Santana, Guilherme: Tourism: Toward a Model for Crisis Management, in: Tourism, Vol. 47 (1), 1999, S. 4-12 (Santana 1999)

Scherler, Patrick: Management der Krisenkommunikation, (Helbig & Lichtenhahn) Basel - Frankfurt am Main 1996 (Scherler 1996)

Scherrieb, Heinz Rico: Qualitäts- und Imagemanagement, in: Revue de Tourisme, 1992, Heft 3, S. 11-15 (Scherrieb 1992)

Scheurer, Roland: Erlebnis-Setting – Touristische Angebotsgestaltung in der Erlebnisökonomie, (Berner Studien zu Freizeit und Tourismus) Bern 2003 (Scheurer 2003)

Schilling, Anja; Nöthinger, Christian; Ammann, Walter: Naturgefahren und Tourismus in den Alpen – Die Krisenkommunikation bietet Lösungsansätze, in: Glaeßer, Dirk; Pechlaner, Harald (Hrsg.): Risiko und Gefahr im Tourismus, (ESV) Berlin 2004, S. 61-74 (Schilling/Nöthinger/Ammann 2004)

Schönefeld, Ludwig: Krisenkommunikation in der Bewährung, in: Rolke, L.; Rosema, B.; Avenarius, H. (Hrsg.): Unternehmen in der ökologischen Diskussion, (Westdeutscher Verlag) Opladen 1994, S. 207-222 (Schönefeld 1994)

Schrattenecker, Gertraud: Die Beurteilung von Urlaubsländern durch Reisekonsumenten, (Service Verlag) Wien 1984 (Schrattenecker 1984)

Schulten, Marc F.: Krisenmanagement, (Verlag für Wiss. und Forschung) Berlin 1995 (Schulten 1995)

Schulze, Gerhard: Die Erlebnis - Gesellschaft, 6. Aufl., (Campus Verlag) Frankfurt am Main - New York 1996 (Schulze 1996)

Schweiger, Günter: Österreichs Image in der Welt, (Service Fachverlag) Wien 1992 (Schweiger 1992)

Sexton, J. Bryan (Hrsg.): The Better the Team, the Safer the World: Golden Rules of Group Interaction in High Risk Environments: Evidence based suggestions for improving performance, (Gottlieb Daimler und Karl Benz Foundation, Swiss Re Centre for Global Dialogue) Ladenburg - Rüschlikon 2004 (Sexton 2004)

Seyderhelm, Bernhard: Reiserecht, (Müller Verlag) Heidelberg 1997 (Seyderhelm 1997)

Sharpley, Richard; Sharpley, Julia: Travel Advice - Security or Politics?, in: Security and Risks in Travel and Tourism, Proceedings of the International Conference at Mid Sweden University, 1995, S. 168-182 (Sharpley/Sharpley 1995)

Simon, Hermann: Preismanagement: Analyse, Strategie, Umsetzung, (Gabler) Wiesbaden 1992 (Simon 1992)

Skriver, Ansgar: Vom Unterhaltungswert von Katastrophen, in: E+Z, 1990, Heft 4, S. 15-16 (Skriver 1990)

Smeral, Egon: Veränderungen der sozio-ökonomischen Rahmenbedingungen, in: Glaeßer, Dirk; Pechlaner, Harald (Hrsg.): Risiko und Gefahr im Tourismus, (ESV) Berlin 2004, S. 293-307 (Smeral 2004)

Smith, Valene: War and Tourism, in: Annals of Tourism Research, Vol. 25 (1), 1998, S. 202-227 (Smith 1998)

Smith, Daniel; Park, Whan: The Effect of Brand Extensions on Market Share and Advertising Efficiency, in: Journal of Marketing Research, Vol. 29, 1992, August-Ausgabe, S. 296-313 (Smith/Park 1992)

Standop, Dirk: Sicherheitskommunikation und Konsumentenverhalten, Beiträge des Fachbereichs Wirtschaftswissenschaften, Universität Osnabrück, Osnabrück 1996 (Standop 1996)

Starn, Randolph: Historische Aspekte des Krisenbegriffs, in: Jänicke, Martin (Hrsg.): Politische Systemkrisen, (Kiepenheuer & Witsch) Köln 1973, S. 52-69 (Starn 1973)

Steger, Ulrich; Antes, Ralf: Unternehmensstrategie und Risiko-Management, in: Steger, Ulrich (Hrsg.): Umwelt-Auditing, (FAZ) Frankfurt am Main 1991, S. 13-44 (Steger/Antes 1991)

Stobbe, Michael: Interview, in: Wirtschaftswoche, 1994, Heft 1/2, S. 51 (Stobbe 1994)

Strangfeld, Rochus: rechtliche Rahmenbedingungen, in: Haedrich, Günther; u.a. (Hrsg.): Tourismus-Management, 2. Aufl., (de Gruyter) Berlin - New York 1993, S. 105-131 (Strangfeld 1993)

Stutts, Alan: The Travel Safety Handbook, (Van Nostrand Reinhold) New York 1990 (Stutts 1990)

Sönmez, Sevil: Tourism, Terrorism, and Political Instability, in: Annals of Tourism Research, Vol. 25 (2), 1998, S. 416-456 (Sönmez 1998a)

Sönmez, Sevil; Backman, Sheila J.; Allen, Lawrence R.: Managing Tourism Crises, (Clemson University) Clemson 1994 (Sönmez/Backman/Allen 1994)

Sönmez, Sevil; Graefe, Alan: Influence of Terrorism Risk on Foreign Tourism Decisions, in: Annals of Tourism Research, Vol. 25 (1), 1998, S. 112-144 (Sönmez/Graefe 1998b)

Sönmez, Sevil; Apostolopoulos, Yiorgos; Tarlow, Peter: Tourism in Crisis: Managing the Effects of Terrorism, in: Journal of Travel Research, Vol. 38 (1), 1999, S. 13-18 (Sönmez/Apostolopoulos/Tarlow 1999)

Süddeutsche Zeitung: So bekannt sind die Reiseveranstalter, in: Süddeutsche Zeitung, Nr. 60, 12.03.1996, S. 911 (Süddeutsche 1996)

Theuerkorn, Stefanie: Krisenmanagement in touristischen Destinationen. Zwischen theoretischen Ansätzen und praktischer Umsetzung. Dargestellt am Beispiel Sachsen nach dem Hochwasser im August 2002, Katholische Universität Eichstätt-Ingolstadt, Diplomarbeit, 2004 (Theuerkorn 2004)

Thierry, C. Pauchant; Mitroff, Ian: Transforming the Crisis Prone Organization San Francisco CA., (Jossey Bass) 1992 (Thierry/Mitroff 1992)

Timothy, Dallen J.: Tourism and Political Boundaries, (Routledge) London 2001 (Timothy 2001)

Trommsdorff, Volker: Die Messung von Produktimages für das Marketing, (Carl Heymanns) Köln 1975 (Trommsdorff 1975)

Trommsdorff, Volker: Image als Einstellung zum Angebot, in: Hoyos, Carl Graf et alii (Hrsg.): Wirtschaftspsychologie in Grundbegriffen, 2. Aufl., (Psychologie Verlags Union) München 1990 (Trommsdorff 1990)

Tscharnke, Klaus: in: FVW International, (Verlag Dieter Niedecken) Hamburg 1995, Heft 5, S. 181 (Tscharnke 1995)

Tschiderer, Franz: Ferienortplanung, (Paul Haupt Verlag) Bern - Stuttgart 1980 (Tschiderer 1980)

Tversky, Amos; Kahneman, Daniel: Judgement under Uncertainty: Heuristics and Biases, 1974 (Tversky/Kahneman 1974)

Ulrich, Hans: Die Unternehmung als produktives soziales System, (Paul Haupt) Bern - Stuttgart 1968 (Ulrich 1968)

Ulrich, Hans; Probst, Gilbert: Anleitung zum ganzheitlichen Denken und Handeln, 4. Aufl., (Paul Haupt) Bern 1995 (Ulrich/Probst 1995)

United Nations Population Fund: State of World Population 2004: The Cairo Consensus at Ten – Population, Reproductive Health and the Global Effort to End Poverty, (UNFPA) New York 2004 (UNFPA 2004)

Uysal, Muzaffer: Global Tourist Behaviour, (International Business Press) (Uysal 1994)

Vellas, François; Bécherel, Lionel: International Tourism: An Economic Perspective, (Macmillan) Hampshire 1995 (Vellas/ Bécherel 1995)

Vester, Frederic; Hesler, Alexander von: Sensitivitätsmodell, Umweltbundesamt (Hrsg.): 1980 (Vester/Hesler 1980)

Vukonic, Boris: Tourism and Religion, (Elsevier Science) 1997 (Vukonic 1997)

Wachenfeld, Harald: Freizeitverhalten und Marketing, (Physica Verlag) Heidelberg 1987 (Wachenfeld 1987)

Wahab, Salan: Terrorism – A Challenge to Tourism, in: Security and Risks in Travel and Tourism, Proceedings of the International Conference at Mid Sweden University, 1995, S. 84-108 (Wahab 1995)

Waldmann, Peter: Terrorismus – Provokation der Macht (Gerling Akademie Verlag) München 1998 (Waldmann 1998)

Wechsler, Wolfgang: Delphi-Methode, (Florentz) München 1978 (Wechsler 1978)

Weiermair, Klaus; Gasser, Ruth: Safety and Risk in Tourism, in: Security and Risks in Travel and Tourism, Proceedings of the International Conference at Mid Sweden University, 1995, S. 134-147 (Weiermair/Gasser 1995)

Weinberg, Peter: Das Entscheidungsverhalten der Konsumenten, (Schöningh) Paderborn 1981 (Weinberg 1981)

Weinberg, Peter; Konert, Franz-Josef: Vom Produkt zur Produktpersönlichkeit, in: Absatzwirtschaft, 1985, Heft 2, S. 85-97 (Weinberg/Konert 1985)

Weinberg, Peter: Erlebnismarketing, (Vahlen) München 1992 (Weinberg 1992)

Weischenberg, Siegfried: Nachrichtenschreiben, 2. Aufl., (Westdeutscher Verlag) Opladen 1990 (Weischenberg 1990)

WEU: Directives on Planning Options and Priorities to the Planning Cell, 6. unveröffentlichter Entwurf vom 10.04.1995 (WEU 1995)

Wiedemann Peter M.: Krisenmanagement und Krisenkommunikation, in: Uth, Hans-Joachim (Hrsg.): Krisenmanagement bei Störfällen, (Springer) Berlin - Heidelberg - New York 1994, S. 29-49 (Wiedemann 1994)

Wiedemann Peter M.; Schütz, Holger: Was sollte ein Risikomanager über die Risikowahrnehmung wissen?, in: Glaeßer, Dirk; Pechlaner, Harald (Hrsg.): Risiko und Gefahr im Tourismus, (ESV) Berlin 2004, S.75-87 (Wiedemann/Schütz 2004)

Wilkinson, Paul: Policy Study of Traveler Safety - Confidential Report for the World Travel & Tourism Council, 1993 (Wilkinson 1993)

Willms, Joachim: Tourismuswandel und marktspezifische Adaptation, in: Glaeßer, Dirk; Pechlaner, Harald (Hrsg.): Risiko und Gefahr im Tourismus, (ESV) Berlin 2004, S.13-27 (Willms 2004)

Wittwer, Reto: Wir schießen nicht aus der Hüfte, in: FVW International, (Verlag Dieter Niedecken) Hamburg 2004, Heft 12, S. 18-21 (Wittwer 2004)

Wöhler, Karlheinz: Ökologieorientiertes Tourismusmarketing, in: Wöhler, Karlheinz; Schertler, Walter (Hrsg.): Touristisches Umweltmanagement (FBV Medien Verlag) Limburgerhof 1993, S. 35-108 (Wöhler 1993)

World Tourism Organization: Physical Planning and Area Development for Tourism in the Six WTO Regions, Madrid 1980 (WTO 1980)

World Tourism Organization: Contractual Procedures and the Nature of Contracts for Tourist Services Between Tour Operators and their Counterparts in Tourist Receiving Countries as well as Users and Consumers of Tourist Services, Madrid 1985 (WTO 1985)

World Tourism Organization: Dokument TOUR/89-DI.9, Interparliamentary Conference on Tourism, (WTO) Madrid 1989 (WTO 1989)

World Tourism Organization: Special Report on the Impact of the Gulf Crisis on International Tourism, (WTO) Madrid 1991 (WTO 1991a)

World Tourism Organization: Medidas recomendadas para la seguridad en turismo, (WTO) Madrid 1991 (WTO 1991b)

World Tourism Organization: Manual of Quality, Hygiene and Food Safety in the Tourism Sector, (WTO) Madrid 1992 (WTO 1992)

World Tourism Organization: Sustainable Tourism Development, (WTO) Madrid 1993 (WTO 1993)

World Tourism Organization: Marketing Plans & Strategies of National Tourism Administrations, (WTO) Madrid 1994 (WTO 1994a)

World Tourism Organization: Dokument SEC/2/94/BM, (WTO) Madrid 1994 (WTO 1994b)

World Tourism Organization: Dokument SEC/2/94/HEUNI, (WTO) Madrid 1994 (WTO 1994c)

World Tourism Organization: Dokument SEC/2/94/CTO, Crime and Tourism in the Bahamas, (WTO) Madrid 1994 (WTO 1994d)

World Tourism Organization: Budgets of National Tourism Administrations, (WTO) Madrid 1994 (WTO 1994e)

World Tourism Organization: Plan of Action for the WTO/UNESCO Cultural Tourism Programme „The Slave Route“, (WTO) Madrid 1995 (WTO 1995)

World Tourism Organization: Budgets of National Tourism Administrations, (WTO) Madrid 1996 (WTO 1996a)

World Tourism Organization: What Tourism Managers Need to Know, (WTO) Madrid 1996 (WTO 1996b)

World Tourism Organization: Awards for Improving the Coastal Environment, (WTO) Madrid 1996 (WTO 1996c)

World Tourism Organization: Tourist Safety and Security, 2. Aufl., (WTO) Madrid 1997 (WTO 1997)

World Tourism Organization: Tourism – 2020 Vision, 2. Aufl., (WTO) Madrid 1998 (WTO 1998a)

World Tourism Organization: Handbook on Natural Disaster Reduction in Tourist Areas, (WTO) Madrid 1998 (WTO 1998b)

World Tourism Organization: Guide for Local Authorities on Developing Sustainable Tourism, (WTO) Madrid 1998 (WTO 1998c)

World Tourism Organization: Globaler Ethikkodex für den Tourismus, (WTO) Madrid 2000 (WTO 2000)

World Tourism Organization: Safety and Security in Tourism, unpublished study, (WTO) Madrid 2002 (WTO 2002)

World Tourism Organization: Tourism Recovery Series, (WTO) Madrid 2002-2003 (WTO 2003a)

World Tourism Organization: Dokument CME/24/5(b) Special Support Programme for the Recovery of the Travel and Tourism Industry in the Middle East and North Africa, (WTO) Madrid 2003 (WTO 2003b)

World Tourism Organization: Climate Change and Tourism, (WTO) Madrid 2003 (WTO 2003c)

World Tourism Organization: Evaluating NTO Marketing Activities, (WTO) Madrid 2003 (WTO 2003d)

World Tourism Organization: Indicators of Sustainable Development of Tourism Destinations, (WTO) Madrid 2004 (WTO 2004)

World Tourism Organization: Tsunami Relief for the Tourism Sector – Phuket Action Plan, (WTO) Madrid 2005 (WTO 2005a)

World Tourism Organization: Proposal to Channel Funds for the Economic and Operational Recovery of Small and Medium-size Tourism Enterprises Affected by the Tsunami, (WTO) Madrid 2005 (WTO 2005b)

World Tourism Organization: Dokument TF2/Project Proposal for the WTO Emergency Task Force, (WTO) Madrid 2005 (WTO 2005c)

World Tourism Organization: Yearbook of Tourism Statistics, (WTO) Madrid, verschiedene Jahrgänge (WTO)

World Tourism Organization /United Nations: Recommendations on Tourism Statistics, (UN) New York 1994 (WTO/UN 1994)

World Tourism Organization /Asian Development Bank: An Initial Assessment of the Impact of the Earthquake and Tsunami of December 26, 2004 on South and Southeast Asia, (WTO) Madrid 2005 WTO/ADB 2005)

Young, W. B.; Montgomery, R. J.: Crisis Management and its Impact on Destination Marketing, in: Journal of Convention and Exhibition Management 1(1), 1998, S. 3-18 (Young/Montgomery 1998)

Zahn, Erich: Konzepte der Krisenerkennung und Krisenvermeidung, in: Gabele, Eduard (Hrsg.): Erfolgreiche Führung kleiner und mittlerer Unternehmen, (Bayerische Verlagsanstalt) Bamberg 1983, S. 187-215 (Zahn 1983)

Zahn, Erich: Diskontinuitätentheorie, in: Macharzina, Klaus (Hrsg.): Diskontinuitätenmanagement (Erich Schmidt Verlag) Berlin 1984, S. 19-75 (Zahn 1984)

Zellmer, Gernot: Risiko-Management, (Die Wirtschaft Berlin 1990 (Zellmer 1990)

Stichwortverzeichnis

11/9 58, 67, 121, 124, 129, 161, 183, 257, 260, 322
3-Aktoren-Modell 298

African Trade Insurance Agency 208
Afrika 93
AIDS 93
Air Berlin 213
Akzeptanzstrategie 209 f.
Algenpest 83
Allgemeines Lebensrisiko 81
Anspruchsgruppen 52, 120, 181
Anzeigen 118, 274, 312, 314
ASTA 323 f.
Aufklärungspflicht 65, 67
Aussageproblem 114
Auswärtige Amt 80, 160 f.
Autonomy 184

Bali 58, 121, 163, 167, 256, 273
Bekanntheitsgrad 296
Bergsteigen 77
Betriebsunterbrechungsversicherung 206
Betroffenheit 71
Bezugsrahmen 36, 182 f., 187
Bildkommunikation 286, 298 f., 303
Birgenair 149
Boykotts 52
Business Risk Service 157

Care Teams 221, 228, 243
Charter Flights Support Programme 261
Charterfluggesellschaften 259 f., 266
Cholera 93
Coface 155
Control Risks Group 158
Country Risk Forecast 159
Cross-Impact-Analyse 138, 153

Defensive Handhabungsstrategie 217
Delphi-Methode 141
DELTUR 289
Destination 46 ff.
  Produktverantwortung 112
Destinationsimage 107, 109, 112
Diffusionstheorie 179
Diskontinuitätenbefragung 179
Distanzhypothese 92
Distributionspolitik 279
Diversifikation 201
  horizontale 201
  vertikale 202
Djerba 121, 128
DRV 324

Earth Watching 126
Ebola 93, 172
EPIC 205, 226, 228, 233 f., 245
Epidemio 172
Erinnerung 65
Erlebniswelt 102, 147
Erlebniswerte 47, 101, 111
Ertragsausfall 250

Familiarization trips 286
Feedbackdiagramme 153
FIFA 324
Filme 103, 324 f.
Finanzierungskosten 131
Fitur 320
Florida 72
Foreign & Commonwealth Office 162, 166, 169

Frühaufklärung 135 ff.,
Generationen von Informationssystemen 149
Grenzen und Möglichkeiten 186
indikatorengestützte 151 f.,
Länderrisiko 154
schwache Signale 151, 175
Simulationsmodelle 183
Systeme und Methoden 149
Frühwarnindikatoren 153
FutureMAP 184

Gambia 33, 200
Garantien 264, 266, 316
GAST 205, 226, 228, 233 ff., 245, 265
Gefahr 66
Gesundheitsrisiken 171
Gewinnausfälle 126
Gewohnheit 19, 297
GIHRE 264
Glacier National Park 214
Glaubwürdigkeit 76, 87, 114, 212 f., 218, 286 f., 294 f., 299, 307 f., 310, 315, 317, 321 f.
Glaubwürdigkeitsverlust 212, 218
Globale Ethikkodex 165
Golfkrieg 256
Grundnutzen 44 ff., 95, 97 ff., 145, 197, 204, 216, 265
Differenzierungsvorteil 97

H.I.S 257 f.
Handzettel 313
Heuristiken 64
Höhere Gelwalt 79 ff.
allgemeines Lebensrisiko 81
Beispiele 80
Definition 80
Homeland Security 162
Hotlines 302

IATA 315
IDOL Server 184
iJet 170 f.
Image 100
Definition 101
Destinationsimage 107
Fremdimage 102
Länderimage 102 f.
Regionenimage 105
Selbstimage 102
Imagekonzepte 143
Informationspflichten 293
Informationsquellen 34, 37, 82, 85, 169, 218, 294
Informationsversorgung 19, 263
Interaktionsmatrix 140
Internet 303
Involvement 57
anhaltendes 60
Gesamtinvolvement 60
objektspezifisches 59
persönliches 57
situatives 60
Irak 105
ITB 300, 320
IWF 254, 319

Jahrhunderthochwasser 114

Katastrophenpotential 65, 75, 133
Kaufentscheidungen 54
Kaufentscheidungsprozeß 54
Determinanten 54
Einstellungen 55
Motive 54
Verhaltenstypen 55
Werte 55
Kommunikation 34
direkte 34, 300
Massenkommunikation 34, 290, 309
Kommunikationspolitik 286
Kommunikationsprozeß 35, 295
Korrespondenzanalyse 146
Kriminalität 73
Krisenbewältigung 28, 30, 40 f., 61, 99, 116, 244, 306, 325
Krisenhandhabungsstrategie 210
Ausprägungen 210
Krisenkomitee 221, 223 f., 232
Krisenkommunikation 205, 231, 233, 286 f., 290, 293 f., 298, 300 f., 315, 326
Krisenmanagement 38 ff.
Begriff 38

Besondere Herausforderungen 42 ff.
Definition 40
Funktion 39
Institution 39
Instrumente 247 ff.
Organisatorische Maßnahmen 221 ff.
Planung 221 ff.
Präventives 191 ff.
Strategische Entscheidungen 191
Strukturen 228
Training 242 ff.
Zukunft 329 f.
Krisenmeldungen 85
Krisenmerkmale 27 ff.
Ausnahmesituation 29
Ernsthaftigkeit des Ereignisses 28
Prozeßcharakter 29
unerwünschte Entwicklung 29
wesentliche Unternehmensziele 28
Zeitdruck 29
Krisenplanung 221
Eventualfallplanung 237 ff.
Externe Experten 230 f.
Generische 222 ff.
Präventivplanung 244 ff.
Krisenprävention 40
Krisenstab 221, 223 ff., 229 f., 232
Krisenursachen 33, 41
Krisenvermeidung 40
Krisenvorsorge 39 f., 135, 137, 193
Kulisseneffekt 91, 107, 256, 268 f., 272 ff.,
Kulturkreiszugehörigkeit 51, 68 ff., 73, 252
Künstliche Märkte 184
Kuponanzeigen 316

Länderrisiko 154, 160
Versicherungsschutz 208
Lawinen 31, 66, 173 f.
Lebensformen der Menschen 16 ff.
Lebenszyklusmodell 181
Liechtenstein 195
Linienfluggesellschaften 261
Los Alfaques 128
Lufthansa 223 f., 276, 322
Luxor 58, 68 ff., 254

Madrid 103, 274
Manila Declaration 165
Marketingbudget 250, 253
Marketinginstrumentarium 247 ff.
Marktbearbeitungsform 247 ff.
differenzierte 251
standardisierte 251
Massenmedien 34 f., 37, 66, 181, 249, 298, 309, 311
Agenda-Setting-Ansatz 37
Überzeugungswirkung 37
Verstärkungswirkung 37
MedEvac 128
Medienkommunikation 286, 290, 301, 309 ff.
Menschliche Lebensbedingungen 14 ff.
Lebensalter 15
Lebensformen 16
neolithische Revolution 14
Scheidungen 18
technische Veränderungen 16
Messen 319 ff.
Militärcoup 200
Militärtourismus 97
Mombasa 121
Mont Blanc 77
Motive 54, 92

Nachrichtenfaktoren 35 ff.
Nachrichtenwert 35
Ausmaß 35
Bezugsrahmen 36
emotionaler Aspekt 36
Gesamtwert 36
Konsequenz 35
Nähe 35
Naturkatastrophen 20 ff., 31, 35, 80, 85, 172, 183, 238, 293
Negative Ereignisse 32, 49, 66
Begriff 32
Definition 32
Grundformen 33
Sicherheitsereignisse 111
Wahrnehmung 34
Wirkungszusammenhänge 49
Negativer Imagetransfer 104, 142 ff.
Ähnlichkeitsmessung 145, 147

Imagekonzepte 143
Korrespondenzanalyse 146
Produkt- und Ereignisart 144
Swissair 104
Nonverbale Imagemessung 101

OECD 195
Offensive Handhabungsstrategie 211 ff., 218
Öger Tours 296
Olympische Spiele 13, 209, 319
OSAC 169
Paradigmenwechsel 179
PATA 171, 313 ff., 324
Personal 262
Phuket 121, 305, 323
Portfolioanalyse 177
Präventves Krisenmanagement 191 ff.
Differenzierungsstrategie 193 ff.
Konzentrationstrategie 197 ff.
Strategie der Kostenführerschaft 192 f.
Strategische Handlungen 199 ff.
Preisablaufpolitik 268 ff.
Preisausschreiben 316
Preisdifferenzierung 268, 270 ff., 278
Preispolitik 268 ff.
Preisstrukturpolitik 268 ff.
Product Placement 321
Produktgestaltung 255
Produktpolitik 74, 248, 255, 261
Produktpositionierung 255 f., 269, 273, 315
Produktvariation 255 f.
Produktverantwortung 112
Produktzugang 255, 259
Provisionen 275
Pull-Strategie 279, 283 f.
Push-Strategie 283 f.

Rabatte 275
Rechtsvorschriften 78 ff.
Individualtouristen 78
Pauschaltouristen 78 ff.
Recovery 40 f., 122, 256, 292, 305, 319, 321, 325
Reisebüro 85, 282 ff., 324
Reiseentscheidung 82 ff.
Entscheidungsphase 84
Nachentscheidungsphase 86
Nachurlaubsphase 88
Orientierungsphase 84
Prozeß 82
Urlaubsphase 87
zeitlicher Rahmen 82
Reisehinweise 135, 160 ff., 188, 200 f., 314
Verzerrungen 164
Reisewarnungen 109, 127, 129, 161, 168 ff., 173
Reputation 53, 265, 282, 293 ff., 311
Rimini 33, 82, 98
Risiko 62 ff.
Begriff 62
Definition 63
Risikofaktoren 63 ff.
Risikoakzeptanz 76, 204
Risikoausgründung 203 f.
Risikoexternalisierung 203 f.
Risikokommunikation 65, 241, 286 ff.
Risikomanagement 38 ff., 199
Risikotechnologien 62
Risikotransfer 202
Risikovergleiche 292
Risikoverständnis 62
Risikowahrnehmung 51, 60 ff., 68, 81, 99, 193, 252
Ritterspiele 13
Rücktrittsrecht 78, 88

Sanktionen 119
SARS 14, 137, 171, 173, 261, 265, 273, 311, 313 ff., 318, 325 f.
Schadensbegrenzung 41
Schadenswahrscheinlichkeit 64, 67
Schwache Signale 175
Sextourismus 68
Sicherheit 73
Sicherheitsereignis 111
Sicherheitshinweis 160, 163 f.
Simulationsmodelle 183
Singapur 318
Single-Haushalte 16
Sisbo 169
Sonderangebote 268, 272 f., 278
Spendenaufrufe 297

Sponsoring 116, 286, 321 f., 326
Storno 268, 276 f.
Stornokosten 277
Strategische Handlungen 199 ff.
  Diversifikation 199 ff.
  Kooperation 205 ff.
  Selbsttragen 209 ff.
  Transfer 202 ff.
  Versicherung 206 ff.
Strategische Unternehmensausrichtung 191 ff.
Systemtheorie 43
Szenario-Analyse 142

Terrorismus 73, 74, 109, 161
  außengerichtet 75
  Definition 74
  innengerichtet 75
Textinformation 298
Thai Airways 119
The Hague Declaration 165
Timingaspekt 247
Titanic 216
Tourism Recovery Committee 121
Tourismus 42
  konstitutive Merkmale 42
  System 42
Touristische Produkt 43 ff.
  Destinationen 91
  Distanzhypothese 92
  Erlebniswert 46
  Grundnutzen 44
  Immaterialität 44
  Qualität 44
  Unsicherheit 44
  Zusatznutzen 45
Tschernobyl 49, 68, 80
Tsunami 20, 232 f., 297, 300, 305, 308, 323
TUI 205, 226 ff., 234, 242, 266, 277, 296

U.S. Department of State 161
UEFA 324
Umbuchung 276
UNEP 22
Unternehmenskultur 262

VASH 263
Verantwortlichkeit 66
Vereinte Nationen 42
Verhaltensmuster 56 f.
  extensive 56
  habituelle 56
  impulsive 56
  vereinfachte 56, 57
Verkaufsförderung 284, 286, 300, 316 ff.
Versicherung 206
  Checkliste 207
  politische Risiken 208
Vertrieb 280 ff.
  branchenfremder 284
  direkter 280
  indirekter 282
Vulnerability-Analyse 138

Weltbank 158, 208, 319
Werbebriefe 313
Werbung 108, 111, 118 f., 148, 194, 197, 205, 248, 253, 286, 300, 311 ff., 315 f., 322, 326
Wettbewerbsvorteile 47, 94
  Bestimmung 94
  Erlebniswertstrategie 47, 194
  Grundnutzen 97
  immaterielle Differenzierung 47
  Kostenführerschaft 47
  Kostenvorteil 99
  materielle Differenzierung 47
  Zeitdimension 100
  Zusatznutzen 98
Wetterderivate 39, 207 f.
WHO 22, 173 f., 315
Wirkungsbereiche 49 ff., 247
  Kapitalgeber 131 ff.
  Konkurrenten 118 ff.
  Konsumenten 51 ff.
  Personal 131 ff.
  Rangfolge 133 ff.
  Ratingagenturen 131 f.
  Staat 123 ff.
World Economic Forum 323
WTM 320
WTO 42, 98, 165, 324
WTTC 324

Yellowstone Park 214

Zahlungsbedingungen 277
Zeitpunkt 247 ff.
  aktiver 248
  Makroebene 249
  Mikroebene 249
  nachaktiver 249
  präaktiver 248
Zusatznutzen 44 ff., 91, 94 ff., 98 f., 194
  Differenzierungsvorteil 98
Zuständigkeitsproblem 113